현직 세무사가 알려주는

주택세금과
주택임대사업자
실무 바이블

현직 세무사가 알려주는

주택세금과
주택임대사업자
실무 바이블

발행일	2022년 12월 20일		
지은이	박시성		
펴낸이	손형국		
펴낸곳	(주)북랩		
편집인	선일영	편집	정두철, 배진용, 김현아, 류휘석, 김가람
디자인	이현수, 김민하, 김영주, 안유경	제작	박기성, 황동현, 구성우, 권태련
마케팅	김회란, 박진관		

출판등록 2004. 12. 1(제2012-000051호)
주소   서울특별시 금천구 가산디지털 1로 168, 우림라이온스밸리 B동 B113~114호, C동 B101호
홈페이지 www.book.co.kr
전화번호 (02)2026-5777   팩스   (02)3159-9637

ISBN   979-11-6836-616-9 03320 (종이책)   979-11-6836-617-6 05320 (전자책)

(주)북랩 성공출판의 파트너

북랩 홈페이지와 패밀리 사이트에서 다양한 출판 솔루션을 만나 보세요!

홈페이지 book.co.kr   •   **블로그** blog.naver.com/essaybook   •   **출판문의** book@book.co.kr

---

작가 연락처 문의 ▸ ask.book.co.kr

작가 연락처는 개인정보이므로 북랩에서 알려드릴 수 없습니다.

본 책은 완전성을 보장하는 것이 아닙니다. 세법 개정 및 유권해석 변경, 이외에도 예외가 있을 수 있으니 충분히 검토
하시고 적용하시기 바랍니다.

한 권으로 정리하는 주택 세법의 모든 것

현직 세무사가 알려주는
주택세금과 주택임대사업자 실무 바이블

박지성 지음

법규를 알면 세금의 구조가 보인다!

북랩

서문

　민간임대주택법에 의하여 주택임대사업자로 등록하면, 민간임대주택법에서 규정한 다양한 공적 의무를 준수하는 대신에 지방세와 국세 등 다양한 세제 혜택을 받을 수 있다. 이러한 혜택 때문에 많은 사람들이 주택임대사업자로 등록하였다.

　본인도 이러한 세제 혜택을 받기 위하여 주택임대사업자로 등록하였다. 하지만 지난 정부 들어 부동산 가격 상승에 대한 부동산 대책으로 너무나 규정이 복잡하게 바뀌어 많은 주택임대사업자들이 어려움을 겪었다. 본인 또한 세무사임에도 불구하고 마찬가지였다.

　본 책은 이러한 어려움을 '어떻게 하면 쉽게 풀어갈 수 있을까?' 하는 생각으로 집필을 하였다.

　주택임대사업자로 꼭 알아야 할 규정을 이 책에 담으려고 노력했다.

　이 책은 다음과 같이 구성하였다.

　제1장에서는 민간임대주택법상 주택임대사업자의 규정에 관한 사항을 등록, 의무사항, 말소 등의 순서로 구성하였다.

　제2장에서는 부동산거래신고법상 부동산 거래 신고와 주택 임대차 신고에 대하여 기술하였고, 민간임대주택법상 주택임대사업자 뿐만 아니라 임대주택으로 등록되지 않은 일반 임대사업자의 임대차 신고 규정까지 기술하였다.

　제3장에서는 주택임대사업자 등록 시 또는 매년 발생하는 등록면허세 규정에 대하여 기술하였다.

　제4장에서는 주택에 대한 취득세의 전반적인 규정과 주택임대사업자의 세제 혜택인 취득세 감면 규정에 대하여 기술하였다.

　제5장에서는 주택에 대한 재산세의 전반적인 규정과 주택임대사업자의 세제 혜택인 재산세 감면 규정에 대하여 기술하였다.

제6장에서는 주택에 대한 종합부동산세의 전반적인 규정과 주택임대사업자의 세제 혜택인 임대주택 합산배제 등에 대하여 기술하였다.

제7장에서는 주택임대에 대한 소득세 규정과 주택임대사업자의 세제 혜택인 소형주택 임대사업자 세액감면 규정에 대하여 기술하였다.

제8장에서는 주택 처분과 관련된 세금인 양도소득세 규정과 주택임대사업자의 다양한 세제 혜택 규정에 대하여 기술하였다.

〈참고〉에서는 조정대상지역 해제 시 세법 변화에 대하여 기술하였고, 각 장마다 지난 7월 발표한 정부의 세제개편안에 포함된 내용을 check point의 형태로 기술하여 세법 개정안에 대하여 기술하였다.

정부의 잦은 세법 개정으로 세무사인 저자조차도 이해하기 힘든 현실이 되어 버렸다. 이 책 한 권이 이렇게 복잡하고 어려운 주택임대사업자 관련 규정에 대하여 조금이나마 이해할 수 있게 도움이 되길 바란다.

마지막으로, 항상 저를 믿어 주는 사랑하는 가족에 본 지면을 빌어 감사하다고 전하고 싶고, 이 책을 읽는 모든 분들이 행복하기를 바랍니다.

차 례

제2장
부동산 거래 및 주택 임대차 신고

제3장
주택임대사업자의 등록면허세

제4장
주택에 대한 취득세와 주택임대사업자의 세제 혜택

제5장
주택에 대한 재산세와 주택임대사업자의 세제 혜택

제8장
주택의 처분과 관련된 세금과 주택임대사업자의 세제 혜택

법	약칭
민간임대주택에 관한 특별법	민특법
민간임대주택에 관한 특별법 시행령	민특령
민간임대주택에 관한 특별법 시행규칙	민특칙
부동산 거래신고 등에 관한 법률	부동산거래신고법
부동산 거래신고 등에 관한 법률 시행령	부동산거래신고법 시행령
부동산 거래신고 등에 관한 법률 시행규칙	부동산거래신고법 시행규칙
지방세기본법	지기법
지방세기본법 시행령	지기령
지방세기본법 시행규칙	지기칙
지방세법	지방세법
지방세법 시행령	지방세령
지방세법 시행규칙	지방세칙
지방세특례제한법	지특법
지방세특례제한법 시행령	지특령
지방세특례제한법 시행규칙	지특칙
농어촌특별세	농특세법
농어촌특별세 시행령	농특세령
농어촌특별세 시행규칙	농특세칙
종합부동산세	종부세법
종합부동산세 시행령	종부세령
종합부동산세 시행규칙	종부세칙
소득세법	소득세법
소득세법 시행령	소득세령
소득세법 시행규칙	소득세칙
조세특례제한법	조특법
조세특례제한법 시행령	조특령
조세특례제한법 시행규칙	조특칙
국세기본법	국기법
국세기본법 시행령	국기령
국세기본법 시행규칙	국기칙
상속세 및 증여세법	상증법
상속세 및 증여세법 시행령	상증령
상속세 및 증여세법 시행규칙	상증칙

제1장

민간임대주택에 관한
특별법상 주택임대사업자

제1절
민간임대주택에 관한
특별법상 주택임대사업자 등록

 민간임대주택의 개념

(1) 민간임대주택의 정의

　민간임대주택이란 임대 목적으로 제공하는 주택(토지를 임차하여 건설된 주택 및 오피스텔 등 준주택 및 일부만 임대하는 주택 포함)으로서 임대사업자가 민간임대주택에 관한 특별법에 의하여 임대주택으로 등록한 주택을 말한다. (민특법 2조 1호)

주택의 구분

1. 주택의 정의 (주택법 2조 1호)

주택이란 세대의 구성원이 장기간 독립된 주거생활을 할 수 있는 구조로 된 건축물의 전부 또는 일부 및 그 부속토지를 말하며, 단독주택과 공동주택으로 구분한다.

(1) 단독주택

1세대가 하나의 건축물 안에서 독립된 주거생활을 할 수 있는 구조로 된 주택

(2) 공동주택

건축물의 벽·복도·계단이나 그 밖의 설비 등의 전부 또는 일부를 공동으로 사용하며, 각 세대가 하나의 건축물 안에서 각각 독립된 주거생활을 할 수 있는 구조로 된 주택

2. 주택의 분류 (건축법 시행령 별표1)

구분		층수	1동당 바닥면적	비고
단독주택	단독주택	-	-	-
	다중주택	3개층 이하	660㎡ 이하	독립된 주거의 형태를 갖추지 않은 것 [각 실별로 욕실(○), 취사시설(×)]
	다가구주택	3개층 이하	660㎡ 이하	1동당 19세대 이하
공동주택	다세대주택	4개층 이하	660㎡ 이하	
	연립주택	4개층 이하	660㎡ 초과	
	아파트	5개층 이상	-	

민간임대주택법상 준주택 (민특령 2조)

(1) 기숙사로 리모델링한 건축물

(2) 다음의 요건을 모두 갖춘 오피스텔

① 전용면적이 120㎡ 이하일 것

② 상하수도 시설이 갖추어진 전용 입식 부엌, 전용 수세식 화장실 및 목욕시설(전용 수세식 화장실에 목욕시설을 갖춘 경우를 포함)을 갖출 것

일부만 임대하는 주택의 범위 (민특령 2조의2)

다가구주택으로서 임대사업자 본인이 거주하는 실(한 세대가 독립하여 구분 사용할 수 있도록 구획된 부분을 말함)을 제외한 나머지 실 전부를 임대하는 주택

(2) 민간임대주택의 유형

민간건설임대주택과 민간매입임대주택으로 구분할 수 있으며, 주택임대사업자의 종류에 따라 장기일반민간임대주택과 공공지원민간임대주택으로 구분한다. (민특법 2조)

1) 민간건설임대주택

민간건설임대주택이란 다음의 어느 하나에 해당하는 민간임대주택을 말한다. (민특법 2조 2호)

① 주택임대사업자가 임대를 목적으로 건설하여 임대하는 주택
②「주택법」제4조에 따라 등록한 주택건설사업자가 사업계획승인을 받아 건설한 주택 중 사용검사 때까지 분양되지 아니하여 임대하는 주택

> ☑ check point **소유권보존등기 후 임대주택으로 등록하는 경우 민간건설임대주택 여부**
> 주택을 신축하여 소유권보존등기를 마친 후 임대주택으로 등록하는 경우에는 민간건설임대주택이 아닌 민간매입임대주택으로 본다. (법제처 유권해석 안건번호 21-0140, 2021.6.4.)
> 따라서 민간건설임대주택으로 등록하고자 하는 자는 소유권보존등기 이전에 임대주택으로 등록하여야 한다.

2) 민간매입임대주택

주택임대사업자가 매매 등으로 소유권을 취득하여 임대하는 민간임대주택을 말한다. (민특법 2조 3호)

3) 장기일반민간임대주택

주택임대사업자가 공공지원민간임대주택이 아닌 주택을 10년 이상 임대할 목적으로 취득하여 임대하는 민간임대주택을 말한다. 이 경우 아파트(도시형 생활주택이 아닌 것)를 임대하는 민간매입임대주택은 제외한다. (민특법 2조 5호)

4) 공공지원민간임대주택

공공지원민간임대주택이란 주택임대사업자가 다음의 어느 하나에 해당하는 민간임대주택을 10년 이상 임대할 목적으로 취득하여 「민간임대주택에 관한 특별법」에 따른 임대료 및 임차인의 자격 제한 등을 받아 임대하는 민간임대주택을 말한다. (민특법 2조 4호)

① 주택도시기금의 출자를 받아 건설 또는 매입하는 민간임대주택

② 공공택지 또는 국가 등이 수의계약 등으로 공급되는 토지 및 「혁신도시 조성 및 발전에 관한 특별법」에 따른 종전부동산을 매입 또는 임차하여 건설하는 민간임대주택

③ 용적률을 완화받거나 용도지역 변경을 통하여 용적률을 완화받아 건설하는 민간임대주택

④ 공공지원민간임대주택 공급촉진지구에서 건설하는 민간임대주택

⑤ 공공지원을 받아 건설 또는 매입하는 민간임대주택

참고 국민주택 규모(주택법 2조 6호)

주거의 용도로만 쓰이는 면적(주거전용면적)이 1호(戶) 또는 1세대당 85㎡ 이하인 주택(「수도권정비계획법」 제2조제1호에 따른 수도권을 제외한 도시지역이 아닌 읍 또는 면 지역은 1호 또는 1세대당 주거전용면적이 100㎡ 이하인 주택을 말한다)을 말한다.

참고 도시형 생활주택(주택법 제2조 제20호)

300세대 미만의 국민주택규모에 해당하는 주택으로서 도시지역에 건설하는 소형주택, 단지형 연립주택, 단지형 다세대주택을 말한다.

(1) 소형주택: 다음의 요건을 모두 갖춘 공동주택

① 세대별 주거전용면적은 60㎡ 이하일 것

② 세대별로 독립된 주거가 가능하도록 욕실 및 부엌을 설치할 것

③ 주거전용면적이 30㎡ 미만인 경우에는 욕실 및 보일러실을 제외한 부분을 하나의 공간으로 구성할 것

④ 주거전용면적이 30㎡ 이상인 경우에는 욕실 및 보일러실을 제외한 부분을 3개 이하의 침실(각각의 면적이 7㎡ 이상인 것)과 그 밖의 공간으로 구성할 수 있으며, 침실이 2개 이상인 세대수는 소형 주택 전체 세대수의 1/3을 초과하지 않을 것

⑤ 지하층에는 세대를 설치하지 아니할 것

(2) 단지형 연립주택

소형 주택이 아닌 연립주택. 다만, 「건축법」에 따라 기준 완화 적용에 대하여 건축위원회의 심의를 받은 경우에는 주택으로 쓰는 층수를 5개층까지 건축할 수 있음.

(3) 단지형 다세대주택

원룸형 주택이 아닌 다세대주택. 다만, 「건축법」에 따라 기준 완화 적용에 대하여 건축위원회의 심의를 받은 경우에는 주택으로 쓰는 층수를 5개층까지 건축할 수 있음.

❷ 주택임대사업자 등록

(1) 주택임대사업자 등록 요건 (민특법 5조, 민특령 4조 1항)

다음에 해당하는 자는 주택임대사업자 주소지 관할 시장·군수·구청장에게 주택임대사업자로 등록할 수 있다. 이 경우 2인 이상이 공동으로 건설하거나 소유하는 주택의 경우의 경우에는 공동 명의로 등록하여야 한다.

1) 주택을 소유한 자
2) 주택을 취득하려는 계획이 확정되어 있는 자로서 다음의 어느 하나에 해당하는 자

  ① 주택을 건설하기 위하여 사업계획승인을 받은 자
  ② 주택을 건설하기 위하여 건축허가를 받은 자
  ③ 주택을 매입하기 위하여 매매계약을 체결한 자
  ④ 주택을 매입하기 위해 분양계약을 체결한 자로서 다음의 어느 하나에 해당하는 자
    ㉠ 등록 신청일을 기준으로 분양계약서에 따른 잔금지급일이 3개월 이내인 자
    ㉡ 등록 신청일이 분양계약서에 따른 잔금지급일 이후인 자

☑ check point
주택임대사업자 등록은 원칙은 주소지 관할 시장·군수·구청장에게 하는 것이 원칙이나, 임대주택 소재지 관할 시장·군수·구청장에게 할 수 있음. 하지만 이 경우에도 신청을 받은 임대주택 소재지 관할 시장·군수·구청장은 주소지 관할 시장·군수·구청장에게 이송하며, 주택임대사업자 등록증은 주소지 관할 시·군·구에서 발급함. (민특령 4조 3항, 4항,5항)

☑ check point
2020.8.18. 민간임대주택에 관한 특별법이 개정되어, 단기민간임대주택(임대의무기간: 4년 이상)은 폐지되었으며, 장기일반민간임대주택(임대의무기간: 10년 이상)의 경우 아파트는 민간매입임대주택으로 등록할 수 없음.
(아파트의 경우 민간매입임대주택이 아닌 민간건설임대주택, 공공지원민간임대주택의 경우는 아파트도 임대주택으로 등록이 가능)

(2) 주택임대사업자의 결격 사유

다음에 해당하는 자는 주택임대사업자로 등록할 수 없다. 법인의 경우 그 임원 중 다음에 해당하는 사람이 있는 경우에도 또한 같다. (민특법 5조의6)

1) 미성년자
2) 다음의 규정에 의하여 등록이 말소된 후 2년이 지나지 아니한 자.

    ① 거짓이나 그 밖의 부정한 방법으로 등록한 경우
    ② 등록기준을 갖추지 못한 경우
    ③ 임대조건을 위반한 경우
    ④ 임대차계약을 해제, 해지하거나 재계약을 거절한 경우
    ⑤ 준주택에 대한 용도 제한을 위반한 경우
    ⑥ 민간임대주택의 선순위 담보권, 국세·지방세의 체납 사실 등 권리관계에 관한 사항에 대한 설명이나 정보를 거짓이나 그 밖의 부정한 방법으로 제공한 경우
    ⑦ 주택임대사업자가 보증금 반환을 지연하여 임차인의 피해가 명백히 발생하였다고 인정되는 경우
    ⑧ 임대차계약 신고 또는 변경신고를 하지 아니하여 시장·군수·구청장이 보고하게 하였으나 거짓으로 보고하거나 3회 이상 불응한 경우

(3) 주택임대사업자 등록 방법

1) 주택임대사업자 등록

주택임대사업자로 등록하려면 구비서류를 갖추어 주소지 관할 시장, 군수, 구청에 방문하여 신청하거나 렌트홈(www.renthome.go.kr)에서 신청하면 된다.

2) 등록 구비 서류 (민특칙 2조)

    ① 주택을 소유한 자: 건물등기사항전부증명서, 건축물대장
    ② 주택을 소유할 계획이 확정된 자: 매매계약서 사본, 분양계약서 사본, 건축 허가서, 주택사업계획승인서 사본 등

③ 등록하려는 임대주택에 임차인이 있는 경우: 임대차계약서 사본

④ 신청인이 재외국민인 경우: 재외국민등록증 사본

⑤ 기타 해당 사항이 있는 경우: 주택건설사업자 등록증 사본, 부동산투자회사 영업인가증사본 등

(4) 주택임대사업자 등록증 발급

해당 서류를 갖추어 주택임대사업자로 신청한 자는 5일 이내에 주택임대사업자 등록증을 발급받게 된다. 공동명의의 경우 주택임대사업자 등록증이 공동명의 사업자를 하나의 사업자로 보아 주택임대사업자 등록증이 하나로 발급이 되며, 주택임대사업자 등록증 뒷면에 공동사업자 현황이 표시된다.

여기서 주택임대사업자로 신청할 때 이미 임차인이 있는 경우에는 등록일이 임대의무기간의 기산일이 되며, 등록일에 임차인이 없는 경우에는 실제 임대를 개시한 날이 임대의무기간의 기산일이 된다. (민특령 34조 1항 2호)

☑ check point
재산세 및 종합부동산세 세제 혜택을 적용받고자 하는 자는 과세기준일(매년 6월 1일) 이전에 주택임대사업자 등록증을 발급받아야만 재산세 감면과 종합부동산 합산 배제 세제 혜택을 적용받을 수 있음.

<〈등록 절차〉>

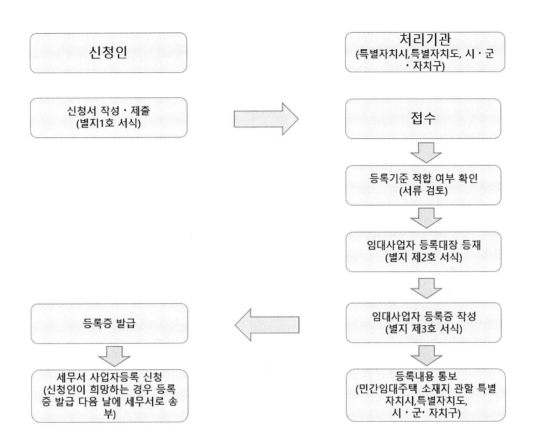

임대사업자 등록신청서

※어두운 난(███)은 신청인이 작성하지 않으며, [ ]에는 해당되는 곳에 √표를 합니다.

(4쪽 중 1쪽)

접수번호	접수일자		처리기간	5일

신청인	[ ] 개인 사업자	[ ] 내국인	성명		주민등록번호		
		[ ] 외국인	외국인등록번호	국적	체류자격	체류기간	
	[ ] 법인사업자		법인명(상호)		법인등록번호		
	①주소(법인의 경우 대표 사무소 소재지)				전화번호 (유선)		
					(휴대전화)		
					전자우편		

②민간임대주택의 소재지		③주택 구분	④주택 종류	⑤주택 취득계획에 따른 유형	⑥주택 유형	⑦전용 면적 (㎡)	⑧임차인 존재 여부	⑨등록 이력
건물 주소	호, 실 번호 또는 층							
		[ ] 건설 [ ] 매입	[ ] 공공지원 [ ] 장기일반	[ ] 사업계획승인을 받은 경우 [ ] 건축허가를 받은 경우 [ ] 매매계약을 체결한 경우 [ ] 분양계약을 체결한 경우			[ ] 있음 [ ] 없음	[ ] 최초 [ ] 양수
		[ ] 건설 [ ] 매입	[ ] 공공지원 [ ] 장기일반	[ ] 사업계획승인을 받은 경우 [ ] 건축허가를 받은 경우 [ ] 매매계약을 체결한 경우 [ ] 분양계약을 체결한 경우			[ ] 있음 [ ] 없음	[ ] 최초 [ ] 양수
		[ ] 건설 [ ] 매입	[ ] 공공지원 [ ] 장기일반	[ ] 사업계획승인을 받은 경우 [ ] 건축허가를 받은 경우 [ ] 매매계약을 체결한 경우 [ ] 분양계약을 체결한 경우			[ ] 있음 [ ] 없음	[ ] 최초 [ ] 양수

「민간임대주택에 관한 특별법」 제5조제1항 및 같은 법 시행규칙 제2조제1항에 따라 위와 같이 임대사업자 등록을 신청합니다.

년 월 일

신청인 (서명 또는 인)

특별자치시장
특별자치도지사 귀하
시장·군수·구청장

작성요령 및 유의사항

1. ①신청인의 주소란에는 등록신청일 기준으로 신청인의 주민등록 주소지를 적습니다. 임대사업자의 주민등록 주소지는 「주민등록법」에 따라 주민등록이 되어 있는 주민등록지로 자동 갱신됩니다.
2. ②민간임대주택의 소재지란에는 민간임대주택의 도로명주소(도로명주소가 부여되지 않은 경우에만 지번주소)를 적고, 호 번호란에는 각 호·세대·실(室)의 위치를 확인할 수 있는 호, 실 번호 또는 층을 적습니다. 다가구주택의 경우 임대사업자 본인이 거주하는 실을 제외한 나머지 실만을 적을 수 있습니다.
3. ③주택구분란에는 「민간임대주택에 관한 특별법」 제2조제2호 또는 제3호에 따른 건설임대 또는 매입임대 중 하나에 해당되는 곳에 √표를 합니다.
4. ④주택종류란에는 공공지원민간임대주택, 장기일반민간임대주택 중 하나에 해당되는 곳에 √표를 합니다.
5. ⑤주택 취득계획에 따른 유형란에는 민간임대주택으로 등록할 주택을 취득하려는 계획이 확정되어 있는 자가 「민간임대주택에 관한 특별법 시행령」 제4조제1항제2호에 따라 임대사업자 등록을 하는 경우 해당되는 곳에 √표를 합니다.
6. ⑥주택유형란에는 건축물대장에서 확인되는 건축물의 용도로서 단독주택, 다가구주택, 아파트, 연립주택, 다세대주택, 오피스텔 중 하나를 선택하여 적습니다.
7. ⑦전용면적란에는 해당 주택의 실제 전용면적을 적습니다.
8. ⑧임차인 존재 여부란에는 임대차계약 중인 임차인 여부에 따라 있음 또는 없음 중 하나에 해당되는 곳에 √표를 합니다. 등록 당시 임차인이 있는 경우에 해당 임대주택 등록일이 임대개시일이 됩니다.
9. ⑨등록이력란에는 임대사업자로부터 양수받은 주택인 경우에는 양수에 √표를 하고, 그 외의 경우에는 최초에 √표를 합니다.
10. 임대사업자의 주요 의무사항 및 위반 시 제재사항은 2쪽 확인서를 통해 알려드리오니 내용을 확인하시고 서명 또는 날인하시기 바랍니다.

210mm×297mm[백상지(80g/㎡) 또는 중질지(80g/㎡)]

(앞쪽)

임대사업자 등록증

| 최초등록일 | | | | 등록번호 | | | | | | |

| 임대 사업자 | 성명(법인명) | | | 주민등록번호(법인등록번호) | | | | | | |
| | 외국인등록번호 | | 국적 | 체류자격 | | | 체류기간 | | | |

| 주소(법인의 경우 대표 사무소 소재지) | | | | 전화번호 (유선) (휴대전화) | | | | | | |

민간임대주택의 소재지		주택 구분	주택 종류	주택 유형	전용 면적	주택 등록 일	임대 개시일	등록 이력
건물 주소	호, 실 번호 또는 층							

「민간임대주택에 관한 특별법」 제5조, 같은 법 시행령 제4조제5항 및 같은 법 시행규칙 제2조제4항에 따라 위와 같이 등록되었음을 증명합니다.

년   월   일

특별자치시장
특별자치도지사
시장·군수·구청장

직인

※ 유의사항
1. 등록사항이 변경된 경우에는 변경사유가 발생한 날부터 30일 이내에 신고해야 합니다.
2. 임대개시일 이후부터 임대의무기간이 산정되므로 임대개시일란이 빈칸인 경우에는 임대가 개시되지 않은 것으로 간주합니다.

210mm×297mm[백상지 80g/㎡]

공동사업자 현황(대표자외의 자)

성명(법인명)	주민등록번호 (법인등록번호)	주소(법인의 경우 대표 사무소 소재지)	전화번호	확인

등록사항 변경 현황

변경연월일	변경사항		변경사유	확인
	변경 전	변경 후		

말소(양도) 현황

말소일	말소사항	말소사유	확인

※ 작성시 유의사항

1. 공동사업자의 경우 성명(법인명)란에 대표자외 ○명으로 기재하고, 공동사업자 현황은 뒤쪽에 적습니다.
2. 등록사항 변경현황란에는 임대주택 등록, 주소 등 변경, 오기(誤記) 수정 등을 적습니다.
3. 말소(양도) 현황란에 임대사업자 말소, 임대주택 양도 등으로 등록주택에서 제외 등을 적습니다.

민간임대주택에 관한
특별법상 주택임대사업자 의무사항

 ① 부기등기 의무

(1) 임대주택 부기등기 신청

1) 2020년 12월 10일 이후 등록된 임대주택

민간임대주택에 관한 특별법 개정으로 2020년 12년 10일 이후 등록된 임대주택은 지체 없이 부기등기하여야 한다. 다만, 주택임대사업자로 등록한 이후에 소유권보존등기를 하는 경우에는 소유권보존등기와 동시에 하여야 한다. (민특법 5조의2)

2) 2020년 12월 10일 전에 등록된 임대주택

법 시행일(2020.12.10.) 전에 등록된 임대주택은 법 시행 후 2년 이내인 2022년 12월 09일까지 부기등기를 하여야 한다. (부칙<법률 제17452호, 2020.6.9.> 제4조)

다만, 법 시행 전 등록된 임대주택으로서 부기 등기 가입이 2년 유예가 되었는데, 유예기간 중에 자동말소가 되는 경우에는 부기 등기를 하지 않아도 과태료 등 제재사항이 없다.

> ☑ check point
> 토지와 건물이 각각 독립된 등기가 되어 있는 단독주택, 다중주택등과 같은 건물의 경우에는 건물등기사항 전부증명서에만 부기등기를 신청하면 된다.

(2) 임대주택 부기등기 표시

임대주택의 경우 등기사항전부증명서 갑구에 해당 주택이 「민간임대주택에 관한 특별법」에 따라 등록된 임대주택이며, 임대의무기간과 임대료 증액 기준을 준수하여야 한다는 내용이 표시된다. (민특령 4조의2 1항)

【 갑　　　구 】 (소유권에 관한 사항)				
순위번호	등 기 목 적	접　　수	등 기 원 인	권 리 자　및　기 타 사 항
3	소유권이전	2019년3월6일 제3000호	2019년3월5일 매매	소유자 홍길동 571017-1234567 　　서울특별시 종로구 인사동길 8(인사동) 거래가액 금80,000,000원
3-1	민간임대주택등기	2020년12월11일 제5001호	2020년12월10일 민간임대주택 등록	이 주택은 민간임대주택에 관한 특별법 제43조 제1항에 따라 임대사업자가 임대의무기간 동안 계속 임대하여야 하고 같은 법 제44조의 임대료 증액기준을 준수해야 하는 민간임대주택임

주택임대사업자 등록 말소하더라도 자동으로 부기등기가 말소되지 않으며, 주택임대사업자 등록 말소 후 등기소에 별도로 부기등기 말소 신청을 하여야 한다. (민특령 4조의2 2항)

【 갑 구 】	(소유권에 관한 사항)			
순위번호	등기목적	접 수	등기원인	권 리 자 및 기 타 사 항
3	소유권이전	2019년3월6일 제3000호	2019년3월5일 매매	소유자 홍길동 571017-1234567 서울특별시 종로구 인사동길 8(인사동) 거래가액 금80,000,000원
3-1	민간임대주택등기	2020년12월11일 제5001호	2020년12월10일 민간임대주택 등록	이 주택은 민간임대주택에 관한 특별법 제43조 제1항에 따라 임대사업자가 임대 의무기간 동안 계속 임대해야 하고 같은 법 제44조의 임대료 증액기준을 준수해 야 하는 민간임대주택임
4	3-1번민간임대주 택등기말소	2022년4월3일 제2001호	2022년4월2일 민간임대주택 등록말소	

(3) 부기등기 신청 방법

부기등기 신청은 개인이 임대주택 소재지 관할 등기소에 직접 방문하여 신청하거나, 대법원 인터넷등기소를 통한 전자신청 또는 법무사 등 대리인에게 위임하여 신청하는 방법이 있다.

1) 방문 신청
개인이 임대주택 소재지 관할 등기소를 방문하여 직접 부기등기 신청을 하는 방법이 있으며, 임대주택이 여러 채 있는 경우에는 임대주택 소재지 관할 등기소마다 방문하여 신청하여야 한다.

2) 전자신청
대법원 인터넷등기소(http://www.iros.go.kr)를 통해 부기등기 신청을 할 수 있다. 이 경우에는 본인이 직접 인근 등기소에 방문하여 사용자 접근번호를 발급받아야 한다.

〈전자신청 절차〉 (출처: 인터넷 등기소)

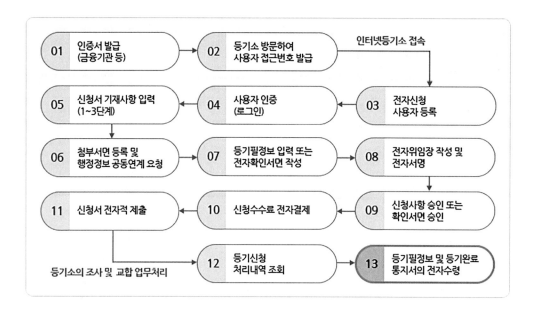

<부기등기 또는 말소 시 필요서류>
① 신청서(인터넷등기소 또는 전국 등기소 비치)
② 주택임대사업자 등록증(원본)
* 주택 소재지 관할 시군구청 또는 렌트홈(www.renthome.go.kr)에서 발급
③ 신분증[주민등록증, 운전면허증, 여권(2020.12.21. 이후 발급된 여권의 경우에는 여권정보증명서도 첨부
　　필요) 등], 도장
④ 등록면허세 영수증 확인서
* 주택 소재지 관할 시군구청 세무부서 또는 지방세 인터넷납부시스템
(서울은 etax.seoul.go.kr, 다른 지역은 www.wetax.go.kr)에서 납부 후 출력
⑤ 등기신청수수료 영수필 확인서
* 인터넷 등기소(www.iros.go.kr) 또는 등기소 내 무인발급기 납부
⑥ 위임장(대리인이 신청하는 경우)
⑦ 가족관계증명서(가족이 대리하는 경우)

3) 법무사에게 위임

　법무사에게 부기등기를 위임하여 처리하는 방법이며, 이 경우 법무사 보수기준에 따른
비용이 발생한다.

4) 부기등기 수수료 비용

① 부기등기 신청 시: 10,200원 이하
* (등록면허세 6,000원 + 지방교육세 1,200원 + 등기수수료 3,000원)
* 신청방식에 따라 등기수수료 금액이 다름 (방문신청 3,000원, 전자표준양식 2,000원, 전자신청 1,000원)
② 부기등기 말소 신청 시: 10,200원 이하 (신청 시와 동일)

> ☑ check point
> 부기등기 수수료는 임대주택 물건지마다 발생한다 즉, 등록된 임대주택이 3채인 경우 10,200원 × 3채 = 30,600원의 부기등기 수수료가 발생한다.

(4) 부기등기 의무 위반 시 과태료

주택임대사업자가 정해진 기간 내에 부기등기를 하지 않을 경우 다음과 같이 500만원 이하의 과태료가 부과된다.

위반행위	근거 법조문	과태료 금액		
		1차	2차	3차이상
부기등기를 하지 않은 경우	법 제67조 제3항 제1호	200만원	400만원	500만원

(5) 셀프 부기하는 방법

1) 등록면허세 납부하기

등록면허세를 납부하는 방법은 직접 임대주택 소재지 관할 시·군·구청 세무과에서 신고·납부하는 방법과 온라인으로 위택스(서울 지역외), 서울이택스(서울시)를 통하여 신고·납부할 수 있다.

〈위택스(www.wetax.go.kr)를 통하여 등록면허세 신고·납부하는 방법〉

위택스의 신고하기에서 등록면허세 등록분 메뉴를 클릭함

① 납세자 인적사항을 입력
② 물건 정보란 물건 종류는 부동산으로 하고, 물건지 주소에 임대주택의 주소를 입력
③ 관할자치단체에 임대주택의 시·군·구청의 관할 동까지 입력

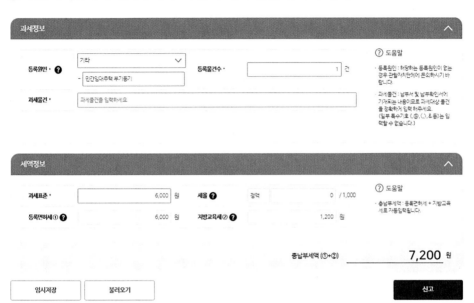

① 등록원인을 기타로 하고, 민간임대주택부기등기를 입력
② 세액정보는 자동으로 계산되어 나옴

위 메뉴까지 나오면 즉시 납부하면 등록면허세의 신고·납부가 마무리된다.

등록면허세 납부확인서를 출력하여 임대주택의 관할 등기소에 제출

2) 주택임대사업자 등록증(원본) 발급하기

주택임대사업자 등록증은 임대주택 소재지 관할 시·군·구청 과에서 발급받는 방법과
온라인으로 렌트홈(www.renthome.go.kr)을 통하여 발급받을 수 있다.

〈렌트홈을 통하여 주택임대사업자 등록증을 재발급받는 방법〉

주택임대사업자 정보 조회에서 주민등록번호 및 공인인증서를 통하여 본인 인증을 하면 해당 메뉴가 조회되며, 재교부 사유 입력 후 민원 신청을 하면 주택임대사업자등록증이 재발급된다. 신청 후 5일 이내에 발급해 준다.

3) 부기등기 신청서 작성 및 위임장 작성 사례

금지사항 부기등기 신청

접 수	년 월 일		처 리 인	등기관 확인	각종 통지
	제 호				

① 부동산의 표시
1동의 건물의 표시 　　경기도 ██시 ██동 ██ 주공아파트 제 ██동 　　[도로명주소] 경기도 █시 ██로 ██ 전유부분의 건물의 표시 　　건물의 번호 ██동 █층 ██호 　　구　　　조 철근콘크리트조 벽식조 　　면　　　적 ██㎡ 대지권의 표시 　　토지의 표시 　　　　경기도 ██시 ██동 ██　　　　　대 ██㎡ 　　대지권의 종류 소유권 　　대지권의 비율 : ██분의 ██

② 등기원인과 그 연월일	**2015년 1월 29일 민간임대주택 등록**
③ 등 기 의 목 적	**민간임대주택 부기등기**
금 지 사 항	이 주택은 민간임대주택에 관한 특별법 제43조제1항에 따라 임대사업자가 임대의무기간 동안 계속 임대해야 하고 같은 법 제44조의 임대료 증액기준을 준수해야 하는 민간임대주택임

구분	성　　명 (상호·명칭)	주민등록번호 (등기용등록번호)	주　　소 (소 재 지)
④ 신 청 인	██ ██	████████	████████████ ██ , ████

⑤ 등 록 면 허 세	금	**6,000** 원	
⑤ 지 방 교 육 세	금	**1,200** 원	
⑥ 세 액 합 계	금	**7,200** 원	
⑦ 등 기 신 청 수 수 료	금	**3,000** 원	
	납부번호 : ▓▓▓▓▓▓▓▓▓		
	일괄납부 : 건 원		

⑧ 첨 부 서 면

· 등록면허세영수필확인서 1통 · 등기신청수수료 영수필확인서 1통 · 위임장 통 · 임대사업자등록증 1통	〈기 타〉

2022년 █월 █일

⑨ 위 신청인 ▓ ▓ ▓ ㊞ (전화 : ▓▓▓▓▓▓)

(또는)위 대리인 (전화:)

수원지방법원 ▓▓▓ ▓▓▓ 귀중

위 임 장

<table>
<tr><td rowspan="9">부
동
산
의
표
시</td><td colspan="2">1동의 건물의 표시</td></tr>
<tr><td colspan="2">경기도 ▓▓시 ▓▓동 ▓▓ 주공아파트 제▓▓동</td></tr>
<tr><td colspan="2">[도로명주소] 경기노 ▓▓시 ▓▓로 ▓▓</td></tr>
<tr><td colspan="2">전유부분의 건물의 표시</td></tr>
<tr><td colspan="2">건물의 번호 ▓▓동▓층▓호</td></tr>
<tr><td colspan="2">구 조 철근콘크리트 벽식조</td></tr>
<tr><td colspan="2">면 적 ▓▓㎡</td></tr>
<tr><td colspan="2">대지권의 표시
토지의 표시
경기도 ▓▓시 ▓▓동 ▓▓ 대 ▓▓㎡</td></tr>
<tr><td colspan="2">대지권의 종류 소유권
대지권의 비율 : ▓▓분의 ▓▓</td></tr>
</table>

등기원인과 그 연월일	2015년 1월 29일 민간임대주택 등록
등 기 의 목 적	민간임대주택 부기 등기

대 리 인	성명: ▓▓▓ 주소: ▓▓▓▓▓▓▓▓▓▓

위 사람을 대리인으로 정하고 위 부동산 등기신청 및 취하에 관한 모든 권한을 위임한다. 또한 복대리인 선임을 허락한다.

년 월 일

위 임 인	성명: ▓▓▓ 주민등록번호: ▓▓▓▓▓▓▓ 주소: ▓▓▓▓▓▓▓▓▓▓	날 인

4) 등기 수수료 납부하기

〈등기소에 있는 무인발급기를 통한 등기 수수료 납부 방법〉

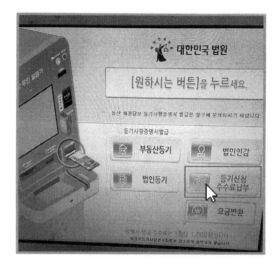

1. 등기신청 수수료 납부 메뉴를 클릭

2. 부동산 등기 메뉴를 클릭

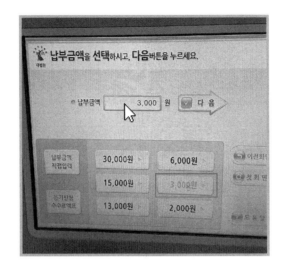

3. 납부금액 3,000원을 클릭

4. 인적사항을 입력 후 등기신청수수료 3,000원을 납부

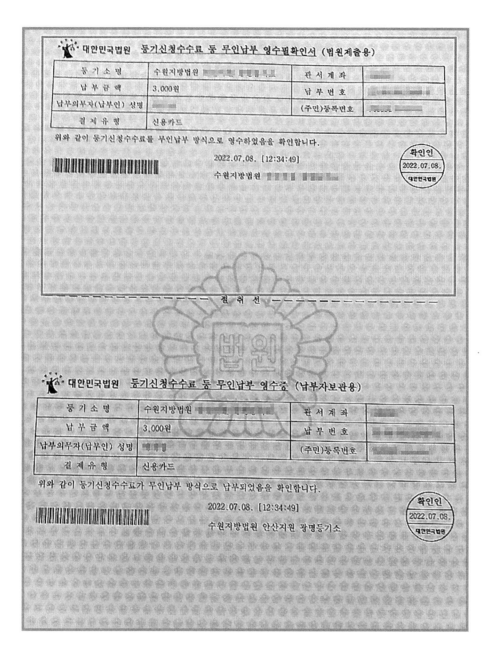

5. 등기신청수수료 납부 영수증 중 법원제출용 부분을 절취하여 등기신청 시 제출

❷ 설명 의무

(1) 설명 및 확인 의무

주택임대사업자는 민간임대주택에 대한 임대차계약을 체결하거나 월임대료를 임대보증금으로 전환하는 등 계약 내용을 변경하는 경우에는 다음의 사항을 임차인에게 설명하고 이를 확인받아야 한다. (민특법 48조 1항, 민특령 37조)

(1) 임대보증금 보증가입에 대한 사항
① 보증대상액
② 보증기간
③ 보증수수료 산정방법 및 금액, 분담비율, 납부방법
④ 보증기간 중 임대차계약이 해제·해지되거나 임대보증금이 증감되는 경우의 보증수수료의 환급 또는 추가 납부에 관한 사항
⑤ 임대차 계약기간 중 보증기간이 만료되는 경우의 재가입에 관한 사항
⑥ 보증약관의 내용 중 국토교통부장관이 정하여 고시하는 중요사항에 관한 내용(보증이행 채무 및 보증이행 대상 채무가 아닌 것등)
(2) 선순위 담보권 등 권리관계에 관한 사항. 이 경우 등기부등본 및 납세증명서를 제시하여야 한다.
① 임대주택에 설정된 제한물건, 압류·가압류·가처분 등에 관한 사항
② 임대사업자의 국세·지방세 체납에 관한 사항
(3) 임대의무기간 중 남아 있는 기간
(4) 임대차계약의 해제·해지 등에 관한 사항
(5) 임대료 증액 제한에 관한 사항
(6) 단독주택,다중주택 및 다가구주택에 해당하는 민간임대주택에 둘 이상의 임대차계약이 존재하는 경우 임대차목적물, 확정일자 부여일, 차임·보증금, 임대차기간에 대한 정보

(2) 임차인에게 확인받는 방법

통상 임대차계약 갱신 또는 신규 계약 시 표준임대차계약서 제14조(주택임대사업자의 설명의무) 제②항의 서명란에 서명 또는 날인을 받는 방법으로 임차인에게 확인을 받는다.

제14조(임대사업자의 설명의무) ① **임대사업자**는 「민간임대주택에 관한 특별법」 제48조에 따라 **임대차 계약을 체결하거나 월임대료를 임대보증금으로 전환하는 등 계약내용을 변경하는 경우**에는 다음 각 호의 사항을 **임차인이 이해할 수 있도록 설명**하고, 등기사항증명서 등 **설명의 근거자료를 제시**해야 한다.

1. 임대보증금 보증가입에 관한 사항(「민간임대주택에 관한 특별법」 제49조에 따른 임대보증금 보증가입 의무대상 주택에 한정한다)

   가. 해당 민간임대주택의 임대보증금 보증대상액 및 보증기간에 관한 사항

   나. 임대보증금 보증 가입에 드는 보증수수료(이하 "보증수수료"라 한다) 산정방법 및 금액, 임대보증금과 임차인의 보증수수료 분담비율, 임차인이 부담해야 할 보증수수료의 납부방법에 관한 사항

   다. 보증기간 중 임대차계약이 해지·해제되거나 임대보증금의 증감이 있는 경우에 보증수수료의 환급 또는 추가 납부에 관한 사항

   라. 임대차 계약기간 중 보증기간이 만료되는 경우에 재가입에 관한 사항

   마. 보증약관의 내용 중 국토교통부장관이 정하여 고시하는 중요사항에 관한 내용(보증이행 조건 등)

2. 민간임대주택의 선순위 담보권 등 권리관계에 관한 사항

   가. 민간임대주택에 설정된 제한물권, 압류·가압류·가처분 등에 관한 사항

   나. 임대사업자의 국세·지방세 체납에 관한 사항

3. 임대의무기간 중 남아 있는 기간

4. 「민간임대주택에 관한 특별법」 제44조제2항에 따른 임대료 증액 제한에 관한 사항

5. 「민간임대주택에 관한 특별법」 제45조에 따른 임대차계약의 해제·해지 등에 관한 사항

6. 단독주택, 다중주택 및 다가구주택에 해당하는 민간임대주택에 둘 이상의 임대차계약이 존재하는 경우 「주택임대차보호법」 제3조의6제2항에 따라 작성된 확정일자부에 기재된 주택의 차임 및 보증금 등의 정보

② 임차인은 임대사업자로부터 제1항의 사항에 대한 설명을 듣고 이해했음을 아래와 같이 확인한다.

> 본인은 임대보증금 보증가입, 민간임대주택의 권리관계 등에 관한 주요 내용에 대한 설명을 듣고 이해했음.
>
> 임차인 성명: (서명 또는 날인)

(3) 주택임대사업자의 설명 및 확인 의무 위반 시 과태료

주택임대사업자가 임차인에게 설명하고 확인받는 사항을 위반한 경우, 500만원의 과태료가 부과된다.

위반행위	근거 법조문	과태료 금액		
		1차	2차	3차이상
임차인에게 계약내용 등을 설명하지 않거나 설명한 사항을 확인받지 않은 경우	법 제67조 제3항 제2호	500만원	500만원	500만원

③ 표준임대차계약서 작성 의무

(1) 표준임대차계약서 작성 의무

주택임대사업자는 민간임대주택에 대한 임대차계약을 체결하는 경우 다음의 사항이 포함된 포준임대차계약서를 작성하여야 한다. (민특법 47조, 민특칙 20조)

> **<표준임대차계약서에 포함되어야 하는 사항>**
> ① 임대료 및 임대료 증액 제한에 관한 사항
> ② 임대차 계약기간
> ③ 임대보증금의 보증에 관한 사항
> ④ 민간임대주택의 선순위 담보권, 국세·지방세의 체납사실 등 권리관계에 관한 사항
> ⑤ 주택임대사업자 및 임차인의 권리·의무에 관한 사항
> ⑥ 민간임대주택의 수선·유지 및 보수에 관한 사항
> ⑦ 임대의무기간 중 남아 있는 기간과 임대차계약의 해제·해지 등에 관한 사항
> ⑧ 민간임대주택의 양도에 관한 사항

(2) 표준임대차계약서 작성 의무 면제

1) 등록 당시 임대차계약이 체결되어 있는 경우

민간임대주택 등록 당시 이미 임대차계약이 체결되어 있는 경우에는 기존 임대차계약서를 첨부하여 임대차계약 최초 신고를 할 수 있다. 이 경우 임대등록 당시 존속 중인 임차인에 주택임대사업자 등록한 사실을 직접 전달했거나 내용증명우편 등으로 통보한 사실을 객관적으로 증명할 수 있는 서류를 임대차계약 최초 신고 시 첨부하여야 한다. (민특령 36조 2항)

민간임대주택 등록 알림

안녕하십니까?

[임대주택 소재지]   의 임대인 [임대사업자 성명] 입니다.

귀하께서 거주하는 주택을 임대사업자가 임대하는 민간임대주택으로 등록하였음을 알려드립니다.
해당 주택은 임대사업자가 임대하는 민간임대주택이며, 「민간임대주택에 관한 특별법」에 따라
다음과 같은 사항이 적용됨을 알려드립니다.

- ○ 임대의무기간 중 민간임대주택 양도 제한 (「민간임대주택에 관한 특별법」 제43조)
  - 임대의무기간(10년) 중에 등록임대주택을 임대하지 않거나(본인 거주 포함) 무단으로
    양도할 수 없습니다.

- ○ 임대료 증액 제한 (「민간임대주택에 관한 특별법」 제44조)
  - 임대료(임대보증금 및 월임대료)를 증액하려는 경우 임대료의 5% 범위를 초과하여
    임대료를 증액할 수 없습니다. 또한, 임대차계약 또는 약정한 임대료 증액이 있은
    후 1년 이내에는 임대료를 증액할 수 없습니다.

- ○ 임대사업자 설명 의무 (「민간임대주택에 관한 특별법」 제48조)
  - 임대사업자는 임차인에게 임대의무기간, 임대료 증액제한(5%), 임대주택 권리관계
    (선순위 담보권, 세금체납사실 등) 등에 대해 설명하여야 합니다.
    * 또한, 둘 이상 임대차계약이 존재하는 다가구주택 등은 선순위 임대보증금에
      대해서도 설명해야 합니다. (2020.12.10. 이후)

- ○ 임대보증금 보증 의무 (「민간임대주택에 관한 특별법」 제49조)
  - 임대사업자는 등록임대주택에 대해 임대의무기간 종료일까지 임대보증금에 대한
    보증(원칙은 보증금 전액이나 일부 예외 존재)에 가입하여야 합니다.

- ○ 임대차계약의 해제·해지 등 제한 (「민간임대주택에 관한 특별법」 제45조)
  - 임대사업자는 임차인에게 귀책사유가 없는 한 임대차계약을 해제·해지하거나 재
    계약을 거절할 수 없습니다.
    (거절사유)월임대료 3개월 연체, 부대시설 고의 파손·멸실 등

임차인 본인은 상기 민간임대주택의 권리관계 등에 관한 주요 내용을 읽고 이해했음.

년   월   일

임차인 성명 : _____ (서명 또는 인)

2) 기존에 표준임대차계약서로 임대차계약 신고한 경우

기존에 표준임대차계약서로 임대차계약 신고를 한 경우로서 임대차계약이 묵시적으로 갱신된 경우에는 표준임대차계약서를 작성하지 않고 임대차계약 변경 신고를 하면 된다.

☑ check point **묵시적 갱신이라도 표준임대차계약서를 작성해야 하는 경우**

기존에 임대차계약 신고 시 표준임대차계약서를 작성하여 신고하지 않은 경우에는 묵시적 갱신 사유라도 표준임대차계약서를 작성하여 임대차계약 변경 신고를 하여야 한다.

---

(3) 표준임대차계약서 작성 의무 위반 시 과태료

주택임대사업자가 표준임대차계약서를 작성하지 아니할 경우 다음과 같이 1,000만원 이하의 과태료가 부과된다.

위반행위	근거 법조문	과태료 금액		
		1차	2차	3차이상
표준임대차계약서를 사용하여 작성하지 아니한 경우	법 제67조 제2항 제6호	500만원	700만원	1,000만원

(4) 표준임대차계약서 양식

표준임대차계약서는 6쪽으로 구성되어 있으며 민간임대주택법 시행규칙 서식(별지 24호)에 규정되어 있으며, 법령이 개정되면 서식도 일부 바뀌므로 확인하여 변경된 서식을 사용하여야 한다.

표준임대차계약서

(6쪽 중 1쪽)

임대사업자와 임차인은 아래의 같이 임대차계약을 체결하고 이를 증명하기 위해 계약서 2통을 작성하여 임대사업자와 임차인이 각각 서명 또는 날인한 후 각각 1통씩 보관한다.

※ 개업공인중개사가 임대차계약서를 작성하는 경우에는 계약서 3통을 작성하여 임대사업자, 임차인, 개업공인중개사가 각각 서명 또는 날인한 후 각각 1통씩 보관한다.

계약일:　　　　년　　　　월　　　　일

1. 계약 당사자

임대사업자	성명(법인명)		(서명 또는 인)
	주소 (대표 사무소 소재지)		
	주민등록번호 (사업자등록번호)	전화번호	
	임대사업자 등록번호		
임차인	성명(법인명)		(서명 또는 인)
	주소		
	주민등록번호	전화번호	

2. 공인중개사(개업공인중개사가 계약서를 작성하는 경우 해당)

개업공인 중개사	사무소 명칭		
	대표자 성명		(서명 및 인)
	사무소 소재지		
	등록번호	전화번호	

◆ 해당 주택은 「민간임대주택에 관한 특별법」에 따라 **임대사업자가 시장·군수·구청장에게 등록한 민간임대주택**으로서 다음과 같은 사항이 적용됩니다.

○ 임대의무기간 중 민간임대주택 양도 제한(「민간임대주택에 관한 특별법」 제43조)

- 임대사업자는 「민간임대주택에 관한 특별법 시행령」 제34조제1항에 따른 시점부터 「민간임대주택에 관한 특별법」 제2조제4호 또는 제5호에 따른 기간 동안 해당 민간임대주택을 계속 임대해야 하며, 그 기간 동안에는 양도가 제한됩니다.

○ 임대료 증액 제한(「민간임대주택에 관한 특별법」 제44조)

- 임대사업자는 해당 민간임대주택에 대한 임대료의 증액을 청구하는 경우 임대료의 **5퍼센트의 범위**에서 주거비 물가지수, 인근 지역의 임대료 변동률, 임대주택 세대수 등을 고려하여 「민간임대주택에 관한 특별법 시행령」 제34조의2에 따른 **증액비율을 초과하여 청구할 수 없습니다.**

  또한, 임대차계약 또는 임대료 증액이 있은 후 1년 이내에는 그 임대료를 증액할 수 없습니다.

○ 임대차계약의 해제·해지 등 제한(「민간임대주택에 관한 특별법」 제45조)

- **임대사업자는** 임차인이 의무를 위반하거나 임대차를 계속하기 어려운 경우 등의 사유가 발생한 때를 제외하고는 임대사업자로 등록되어 있는 기간 동안 임대차계약을 해제 또는 해지하거나 재계약을 거절할 수 없습니다.

- 임차인은 시장·군수·구청장이 임대주택에 거주하기 곤란한 정도의 중대한 하자가 있다고 인정하는 경우 등에 해당하면 임대의무기간 동안에도 임대차계약을 해제·해지할 수 있습니다.

210mm×297mm[백상지 80g/㎡]

3. 민간임대주택의 표시

주택 소재지				
주택 유형	아파트[ ] 연립주택[ ] 다세대주택[ ] 다가구주택[ ] 그 밖의 주택[ ]			

민간임대주택 면적 (㎡)	주거전용면적	공용면적		합계
		주거공용면적	그 밖의 공용면적 (지하주차장 면적을 포함한다)	

민간임대주택의 종류	공공지원[ ] (□10년, □8년) 장기일반[ ] (□10년, □8년) 그 밖의 유형 [ ]	건설[ ] 매입[ ]	임대의무 기간 개시일	년 월 일

100세대 이상 민간임대주택단지 해당 여부	예 [ ] 아니오 [ ] * 임대료 증액 시 「민간임대주택에 관한 특별법 시행령」 제34조의2제1호에 따른 기준 적용
민간임대주택에 딸린 부대시설·복리시설의 종류	
선순위 담보권 등 권리관계 설정 여부	없음[ ] 있음[ ] -선순위 담보권 등 권리관계의 종류: -설정금액: -설정일자:
국세·지방세 체납사실	없음[ ] 있음[ ]

임대보증금 보증 가입 여부	가입[ ] 일부가입[ ]
	
	- 보증대상 금액: 미가입[ ]
	- 사유 : □ 가입대상 금액이 0원 이하
	         □ 가입 면제 대상( )
	         □ 가입 거절
	         □ 그 밖의 사유( )

* 주택 면적 산정방법은 「주택법 시행규칙」 제2조, 「주택공급에 관한 규칙」 제21조제5항에 따른다.
* 민간임대주택의 종류 중 그 밖의 유형에는 단기민간임대주택(3·4·5년), 준공공임대주택(8·10년), 기업형 임대주택 중 하나를 적는다.
* 선순위 담보권 등 권리관계는 제한물권, 압류·가압류·가처분 등에 관한 사항을 말한다.
* 임대보증금 보증가입대상 금액은 「민간임대주택에 관한 특별법」 제49조에 따른다.
* 보증가입대상의 미가입 사유에는 선순위 담보권 설정금액과 임대보증금을 합한 금액이 주택가격의 100분의 60보다 적은 경우(「민간임대주택에 관한 특별법」 제49조제3항), 가입 면제 대상(「민간임대주택에 관한 특별법」 제49조제7항) 및 가입 거절 등의 사유를 적는다.

4. 계약조건

제1조(임대보증금, 월임대료 및 임대차 계약기간) ① 임대사업자는 위 주택의 임대보증금, 월임대료(이하 "임대료"라 한다) 및 임대차 계약기간을 아래와 같이 정하여 임차인에게 임대한다.

구분	임대보증금		월임대료	
금액	금	원정(₩)	금	원정(₩)
임대차 계약기간	년 월 일 ~ 년 월 일			

② 임차인은 제1항의 임대보증금에 대하여 아래와 같이 임대사업자에게 지급하기로 한다.

계약금	금	원정(₩)은 계약 시에 지급		
중도금	금	원정(₩)은	년 월	일에 지급
잔 금	금	원정(₩)은	년 월	일에 지급
계좌번호	은행		예금주	

③ 임차인은 제1항과 제2항에 따른 임대보증금을 이자 없이 임대사업자에게 예치한다.
④ 임차인은 제2항의 지급기한까지 임대보증금을 내지 않는 경우에는 연체이율(연   %)을 적용하여 계산한 연체료를 더하여 내야 한다. 이 경우 연체이율은 한국은행에서 발표하는 예금은행 주택담보대출의 가중평균금리에 「은행법」에 따른 은행으로서 가계자금 대출시장의 점유율이 최상위인 금융기관의 연체가산율을 합산한 이율을 고려하여 결정한다.

210mm×297mm[백상지 80g/㎡]

⑤ 임차인은 당월 분의 월임대료를 매달 말일까지 내야하며, 이를 내지 않을 경우에는 연체된 금액에 제4항에 따른 연체요율을 적용하여 계산한 연체료를 더하여 내야 한다.

제2조(민간임대주택의 입주일) 위 주택의 입주일은   년   월   일부터 년   월   일까지로 한다.

제3조(월임대료의 계산) ① 임대기간이 월의 첫날부터 시작되지 않거나 월의 말일에 끝나지 않는 경우에는 그 임대기간이 시작되거나 끝나는 월의 임대료는 일할로 산정한다.

② 입수 월의 월임내료는 입주일(제2조에 따른 입주일을 징한 경우 입주일)부터 계산한다. 디민, 입주지정기간이 지나 입주하는 경우에는 입주지정기간이 끝난 날부터 계산한다.

제4조(관리비와 사용료) ① 임차인이 임대주택에 대한 관리비와 사용료를 임대사업자 또는 임대사업자가 지정한 관리주체에게 납부해야 하는 경우에는 특약으로 정하는 기한까지 내야하며, 이를 내지 않을 경우에는 임대사업자는 임차인으로 하여금 연체된 금액에 대해 제1조제4항에 따른 연체요율을 적용하여 계산한 연체료를 더하여 내게 할 수 있다.

② 임대사업자는 관리비와 사용료를 징수할 때에는 관리비와 사용료의 부과 명세서를 첨부하여 임차인에게 이를 낼 것을 통지해야 한다.

제5조(임대 조건 등의 변경) 임대사업자와 임차인은 다음 각 호의 어느 하나에 해당할 경우에는 임대보증금, 임대료, 관리비, 사용료 등 모든 납부금액을 조정할 수 있다. 다만, 임대료의 조정은 「민간임대주택에 관한 특별법」 및 「주택임대차보호법」을 위반해서는 안 되고, 「민간임대주택에 관한 특별법」 제44조에 따라 임대료 증액청구는 임대료의 5퍼센트의 범위에서 주거비 물가지수, 인근 지역의 임대료 변동률, 임대주택 세대수 등을 고려하여 같은 법 시행령 제34조의2에 따라 정하는 증액비율을 초과하여 청구할 수 없으며, 임대차계약 또는 임대료 증액이 있은 후 1년 이내에는 그 임대료를 증액하지 못한다.

1. 물가, 그 밖의 경제적 여건의 변동이 있을 때
2. 임대사업자가 임대하는 주택 상호간 또는 인근 유사지역의 민간임대주택 간에 임대조건의 균형상 조정할 필요가 있을 때
3. 민간임대주택과 부대시설 및 부지의 가격에 현저한 변동이 있을 때

100세대 이상 민간임대주택단지는 임대료 증액 시 직전 임대료의 5퍼센트의 범위에서 다음의 기준을 적용 받음(「민간임대주택에 관한 특별법 시행령」 제34조의2제1호)
 1. 「통계법」에 따라 통계청장이 고시하는 지출목적별 소비자물가지수 항목 중 해당 임대주택이 소재한 특별시, 광역시, 특별자치시, 도 또는 특별자치도의 주택임차료, 주거시설 유지·보수 및 기타 주거관련 서비스 지수를 가중 평균한 값의 변동률. 다만, 임대료의 5퍼센트 범위에서 시·군·자치구의 조례로 해당 시·군·자치구에서 적용하는 비율을 정하고 있는 경우에는 그에 따름.
 2. 구체적인 산정방법은 임대등록시스템(렌트홈, www.renthome.go.kr) "100세대 이상 민간임대주택단지 임대료 증액기준" 참조

제6조(임차인의 금지행위) 임차인은 다음 각 호의 어느 하나에 해당하는 행위를 해서는 안 된다.
1. 임대사업자의 동의 없이 무단으로 임차권을 양도하거나 민간임대주택을 타인에게 전대하는 행위
2. 민간임대주택 및 그 부대시설을 개축·증축 또는 변경하거나 본래의 용도가 아닌 용도로 사용하는 행위
3. 민간임대주택 및 그 부대시설을 파손 또는 멸실하는 행위
4. 민간임대주택 및 그 부대시설의 유지·관리를 위하여 임대사업자와 임차인이 합의한 사항을 위반하는 행위

제7조(임차인의 의무) 임차인은 위 주택을 선량한 관리자로서 유지·관리해야 한다.

제8조(민간임대주택 관리의 범위) 위 주택의 공용부분과 그 부대시설 및 복리시설은 임대사업자 또는 임대사업자가 지정한 주택관리업자가 관리하고, 주택과 그 내부시설은 임차인이 관리한다.

제9조(민간임대주택의 수선·유지 및 보수의 한계) ① 위 주택의 보수와 수선은 임대사업자의 부담으로 하되, 위 주택의 전용부분과 그 내부시설물을 임차인이 파손하거나 멸실한 부분 또는 소모성 자재(「공동주택관리법 시행규칙」 별표 1의 장기수선계획의 수립기준상 수선주기가 6년 이내인 자재를 말한다)의 보수주기에서의 보수 또는 수선은 임차인의 부담으로 한다.

② 제1항에 따른 소모성 자재와 소모성 자재 외의 소모성 자재의 종류와 그 종류별 보수주기는 특약으로 따로 정할 수 있다. 다만, 벽지·장판·전등기구 및 콘센트의 보수주기는 다음 각 호에 따른다.

1. 벽지 및 장판: 10년(변색·훼손·오염 등이 심한 경우에는 6년으로 하며, 적치물의 제거에 임차인이 협조한 경우만 해당한다)
2. 전등기구 및 콘센트: 10년. 다만, 훼손 등을 이유로 안전상의 위험이 우려되는 경우에는 조기 교체해야 한다.

210mm×297mm[백상지 80g/㎡]

제10조(임대차계약의 해제 및 해지) ① 임차인이 다음 각 호의 어느 하나에 해당하는 행위를 한 경우를 제외하고는 임대사업자는 이 계약을 해제 또는 해지하거나 임대차계약의 갱신을 거절할 수 없다.

1. 거짓이나 그 밖의 부정한 방법으로 민간임대주택을 임대받은 경우

2. 임대사업자의 귀책사유 없이 「민간임대주택에 관한 특별법 시행령」 제34조제1항 각 호의 시점으로부터 3개월 이내에 입주하지 않은 경우.

3. 월임대료를 3개월 이상 연속하여 연체한 경우

4. 민간임대주택 및 그 부대시설을 임대사업자의 동의를 받지 않고 개축·증축 또는 변경하거나 본래의 용도가 아닌 용도로 사용한 경우

5. 민간임대주택 및 그 부대시설을 고의로 파손 또는 멸실한 경우

6. 공공지원민간임대주택의 임차인이 다음 각 목의 어느 하나에 해당하게 된 경우

   가. 임차인의 자산 또는 소득이 「민간임대주택에 관한 특별법 시행규칙」 제14조의3 및 제14조의7에 따른 요건을 초과하는 경우

   나. 임대차계약 기간 중 주택을 소유하게 된 경우. 다만, 다음의 어느 하나에 해당하는 경우는 제외한다.

      1) 상속·판결 또는 혼인 등 그 밖의 부득이한 사유로 주택을 소유하게 된 경우로서 임대차계약이 해제·해지되거나 재계약이 거절될 수 있다는 내용을 통보받은 날부터 6개월 이내에 해당 주택을 처분하는 경우

      2) 혼인 등의 사유로 주택을 소유하게 된 세대구성원이 소유권을 취득한 날부터 14일 이내에 전출신고를 하여 세대가 분리된 경우

      3) 공공지원민간임대주택의 입주자를 선정하고 남은 공공지원민간임대주택에 대하여 선착순의 방법으로 입주자로 선정된 경우

7. 「민간임대주택에 관한 특별법」 제42조의2에 따라 임차인이 공공지원민간임대주택 또는 공공임대주택에 중복하여 입주한 것으로 확인된 경우

8. 그 밖에 이 표준임대차계약서상의 의무를 위반한 경우

② 임차인은 다음 각 호의 어느 하나에 해당하는 경우에 이 계약을 해제 또는 해지할 수 있다.

1. 특별자치도지사·특별자치시장·시장·군수·구청장이 민간임대주택에 거주하기 곤란할 정도의 중대한 하자가 있다고 인정하는 경우

2. 임대사업자가 임차인의 의사에 반하여 민간임대주택의 부대시설·복리시설을 파손시킨 경우

3. 임대사업자의 귀책사유로 입주지정기간이 끝난 날부터 3개월 이내에 입주할 수 없는 경우

4. 임대사업자가 이 표준임대차계약서상의 의무를 위반한 경우

제11조(임대보증금의 반환) ① 임차인이 임대사업자에게 예치한 임대보증금은 이 계약이 끝나거나 해제 또는 해지되어 임차인이 임대사업자에게 주택을 명도(明渡)함과 동시에 반환한다.

② 제1항에 따라 반환할 경우 임대사업자는 주택 및 내부 일체에 대한 점검을 실시한 후 임차인이 임대사업자에게 내야 할 임대료, 관리비 등 모든 납부금액과 제9조제1항에 따른 임차인의 수선유지 불이행에 따른 보수비 및 특약으로 정한 위약금, 불법거주에 따른 배상금, 손해금 등 임차인의 채무를 임대보증금에서 우선 공제하고 그 잔액을 반환한다.

③ 임차인은 위 주택을 임대사업자에게 명도할 때까지 사용한 전기·수도·가스 등의 사용료(납부시효가 끝나지 않은 것을 말한다) 지급 영수증을 임대사업자에게 제시 또는 예치해야 한다.

제12조(임대보증금 보증) ① 임대사업자가 「민간임대주택에 관한 특별법」 제49조에 따라 임대보증금 보증에 가입을 한 경우, 같은 법 시행령 제40조에 따라 보증수수료의 75퍼센트는 임대사업자가 부담하고, 25퍼센트는 임차인이 부담한다. 부담 금액의 징수 방법·절차·기한에 관한 사항은 특약으로 정할 수 있다.

210mm×297mm[백상지 80g/㎡]

제13조(민간임대주택의 양도) ① 임대사업자가 임대의무기간 경과 후 위 주택을 **임차인에게 양도할 경우** 위 주택의 양도 등에 관한 사항은 **특약으로 정한 바에 따른다.**

② 임대사업자가 「민간임대주택에 관한 특별법」 제43조제2항에 따라 위 주택을 다른 임대사업자에게 양도하는 경우에는 양수도계약서에서 양도받는 자는 양도하는 자의 임대사업자로서의 지위를 포괄적으로 승계한다는 뜻을 분명하게 밝혀야 한다.

제14조(임대사업자의 설명의무) ① 임대사업자는 「민간임대주택에 관한 특별법」 제48조에 따라 **임대차계약을 체결하거나 월임대료를 임대보증금으로 전환하는 등 계약내용을 변경하는 경우에는 다음 각 호의 사항을 임차인이 이해할 수 있도록 설명하고, 등기사항증명서 등 설명의 근거자료를 제시**해야 한다.

1. 임대보증금 보증가입에 관한 사항(「민간임대주택에 관한 특별법」 제49조에 따른 임대보증금 보증가입 의무대상 주택에 한정한다)

    가. 해당 민간임대주택의 임대보증금 보증대상액 및 보증기간에 관한 사항

    나. 임대보증금 보증 가입에 드는 보증수수료(이하 "보증수수료"라 한다) 산정방법 및 금액, 임대보증금과 임차인의 보증수수료 분담비율, 임차인이 부담해야 할 보증수수료의 납부방법에 관한 사항

    다. 보증기간 중 임대차계약이 해지·해제되거나 임대보증금의 증감이 있는 경우에 보증수수료의 환급 또는 추가 납부에 관한 사항

    라. 임대차 계약기간 중 보증기간이 만료되는 경우에 재가입에 관한 사항

    마. 보증약관의 내용 중 국토교통부장관이 정하여 고시하는 중요사항에 관한 내용(보증이행 조건 등)

2. 민간임대주택의 선순위 담보권 등 권리관계에 관한 사항

    가. 민간임대주택에 설정된 제한물권, 압류·가압류·가처분 등에 관한 사항

    나. 임대사업자의 국세·지방세 체납에 관한 사항

3. 임대의무기간 중 남아 있는 기간

4. 「민간임대주택에 관한 특별법」 제44조제2항에 따른 임대료 증액 제한에 관한 사항

5. 「민간임대주택에 관한 특별법」 제45조에 따른 임대차계약의 해제·해지 등에 관한 사항

6. 단독주택, 다중주택 및 다가구주택에 해당하는 민간임대주택에 둘 이상의 임대차계약이 존재하는 경우 「주택임대차보호법」 제3조의6제2항에 따라 작성된 확정일자부에 기재된 주택의 차임 및 보증금 등의 정보

② 임차인은 임대사업자로부터 제1항의 사항에 대한 설명을 듣고 이해했음을 아래와 같이 확인한다.

> 본인은 임대보증금 보증가입, 민간임대주택의 권리관계 등에 관한 주요 내용에 대한 설명을 듣고 이해했음.
>
> 임차인 성명:　　　　　　(서명 또는 날인)

제15조(소송) 이 계약에 관한 소송의 관할 법원은 임대사업자와 임차인이 합의하여 결정하는 관할법원으로 하며, 임대사업자와 임차인 간에 합의가 이루어지지 않은 경우에는 위 주택 소재지를 관할하는 법원으로 한다.

제16조(중개대상물의 확인·설명) 개업공인중개사가 임대차계약서를 작성하는 경우에는 중개대상물확인·설명서를 작성하고, 업무보증 관계증서(공제증서 등) 사본을 첨부하여 임대차계약을 체결할 때 임대사업자와 임차인에게 교부한다.

제17조(특약) 임대사업자와 임차인은 제1조부터 제15조까지에서 규정한 사항 외에 필요한 사항에 대해서는 따로 특약으로 정할 수 있다. 다만, 특약의 내용은 「약관의 규제에 관한 법률」을 위반해서는 안 된다.

> ◈ 주택월세 소득공제 안내
> 근로소득이 있는 거주자(일용근로자는 제외한다)는 「소득세법」 및 「조세특례제한법」에 따라 주택월세에 대한 소득공제를 받을 수 있으며, 자세한 사항은 국세청 콜센터(국번 없이 126)로 문의하시기 바랍니다.

210mm×297mm[백상지 80g/㎡]

5. 개인정보의 제3자 제공 동의서

　　임대사업자는 「개인정보 보호법」 제17조에 따라 등록임대주택에 관한 정보제공에 필요한 개인정보를 아래와 같이 임차인의 동의를 받아 제공합니다. 이 경우 개인정보를 제공받은 자가 해당 개인정보를 이용하여 임차인에게 연락할 수 있음을 알려드립니다.

- 제공받는 자: 국토교통부장관, 시장·군수·구청장
- 제공 목적: **등록임대주택에 관한 정보제공을 위한 우편물 발송, 문자 발송 등 지원 관련**
- 개인정보 항목: 성명, 주소, 전화번호
- 보유 및 이용 기간: **임대차계약 종료일까지**

본인의 개인정보를 제3자 제공에 동의합니다.

　　　　　　　　　　　　　　　　임차인 성명:　　　　　　　(서명 또는 날인)

※ 임차인은 개인정보 제공에 대한 동의를 거부할 수 있으며, 이 경우 임차인 권리, 등록임대주택에 관한 정보제공이 제한됩니다.

210mm×297mm[백상지 80g/㎡]

④ 임대차계약 신고 의무

(1) 임대차계약 최초 신고

주택임대사업자는 임대차계약에 관한 다음의 사항을 임대차계약을 체결한 날(종전 임대차계약이 있는 경우 민간임대주택으로 등록한 날)로부터 3개월 이내에 임대주택 소재지 관할 시장·군수·구청장에게 신고하여야 한다. (민특법 46조 1항, 민특령 36조 1항)

① 임대차 기간
② 임대료
③ 민간임대주택의 소유권을 취득하기 위하여 대출받은 금액(민간매입임대주택에 한함)
④ 임차인 현황(준주택으로 한정)

(2) 임대차계약 변경 신고

주택임대사업자는 임대차계약 최초 신고 후 임대차계약에 관한 사항이 변경된 경우, 임대차계약이 변경된 날로부터 3개월 이내에 임대주택 소재지 관할 시장·군수·구청장에게 신고하여야 한다. (민특법 46조 1항)

> **☑ check point 임대차계약 신고**
> 민간임대주택법에 의하여 임대차계약 최초 신고(변경)를 한 경우에는 「부동산거래신고등에 관한 법률」에 의한 주택임대차신고를 한 것으로 봄. 따라서 별도로 주택임대차신고를 하지 않아도 된다. 다만, 임차인이 확정일자를 부여받기 위해 주택임대차신고를 원하는 경우 신고가 가능. (부동산거래신고법 6조의5 2항)

(3) 임대차계약 신고 방법

주택임대사업자가 임대차계약을 신고하는 방법은 직접 임대주택 소재지 관할 시·군·구청에 방문하여 신고하거나 렌트홈(www.renthome.go.kr)을 통하여 온라인으로 신고하는 방법이 있다.

1) 렌트홈을 통한 임대차계약 신고

① 임대사업자 등록 신청 ⇒ 임대차계약 신고 ⇒ 임대차계약 최초/변경 신고

② 신고구분에서 최초 신고일 경우에는 최초를 선택하고 변경신고일 경우에는 변경을 선택한 후, 임대사업자 정보 조회를 클릭한다.

③ 임대사업자 정보 조회를 클릭 후 주민등록번호와 인증서로 인증하면 임대사업자
등록 내역이 조회된다.

④ 최초 신고의 경우 임대주택 임대차계약 상세 내역을 입력하면 된다.

임대차계약 최초/변경신고

[도움말] [법령조회] [미리보기]

신고구분   ● 최초   ○ 변경

[임대사업자 정보 조회]

안내
- 임대사업자가 등록되어 있어야 합니다.
- 임대사업자 정보 조회를 클릭하여 임대사업자 정보를 연계 조회하여 주십시오.
- 임대사업자에 대한 임대주택이 등록되어 있어야 합니다.
- 임대주택 불러오기를 클릭하여 임대차계약 신고 대상 임대주택을 선택하여 주십시오.
- **등록된 임대주택 중 임대차계약신고를 하여야 하는 임대주택만 선택하여 신청할 수 있습니다.**
- (임대차계약 최초신고, 대상 임대주택이 100건을 초과할 경우, 신고대상 임대주택을 가급적 100건 이하로 나누어서 2건 이상의 민원으로 신청해 주실 것을 권장 드립니다. (민원인/지자체 담당자 관리 편의 목적)

[임시저장]

등록번호		최초등록일		전입일	

▌임대사업자

대표	성명	주민등록번호	도로명주소	전화번호(유선)	전화번호(휴대전화)
			해당 자료가 없습니다.		

◄   ►

▌임대주택 임대차계약

[전자계약 신고정보 확인] [전월세 확정 신고정보 확인] [엑셀양식 다운로드] [임대조건 일괄입력] [임대주택 불러오기]

물건순번	도로명주소	주택구분	주택유형	주택종류	동	층	호	실

◄   ►

▶ 임대주택 임대차계약 상세내역

물건순번		임대기간		-	

| 세대당대출금 (천원) | 천원 | 임대보증금 (원) | 원 | 월임대료 (원) | 원 |
| | | | | 연임대료 (원) | 원 |

| 임차인 성명 | 임차인 동의여부 ☐ | 임차인 연락처 | | 임대차 계약일 | |

| | ○ 가입 ○ 일부가입 | | ○ 미가입 | | |
| 임대보증금 보증 가입 사항 | 보증대상 금액 : ___ 원 | 임대보증금 보증 미가입 사항 | 사유 : 선택하세요 ∨ | | |

| HUG특별보증 가입여부 | ○ 가입 ○ 미가입 | (임대주택 부채비율이 100% 초과되어 HUG특별보증에 가입한 경우에만 체크하시기 바랍니다.) | | | |

| 보증 미가입 상세 사유 (0/1000byte) | | | | | |

※ 세대당대출금은 매입임대주택에 대해서만 활성화되어 입력가능합니다.
※ 도로명 주소가 없는 경우 지번주소가 표시됩니다.
※ 임차인 동의여부는 2022년 01월 14일 개정 표준임대차계약서 6조의 임차인 개인정보 제 3자 제공에 동의한 경우에만 체크하시기 바랍니다.
※ 임대보증금 미가입 사유를 '가입 면제 대상' 또는 '그 밖의 사유'를 선택할 경우 상세사유를 입력하여야 합니다.
※ HUG 특별보증 : 보증가입 의무확대 시행('20.8.18.) 전 등록한 개인 임대사업자를 대상으로 임대주택 부채비율이 100%를 초과하여도 HUG 특별보증 요건을 충족하는 경우에는 보증가입이 가능하며, 특별보증 가입 시 임대보증금 보증가입 의무이행으로 간주함(2년 한시시행('22.1.15.~'24.1.14.))

⑤ 변경 신고의 경우 임대차계약 정보 조회를 클릭하여 주민등록번호 및 인증서로
인증하면 기신고된 임대차계약이 조회된다.

임대차계약 최초/변경신고

| 도움말 | 법령조회 | 미리보기 |

신고구분　　○ 최초　● 변경

임대차계약 정보 조회

안내
- 임대사업자가 등록되어 있어야 합니다.
- 임대차계약 신고대장이 등록되어 있어야 합니다.
- 임대차계약 정보 조회를 클릭하여 임대차계약 신고대장 정보를 먼저 조회하여 주십시오.
- 임대사업자에 대한 임대주택이 등록되어 있어야 합니다.
- 변경 임대주택 임대차계약은 기존에 신고된 임대차계약 변경 내역을 입력합니다

임시저장

신고번호	신고일

┃ 임대사업자

대표	성명	주민등록번호	도로명주소	전화번호(유선)	전화번호(휴대전화
			해당 자료가 없습니다.		

┃ 임대주택 임대차계약

▶ 변경 임대주택 임대차계약

| 전자계약 신고정보 확인 | 전월세 확정 신고정보 확인 | 엑셀양식 다운로드 | 임대조건 일괄입력 |

물건 순번	도로명 주소	주택 구분	주택 유형	주택 종류	동	층	호	실

▶ 변경 임대주택 임대차계약 상세내역

항목	변경 전	변경 후	
물건순번		변경구분	선택하세요　∨ ?
임대기간	묵시적 계약 갱신 여부	☐묵시적 계약 갱신 여부	.　　□ - □
세대당대출금(천원)	최고	최고	

⑥ 기신고된 임대차계약을 클릭하면 기존 임대차계약 정보가 나오고 변경된 사항을 입력하면 된다.

신고번호	2020	군포시	임대차계약		신고일	2020-03-02

❙ 임대사업자

대표	성명	주민등록번호	도로명주소	전화번호(유선)	전화번호(휴대전화
☑		*********	서울특별시 양천구		

❙ 임대주택 임대차계약

▶ 변경 임대주택 임대차계약

[전자계약 신고정보 확인] [전월세 확정 신고정보 확인] [엑셀양식 다운로드] [임대조건 일괄입력]

물건순번	도로명주소	주택구분	주택유형	주택종류	동	층	호	실
60000	경기도 군포시	매입임대주택	아파트	장기일반민간임대주택(8년)				

▶ 변경 임대주택 임대차계약 상세내역

항목	변경 전		변경 후	
물건순번	60000'	변경구분	변경 ∨ ❓	
임대기간	☐ 묵시적 계약 갱신 여부 -	☐ 묵시적 계약 갱신 여부 📅 - 📅	
세대당대출금(천원)	천원	천원	
임대보증금(원)	원	원	
월임대료(원)	원	원	
연임대료(원)	0 원	0 원	
면적(㎡)	51.66 ㎡	임대료인상률(%)	%
기준금리 적용일자	2022-10-12	한국은행기준금리(%)	3.00 % [변경]
임차인성명		☐ 임차인 동의여부	
임차인연락처			

⑦ 구비서류(표준임대차계약서 사본, 보증서등)를 등록하고 민원 신청을 하면 임대차계약 신고가 완료된다.

임대차계약 [ ] 신고서(신고증명서)
[ ] 변경신고서(변경신고증명서)

※어두운 난(▨▨▨)은 신고인이 작성하지 않으며, [ ]에는 해당되는 곳에 √표를 합니다.　　　　　　　　　(앞쪽)

접수번호		접수일자	처리기간	10일

임대 사업자	[ ] 개인사업자	성명	주민등록번호
	[ ] 법인사업자	법인명(상호)	법인등록번호
	주소(법인의 경우 대표 사무소 소재지)	전화번호 (유선) 　　　　　　(휴대전화)	
		전자우편	

민간임대주택의 소재지		구분	대출금 (원)	임대차 계약기간		임대조건(원)		묵시적 계약 갱 신 여부
건물 주소	호, 실 번호 또는 층			개시일	종료일	임대보증금	월임대료	
		[ ] 최초 [ ] 변경 전						
		변경 후						
		[ ] 최초 [ ] 변경 전						
		변경 후						
		[ ] 최초 [ ] 변경 전						
		변경 후						
		[ ] 최초 [ ] 변경 전						
		변경 후						
		[ ] 최초 [ ] 변경 전						
		변경 후						
		[ ] 최초 [ ] 변경 전						
		변경 후						

「민간임대주택에 관한 특별법」 제46조제1항·제2항 및 같은 법 시행규칙 제19조제1항에 따라 위와 같이 임대차계약을 [ ]최초 신고 [ ]변경 신고를 신청합니다.

년　　　월　　　일

신고인　　　　　　　　　　　　　　　　　(서명 또는 인)

특 별 자 치 시 장
특 별 자 치 도 지 사　귀하
시 장 · 군 수 · 구 청 장

210mm×297mm[백상지(80g/㎡) 또는 중질지(80g/㎡)]

(4) 임대차계약 신고 의무 위반 시 과태료

임대차사업자가 임대차계약 신고 의무를 위반할 경우 최대 1,000만원 이하의 과태료가 부과된다.

위반행위	법규정	과태료		
		1차	2차	3차
주택임대사업자가 임대차계약 신고를 하지 않거나 거짓으로 신고한 경우	법 제67조 제2항 제5호	500만원	700만원	1,000만원

◆5 임대료 증액 제한

(1) 임대료 증액 제한

주택임대사업자가 임대기간 동안 임대료의 증액을 청구하는 경우에는 주거비 물가지수, 인근 지역의 임대료 변동률, 임대주택 세대 수 등을 고려하여 종전 계약 대비 5%를 초과하여 청구할 수 없다. (민특법 44조 2항)

(2) 임대료 증액 청구 시기

임대료 증액의 청구는 임대차계약 또는 약정한 임대료의 증액이 있은 후 1년 이내에는 하지 못한다. (민특법 44조 3항)

(3) 초과 임대료의 반환 청구

임차인은 종전 계약 대비 5%를 초과하여 증액된 임대료를 지급한 경우 초과 지급한 임대료에 상당하는 금액의 반환을 청구할 수 있다. (민특법 44조의2)

(4) 최초 임대료

주택임대사업자가 민간임대주택을 임대하는 경우에 최초 임대료는 다음과 같다.
(민특법 44조 1항)

① 민간임대주택으로 등록할 당시에 임대차 계약이 체결되어 있지 아니한 경우: 주택임대사업자가 정하는 임대료
② 민간임대주택으로 등록할 당시에 임대차계약이 체결되어 있는 경우: 종전 임대료 계약에 따른 임대료

> ☑ check point **최초임대료 규정 개정**
> 2019.10.23. 이전에 민간임대주택으로 등록한 경우의 최초 임대료는 민간임대주택을 등록한 후 새로운 임차인과 계약을 체결하거나 기존 임차인과 갱신된 계약을 체결할 때 임대료로 주택임대사업자가 정하는 임대료가 최초 임대료가 된다. 따라서 2019.10.23. 이전 등록된 민간임대주택의 경우 최초 임대료에 한하여 시세에 맞게 임대료를 정할 수 있었다.

(5) 임대보증금과 월임대료의 상환 전환

주택임대사업자는 임대료의 증액을 청구하면서 임대보증금을 월임대료로 전환하거나, 월임대료를 임대보증금으로 전환하는 경우 임차인의 동의를 받아야 하며, 전환되는 월임대료는 「주택임대차보호법」 제7조의2에 따른 범위를 초과할 수 없다. 월임대료를 임대보증금으로 전환하는 경우에도 또한 같다. (민특법 44조 4항, 민특칙 18조)

(6) 임대료 증액제한 준수 기간

주택임대사업자는 임대기간까지 임대료 증액 제한을 준수하여야 한다.

☑ check point 임대기간의 의미 (유권 해석, 안건번호 19-0410, 2020.2.13)

주택임대사업자의 임대기간이란 주택임대사업자가 임차인과 임대차계약을 체결할 때마다 정해지는 각각의 임대차계약 기간을 의미하는 것이 아니라 주택임대사업자가 민간임대주택을 임대하기 위하여 임대등록을 유지하는 모든 기간을 의미한다.

(7) 임대료 증액 제한 위반 과태료

주택임대사업자가 임대기간 동안 임대료 증액 제한 의무를 위반한 경우 최대 3,000만원 이하의 과태료가 부과된다.

위반행위	법규정	과태료		
		1차	2차	3차
임대료의 증액 비율을 초과하여 임대료의 증액을 청구한 경우				
① 위반 건수가 10건 이상인 경우	법 제67조 제1항 제4호	2,000만원	3,000만원	3,000만원
② 위반 건수가 2건 이상 10건 미만인 경우		1,000만원	2,000만원	3,000만원
③ 위반 건수가 1건인 경우		500만원	1,000만원	2,000만원

⑥ 임대의무기간 준수 의무

(1) 주택임대사업자의 임대의무기간

주택임대사업자는 임대의무기간 동안 민간임대주택을 계속 임대하여야 하며, 그 기간이 지나지 아니하면 이를 양도할 수 없다. (민특법 43조 1항)

2020.8.18. 민간임대주택에 관한 특별법 개정으로 장기일반민간임대주택의 경우 10년 이상의 임대의무기간을 준수해야 한다.

<임대주택 등록 시기에 따른 임대의무기간>
1. 1994.04.01. ~ 2013.12.04.: 매입임대주택(5년 이상)
2. 2013.12.05. ~ 2015.12.28.: 매입임대주택(5년 이상), 준공공임대주택(10년 이상)
3. 2015.12.29. ~ 2018.07.16.: 단기임대주택(4년 이상), 준공공임대주택(8년 이상)
4. 2018.07.17. ~ 2020.08.17.: 단기민간임대주택(4년 이상), 장기일반민간임대주택(8년 이상)
5. 2020.08.18. ~　　　　　: 장기일반민간임대주택(10년 이상)

☑ **check point 민간임대주택에 관한 특별법 개정으로 인한 임대의무기간**

① 2015.12.29. 임대주택법에서 민간임대주택에 관한 특별법으로 개정되면서 기존 등록된 임대주택의 경우 종전 규정을 적용한다. 따라서 2015.12.28. 이전에 등록된 임대주택의 경우 4년, 8년으로 임대의무기간이 변경되었음에도 불구하고 종전의 임대의무기간인 5년, 10년을 적용한다.

② 2020.08.18. 민간임대주택에 관한 특별법 개정으로 장기일반민간임대주택의 임대의무기간이 8년에서 10년으로 연장되었는데, 부칙 규정으로 2020.8.18. 이후 등록하는 민간임대주택부터 적용된다고 규정되어 있어 기존에 등록된 민간임대주택의 경우 종전 임대의무기간(8년)을 적용한다.

---

(2) 임대의무기간의 기산일

민간임대주택에 관한 특별법에 의한 임대의무기간의 기산일은 다음을 말한다. (민특령 34조 1항)

① 민간건설임대주택: 입주지정기간 개시일. 이 경우 입주지정기간을 정하지 아니한 경우에는 주택임대사업자 등록 이후 최초로 체결된 임대차계약서상의 실제 임대개시일

② 민간매입임대주택: 주택임대사업자 등록일. 다만, 주택임대사업자 등록 이후 임대가 개시되는 주택은 임대차계약서상의 실제 임대개시일로 한다.

<단기민간임대주택에서 장기일반민간임대주택으로 전환된 경우>

2017.9.19.~2020.8.17. 사이에 단기민간임대주택에서 장기일반민간임대수택으로 전환된 경우 임내의무기간은 다음과 같다. 다만, 민간임대주택에 관한 특별법 개정으로 2020.8.18. 이후부터는 단기민간임대주택을 장기일반민간임대주택으로 변경할 수 없다.

(1) 단기민간임대주택의 임대의무기간 종료 전에 변경신고한 경우
단기민간임대주택의 임대의무기간 기산일을 장기일반민간임대주택의 기산일로 소급하여 인정해 준다. 즉, 단기민간임대주택으로 등록한 후 임대의무기간이 경과하기 전인 2년의 임대기간이 경과한 후 장기일반민간임대주택(8년 이상)으로 변경신고한 경우에는 단기민간임대주택의 임대기간 2년을 승계받아 추후 6년의 임대기간만 충족하면 임대의무기간을 충족한 것으로 본다.

(2) 단기민간임대주택의 임대의무기간 종료 후에 변경신고한 경우
변경신고일로부터 단기민간임대주택의 의무임대기간을 역산한 날을 장기일반민간임대주택의 기산일로 하여 임대의무기간을 계산한다. 즉, 단기민간임대주택으로 등록한 후 4년의 의무임대기간이 경과한 5년이 되는 날에 장기일반민간임대주택으로 변경신고를 한 경우에는 실제 임대기간인 5년을 승계받는 것이 아닌 의무임대기간인 4년을 승계받아 추후 4년의 임대기간을 충족하면 임대의무기간을 충족한 것으로 본다.

(3) 임대의무기간 위반 시 과태료

주택임대사업자가 임대의무기간 중에 임대주택을 임대하지 않거나 지방자치단체장의 허가를 받지 아니하고 양도하는 경우에는 임대주택당 3,000만원의 과태료가 부과된다.

위반행위	법규정	과태료
임대의무기간 중에 임대하지 아니하거나 지방자치단체장의 허가를 받지 아니하고 양도한 경우	법 67조 제1항 제1호, 제2호	임대주택당 3,000만원

⑦ 보증보험 가입 의무

(1) 보증보험 가입 대상

주택임대사업자는 민간매입임대주택 또는 민간건설임대주택을 임대하는 경우 임대보증금에 대한 보증보험에 가입하여야 한다. (민특법 49조 1항)

> ☑ check point
> 2020.8.18. 「민간임대주택에 관한 특별법」 개정으로 등록된 임대주택은 임대보증금에 대한 보증보험에 가입하여야 한다. 다만, 법 시행 당시 임대주택으로 등록된 기존 임대주택의 경우 법 시행 1년 후인 2021.8.18. 이후 임대차계약을 체결하는 분부터 임대보증금에 대한 보증보험에 가입하여야 한다.

(2) 임대보증금 보증보험 가입 대상 금액

1) 원칙

임대보증금에 대한 보증보험 가입 대상 금액은 임대보증금 전액으로 한다. 다만, 주택임대사업자가 사용검사 전에 임차인을 모집하는 경우 임차인을 모집하는 날부터 사용검사를 받는 날까지의 보증대상액은 임대보증금 중 사용검사 이후 납부하는 임대보증금을 제외한 금액으로 한다. (민특법 49조 2항)

2) 예외

다음 사항을 모두 충족한 경우에는 담보권이 설정된 금액과 임대보증금을 합한 금액에서 주택가격의 60%에 해당하는 금액을 뺀 금액을 보증대상금액으로 하여 가입할 수 있으며, 보증대상금액이 0원 이하인 경우 보증보험에 가입하지 않을 수 있다. (민특법 49조 3항)

① 근저당권이 세대별로 분리된 경우(근저당권이 주택단지에 설정된 경우에는 근저당권의 공동담보를 해제하고, 채권최고액을 감액하는 근저당권 변경등기의 방법으로 할 수 있다)
② 주택임대사업자가 임대보증금보다 선순위인 제한물건(다만, ①에 따른 세대별로 분리된

근저당권은 제외), 압류·가압류·가처분 등을 해소한 경우

③ 전세권이 설정된 경우 또는 임차인이 「주택임대차보호법」 제3조의2 제2항에 따른 대
   항요건과 확정일자를 갖춘 경우

④ 임차인이 일부 보증에 동의한 경우

3) 주택가격의 산정 방법 (민특령 39조 2항)

주택가격의 산정 방법은 다음의 어느 하나에 해당하는 방법으로 한다.

① 감정평가법인등이 「감정평가 및 감정평가사에 관한 법률」 제3조에 따라 감정평가액
   을 산정하는 방법

② 「부동산 가격공시에 관한 법률」 제16조부터 제18조까지의 규정에 따라 공시된 가격
   (주택공시가격)에 다음의 비율을 곱하여 산정하는 방법

구분	공시가격		
	9억원 미만	9~15억원	15억원 이상
공동주택	150%	140%	130%
단독주택	190%	180%	160%

③ 준주택의 경우에는 「소득세법」 제99조 제1항 제1호 다목에 따른 기준시가에 120%
   를 곱하여 산정하는 방법

④ 보증회사가 전세금 반환을 보장하는 보증을 할 때 적용하는 주택가격 산정 기준을
   국토교통부 장관이 정하여 고시하는 방법에 따라 적용하여 산정하는 방법

☑ check point 대항요건과 우선변제권

(1) 대항요건: 임차인이 주택의 인도와 주민등록(전입신고)를 마친 때에는 그 익일부터 제3자에 대하여 효력
   이 생기는데, 이를 대항요건이라고 한다.

(2) 우선변제권: 대항요건과 임대차계약서상 확정일자를 갖춘 임차인은 경매 또는 공매 시 후순위 권리자,
   기타 채권자보다 우선하여 보증금을 변제받을 수 있는데, 이를 우선변제권이라고 한다.

임대보증금 일부보증에 대한 임차인 동의서

임대 사업자	[ ] 개인사업자	성명		생년월일	
	[ ] 법인사업자	법인명(상호)		법인등록번호	
	주소(법인인 경우 대표 사무소 소재지)				
	전화번호			휴대전화번호	
민간 임대 주택	민간임대주택의 소재지				
	임대차 계약기간			임대보증금(원)	
보증대상 금액(원)	담보권 설정금액(a)	임대보증금(b)		주택가격의 60%(c)	보증대상금액(a+b-c)
동의자 (임차인)	성명		생년월일		연락처

임대사업자 보증가입 의무

1. 주택임대사업자로 등록된 임대주택은 「민간임대주택에 관한 특별법」 제49조제1항에 따라 **임대보증금 전액을 보증대상으로 하는 보증에 의무적으로 가입해야 합니다.**

2. 다만, 같은 법 제 49조제3항에 따라 **다음 각 목에 모두 해당하는 경우**에는 임대주택의 담보권 설정금액과 임대보증금을 합한 금액에서 주택가격의 60%에 해당하는 금액을 뺀 금액을 보증대상으로 하여 **가입할 수 있으며, 보증대상 금액이 0원 이하인 경우 보증에 가입하지 않을 수 있습니다.**

   > 가. 근저당권이 세대별로 분리된 경우
   > 나. 임대사업자가 임대보증금보다 선순위인 제한물권, 압류·가압류·가처분 등을 해소한 경우
   > 다. 전세권이 설정된 경우 또는 임차인이 「주택임대차보호법」 제3조의2제2항에 따른 대항 요건과 확정일자를 갖춘 경우
   > 라. **임차인이 일부보증에 동의한 경우**

3. 임대보증금 일부 보증에 가입한 경우, 추후 임대사업자가 임대보증금을 반환하지 않으면 **임차인은 일부 보증의 보증대상 금액으로만 보증금 청구가 가능**합니다.

임차인 확인·동의 사항

1. 위 임대사업자의 임대보증금 보증가입 의무 관련 내용을 확인했으며, 임대주택에 **전세권을 설정하였거나,** 「주택임대차보호법」에 따른 대항 요건 (주택의 인도와 전입신고) 및 확정일자를 갖추었습니까(예정 포함), 그러지 않을 경우 보증이 이행되지 않을 수 있음을 확인했습니까?	[ ] 예 [ ] 아니오
2. **임대보증금의 전액이 아닌 일부 금액*만 보증에 가입**한다는 사실에 동의하십니까? * 일부 가입 금액 : (담보권 설정금액 + 임대보증금) - 주택가격의 60%	[ ] 예 [ ] 아니오 [ ] 미가입 동의(보증대상 금액이 0원 이하)
3. 추후 임대사업자로부터 임대보증금을 돌려받지 못할 경우 보증에 가입된 일부 금액만 보증회사에서 지급이 가능하다는 점에 동의하십니까?	[ ] 예 [ ] 아니오 [ ] 미가입 동의(보증대상 금액이 0원 이하)

년   월   일

동의인(임차인)   (서명 또는 인)

210mm×297mm[백상지(80g/㎡) 또는 중질지(80g/㎡)]

(3) 임대보증금이 우선변제금액 이하인 경우

임대보증금이 「주택임대차보호법」 제8조 제3항에 따른 금액(우선변제금액) 이하인 경우, 임차인의 동의를 받아 보증보험에 가입하지 않아도 된다. (민특법 49조 7항)

이 경우 우선변제금액은 주택가액(대지가액 포함)의 2분의 1을 넘을 수 없으며, 임대보증금이 우선변제금액 이하인지 여부에 대한 판단은 담보 물건이 설정된 경우 담보물이 설정된 시점을 기준으로 한다.

적용기간	우선변제금액
1984.6.14. ~ 1987.11.30	특별시·직할시: 300만원 기타 지역: 200만원
1987.12.1. ~ 1990.2.18.	특별시·직할시: 500만원 기타 지역: 400만원
1990.2.19. ~ 1995.10.18.	특별시·직할시: 700만원 기타 지역: 500만원
1995.10.19. ~ 2001.9.14.	특별시·직할시: 1200만원 기타 지역: 800만원
2001. 9. 15. ~ 2008. 8. 20.	- 수도권 과밀억제권역: 1,600만원　- 광역시: 1,400만원 - 그 밖의 지역: 1,200만원
2008. 8. 21. ~ 2010. 7. 20.	- 수도권 과밀억제권역: 2,000만원　- 광역시: 1,700만원 - 그 밖의 지역: 1,400만원
2010. 7. 21. ~ 2013. 12. 29.	- 서울특별시: 2,500만원　- 수도권 과밀억제권역: 2,200만원 - 광역시 및 안산시·용인시·김포시·광주시: 1,900만원 - 그 밖의 지역: 1,400만원
2013. 12. 30. ~ 2016. 3. 30.	- 서울특별시 : 3,200만원　- 수도권 과밀억제권역: 2,700만원 - 광역시 및 안산시·용인시·김포시·광주시: 2,000만원 - 그 밖의 지역: 1,500만원
2016. 3. 31. ~ 2018. 9. 17.	- 서울특별시: 3,400만원　- 수도권 과밀억제권역: 2,700만원 - 광역시 및 안산시·용인시·김포시·광주시, 세종시: 2,000만원 - 그 밖의 지역: 1,700만원
2018. 9. 18. ~ 2021. 5. 10.	- 서울특별시: 3,700만원 - 수도권 과밀억제권역 및 용인시·화성시·세종시 : 3,400만원 - 광역시 및 안산시·김포시·광주시·파주시 : 2,000만원 - 그 밖의 지역: 1,700만원
2021. 5. 11. ~ 현재	- 서울특별시 : 5,000만원 - 수도권 과밀억제권역 및 용인시·화성시·세종시·김포시: 4,300만원 - 광역시 및 안산시·광주시·파주시·이천시·평택시: 2,300만원 - 그 밖의 지역: 2,000만원

1. 서울특별시
2. 인천광역시[강화군, 옹진군, 서구 대곡동·불로동·마전동·금곡동·오류동·왕길동·당하동·원당동, 인천경제 자유구역(경제자유구역에서 해제된 지역을 포함한다) 및 남동 국가산업단지는 제외한다.
3. 의정부시
4. 구리시
5. 남양주시(호평동, 평내동, 금곡동, 일패동, 이패동, 삼패동, 가운동, 수석동, 지금동 및 도농동만 해당한다)
6. 하남시
7. 고양시
8. 수원시
9. 성남시
10. 안양시
11. 부천시
12. 광명시
13. 과천시
14. 의왕시
15. 군포시
16. 시흥시[반월특수지역(반월특수지역에서 해제된 지역을 포함한다)은 제외한다]

▶ **사례**

(1) 임대물건 소재지: 경기도 광명시
(2) 임대보증금: 1,000만원
(3) 근저당권 설정시점: 2014.12.15.
(4) 이 경우 보증보험 가입 여부는?
⇒ 이 사례의 경우 근저당권 설정 시점을 기준으로 하면 우선변제금액은 2,700만원이고, 임대보증금이 우선변제금액 이하이므로 임차인의 동의를 받은 경우에는 보증보험 가입이 면제됨.

■ 민간임대주택에 관한 특별법 시행규칙 [별지 제25호서식] <신설 2022. 1. 14.>

임대보증금 일부보증에 대한 임차인 동의서

임대 사입자	[ ] 개인사업자	성명		생년월일	
	[ ] 법인사업자	법인명(상호)		법인등록번호	
	주소(법인인 경우 대표 사무소 소재지)				
	전화번호			휴대전화번호	
민간 임대 주택	민간임대주택의 소재지				
	임대차 계약기간			임대보증금(원)	
보증대상 금액(원)	담보권 설정금액(a)	임대보증금(b)	주택가격의 60%(c)		보증대상금액(a+b-c)
동의자 (임차인)	성명		생년월일		연락처

<table>
<tr><td colspan="2" align="center">임대사업자 보증가입 의무</td></tr>
</table>

1. 주택임대사업자로 등록된 임대주택은 「민간임대주택에 관한 특별법」 제49조제1항에 따라 **임대보증금 전액을 보증대상으로 하는 보증에 의무적으로 가입**해야 합니다.

2. 다만, 같은 법 제 49조제3항에 따라 **다음 각 목에 모두 해당하는 경우**에는 임대주택의 담보권 설정금액과 임대보증금을 합한 금액에서 주택가격의 60%에 해당하는 금액을 뺀 금액을 보증대상으로 하여 **가입할 수 있으며, 보증대상 금액이 0원 이하인 경우 보증에 가입하지 않을 수 있습니다.**

   > 가. 근저당권이 세대별로 분리된 경우
   > 나. 임대사업자가 임대보증금보다 선순위인 제한물권, 압류·가압류·가처분 등을 해소한 경우
   > 다. 전세권이 설정된 경우 또는 임차인이 「주택임대차보호법」 제3조의2제2항에 따른 대항요건과 확정일자를 갖춘 경우
   > 라. **임차인이 일부보증에 동의한 경우**

3. 임대보증금 일부 보증에 가입한 경우, 추후 임대사업자가 임대보증금을 반환하지 않으면 **임차인은 일부 보증의 보증대상 금액으로만 보증금 청구가 가능**합니다.

<table>
<tr><td colspan="2" align="center">임차인 확인·동의 사항</td></tr>
</table>

1. 위 임대사업자의 임대보증금 보증가입 의무 관련 내용을 확인했으며, 임대주택에 **전세권을 설정하였거나,** 「주택임대차보호법」에 따른 대항 요건(주택의 인도와 전입신고) 및 확정일자를 갖추었습니까(예정 포함), 그러지 않을 경우 보증이 이행되지 않을 수 있음을 확인했습니까?	[ ] 예 [ ] 아니오
2. **임대보증금의 전액이 아닌 일부 금액*만 보증에 가입한다는 사실에 동의하십니까?** * 일부 가입 금액: (담보권 설정금액 + 임대보증금) - 주택가격의 60%	[ ] 예 [ ] 아니오 [ ] 미가입 동의(보증대상 금액이 0원 이하)
3. 추후 임대사업자로부터 임대보증금을 돌려받지 못할 경우 보증에 가입된 일부 금액만 보증회사에서 지급이 가능하다는 점에 동의하십니까?	[ ] 예 [ ] 아니오 [ ] 미가입 동의(보증대상 금액이 0원 이하)

년   월   일

동의인(임차인)   (서명 또는 인)

210mm×297mm[백상지(80g/㎡) 또는 중질지(80g/㎡)]

(4) 보증보험 가입 기간

임대보증금의 보증보험 가입 기간은 다음에 해당하는 날부터 주택임대사업자 등록이 말소되는 날(주택임대사업자 등록이 말소되는 날에 임대 중인 경우에는 임대차계약이 종료되는 날) 까지로 한다. 이 경우 주택임대사업자는 보증 수수료를 1년 단위로 재산정하여 분할납부 할 수 있다. (민특법 49조 4항)

1) 민간건설임대주택
사용검사를 받은 날(사용검사 전에 임차인을 모집하는 경우에는 그날)

2) 민간매입임대주택

① 민간임대주택 등록일에 존속 중인 임대차계약이 있는 경우: 민간임대주택 등록일
② 민간임대주택 등록일에 존속 중인 임대차계약이 없는 경우: 민간임대주택 등록일 이후 최초 임대차계약 개시일

(5) 보증수수료 분담 및 납부

1) 보증수수료 분담 비율
임대보증금에 대한 보증보험 보증수수료는 주택임대사업자가 75%를 부담하고, 임차인 이 25%를 부담한다. 다만, 주택임대사업자가 사용검사 전에 임차인을 모집하는 경우 임 차인을 모집하는 날부터 사용검사를 받는 날까지의 보증수수료는 주택임대사업자가 전 액 부담한다. (민특령 40조 1호)

2) 보증수수료 납부
임대보증금에 대한 보증보험 보증수수료는 주택임대사업자가 납부한다. 이 경우 임차인 이 부담하는 보증수수료는 임대료에 포함하여 징수하되 임대료 납부고지서에 그 내용을 명시하여야 한다. (민특령 40조 2호)

보증수수료를 분할납부하는 경우에는 재산정한 보증수수료를 임대보증금 보증계약일 부터 매 1년이 되는 날까지 납부하여야 한다. (민특령 40조 3호)

(6) 보증보험 미가입 시 과태료

임대보증금 보증보험에 가입하지 않을 경우, 보증금의 10% 이하 최대 3000만원의 과태료가 부과된다.

구분	법조항	과태료	상한
가입하지 않은 기간이 3개월 이하		임대보증금의 5%	
가입하지 않은 기간이 6개월 이하	법 제67조 제5항	임대보증금의 7%	3000만원
가입하지 않은 기간이 6개월 초과		임대보증금의 10%	

☑ check point
민간임대주택에 관한 특별법 개정(2022.1.15. 시행)으로 기존 형사처벌(2년 이하의 징역 또는 2,000만원 이하의 벌금)에서 과태료 부과로 경감되었음.

8 기타 의무

(1) 임대차계약 유지 의무

1) 주택임대사업자의 임대차계약 해제·해지, 재계약 거절 요건
주택임대사업자는 다음에 해당하는 사유가 발생하는 때를 제외하고는 주택임대사업자로 등록된 기간 동안 임대차계약을 해제·해지하거나 재계약을 거절할 수 없다. (민특법 45조 1항, 민특령 35조 1항)

① 거짓이나 그 밖의 부정한 방법으로 민간임대주택을 임대받은 경우
② 주택임대사업자의 귀책사유 없이 3개월 이내에 입주하지 않은 경우

③ 월 임대료를 3개월 이상 연속하여 연체한 경우

④ 민간임대주택 및 그 부대시설을 주택임대사업자의 동의를 받지 않고 개축·증축 또는 변경하거나 본래의 용도가 아닌 용도로 사용한 경우

⑤ 민간임대주택 및 그 부대시설을 고의로 파손 또는 멸실한 경우

⑥ 표준임대차계약서상의 의무를 위반한 경우

☑ check point **임대료 연체 시 임대차계약 해지 요건**

주택임대사업자는 일반적인 임대차계약의 해지 요건인 2기의 임대료를 연체한 경우보다 강화된 기준이 적용됨. 3개월 이상 연속하여 연체한 경우에만 임대차계약을 해지할 수 있음.

2) 임차인의 임대차계약 해제·해지 요건

임차인은 다음에 해당하는 사유가 발생하는 때에는 임대차계약 해제·해지할 수 있다. (민특령 35조 2항)

① 시장·군수·구청장이 민간임대주택에 거주하기 곤란할 정도의 중대한 하자가 있다고 인정하는 경우

② 주택임대사업자가 임차인의 의사에 반하여 민간임대주택의 부대시설·복리시설을 파손시킨 경우

③ 주택임대사업자의 귀책사유로 입주지정기간이 끝난 날부터 3개월 이내에 입주할 수 없는 경우

④ 주택임대사업자가 법 제47조에 따른 표준임대차계약서상의 의무를 위반한 경우

3) 임대차계약 유지 요건 위반 시 과태료

임대차계약 해제·해지, 재계약 거절 위반 횟수에 따라 최대 1,000만원 이하의 과태료가 부과된다.

위반행위	법규정	과태료		
		1차	2차	3차
주택임대사업자가 임대차계약을 해제·해지, 재계약 거절 요건을 위반한 경우	법 제67조 제2항 제4호	500만원	700만원	1,000만원

(2) 준주택의 용도 제한 의무

1) 준주택의 용도 제한

민간임대주택으로 등록한 준주택의 경우 주거용 이외의 용도로 사용할 수 없다. 시장·군수·구청장은 민간임대주택으로 등록한 준주택이 주거용으로 사용되고 있는지를 확인하기 위하여, 필요한 경우 주택임대사업자 및 임차인에게 필요한 서류 등의 제출을 요구할 수 있고, 소속 공무원으로 하여금 해당 준주택에 출입하여 조사하게 하거나 관계인에게 필요한 질문을 하게 할 수 있다. 이 경우 주택임대사업자 및 임차인은 정당한 사유가 없으면 이에 따라야 한다. (민특법 50조 1항 2항)

> **참고 민간임대주택법상 준주택(영 2조)**
> (1) 기숙사로 리모델링한 건축물
> (2) 다음의 요건을 모두 갖춘 오피스텔
> ① 전용면적이 120㎡ 이하일 것
> ② 상하수도 시설을 갖춘 전용 입식 부엌, 전용 수세식 화장실 및 목욕시설(전용 수세식 화장실에 목욕시설을 갖춘 경우를 포함)을 갖출 것

2) 준주택의 용도 제한 위반 시 과태료

주택임대사업자가 준주택을 주거용이 아닌 다른 용도로 사용한 경우 위반 횟수에 따라 최대 1,000원 이하의 과태료가 부과된다.

위반행위	법규정	과태료		
		1차	2차	3차
준주택을 주거용이 아닌 용도로 사용한 경우	법 제67조 제2항 제7호	500만원	700만원	1,000만원

(3) 보고·검사 요청 시 협조 의무

주택임대사업자는 지방자치단체의 장의 보고, 자료의 제출 또는 검사를 거부·방해 또는는 기피하거나 거짓으로 보고한 경우 위반 횟수에 따라 1차(100만원), 2차(200만원), 3차(300만원)의 과태료가 부과된다. (민특법 67조 3항 6호)

⑨ 과태료 부과 기준

(1) 과태료 요약

의무사항	과태료		
	1차	2차	3차
부기등기 의무 위반	200만원	400만원	500만원
설명 및 확인 의무 위반	500만원	500만원	500만원
표준임대차계약서 작성 의무 위반	500만원	700만원	1,000만원
임대차계약 신고 의무 위반	500만원	700만원	1,000만원
임대료 증액 제한 의무 위반 ① 위반 건수가 10건 이상 ② 위반 건수가 2건 이상 10건 미만 ③ 위반 건수가 1건	2,000만원 1,000만원 500만원	3,000만원 2,000만원 1,000만원	3,000만원 3,000만원 2,000만원
임대차계약 유지 의무 위반	500만원	700만원	1,000만원
준주택의 용도 제한 의무 위반	500만원	700만원	1,000만원
보증보험 가입 의무 위반 ① 가입하지 않은 기간이 3개월 이하 ② 가입하지 않은 기간이 6개월 이하 ③ 가입하지 않은 기간이 6개월 초과	임대보증금의 5% 임대보증금의 7% 임대보증금의 10%		상한 3,000만원
보고·검사 요청시 협조 의무 위반	100만원	200만원	300만원
임대의무기간 중에 임대주택을 임대하지 않거나 허가를 받지 않고 양도하는 경우	임대주택당 3,000만원		
임대주택 양도 신고 위반	임대주택당 100만원		

(2) 과태료 부과 기준 (민특령 별표3)

1) 위반행위의 횟수에 따른 과태료의 가중된 부과 기준

① 최근 1년간 같은 위반행위로 과태료 부과 처분을 받은 경우에 적용한다. 이 경우

기간의 계산은 위반행위에 대하여 과태료 부과 처분을 받은 날과 그 처분 후 다시 같은 위반행위를 하여 적발된 날을 기준으로 한다.

② ①에 따라 가중된 부과 처분을 하는 경우 가중 처분의 적용 차수는 그 위반행위 전 부과 처분 차수(①에 따른 기간 내에 과태료 부과 처분이 둘 이상 있었던 경우에는 높은 차수를 말함)의 다음 차수로 한다.

2) 과태료 경합

과태료 부과 시 위반행위가 둘 이상인 경우에는 부과 금액이 많은 행위의 과태료를 부과한다.

(3) 과태료 가중 (민특령 별표3)

다음의 어느 하나에 해당하는 경우에는 과태료 금액의 2분의 1 범위에서 그 금액을 추가하여 부과할 수 있다. 다만, 과태료를 추가하는 경우에도 과태료 금액의 상한을 넘을 수 없다.

① 위반의 내용·정도가 중대하여 임차인 등에게 미치는 피해가 크다고 인정되는 경우
② 법 위반상태의 기간이 6개월 이상인 경우
③ 그 밖에 위반행위의 정도, 위반행위의 동기와 그 결과 등을 고려하여 늘릴 필요가 있다고 인정되는 경우

(4) 과태료 경감 (민특령 별표3)

다음의 어느 하나에 해당하는 경우에는 과태료 금액 2분의 1의 범위에서 그 금액을 경감할 수 있다. 다만, 과태료를 체납하고 있는 위반행위자의 경우에는 그 금액을 줄일 수 없으며, 감경 사유가 여러 개 있는 경우라도 감경의 범위는 과태료 금액의 2분의 1을 넘을 수 없다.

① 위반행위가 사소한 부주의나 오류로 인한 것으로 인정되는 경우
② 위반행위자가 위반행위를 바로 정정하거나 시정하여 해소한 경우

③ 위반행위자가 사업 여건의 악화 및 현저한 손실이 발생하는 등의 사정이 있는 경우

④ 그 밖에 위반행위의 횟수, 정도, 동기와 그 결과 등을 고려하여 감경할 필요가 있다고 인정되는 경우

(5) 질서위반행위규제법에 의한 과태료 경감 및 제척기간

1) 질서위반행위규제법에 의한 과태료 경감

부과권자가 과태료를 부과하고자 하는 때에는 미리 위반 행위자에게 통지하고, 10일 이상의 기간을 정하여 의견을 제출할 기회를 주어야 하며, 이 기간 내에 의견이 제출되지 않는 경우에는 의견이 없는 것으로 보는데, 의견 제출 기한 내에 과태료를 자진하여 납부하고자 하는 경우에는 20%의 범위 내에서 경감할 수 있다. (질서위반행위규제법 16조 18조, 영5조)

2) 제척기간

① 부과권자는 위반행위가 종료된 날부터 5년이 경과한 경우에는 해당 질서위반행위에 대하여 과태료를 부과할 수 없다. (질서위반행위규제법 19조 1항)

② 다만, ①의 경우에도 불구하고 법원의 결정이 있는 경우에는 그 결정이 확정된 날부터 1년이 경과하기 전까지는 과태료를 정정부과하는 등 해당 결정에 따라 필요한 처분을 할 수 있다. (질서위반행위규제법 19조 2항)

제3절

민간임대주택에 관한
특별법상 주택임대사업자 말소

1 말소

(1) 신청에 의한 말소 사유

다음에 해당하는 사유가 발생한 경우 주택임대사업자는 등록의 말소를 신청할 수 있다. (민특법 6조 1항)

1) 주택임대사업자로 등록한 날로부터 3개월이 지나기 전(임대주택으로 등록한 이후 체결한 임대차계약이 있는 경우에는 임차인의 동의가 있는 경우로 한정)에 말소를 신청하는 경우
2) 임대의무기간이 지난 후 등록 말소를 신청하는 경우
3) 다음의 양도 허가 사유에 해당하여 지방자치단체장으로부터 허가를 받아 양도하는 경우 (민특법 43조 4항, 민특령 34조 3항)

   ① 부도, 파산
   ② 2년 연속 적자가 발생하는 경우
   ③ 2년 연속 부의 영업현금흐름이 발생하는 경우
   ④ 최근 12개월간 해당 주택임대사업자의 전체 민간임대주택 중 임대되지 아니한 주택이 20% 이상이고, 같은 기간 동안 특정 민간임대주택이 계속하여 임대되지 아니한 경우
   ⑤ 관계 법령에 따라 재개발, 재건축 등으로 민간임대주택의 철거가 예정되어 있거나 민간임대주택이 철거된 경우

⑥ 주택임대사업자의 상속인이 다음 중 어느 하나에 해당하는 경우

㉠ 주택임대사업자로서의 지위 승계를 거부하는 경우

㉡ 미성년자 또는 공적 의무 위반으로 등록이 전부 말소된 후 2년 이내 경과하지 않은 자에 해당하여 등록이 제한된 경우

4) 다른 주택임대사업자에게 포괄 양수도로 신고 후 양도하는 경우 (민특법 43조 2항)

(2) 직권말소 사유

지방자치단체장은 임대의무기간이 경과하지 아니한 경우에도 다음의 사유에 해당하는 경우에는 직권으로 말소할 수 있다. (민특법 6조 1항, 민특령 5조)

1) 거짓이나 그 밖의 부정한 방법으로 등록한 경우
2) 주택임대사업자가 다음의 일정 기간 안에 민간임대주택을 취득하지 아니한 경우

① 사업계획승인을 받은 자: 주택임대사업자로 등록한 날부터 6년
② 건축허가를 받은 자: 주택임대사업자로 등록한 날부터 4년
③ 매매계약을 체결한 자: 주택임대사업자로 등록한 날부터 3개월
④ 분양계약을 체결한 자: 주택임대사업자로 등록한 날부터 1년

3) 주택임대사업자 등록기준을 갖추지 못한 경우
4) 임대조건을 위반한 경우
5) 임대차계약을 해제·해지하거나 재계약을 거절한 경우
6) 준주택에 대한 용도 제한을 위반한 경우
7) 설명이나 정보를 거짓이나 그 밖의 부정한 방법으로 제공한 경우
8) 주택임대사업자가 보증금 반환을 지연하여 임차인의 피해가 명백히 발생한 경우
9) 임대차계약 신고 또는 변경신고를 하지 아니하여 시장·군수·구청장이 보고하게 하였으나 거짓으로 보고하거나 3회 이상 불응한 경우
10) 보증보험에 가입하지 아니한 경우로서 다음에 해당하는 경우

① 보증보험에 가입하지 않아 3회 이상 보증보험 가입을 요구했으나 주택임대사업자

가 보증보험에 가입하지 않은 경우

② 보증대상 금액이 있음에도 불구하고 보증대상 금액이 없음을 이유로 주택임대사업자가 보증보험에 가입하지 않은 경우

③ 보증보험 가입 면제 요건(우선변제금 이하)에 해당하지 않음에도 불구하고 주택임대사업자가 보증보험에 가입하지 않은 경우

(3) 자동말소 및 자진말소

1) 자동말소 (민특법 6조 5항)

민간임대주택에 관한 특별법 개정(2020.8.18. 시행) 개정으로 장기일반민간임대주택 중 아파트(도시형생활주택이 아닌 것)를 임대하는 민간매입임대주택 및 단기민간임대주택(임대의무기간: 4년)은 임대의무기간이 종료한 날에 등록이 말소된다.

2) 자진말소 (민특법 6조 1항 11호)

민간임대주택에 관한 특별법 개정(2020.8.18. 시행) 개정으로 장기일반민간임대주택 중 아파트(도시형생활주택이 아닌 것)를 임대하는 민간매입임대주택 및 단기민간임대주택(임대의무기간: 4년)에 대하여 주택임대사업자가 임대의무기간 내 등록 말소를 신청하는 경우 말소된다. 다만 신청 당시 체결된 임대차계약이 있는 경우에는 임차인의 동의를 받아야 한다.

✅ check point
자동말소 및 자진말소되는 임대주택은 단기민간임대주택의 경우에는 주택의 유형에 관계 없이(단독주택, 공동주택, 오피스텔 등) 말소 대상이 되며, 장기일반민간임대주택의 경우는 민간매입임대주택 중 아파트의 경우에만 말소 대상임.

✅ check point
자동말소 및 자진말소 후 주택임대사업자는 아파트를 제외한 주택의 경우 장기일반민간임대주택(임대의무기간: 10년 이상)으로 재등록 할 수 있음.

✅ check point
주택임대사업자 등록 말소 신청서 뒷면의 폐업신고서를 기재하면 관할 세무서장에게 사업자등록 폐업신고서를 제출한 것으로 본다.

임대사업자의 등록 말소 신청에 관한 임차인 동의서

※어두운 난(▨)은 신고인(신청인)이 작성하지 않으며, [ ]에는 해당되는 곳에 √표를 합니다.

접수번호		접수일자		
임대사업자	성명 (법인명)	생년월일 (법인등록번호)		전화번호
				(유선)
				(휴대전화)

민간임대주택	건물주소				
	주택구분	주택종류		주택유형	임대개시일
	[ ] 건설 [ ] 매입	[ ] 단기민간 [ ] 장기일반 [ ] 공공지원			
	민간임대주택에 관계되어 있는 임대차계약 건수	( ) 건			

동의자 (임차인)	호실/층	성명	생년월일	전화번호

본인은 「민간임대주택에 관한 특별법」 제6조제1항제3호 또는 같은 조 같은 항 제11호에 따라 임대사업자가 위의 민간임대주택에 대해 등록 말소 신청을 하는 것에 동의합니다.

년   월   일

동의자

호실/층: 성명: (서명 또는 인)

호실/층: 성명: (서명 또는 인)

호실/층: 성명: (서명 또는 인)

호실/층: 성명: (서명 또는 인)

호실/층: 성명: (서명 또는 인)

특별자치시장
특별자치도지사 귀하
시장·군수·구청장

작성방법 및 유의사항

1. "주택유형"란에는 건축물대장에서 확인되는 건축물의 용도로서 단독주택, 다중주택, 다가구주택, 아파트, 연립주택, 다세대주택, 오피스텔 중 하나를 선택하여 적습니다.
2. 동일한 임대주택에 둘 이상의 임대차계약이 있는 경우(다가구주택 등) 모든 임차인의 동의가 필요하며, 민간임대주택에 관계되어 있는 임대차계약 건수와 동의자 수가 동일해야 합니다.
3. 임차인 동의서의 유효기간은 동의를 받아야 하는 임차인의 동의를 모두 받은 날부터 1개월로 합니다.
4. 「민간임대주택에 관한 특별법」 제6조제6항에 따라 임대사업자가 해당 민간임대주택을 말소하더라도 이미 체결된 임대차계약의 기간이 끝날 때까지 임차인과의 관계에서는 이 법에 따른 임대사업자로 봅니다.

210mm×297mm[백상지(80g/㎡) 또는 중질지(80g/㎡)]

임대사업자 등록 [ ]전부 [ ]일부 말소 신청서

※어두운 난(▨)은 신고인(신청인)이 작성하지 않으며, [ ]에는 해당되는 곳에 √표를 합니다.　　　　　(3쪽 중 1쪽)

접수번호		접수일자	처리기간　　5일

신청인	[ ] 개인사업자	성명	생년월일
	[ ] 법인사업자	법인명(상호)	법인등록번호
	주소(법인의 경우 대표 사무소 소재지)		전화번호 (유선) 　　　　　(휴대전화)
			전자우편

	임대사업자 최초 등록일		임대사업자 등록번호					
[ ] 전부 말소	민간임대주택의 소재지		주택 구분	주택 종류	주택 유형	전용 면적	임대 개시일	말소 사유
	건물 주소	호, 실 번호 또는 층						
[ ] 일부 말소	민간임대주택의 소재지		주택 구분	주택 종류	주택 유형	전용 면적	임대 개시일	말소 사유
	건물 주소	호, 실 번호 또는 층						

「민간임대주택에 관한 특별법」 제6조제1항제3호·제11호, 제43조제4항제1호·제2호 및 같은 법 시행규칙 제4조의5제1항 및 제17조제4항에 따라 위와 같이 임대사업자 등록 [ ]전부 [ ]일부의 말소를 신청합니다.

년　　월　　일

신고인(신청인)　　　　　　　　　　　　　　(서명 또는 인)

특 별 자 치 시 장
특 별 자 치 도 지 사　귀하
시 장 · 군 수 · 구 청 장

작성방법

말소 사유는 다음 중 하나를 선택하고 그 번호를 적되, 제3호에 해당하는 경우에는 세부사유를 적습니다.

1. 등록한 날부터 3개월이 지나기 전(임대주택으로 등록한 이후 체결한 임대차계약이 있는 경우 그 임차인의 동의가 있는 경우로 한정합니다)에 말소를 신청하는 경우(「민간임대주택에 관한 특별법」 제6조제1항제3호)
2. 임대의무기간 내에 장기일반민간임대주택 중 아파트를 임대하는 민간매입임대주택 또는 단기민간임대주택에 대하여 등록 말소를 신청하는 경우(「민간임대주택에 관한 특별법」 제6조제1항제11호)
3. 부도, 파산, 「민간임대주택에 관한 특별법 시행령」 제34조제3항 각 호의 어느 하나에 해당하는 사유로 임대를 계속할 수 없는 경우(「민간임대주택에 관한 특별법」 제43조제4항제1호)
4. 공공지원민간임대주택을 20년 이상 임대하기 위한 경우로서 필요한 운영비용 등을 마련하기 위하여 제21조의2제1항제4호에 따라 20년 이상 공급하기로 한 주택 중 일부를 10년 임대 이후 매각하는 경우(「민간임대주택에 관한 특별법」 제43조제4항제2호)

210mm×297mm[백상지(80g/㎡) 또는 중질지(80g/㎡)]

참고사항

「민간임대주택에 관한 특별법」 제6조제1항제3호 및 제11호, 제43조제4항제1호 및 제2호에 따라 임대 사업자 등록을 전부 말소하면서 「소득세법」 제168조제3항 및 「부가가치세법」 제8조제7항에 따른 폐업신고를 같이 하려는 경우 「부가가치세법 시행규칙」 별지 제9호서식의 폐업신고서를 함께 제출해 야 합니다. 이 경우 특별자치시장, 특별자치도지사, 시장, 군수 또는 구청장은 함께 제출받은 폐업신 고서를 지체 없이 관할 세무서장에게 송부해야 합니다.

- 아래 사항을 적은 폐업 신고서를 함께 제출하시겠습니까?

[ ] 예   [ ] 아니요   신고인(신청인)   (서명 또는 인)

인적사항	상호(법인명)		사업자등록번호	
	성명(대표자)		전화번호	
	사업장 소재지			

신고내용	폐업일	년 월 일

폐업사유	사업부진	행정처분	계절사업	법인전환	면세포기
	1	2	3	4	5
	면세적용	해산(합병)	양도·양수	기타	
	6	7	8	9	

사업 양도 내용
(포괄양도·양수의 경우만 적음)   양수인 사업자등록번호(또는 주민등록번호)

※ 납세자의 위임을 받아 **대리인이 폐업 신고**를 하는 경우에는 아래의 **위임장을 작성**하시기 **바랍니다.**

위 임 장	본인은 폐업신고와 관련한 모든 사항을 아래의 대리인에게 위임합니다.			
			본인 :	[서명 또는 인]
대리인 인적사항	성명	주민등록번호	전화번호	신고인과의 관계

210mm×297mm[백상지(80g/㎡) 또는 중질지(80g/㎡)]

❷ 포괄양수도 및 양도허가

(1) 포괄양수도

주택임대사업자는 임대의무기간 중이라도 지방자치단체장에게 신고한 후 민간임대주택을 다른 주택임대사업자에게 양도할 수 있다. 이 경우 양수자는 양도인의 주택임대사업자로서의 지위를 포괄적으로 승계하며, 이러한 뜻을 양수도계약서에 명시하여야 한다. (민특법 43조 2항)

1) 양수자(임대기간의 승계)

임대주택을 포괄양수도 방식으로 양수한 자는 양도인의 임대기간을 승계하여 남은 임대의무기간만 충족하면 법정 임대의무기간을 충족한 것으로 본다. 승계 후 남은 임대의무기간의 충족은 민간임대주택에 관한 특별법의 임대의무기간을 충족한 것으로 보지만, 세제 혜택(지방세, 국세)을 적용받으려면 양수한 날로부터 임대의무기간을 충족하여야 한다.

2) 양도자(과태료 미부과, 세제 혜택 추징)

① 임대주택을 포괄양수도 방식으로 양도한 자는 임대의무기간을 충족하지 아니한 경우에도 민간임대주택에 관한 특별법상 과태료가 부과되지 않는다. 다만, 임대의무기간 미충족으로 인한 세제 혜택(국세, 지방세)을 받은 부분은 모두 추징된다.

> ☑ check point
> 임대주택을 포괄양수한 자는 반드시 민간임대주택법에 의하여 등록된 주택임대사업자이어야 한다. 계약 당시 주택임대사업자가 아니라면 반드시 주택임대사업자로 등록해야만 양도자에게 과태료가 부과되지 않는다.

② 양도자는 민간임대주택 양도신고서를 주소지 지방자치단체장에게 제출하여야 하며, 신고서 처리일로부터 30일 이내에 매매계약서 사본을 제출하여야 한다. (민특칙 15조 1항 2항)

민간임대주택 양도신고서

※ 어두운 난(▨▨)은 신고인이 작성하지 않으며, [ ]에는 해당되는 곳에 √표를 합니다. (앞쪽)

접수번호		접수일자			처리기간	10일		

임대 사업자 (양도인)	[ ] 개인사업자	성명		생년월일				
	[ ] 법인사업자	법인명(상호)		법인등록번호				
	주소(법인의 경우 대표 사무소 소재지)			전화번호 (유선) 　　　　　(휴대전화)				
				전자우편				

민간임대 주택 (양도할 주택)	민간임대주택의 소재지		주택 구분	주택 종류	주택 유형	전용 면적	임대 개시일
	건물 주소	호, 실 번호 또는 층					

양수인	[ ] 임대사업자(임대사업자 등록 예정인 자를 포함)				
	[ ] 개인사업자	성명		생년월일	
	[ ] 법인사업자	법인명(상호)		법인등록번호	
	주소(법인의 경우 대표 사무소 소재지)			전화번호 (유선) 　　　　　(휴대전화)	
				전자우편	
	[ ] 임대사업자가 아닌 자(임대의무기간 경과 후 양도하는 경우로 한함)				
	성명(법인명)			생년월일(법인등록번호)	
				전화번호 (유선) 　　　　　(휴대전화)	

「민간임대주택에 관한 특별법」 제43조제2항·제3항 및 같은 법 시행규칙 제15조제1항·제16조에 따라 위와 같이 신고합니다.

년　　월　　일

신고인 　　　　　　　　　　　　　 (서명 또는 인)

특 별 자 치 시 장
특 별 자 치 도 지 사　　귀하
시장·군수·구청장

210mm×297mm[백상지(80g/㎡) 또는 중질지(80g/㎡)]

(2) 양도허가

1) 양도허가

다음의 어느 하나에 해당하는 사유가 발생한 경우에는 임대의무기간 내에 지방자치단체장의 허가를 받아 양도할 수 있다. (민특법 43조 4항)

① 부도, 파산
② 2년 연속 적자가 발생하는 경우
③ 2년 연속 부의 영업현금흐름이 발생하는 경우
④ 최근 12개월간 해당 주택임대사업자의 전체 민간임대주택 중 임대되지 아니한 주택이 20% 이상이고, 같은 기간 동안 특정 민간임대주택이 계속하여 임대되지 아니한 경우
⑤ 관계 법령에 따라 재개발, 재건축 등으로 민간임대주택의 철거가 예정되어 있거나 민간임대주택이 철거된 경우
⑥ 주택임대사업자의 상속인이 다음 중 어느 하나에 해당하는 경우
　㉠ 주택임대사업자로서의 지위 승계를 거부하는 경우
　㉡ 미성년자 또는 공적의무 위반으로 등록이 전부 말소된 후 2년 이내 경과하지 않은 자에 해당하여 등록이 제한된 경우

2) 과태료 미부과, 국세 혜택 추징

양도허가를 받아 민간임대주택을 양도하는 경우에는 지방세(취득세, 재산세)에서 적용받은 세제 혜택과 민간임대주택법상 과태료는 부과되지 않으나, 국세(종합부동산세, 양도소득세 등)에서 적용받은 세제 혜택은 추징된다.

> **✓ check point**
> 포괄양도로 양도한 경우에는 양도자에게 지방세 및 국세의 세제 혜택을 추징하지만, 양도허가 후 양도한 경우에는 지방세 세제 혜택은 추징하지 않으나 국세의 세제 혜택은 추징된다.

민간임대주택 양도허가 신청서

※어두운 난(▩▩▩)은 신청인이 작성하지 않으며, [ ]에는 해당되는 곳에 √표를 합니다.　　　　　(앞쪽)

| 접수번호 | 접수일자 | | 처리기간 | 10일 |

임 대 사업자 (양도인)	[ ] 개인사업자	성명	생년월일
	[ ] 법인사업자	법인명(상호)	법인등록번호
	주소(법인의 경우 대표 사무소 소재지)		전화번호 (유선) 　　　　(휴대전화)
			전자우편

민간임대 주택 (양도할 주택)	민간임대주택의 소재지		주택 구분	주택 종류	주택 유형	전용 면적	임대 개시일	양도(예정) 가격
	건물 주소	호, 실 번호 또는 층						
								원
								원
								원
								원

| 양도허가
사유
양도
예정일자 | |

「민간임대주택에 관한 특별법」 제43조제4항, 같은 법 시행령 제34조제2항 및 같은 법 시행규칙 제17조제1항에 따라 위와 같이 허가를 신청합니다.

년　　월　　일

신청인　　　　　　　　　　　(서명 또는 인)

특 별 자 치 시 장
특 별 자 치 도 지 사　귀하
시장·군수·구청장

작성방법

양도허가 사유는 다음 중 하나를 선택하고 그 번호를 적습니다.
1. 부도 또는 파산으로 임대를 계속할 수 없는 경우(「민간임대주택에 관한 특별법」 제43조제4항제1호)
2. 공공지원임대주택을 20년 이상 임대하기 위한 경우로서 필요한 운영비용 등을 마련하기 위하여 법 제21조의2제1항제3호에 따라 20년 이상 공급하기로 한 주택 중 일부를 10년 임대 이후 매각하는 경우(「민간임대주택에 관한 특별법」 제43조제4항제2호)
3. 2년 연속 적자가 발생한 경우(「민간임대주택에 관한 특별법 시행령」 제34조제3항제1호)
4. 2년 연속 부(負)의 영업현금흐름이 발생한 경우(「민간임대주택에 관한 특별법 시행령」 제34조제3항제2호)
5. 최근 12개월 간 해당 임대사업자의 전체 민간임대주택 중 임대되지 않은 주택이 20퍼센트 이상이고 같은 기간 동안 특정 민간임대주택이 계속하여 임대되지 않은 경우(「민간임대주택에 관한 특별법 시행령」 제34조제3항제3호)
6. 관계 법령에 따라 재개발·재건축 등으로 민간임대주택의 철거가 예정되어 있거나 민간임대주택이 철거된 경우(「민간임대주택에 관한 특별법 시행령」 제34조제3항제4호)
7. 임대사업자의 상속인이 임대사업자로서의 지위승계를 거부하거나 「민간임대주택에 관한 특별법」 제5조의6 또는 제5조의7에 해당되어 등록이 제한되는 경우(「민간임대주택에 관한 특별법 시행령」 제34조제3항제5호)

210mm×297mm[백상지(80g/㎡) 또는 중질지(80g/㎡)]

제2장

부동산 거래 및
주택 임대차 신고

제1절

부동산 거래 신고

1 부동산 거래 신고

(1) 신고 대상 (부동산거래신고법 3조 1항)

다음에 해당하는 계약을 체결한 경우 부동산 거래 신고의 대상이 된다.

① 부동산의 매매계약
②「택지개발촉진법」,「주택법」등 대통령령으로 정하는 법률에 따른 부동산에 대한 공급계약

> **참고** 부동산거래신고법 시행령 3소 3항
> 「택지개발촉진법」,「주택법」등 대통령령으로 정하는 법률"이란 다음에 해당하는 법률을 말한다.
> ①「건축물의 분양에 관한 법률」
> ②「공공주택 특별법」
> ③「도시개발법」
> ④「도시 및 주거환경정비법」
> ⑤「빈집 및 소규모주택 정비에 관한 특례법」
> ⑥「산업입지 및 개발에 관한 법률」
> ⑦「주택법」
> ⑧「택지개발촉진법」

③ 다음 어느 하나에 해당하는 지위의 매매계약

  ㉠ ②에 따른 계약을 통하여 부동산을 공급받는 자로 선정된 지위

  ㉡ 「도시 및 주거환경정비법」 제74조에 따른 관리처분계획의 인가 및 「빈집 및 소규모주택 정비에 관한 특례법」 제29조에 따른 사업시행계획인가로 취득한 입주자로 선정된 지위

(2) 신고 기간 (부동산거래신고법 3조 1항)

거래 계약의 체결일로부터 30일 이내에 부동산(권리에 관한 계약의 경우에는 그 권리의 대상인 부동산을 말함)등의 소재지를 관할하는 시장·군수 또는 구청장(신고관청)에게 신고하여야 한다.

(3) 신고의무자

1) 거래당사자

거래당사자(매도인과 매수인) 양자가 공동으로 신고하여야 하며, 거래당사자 중 한 쪽이 신고를 거부하는 경우에는 단독으로 신고할 수 있다. (부동산거래신고법 3조 2항)

단독으로 부동산 거래계약을 신고하려는 자는 부동산거래계약 신고서에 단독으로 서명 또는 날인한 후 다음의 서류를 첨부하여 신고관청에 제출해야 한다. (부동산거래신고법 시행규칙 2조 3항)

① 부동산 거래계약서 사본
② 단독신고사유서

2) 개업공인중개사

개업공인중개사가 거래계약서를 작성·교부한 경우에는 해당 개업공인중개사가 신고를 하여야 한다. 이 경우 공동으로 중개를 한 경우에는 해당 개업공인중개사가 공동으로 신고하여야 한다. (부동산거래신고법 3조 3항)

(4) 신고 방법 및 첨부 서류

부동산소재지 관할 시·군·구청에 방문하여 신고하는 방법과 인터넷(부동산거래관리시스템, https://rtms.molit.go.kr)으로 신고하는 방법이 있다.

자금조달계획서 및 증빙서류는 매수인이 제출하여야 하며, 중개거래인 경우에는 개업공인중개사가 부동산거래계약 신고서와 함께 제출이 가능하다. 공인중개사가 자금조달계획서를 제출하려는 경우 매수인은 계약 체결일로부터 25일 이내에 자금조달계획서를 공인중개사에게 제공하여야 한다.

구분	제출자	구비서류
방문신고	거래당사자 (직거래)	· 부동산거래계약신고서 · 법인주택거래신고서(법인) · 자금조달계획서(매수인 작성) · 증빙서류(매수인 제출)
	개업공인중개사 (중개거래)	· 부동산거래계약신고서 · 법인주택거래신고서(법인 제공) · 자금조달계획서(매수인 제공) · 증빙서류(매수인 제공)
	대리인 (직거래)	· 부동산거래계약신고서 · 법인주택거래신고서(법인 제공) · 자금조달계획서(매수인 제공) · 증빙서류(매수인 제공) · 자필서명(법인/사용인감) 위임장 · 위임인 신분증 사본 · 대리인 신분증 지참
인터넷 신고	거래당사자 (직거래)	· 거래당사자 신고 · 법인주택거래신고서(법인) · 자금조달계획서(매수인 작성) · 증빙서류(매수인 제출)
	개업공인중개사 (중개거래)	· 개업공인중개사 신고 · 법인주택거래신고서(법인 제공) · 자금조달계획서(매수인 제공) · 증빙서류(매수인 제공)

(5) 주택취득자금 조달 및 입주계획서(자금조달계획서)

1) 제출 대상

규제지역(투기과열지구,조정대상지역) 내 주택을 매수한 경우, 법인 외의 자가 비규제지역 내에 소재한 6억 이상 주택을 매수한 경우, 법인이 주택을 매수한 경우에는 주택취득자금 조달 및 입주계획서(자금조달계획서)를 부동산거래 계약 신고와 함께 제출하여야 한다. (부동산거래신고법 시행령 별표1)

구분	제출 대상
규제지역 (투기과열지구, 조정대상지역)	거래 가격과 관계없이 모든 주택 거래
비규제지역 (투기과열지구, 조정대상지역 외)	거래 가격이 6억원 이상인 주택 거래
법인(매수) 주택 거래	지역, 거래 가격과 관계없이 모든 주택 거래

2) 자금조달 증빙서류 제출

투기과열지구 내에 소재한 주택을 매수한 경우에는 매수자가 자금조달계획서에 실제 기재한 자금에 대한 증빙서류도 함께 제출하여야 한다. (부동산거래신고법 시행규칙 2조 7항)

〈자금조달 증빙서류〉

항목		제출서류
자기 자금	금융기관 예금액	예금잔액증명서, 잔고증명서 등
	주식·채권 매각대금	에금잔액증명서, 주식거래내역서 등
	증여·상속	증여·상속세 신고서, 납세증명서 등
	현금 등 그 밖의 자금	소득금액증명원, 근로소득원천징수영수증 등
	부동산 처분대금 등	부동산매매계약서, 부동산임대차계약서 등
차입금 등	금융기관 대출액	금융거래확인서, 부채증명서, 금융기관 대출신청서 등
	임대보증금	부동산임대차계약서
	회사지원금·사채	금전을 빌린 사실과 그 금액을 확인할 수 있는 서류
	그 밖의 차입금	금전을 빌린 사실과 그 금액을 확인할 수 있는 서류

3) 자금조달계획서 또는 증빙서류를 제출하지 아니한 경우

① 과태료 부과

자금조달계획서 또는 증빙서류를 제출하지 아니한 경우에는 「부동산거래신고 등에 관한 법률」 제28조 제2항 제4호 위반으로 500만원 이하의 과태료를 부과한다.

② 소유권이전등기 불가(부동산거래신고법 시행규칙 2조 12항)

실거래 신고필증 미발급으로 소유권이전등기가 불가하게 된다.

(6) 법인 주택 거래계약 신고서

법인이 주택 매매계약을 체결하는 경우 법인 주택 거래계약 신고서를 제출하여야 한다. (부동산거래신고법 시행규칙 2조 5항)

1) 대상 법인

「부동산등기법」 제49조 제1항 제2호의 부동산등기용등록번호를 부여받은 법인으로 상법상 법인을 말하며, 상법 제170조에 따른 주식회사, 합명회사, 합자회사, 유한책임회사, 유한회사를 말한다.

2) 적용 대상

법인이 주택 매매계약을 체결하는 경우를 말하며, 최초 공급(분양)계약, 전매계약 및 국가 등은 해당하지 않는다.

3) 법인 주택 거래계약 신고 항목 (부동산거래신고법 시행령 별표1)

① 법인 등기현황

자본금, 등기임원, 회사성립연월일, 법인등록기록 개설 사유, 목적상 부동산 매매업(임대업) 포함 여부, 사업의 종류

② 거래상대방 간 특수관계 여부

㉠ 거래상대방이 개인인 경우: 그 개인이 해당 법인의 임원 및 법인의 임원과 친족관계 여부

㉡ 거래상대방이 법인인 경우: 거래당사자인 매도법인과 매수법인의 임원 중 동일인 여부

및 거래당사자인 매도법인과 매수법인의 임원 간 친족관계 여부

③ 주택 취득목적(매수법인만 작성)

사업용/비사업용, 주택 취득에 필요한 자금의 조달계획 및 지급방식 및 상세 이용 목적(직원 숙소용, 임대사업용 등) 기재

4) 법인 주택 거래계약 신고서를 제출하지 아니한 경우

① 과태료 부과

법인 주택 거래계약 신고서를 제출하지 아니한 경우에는 「부동산거래신고 등에 관한 법률」 제28조 제2항 제4호 위반으로 500만원 이하의 과태료를 부과한다.

② 소유권이전등기 불가

실거래 신고필증 미발급으로 소유권이전등기가 불가하게 된다.

주택취득자금 조달 및 입주계획서

※ 색상이 어두운 난은 신청인이 적지 않으며, [ ]에는 해당되는 곳에 √표시를 합니다. (앞쪽)

접수번호	접수일시	처리기간

제출인 (매수인)	성명(법인명)		주민등록번호(법인·외국인등록번호)	
	주소(법인소재지)		(휴대)전화번호	

① 자금 조달계획	자기 자금	② 금융기관 예금액 원		③ 주식·채권 매각대금 원
		④ 증여·상속 원		⑤ 현금 등 그 밖의 자금 원
		[ ] 부부 [ ] 직계존비속(관계:) [ ] 그 밖의 관계( )		[ ] 보유 현금 [ ] 그 밖의 자산(종류:)
		⑥ 부동산 처분대금 등 원		⑦ 소계 원
	차입금 등	⑧ 금융기관 대출액 합계 원	주택담보대출	원
			신용대출	원
			그 밖의 대출 (대출 종류:)	원
		기존 주택 보유 여부 (주택담보대출이 있는 경우만 기재) [ ] 미보유 [ ] 보유 (건)		
		⑨ 임대보증금 원		⑩ 회사지원금·사채 원
		⑪ 그 밖의 차입금 원		⑫ 소계
		[ ] 부부 [ ] 직계존비속(관계:) [ ] 그 밖의 관계( )		원
	⑬ 합계			원

⑭ 조달자금 지급방식	총 거래금액	원
	⑮ 계좌이체 금액	원
	⑯ 보증금·대출 승계 금액	원
	⑰ 현금 및 그 밖의 지급방식 금액	원
	지급 사유 ( )	

⑱ 입주 계획	[ ] 본인입주 [ ] 본인 외 가족입주 (입주 예정 시기: 년 월)	[ ] 임대 (전·월세)	[ ] 그 밖의 경우 (재건축 등)

「부동산 거래신고 등에 관한 법률 시행령」 별표 1 제2호나목, 같은 표 제3호가목 전단, 같은 호 나목 및 같은 법 시행규칙 제2조제6항·제7항·제9항·제10항에 따라 위와 같이 주택취득자금 조달 및 입주계획서를 제출합니다.

년 월 일

제출인

(서명 또는 인)

시장·군수·구청장 귀하

유의사항

1. 제출하신 주택취득자금 조달 및 입주계획서는 국세청 등 관계기관에 통보되어, 신고내역 조사 및 관련 세법에 따른 조사 시 참고 자료로 활용됩니다.
2. 주택취득자금 조달 및 입주계획서(첨부서류 제출대상인 경우 첨부서류를 포함합니다)를 계약체결일부터 30일 이내에 제출하지 않거나 거짓으로 작성하는 경우 「부동산 거래신고 등에 관한 법률」 제28조제2항 또는 제3항에 따라 과태료가 부과되오니 유의하시기 바랍니다.
3. 이 서식은 부동산거래계약 신고서 접수 전에는 제출이 불가하오니 별도 제출하는 경우에는 미리 부동산거래계약 신고서의 제출여부를 신고서 제출자 또는 신고관청에 확인하시기 바랍니다.

210mm×297mm[백상지(80g/㎡) 또는 중질지(80g/㎡)]

부동산거래관리시스템(rtms.molit.go.kr)에서도 신청할 수 있습니다.

법인 주택 거래계약 신고서

※ 색상이 어두운 난은 신청인이 적지 않으며, [ ]에는 해당되는 곳에 √표시를 합니다.

접수번호		접수일시		처리기간	

구 분	[ ] 매도인 [ ] 매수인				

제출인 (법인)	법인명(등기사항전부증명서상 상호)		법인등록번호		
			사업자등록번호		
	주소(법인소재지)		(휴대)전화번호		

① 법인 등기현황	자본금 원	② 등기임원(총 인원) 명
	회사성립연월일	법인등기기록 개설 사유(최종)
	③ 목적상 부동산 매매업(임대업) 포함 여부 [ ] 포함　　　[ ] 미포함	④ 사업의 종류 업태 (　　　　) 종목 (　　　　)
⑤ 거래상대방 간 특수관계 여부	법인 임원과의 거래 여부 [ ] 해당　　　[ ] 미해당	관계(해당하는 경우만 기재)
	매도·매수법인 임원 중 동일인 포함 여부 [ ] 해당　　　[ ] 미해당	관계(해당하는 경우만 기재)
	친족관계 여부 [ ] 해당　　　[ ] 미해당	관계(해당하는 경우만 기재)
⑥ 주택 취득목적		

「부동산 거래신고 등에 관한 법률 시행령」 별표 1 제2호가목 및 같은 법 시행규칙 제2조제5항에 따라 위와 같이 법인 주택 거래계약 신고서를 제출합니다.

년　　월　　일

제출인　　　　　　　　　　　　　　　(서명 또는 인)

시장·군수·구청장 귀하

(7) 과태료 (부동산거래신고법 시행령 별표3)

신고관청은 위반행위의 동기·결과 및 횟수 등을 고려하여 과태료의 1/2 범위(거짓신고의 경우 1/5범위)에서 그 금액을 늘리거나 줄일 수 있다.

1) 부동산 거래신고 지연 및 미신고시 과태료

① 신고 지연 기간이 3개월 이하인 경우 (공동신고를 거부한 경우 포함)

거래가격 1억원 미만	거래가격 1억원 이상 5억원 미만	거래가격 5억원 이상
10만원	25만원	50만원

② 신고 지연 기간이 3개월 초과하는 경우 (공동신고를 거부한 경우 포함)

거래가격 1억원 미만	거래가격 1억원 이상 5억원 미만	거래가격 5억원 이상
50만원	200만원	300만원

2) 실제 거래가격 외의 사항을 거짓으로 신고한 경우 과태료: 실제 거래가액의 2%

3) 실제 거래가격을 거짓으로 신고한 경우 과태료

실제 거래가격과 신고가격의 차이가 10% 미만	실제 거래가격과 신고가격의 차이가 10% 이상 20%미만	실제 거래가격과 신고가격의 차이가 20% 이상
실제 거래가액의 2%	실제 거래가액의 4%	실제 거래가액의 5%

❷ 부동산 거래의 해제등 신고

(1) 부동산 거래의 해제등 신고 (부동산거래신고법 제3조의2)

1) 거래당사자의 해제등 신고

거래당사자는 부동산 거래신고 후 해당 거래계약이 해제, 무효 또는 취소(해제등)된 경우 해제등이 확정된 날부터 30일 이내에 해당 신고관청에 공동으로 신고하여야 한다.

다만, 거래당사자 중 일방이 신고를 거부하는 경우로서 단독으로 부동산 거래계약의 해제등을 신고하려는 자는 부동산거래계약 해제등 신고서에 단독으로 서명 또는 날인한 후 다음의 서류를 첨부하여 신고관청에 제출해야 한다.

① 확정된 법원의 판결문 등 해제등이 확정된 사실을 입증할 수 있는 서류
② 단독신고사유서

2) 개업공인중개사의 해제등 신고

개업공인중개사가 거래계약서를 작성·교부하여 부동산 거래 신고를 한 경우에는 개업공인중개사가 해제등의 신고(공동으로 중개를 한 경우에는 해당 개업공인중개사가 공동으로 신고하는 것을 말함)를 할 수 있다. 다만, 개업공인중개사 중 일방이 신고를 거부한 경우에는 단독으로 할 수 있다.

(2) 해제등 확인서 발급

신고를 받은 신고관청은 그 내용을 확인한 후 부동산거래계약 해제등 확인서를 신고인에게 지체 없이 발급해야 한다. (부동산거래신고법 시행규칙 4조 3항)

■ 부동산 거래신고 등에 관한 법률 시행규칙 [별지 제4호서식] <개정 2020. 2. 27.> 부동산거래관리시스템(rtms.molit.go.kr)에서도 신청할 수 있습니다.

부동산거래계약 해제등 신고서

※ 뒤쪽의 작성방법을 읽고 작성하시기 바라며, [ ]에는 해당하는 곳에 √표를 합니다. (앞쪽)

접수번호		접수일시		처리기간	지체없이

신고인	구분		[ ] 매도인　　　[ ] 매수인　　　[ ] 개업공인중개사　　　[ ] 대리인		
	성명(법인명)		주민등록번호(법인·외국인등록번호)		
	(서명 또는 인)				
	주소(법인소재지)				
	전화번호		휴대전화번호		

신고사항	매도인	성명(법인명)		주민등록번호(법인·외국인등록번호)	
		주소(법인소재지)			
		전화번호		휴대전화번호	
	매수인	성명(법인명)		주민등록번호(법인·외국인등록번호)	
		주소(법인소재지)			
		전화번호		휴대전화번호	
	신고필증 관리번호				
	계약 체결일	년　　월　　일	거래계약 해제등의 사유 발생일	년　　월　　일	
	부동산 소재지				
	거래계약 해제등의 사유	구분	[ ] 해제　　　[ ] 무효　　　[ ] 취소		
		사유			

「부동산 거래신고 등에 관한 법률」 제3조의2 및 같은 법 시행규칙 제4조제1항·제2항에 따라 위와 같이 부동산거래계약 해제등의 내용을 신고합니다.

년　　　　월　　　　일

신고인　　　매도인 :　　　　　　　　　*(서명 또는 인)*
　　　　　　매수인 :　　　　　　　　　*(서명 또는 인)*
　　　개업공인중개사 :　　　　　　　　*(서명 또는 인)*
　　　(개업공인중개사 중개 시)

시장·군수·구청장 귀하

210mm×297mm[백상지(80g/㎡) 또는 중질지(80g/㎡)]

■ 부동산 거래신고 등에 관한 법률 시행규칙 [별지 제5호서식] <개정 2020. 2. 27.>

부동산거래계약 해제등 확인서

신고인	구분	[ ] 매도인　　[ ] 매수인　　[ ] 개업공인중개사　　[ ] 대리인	
	성명(법인명)		생년월일(법인 · 외국인등록번호)
	주소(법인소재지)		
	전화번호		휴대전화번호
신고 사항	매도인	성명(법인명)	생년월일(법인 · 외국인등록번호)
		주소(법인소재지)	
		전화번호	휴대전화번호
	매수인	성명(법인명)	생년월일(법인 · 외국인등록번호)
		주소(법인소재지)	
		전화번호	휴대전화번호
	신고필증 관리번호		
	계약 체결일	년　　월　　일	거래계약 해제등의 사유 발생일 　　년　　월　　일
	부동산 소재지		
	거래계약 해제등의 사유	구분　[ ] 해제　　[ ] 무효　　[ ] 취소	
		사유	

「부동산 거래신고 등에 관한 법률」 제3조의2 및 같은 법 시행규칙 제4조제3항에 따라 부동산거래계약 해제등 확인서를 발급합니다.

년　　월　　일

시장·군수·구청장

직인

주택 임대차 신고

「민간임대주택에 관한 특별법」에 따라 등록한 민간임대주택의 경우에는 「민간임대주택에 관한 특별법」에 따라 표준임대차계약서의 작성 및 임대차 계약 신고를 하여야 하며, 등록되지 않은 임대주택의 경우 「부동산 거래신고 등에 관한 법률」에 따라 주택임대차신고를 하여야 한다.

1 주택 임대차 신고

(1) 신고 대상 (부동산거래신고법 6조의2 1항, 2항)

「주택임대차보호법」상 주택에 대하여 다음의 요건을 충족한 임대차계약을 체결한 경우 신고 대상이 된다.

① 지역 기준
특별자치시·특별자치도·시·군(광역시 및 경기도의 관할구역에 있는 군으로 한정)·구(자치구를 말함)

② 금액 기준

보증금 6천만원 초과 또는 월차임(월세) 30만원 초과하는 계약. 다만, 계약을 갱신하는 경우로서 보증금 및 차임의 증감 없이 임대차 기간만 연장하는 계약은 제외한다. (부동산거래신고법 시행령 4조의3 1항)

③ 계약일 기준

2021.6.1. 이후 체결한 주택 임대차 계약

(2) 신고 내용 (부동산거래신고법 시행규칙 6조의2 1항)

① 임대차계약당사자의 인적사항

  ㉠ 자연인인 경우: 성명, 주소, 주민등록번호(외국인인 경우에는 외국인등록번호를 말한다) 및 연락처

  ㉡ 법인인 경우: 법인명, 사무소 소재지, 법인등록번호 및 연락처

  ㉢ 법인 아닌 단체인 경우: 단체명, 소재지, 고유번호 및 연락처

② 임대차 목적물(주택을 취득할 수 있는 권리에 관한 계약인 경우에는 그 권리의 대상인 주택을 말한다)의 소재지, 종류, 임대 면적 등 임대차 목적물 현황

③ 보증금 또는 월 차임

④ 계약 체결일 및 계약 기간

⑤ 「주택임대차보호법」 제6조의3에 따른 계약갱신요구권의 행사 여부(계약을 갱신한 경우만 해당한다)

(3) 신고 기한

임대차계약 체결일로부터 30일 이내에 신고하여야 한다.

(4) 신고 의무자

주택 임대차 계약이 신고는 임대차계약의 당사자(임대인,임차인) 또는 국가등이 신고하여야 한다.

① 임대차계약당사자

임대차계약당사자(임대인,임차인)가 주택(주택을 취득할 수 있는 권리 포함) 임대차계약을 체결한 때에는 주택 소재지 관할 읍면동사무소(주민센터)에 공동으로 신고하여야 한다. (부동산거래신고법 6조의2 1항)

② 정부·지방자치단체·공공기관·지방공사 등(국가 등)

임대차계약당사자 중 일방이 국가, 지방자치단체, 「공공기관의 운영에 관한 법률」에 따른 공공기관등에 해당되는 경우 국가등 일방이 신고. 단 이 경우에도 국가등이 아닌 상대방의 확정일자 필요시에는 별도 확정일자 신고가 가능하다. (부동산거래신고법 6조의2 1항)

(5) 신고 방법

1) 공동신고 (부동산거래신고법 시행규칙 6조의2 2항, 3항, 9항)

① 임대차계약서 제출이 가능한 경우

임대차계약당사자 일방이 임대차계약당사자의 서명이나 날인이 되어 있는 주택 임대차 계약서를 신고관청에 제출하면 임대차계약당사자가 공동으로 임대차 신고서를 제출한 것으로 본다.

② 임대차계약서 제출이 불가능한 경우

임대차계약서 제출이 불가능한 경우에는 주택 임대차 계약 신고서에 공동으로 서명 또는 날인해 신고관청에 제출해야 한다.

③ 계약 입증 서류에 의한 일방 신고

임대차계약당사자 일방이 임대차 신고서에 단독으로 서명 또는 날인한 후 입금증, 주택임대차계약과 관련된 금전거래내역이 적힌 통장사본 등 주택임대차계약 체결 사실을 입증할 수 있는 서류를 첨부해 신고관청에 제출한 경우에는 임대차계약당사자가 공동으로 임대차 신고서를 제출한 것으로 본다.

2) 단독신고

임대차계약당사자 일방이 신고를 거부하는 경우에는 단독으로 신고할 수 있다. 이 경우 임대차계약 체결이 완료되었음에도 불구하고 신고를 거부한 당사자 일방은 신고 거부에 따른 과태료가 부과된다. (부동산거래신고법 시행규칙 6조의2 5항)

① 임대차계약서 제출이 가능한 경우

단독 신고자 일방이 임대차계약서와 단독신고 사유서를 제출하면 신고한 것으로 본다.

② 임대차계약서 제출이 불가능한 경우

단독 신고자 일방이 단독 서명 또는 날인한 신고서와 계약체결 입증자료, 단독신고 사유서를 제출하면 신고한 것으로 본다.

3) 국가등 신고 (부동산거래신고법 시행규칙 6조의2 4항)

국가등이 주택 임대차 계약을 신고하려는 경우에는 임대차 신고서에 단독으로 서명 또는 날인해 신고관청에 제출해야 한다.

(6) 신고 효과

① 임대차계약서를 제출하여 신고한 때에는 「주택임대차보호법」 제3조의6 제1항에 따른 확정일자를 부여한 것으로 의제한다. (부동산거래신고법 6조의5 3항)

② 임차인이 「주민등록법」에 따라 전입신고 시 임대차계약서 또는 임대차신고서를 함께 제출하는 경우에는 임대차신고를 한 것으로 본다. (부동산거래신고법 6조의5 1항)

③ 「공공주택 특별법」 또는 「민간임대주택에 관한 특별법」에 따른 임대사업자가 각 법에 따른 임대차계약 신고 등을 이행한 경우에는 임대차 신고를 한 것으로 보아 「부동산 거래신고등에 관한 법률」에 따른 임대차 신고를 하지 않아도 된다. (부동산거래신고법 6조의5 2항)

(7) 과태료

위반행위	과태료
1) 주택 임대차 계약의 신고를 하지 않거나(공동신고를 거부한 경우를 포함한다) 그 신고를 거짓으로 한 경우	
가) 신고하지 않은 기간이 3개월 이하인 경우	
(1) 계약금액이 1억원 미만인 경우	4만원
(2) 계약금액이 1억원 이상 3억원 미만인 경우	5만원
(3) 계약금액이 3억원 이상 5억원 미만인 경우	10만원
(4) 계약금액이 5억원 이상인 경우	15만원
나) 신고하지 않은 기간이 3개월 초과 6개월 이하인 경우	
(1) 계약금액이 1억원 미만인 경우	13만원
(2) 계약금액이 1억원 이상 3억원 미만인 경우	15만원
(3) 계약금액이 3억원 이상 5억원 미만인 경우	30만원
(4) 계약금액이 5억원 이상인 경우	45만원
다) 신고하지 않은 기간이 6개월 초과 1년 이하인 경우	
(1) 계약금액이 1억원 미만인 경우	21만원
(2) 계약금액이 1억원 이상 3억원 미만인 경우	30만원
(3) 계약금액이 3억원 이상 5억원 미만인 경우	50만원
(4) 계약금액이 5억원 이상인 경우	70만원
라) 신고하지 않은 기간이 1년 초과 2년 이하인 경우	
(1) 계약금액이 1억원 미만인 경우	24만원
(2) 계약금액이 1억원 이상 3억원 미만인 경우	40만원
(3) 계약금액이 3억원 이상 5억원 미만인 경우	60만원
(4) 계약금액이 5억원 이상인 경우	80만원
마) 신고하지 않은 기간이 2년을 초과한 경우 또는 공동신고를 거부한 경우	
(1) 계약금액이 1억원 미만인 경우	30만원
(2) 계약금액이 1억원 이상 3억원 미만인 경우	50만원
(3) 계약금액이 3억원 이상 5억원 미만인 경우	80만원
(4) 계약금액이 5억원 이상인 경우	100만원
바) 거짓으로 신고한 경우	100만원

> ☑ check point **과태료 계도 기간**
>
> 임대차 신고제도 신규 도입에 따른 적응 기간 등을 감안하여 시행일로부터 2년(2021.6.1.~2023.5.31.)간 계도 기간을 운영하여 계도 기간 중에는 과태료 미부과

■ 부동산 거래신고 등에 관한 법률 시행규칙 [별지 제5호의2서식] <신설 부동산거래관리시스템(rtms.molit.go.kr)에서도 신청할 수 있습니다.
2021. 6. 1.>

주택 임대차 계약 신고서

※ 뒤쪽의 유의사항·작성방법을 읽고 작성하시기 바라며, [ ]에는 해당하는 곳에 √표를 합니다. (앞쪽)

접수번호		접수일시		처리기간	지체 없이

①임대인	성명(법인·단체명)		주민등록번호(법인·외국인등록·고유번호)		
	주소(법인·단체 소재지)				
	전화번호		휴대전화번호		

②임차인	성명(법인·단체명)		주민등록번호(법인·외국인등록·고유번호)		
	주소(법인·단체 소재지)				
	전화번호		휴대전화번호		

③임대목적물현황	종류	아파트[ ] 연립[ ] 다세대[ ] 단독[ ] 다가구[ ] 오피스텔[ ] 고시원[ ] 그 밖의 주거용[ ]				
	④소재지(주소)					
	건물명( )			동	층	호
	⑤임대 면적(㎡)		㎡	방의 수(칸)		칸

임대계약내용	⑥신규계약 [ ]	임대료	보증금			원
			월 차임			원
		계약 기간	년 월 일 ~ 년 월 일			
		체결일	년 월 일			
	⑦갱신계약 [ ]	종전임대료	보증금			원
			월 차임			원
		갱신임대료	보증금			원
			월 차임			원
		계약 기간	년 월 일 ~ 년 월 일			
		체결일	년 월 일			
	⑧ 「주택임대차보호법」 제6조의3에 따른 계약갱신요구권 행사 여부		[ ] 행사 [ ] 미행사			

「부동산 거래신고 등에 관한 법률」 제6조의2 및 같은 법 시행규칙 제6조의2에 따라 위와 같이 주택 임대차 계약 내용을 신고합니다.

년 월 일

신고인
임대인: (서명 또는 인)
임차인: (서명 또는 인)
제출인: (서명 또는 인)
(제출 대행 시)

시장·군수·구청장 (읍·면·동장·출장소장) 귀하

2 주택 임대차 변경, 해제 신고

(1) 주택 임대차 변경 신고 (부동산거래신고법 6조의3)

주택 임대차 계약 체결에 따른 임대차 신고 후 해당 계약의 보증금, 차임 등 임대차 가격이 변경된 경우에는 변경된 날로부터 30일 이내에 해당 신고관청에 공동으로 신고하여야 한다. 다만, 임대차계약당사자 중 일방이 국가등인 경우에는 국가등이 신고하여야 한다.

한편, 임대차계약당사자 중 일방이 신고를 거부하는 경우에는 단독으로 신고할 수 있다.

기타 관련 사항 등은 주택 임대차 신고 사항을 준용한다.

> ☑ check point 계약 만료 후 임대차 가격을 증감을 수반한 갱신계약은 신규 신고 대상임
> 변경 신고는 임대차 신고 이후 계약 기간 중 임대차 보증금, 차임 등 증감이 발생한 경우에만 해당하고, 계약 만료 후 임대차 가격의 증감을 수반한 갱신계약은 신규 임대차 신고대상으로 변경 신고대상이 아님

(2) 주택 임대차 해제 신고 (부동산거래신고법 6조의3)

주택 임대차 계약 체결에 따른 임대차 신고 후 임대차계약이 해제된 경우에는 해제가 확정된 날로부터 30일 이내에 해당 신고관청에 공동으로 신고하여야 한다. 다만, 임대차계약당사자 중 일방이 국가등인 경우에는 국가등이 신고하여야 한다.

한편, 임대차계약당사자 중 일방이 신고를 거부하는 경우에는 단독으로 신고할 수 있다.

기타 관련 사항 등은 주택 임대차 신고 사항을 준용한다.

> ☑ check point 해제 신고 대상
> 임대차계약기간 만료 또는 임대차계약 존속 중 계약해지 요건(월차이,관리비 미납 등) 충족 등에 따라 해지하는 경우에는 해제 신고 대상이 아님.
> 통상적으로 임대차계약 시작일 이후는 해지, 시작일 이전은 해제로 봄.

제3장

주택임대사업자의
등록면허세

민간임대주택법에 따라 주택임대사업자를 등록할 때 면허에 대한 신규분 등록면허세를 신고 납부하고, 이후 매년 1월 1일을 기준으로 주택임대사업자로 등록이 되어 있는 경우 면허에 대한 정기분 등록면허세가 부과된다.

 면허의 정의

면허란 각종 법령에 규정된 면허·허가·인가·등록·지정·검사·검열·심사 등 특정한 영업설비 또는 행위에 대한 권리의 설정, 금지의 해제 또는 신고의 수리 등 행정청의 행위(법률의 규정에 따라 의제되는 행위 포함)를 말한다. (지방세법 23조 2호)

 과세대상 (지방세령 39조)

기준	1종	2종	3종	4종
등록된 임대주택수	10호 이상	6호 이상 10호 미만	3호 이상 6호 미만	3호 미만

③ 납세의무자

면허에 대한 등록면허세는 면허를 받는 자(변경면허를 받는 자를 포함)가 등록면허세를 납부할 의무가 있다. 이 경우 납세의무자는 그 면허의 종류마다 등록면허세를 납부 하여야 한다. (지방세법 24조)

(1) 정기분: 매년 1월 1일 기준으로 주택임대사업자로 등록이 되어 있는 경우 면허가 매년 갱신되는 것으로 보아 면허에 대한 정기분 등록면허세가 부과 되고, 조례로 정하는 납기(매년 1월 16일부터 1월 31일)까지 납부하여야 한다. (지방세법 35조 2항)

(2) 신고분: 주택임대사업자로 최초 등록한 경우 주택임대사업자 등록증 교부시 신규분에 대한 등록면허세를 신고 납부 하여야 한다. (지방세법 35조 1항)

<운영 예규, 지법24-2,3>
등록면허세의 납세의무는 면허증서를 교부받거나 도달된 때에 납세의무가 발생하는 것이므로 면허증서를 교부하기 전에 면허가 취소된 경우에는 등록면허세 납세의무가 발생하지 않음.

☑ check point **공동명의**
임대주택이 공동명의에 해당하여 공동으로 주택임대사업자로 등록한 경우 그 대표자에게 등록면허세가 부과된다.

(3) 수시분: 등록면허세를 납부하지 않은 경우 무신고(과소신고)가산세 및 납부지연가산세를 산출세액에 더하여 보통징수한다(부과 징수). (지방세법 35조 4항)

<운영 예규, 지법24-2,1>
당해년도 1월 1일이 지나 면허가 말소된 경우에도 당해년도의 등록면허세의 납세의무가 있으며, 당해년도 1월 1일이 지나 면허의 명의가 변경되는 경우에는 종전의 명의자는 정기분 등록면허세를, 새로운 명의자는 신규 등록면허세를 납부하여야 함.

4 세율

면허에 대한 등록면허세의 세율은 다음의 구분에 따른다. (지방세법 34조)

구분	인구 50만 명 이상 시	그 밖의 시	군
제1종	67,500원	45,000원	27,000원
제2종	54,000원	34,000원	18,000원
제3종	40,500원	22,500원	12,000원
제4종	27,000원	15,000원	9,000원
제5종	18,000원	7,500원	4,500원

5 비과세

매년 1월 1일 현재 「부가가치세법」에 따른 폐업신고를 하고 폐업 중인 해당 업종의 면허인 경우에는 등록면허세가 비과세 된다. (지방세령 40조 2항 4호)

> **<예규: 지방세운영과-1475. 2019.5.23>**
> 「부가가치세법」에 따라 1월 2일에 폐업신고를 하면서 전년도 12월 31일을 폐업일로 하여 사실상 폐업을 했다 하더라도, 면허분 등록면허세 과세기준일인 1월 1일에 이미 당해 면허가 갱신된 것이므로, 「지방세법 시행령」 제40조 제2항 제4호의 비과세 대상에 해당되지 아니함.

6 납세지

영업장 또는 사무소가 있는 면허의 경우에는 영업장 또는 사무소 소재지를, 영업장 또는 사무소가 없는 면허의 경우에는 면허를 받은 자의 주소지를, 납세지가 불분명하거나 국내에 없는 경우에는 면허부여기관 소재지를 각각 면허에 대한 등록면허세 납세지로 한다. (지방세법 25조 2항)

> ☑ **check point**
> 주택임대사업자의 경우 주소지를 사무소 소재지로 하므로, 주소지에 따라 면허세 납부 금액이 달라지게 됨.

제4장

주택에 대한 취득세와 주택임대사업자의 세제 혜택

제1절

주택에 대한 취득세 개요

1 **취득세 과세대상 및 납세의무자 (지방세법 6조, 7조)**

취득세는 부동산(건축물, 토지), 차량, 기계장치, 입목, 항공기, 선박, 광업권, 어업권, 골프회원권, 승마회원권, 콘도미니엄회원권, 요트회원권 등을 취득하는 행위를 과세대상으로 하며, 과세대상 물건을 취득한 자에게 취득세를 부과한다.

여기서 주택의 경우 부동산에 해당하므로 주택을 취득하는 행위는 취득세 과세대상이 된다.

> **<운영 예규: 법6-8> 취득의 의미**
> 「지방세법」제6조 제1호에서 취득이라 함은 취득자가 소유권이전등기 등록 등 완전한 내용의 소유권을 취득하는가 여부에 관계없이 사실상의 취득행위(잔금지급, 연부금완납 등) 그 자체를 말함.

❷ 취득시기 (지방세령 20조)

취득시기는 취득유형에 따라 달라지며, 취득세 납세의무의 성립 시점에 해당하므로 매우 중요한 의미가 있다.

(1) 무상취득

1) 원칙
무상취득의 경우에는 그 계약일(상속 또는 유증으로 인한 취득의 경우에는 상속 또는 유증 개시일)에 취득한 것으로 본다. 다만, 취득일 전에 등기 또는 등록을 한 경우에는 그 등기일 또는 등록일에 취득한 것으로 본다.

2) 예외
해당 취득물건을 등기·등록하지 아니하고 다음 어느 하나에 해당하는 서류에 의하여 계약이 해제된 사실이 입증되는 경우에는 취득으로 보지 않는다.

① 화해조서·인낙조서(해당 조서에서 취득일부터 60일 이내에 계약이 해제된 사실이 입증되는 경우)
② 공정증서(공증인이 인증한 사서증서를 포함하되, 취득일부터 60일 이내에 공증받은 것만 해당)
③ 계약해제신고서(취득일부터 60일 이내에 제출된 것만 해당)

(2) 유상승계취득

1) 원칙
유상승계취득의 경우에는 그 계약상의 잔금지급일(계약상 잔금지급일이 명시되지 아니한 경우에는 계약일부터 60일이 경과한 날)을 취득일보나, 개인과 법인 간의 거래·국가와의 거래·공매에 의한 거래 등으로 취득하는 경우에는 사실상의 잔금지급일을 취득일로 본다. 다만, 취득일 전에 등기 또는 등록을 한 경우에는 그 등기일 또는 등록일에 취득한 것으로 본다.

2) 예외

해당 취득물건을 등기·등록하지 아니하고 다음 어느 하나에 해당하는 서류에 의하여 계약이 해제된 사실이 입증되는 경우에는 취득한 것으로 보지 않는다.

① 화해조서·인낙조서(해당 조서에서 취득일부터 60일 이내에 계약이 해제된 사실이 입증되는 경우)
② 공정증서(공증인이 인증한 사서증서를 포함하되, 취득일부터 60일 이내에 공증받은 것만 해당)
③ 계약해제신고서(취득일부터 60일 이내에 제출된 것만 해당)
④ 부동산 거래신고 관련 법령에 따른 부동산거래계약 해제등 신고서(취득일부터 60일 이내에 등록관청에 제출한 경우에만 해당)

(3) 연부 취득

연부로 취득하는 경우(취득가액 총액이 50만원 이하인 것은 제외)에는 그 사실상의 연부금 지급일을 취득일로 본다. 다만, 취득일 전에 등기 또는 등록을 한 경우에는 그 등기일 또는 등록일에 취득한 것으로 본다.

(4) 주택의 건축 또는 개수

주택을 건축 또는 개수하여 취득하는 경우에는 사용승인서 교부일(사용승인서 교부 전에 임시사용승인을 받은 경우에는 그 임시사용승인일을 말하고, 사용승인서 또는 임시사용승인서를 받을 수 없는 건축물의 경우에는 사실상 사용이 가능한 날)과 사실상 사용일 중 빠른 날을 취득일로 본다.

(5) 취득시기 요약

취득방법		취득시기	비고
무상	상속 또는 유증	상속 또는 유증개시일	취득일 전에 등기, 등록을 한 경우 그 등기일 또는 등록일에 취득한 것으로 봄 (2023.1.1. 이후 유상승계취득의 경우 사실상 잔금지급일)
	그 외	계약일	
유상승계	법인, 국가, 공매등에 의한 취득	사실상 잔금지급일	
	그 외	계약상 잔금지급일	
연부취득		사실상 연부금 지급일(취득가액 총액이 50만원 이하는 제외)	
건축, 개수		사용승인일, 임시사용승인일, 사실상 사용일 중 빠른 날	

 3 **2022.12.31.까지 취득분에 대한 과세표준 (지방세법 10조)**

(1) 원칙

취득세 과세표준은 취득자가 신고한 취득 당시의 가액으로 하며, 신고 또는 신고가액이 없거나 신고가액이 시가표준액에 미달할 때에는 시가표준액을 과세표준으로 한다. 다만, 연부로 취득하는 경우에는 연부금액(매회 사실상 지급되는 금액을 말하며, 취득금액에 포함되는 계약보증금을 포함)으로 한다.

(2) 사실상 취득가액이 적용되는 경우

① 국가, 지방자치단체 또는 지방자치단체조합으로부터의 취득

② 외국으로부터의 수입에 의한 취득

③ 판결문, 법인장부에 따라 취득가액이 입증되는 취득

④ 공매방법에 의한 취득

⑤ 「부동산 거래신고 등에 관한 법률」에 따른 신고서를 제출하여 검증이 이루어진 취득

(3) 사실상 취득가액 적용 제외 대상

아래에 해당하는 경우에는 시가표준액이 과세표준이 된다.

① 증여, 기부 그 밖의 무상 취득

② 소득세법 제101조 제1항(부당행위계산의 부인) 또는 법인세법 제52조 제1항(부당행위계산의 부인)에 따른 기래로 인한 취득

참고 부당행위계산의 부인

소득세법 제101조 제1항(부당행위계산의 부인)

납세지 관할세무서장 또는 지방국세청장은 양도소득이 있는 거주자의 행위 또는 계산이 그 거주자와 특수관계인과의 거래로 인하여 그 소득에 대한 조세의 부담을 부당하게 감소시킨 것으로 인정되는 경우에는 그 거주자의 행위 또는 계산에 관계없이 해당 과세기간의 소득금액을 계산할 수 있음.

2. 법인세법 제52조 제1항(부당행위계산의 부인)

납세지 관할세무서장 또는 관할지방국세청장은 내국법인의 행위 또는 소득금액의 계산이 특수관계인과의 거래로 인하여 그 법인의 소득에 대한 조세의 부담을 부당하게 감소시킨 것으로 인정되는 경우에는 그 법인의 행위 또는 소득금액의 계산에 관계없이 그 법인의 각 사업연도의 소득금액을 계산할 수 있음.

2023.1.1. 이후 취득분에 대한 과세표준 (지방세법 10조, 2023.1.1. 시행)

취득세의 과세표준은 취득 당시의 가액으로 하고, 연부로 취득하는 경우에는 연부금액
(매회 사실상 지급되는 금액을 말하며, 취득금액에 포함되는 계약보증금을 포함)을 취득세 과세표
준으로 하며, 취득유형에 따라 취득세 과세표준을 2023.1.1. 이후 취득분부터 세분화하
는 것으로 개정이 되었다.

(1) 무상취득의 경우 과세표준 (지방세법 10조의2)

1) 원칙
부동산 등을 무상취득하는 경우 취득세 과세표준은 시가인정액으로 한다.

2) 예외
다음에 해당하는 경우에는 각 항에서 정하는 가액을 취득당시가액으로 한다.

① 상속에 따른 무상취득의 경우: 시가표준액
② 시가표준액이 1억원 이하의 부동산등을 무상취득하는 경우: 시가인정액과 시가표준
  액 중에서 납세자가 선택하는 가액

참고 시가인정액(지방세령 14조)

(1) 평가기간 이내의 시가인정액

1) 시가인정액의 개요

취득일 전 6개월부터 취득일 후 3개월 이내의 기간(평가기간)에 취득 대상이 된 부동산 등에 대하여 매매, 감정, 경매(「민사집행법」에 따른 경매) 또는 공매한 사실이 있는 경우의 가액으로서 다음에 해당하는 가액을 말한다.
① 취득한 부동산등의 매매사실이 있는 경우 그 거래가액. 다만, 「소득세법」 제101조제1항 또는 「법인세법」에 따른 특수관계인과의 거래 등으로 그 거래가액이 객관적으로 부당하다고 인정되는 경우는 제외한다.
② 둘 이상의 감정기관이 평가한 감정가액의 평균액(시가표준액이 10억원 이하인 부동산, 합병·분할 및 조직변경을 원인으로 취득하는 부동산등의 경우는 하나의 감정기관의 감정가액으로 할 수 있음). 다만 다음의 경우는 제외한다.

⊙ 일정한 조건이 충족될 것을 전제로 해당 부동산등을 평가하는 등 취득세의 납부 목적에 적합하지 않은 감정가액

ⓛ 취득일 현재 해당 부동산등의 원형대로 감정하지 않은 경우 그 감정가액

또한, 해당 감정가액이 기준금액(시가표준액과 유사사례가액의 90%에 해당하는 가액 중 적은 금액)에 미달하는 경우나 기준금액 이상인 경우에도 지방세심의위원회의 심의를 거쳐 지방자치단체의 장이 다른 감정기관에 의뢰하여 감정한 가액으로 하며, 그 가액이 납세자가 제시한 감정가액보다 낮은 경우에는 납세자가 제시한 감정가액으로 한다.

③ 경매가액 또는 공매가액

④ 유사사례가액: 취득한 부동산등의 면적, 위치 및 용도와 시가표준액이 동일하거나 유사하다고 인정되는 다른 부동산등에 대한 시가인정액(취득세를 신고한 경우에는 평가기간 이내의 가액 중 신고일까지의 시가인정액으로 한정)이 있는 경우에는 해당 가액

2) 시가인정액의 판단기준

평가기간 이내의 가액인지에 대한 판단은 다음에 따른 날을 기준으로 하며, 시가인정액이 둘 이상인 경우에는 취득일 전후로 가장 가까운 날의 가액(그 가액이 둘 이상인 경우에는 평균액)을 적용한다.

① 취득한 부동산등의 매매사실이 있는 경우: 매매계약일
② 감정가액: 가격산정기준일과 감정가액평가서 작성일
③ 경매가액 또는 공매가액: 경매가액 또는 공매가액이 결정된 날
④ 유사사례가액: 아직 시행규칙에서 정한 바 없음(추후 제정 예정)

(2) 평가기간 이후의 시가인정액

① 취득일 전 2년 이내의 기간 중 평가기간에 해당하지 않는 기간에 매매등이 있거나 평가기간이 지난 후에도 신고·납부기한의 만료일부터 6개월 이내의 기간 중에 매매등이 있는 경우로서
② 취득일부터 다음에 해당하는 날까지의 기간 중에 시간의 경과와 주위환경의 변화 등을 고려할 때 가격변동의 특별한 사정이 없다고 인정하는 경우에는 ①에 의한 매매 등의 가액을 지방세심의위원회의 심의·의결을 거쳐 시가로 인정할 수 있다.

① 취득한 부동산등의 매매사실이 있는 경우: 매매계약일
② 감정가액: 가격산정기준일과 감정가액평가서 작성일
③ 경매가액 또는 공매가액: 경매가액 또는 공매가액이 결정된 날

(3) 자본적지출액

시가인정액을 산정할 때 부동산등의 취득일 전인 경우로서 취득일까지 해당 부동산등에 대한 자본적지출액이 확인되는 경우에는 그 자본적지출액을 매매등의 가액에 더할 수 있다.

(2) 유상승계취득의 경우 과세표준 (지방세법 10조의3, 지방세령 18조)

부동산등을 유상승계취득하는 경우에는 취득당시가액은 취득시기 이전에 해당 물건을 취득하기 위하여 거래 상대방이나 제3자에게 지급하였거나 지급하여야 할 일체의 비용으로서 사실상 취득가격으로 한다. 다만, 취득대금을 일시금 등으로 지급하여 일정액을 할인받은 경우에는 그 할인된 가액으로 한다.

다만, 지방자치단체의 장은 부당행위계산에 해당하는 경우에는 시가인정액을 취득당시가액으로 할 수 있다.

> ☑ check point **부당행위계산에 해당하는 경우**
> 부당행위계산에 해당하는 경우란 특수관계인으로부터 시가인정액보다 낮은 가격으로 부동산을 취득하는 경우로서 시가인정액과 사실상 취득가격의 차액이 3억원 이상이거나 시가인정액의 100분의 5에 상당하는 금액 이상인 경우를 말함.

사실상 취득가격에 포함하는 비용	사실상 취득가격에 포함하지 않는 비용
① 건설자금이자와 이와 유사한 금융비용(법인만 해당)	① 취득하는 물건의 판매를 위한 광고선전비 등 판매부대비용
② 할부, 연부 이자 및 연체료(법인만 해당)	② 전기, 가스, 열 등을 이용하는 자가 분담하는 비용
③ 법령에 따른 의무적으로 부담하는 비용(농지보전부담금, 미술작품설치, 문화예술진흥기금 출연금액, 대체산림자원조성비 등)	③ 이주비, 지장물 보상금 등 취득물건과는 별개의 권리에 관한 보상 성격의 비용
④ 취득에 필요한 용역을 제공받은 대가로 지급하는 용역비·수수료	④ 부가가치세
⑤ 취득자금 외에 당사자의 약정에 따른 취득자 조건 부담액과 채무인수액	⑤ 기타 ①~④에 준하는 비용
⑥ 취득일 전 국민주택채권 양도시 발생하는 매각 차손	
⑦ 공인중개사에게 지급한 중개보수(법인만 해당)	
⑧ 붙박이 가구·가전제품 등 건축물에 부착되거나 일체를 이루면서 건축물의 효용을 유지 또는 증대시키는 비용	
⑨ 정원 또는 부속시설물 등을 조성 설비 비용	
⑩ 기타 ①~⑨에 준하는 비용	

(3) 원시취득의 경우 과세표준 (지방세법 10조의4)

부동산등을 원시취득하는 경우 취득당시가액은 사실상 취득가격으로 하며, 법인이 아닌 자가 건축물을 건축하여 취득하는 경우로서 사실상 취득가격을 확인할 수 없는 경우에는 시가표준액으로 한다.

(4) 부담부증여의 경우 과세표준 (지방세법 10조의2 6항, 지방세령 14조의4)

1) 과세표준
증여자의 채무를 인수하는 부담부증여의 경우 유상으로 취득한 것으로 보는 채무액에 상당하는 부분은 유상승계취득의 과세표준을 적용하고, 취득물건의 시가인정액에서 채무부담액을 뺀 잔액에 대하여는 무상취득의 과세표준을 적용한다.

2) 채무부담액의 한도
유상으로 취득한 것으로 보는 채무액에 상당하는 부분의 범위는 시가인정액을 한도로 한다.

3) 채무부담액의 범위
채무부담액은 취득자가 부동산등의 취득일이 속하는 달의 말일부터 3개월 이내에 인수한 것을 입증한 채무액으로서 다음에 해당하는 금액으로 한다.

① 등기부 등본으로 확인되는 부동산등에 대한 저당권, 가압류, 가처분 등에 따른 채무부담액
② 금융기관이 발급한 채무자 변경 확인서 등으로 확인되는 금융기관의 금융채무액
③ 임대차계약서 등으로 확인되는 부동산 등에 대한 임대보증금액
④ 그밖에 판결문, 공정증서 등 객관적 입증자료로 확인되는 취득자의 채무부담액

(5) 부동산등의 일괄취득 시 과세표준 (지방세령 19조)

상가주택과 부속토지를 일괄 취득한 경우에는 전체 시가표준액에서 주택부분과 주택

외 부분이 차지하는 시가표준액 비율을 구분하여 각각의 취득 당시의 가액으로 한다.

신축 또는 증축으로 주택과 상가부분을 한꺼번에 취득하는 경우에는 주택 부분과 상가 부분의 연면적비율로 구분하여 각각의 취득 당시의 가액을 산정한다.

▶ **계산사례**

1. 상가주택을 매매로 9억원에 일괄 취득 경우 과세표준

1층 상가(시가표준액 2억원), 2층 주택(시가표준액 1억원), 부속토지(각각 1억원)

① 주택의 과세표준: 9억 × (1억 + 1억) / (2억 + 1억 + 1억 + 1억) = 3.6억

② 상가의 과세표준: 9억 × (2억 + 1억) / (2억 + 1억 + 1억 + 1억) = 5.4억

2. 상가주택을 18억을 공사비를 들여 신축한 경우

1층 상가(연면적: 200㎡) 2층 주택(150㎡), 3층 주택(150㎡)

① 주택의 과세표준: 18억 × (150㎡ + 150㎡) / (200㎡ + 150㎡ + 150㎡) = 10.8억

② 상가의 과세표준: 18억 × (200㎡) / (200㎡ + 150㎡ + 150㎡) = 7.2억

---

5 취득세 일반 세율 (지방세법 11조)

(1) 부동산 취득세율(표준세율)

취득원인	구분	세율
상속으로 인한 취득	농지	2.3%
	농지 외의 것	2.8%
상속 외의 무상 취득	일반	3.5%
	비영리사업자	2.8%
주택의 원시 취득		2.8%
공유물의 분할 취득		2.3%
합유물·총유물의 분할 취득		2.3%
유상 취득	농지	3.0%
	농지 외의 것	4.0%

주택의 유상 취득	취득가액 6억원 이하	1.0%
	취득가액 6억원 초과 9원 이하	(주택 취득당시 가액 × 2/3억원 - 3) × 1/100
	취득가액 9억원 초과	3.0%

(2) 주택의 유상 취득세율(표준세율)

주택을 유상 취득하는 경우에는 취득가액의 구간에 따라 세율이 적용된다.

> ☑ check point **취득세 세율 계산시 주택의 정의**
> 아래 ①과 ②를 모두 충족
> ① 주택법 제2조 제1호에 의한 주택: 세대의 구성원이 장기간 독립된 주거생활을 할 수 있는 구조로 된 건축물의 전부 또는 일부 및 그 부속토지를 말하며, 단독주택과 공동주택을 말함.
> ② 건축법에 따른 건축물대장·사용승인서·임시사용승인서 또는 「부동산등기법」에 따른 등기부에 주택으로 기재되고 건축물대장에 건축물의 용도가 주거용으로 사용하는 건축물과 그 부속토지

1) 주택의 일반세율

① 주택 취득 당시 가액이 6억원 이하: 1.0%
② 주택 취득 당시 가액이 6억원 초과 9억원 이하: 다음 산식에 따라 산출한 세율. 이 경우 소수점 이하 다섯째 자리에서 반올림하여 소수점 넷째 자리까지 계산한다.

> (해당 주택의 취득당시가액 × 2/3억원 - 3) × 1/100

> ▶ **계산사례**
> 취득가액이 7억원일 경우 취득세율
> (7억원 × 2/3억원 - 3) × 1/100 = 0.0167(취득세율 1.67% 적용)

③ 주택 취득 당시 가액이 9억원 초과: 3.0%

2) 지분으로 취득한 주택의 취득 당시의 가액 산출

전체 주택의 취득당시의 가액	=	취득 지분의 취득 당시의 가액	×	전체 주택의 시가표준액 / 취득 지분의 시가표준액

▶ 계산사례

4인이 공유하는 주택을 지분 1/4을 3억원에 매입하는 경우 전체 주택 취득 당시 가액은?

(전체 주택의 시가표준액: 6억원, 1/4지분 시가표준액: 1.5억)

⇒ 전체 주택의 취득 당시 가액: 3억원 × 6억원 / 1.5억원 = 12억원(3% 세율 적용)

3) 상속으로 인한 1가구 1주택 취득세율 특례 (지방세법 15조 1항 2호)

무주택자가 주택을 상속받음으로서 1가구 1주택이 된 경우에는 상속받은 주택의 취득세율은 2.8%가 아닌 0.8%의 취득세율을 적용한다.

피상속인의 사망일을 기준으로 상속인과 세대별 주민등록표에 함께 기재되어 있는 가족 모두가 무주택이어야 한다.

제2절

주택에 대한 중과세

1 주택 유상 취득 중과세

(1) 중과 요건

주택(주택의 공유지분이나 부속토지만을 소유하거나 취득하는 경우에도 주택을 소유하거나 취득한 것으로 봄)을 유상거래를 원인으로 취득하는 경우로서 다음에 해당하는 경우에는 취득세를 중과 한다. (지방세법 13조의2 1항)

다만, 조정대상지역 지정고시일 이전에 주택에 대한 매매계약(공동주택 분양계약을 포함)을 체결한 경우(계약금을 지급한 사실 등이 증빙서류에 의하여 확인되는 경우에 한정)에는 조정대상지역으로 지정되기 전에 주택을 취득한 것으로 본다. (지방세법 13조의2 4항)

① 법인이 주택을 취득하는 경우. 이 경우 법인의 경우 「국세기본법」에 따른 법인으로 보는 단체, 「부동산등기법」에 따른 법인이 아닌 사단·재단 등 개인이 아닌 자를 포함한다.

② 1세대 2주택에 해당하는 주택으로서 조정대상지역에 있는 주택을 취득하는 경우 또는 1세대 3주택에 해당하는 주택으로서 조정대상지역 외의 지역에 있는 주택을 취득하는 경우

③ 1세대 3주택 이상에 해당하는 주택으로서 조정대상지역에 있는 주택을 취득하는 경우 또는 1세대 4주택 이상에 해당하는 주택으로서 조정대상지역 외의 지역에 있는 주택을 취득하는 경우

(2) 중과 적용 세율 (지방세법 13조의2 1항)

구분	법인	2주택	3주택	4주택 이상
조정대상지역	12%	8% (일시적 2주택 제외)	12%	12%
조정대상지역 외	12%	1~3%	8%	12%

여기서 조정대상지역과 조정대상지역 외의 구분은 신규 취득 주택을 기준으로 중과세율을 판단한다.

> ☑ check point 조정대상지역 지정 고시일과 취득시기에 따른 세율 적용
> 조정대상지역 지정 고시일 이전에 매매계약(분양계약포함)을 체결한 경우 비조정대상지역으로 간주하여 세율 적용(지정고시일 당일 매매계약 체결한 경우 포함)

(3) 중과 제외 주택 (지방세령 28조의2)

다음에 해당하는 중과 제외 주택은 중과세 대상에서 제외하며, 다른 주택 취득 시 소유주택 수에서도 제외한다.

1) 시가표준액이 1억원 이하인 주택

시가표준액(지분이나 부속토지만을 취득한 경우에는 전체 주택의 시가표준액)이 1억원 이하인 주택. 다만, 「도시 및 주거환경정비법」에 따른 정비구역으로 지정·고시된 지역에 소재하는 주택 및 「빈집 및 소규모 주택 정비에 관한 특례법」에 따른 사업시행구역에 소재하는 주택은 제외한다.

2) 공공지원민간임대주택

「민간임대주택에 관한 특별법」에 따른 주택임대사업자가 공공지원민간임대주택으로 공급하기 위하여 취득하는 주택. 다만, 정당한 사유 없이 그 취득일부터 2년이 경과할 때까지 공공지원민간임대주택으로 공급하지 않거나 공공지원민간임대주택으로 공급한 기간이 3년 미만인 상태에서 매각·증여하거나 다른 용도로 사용하는 경우는 제외한다.

3) 기타 주요 중과 제외 주택

① 노인복지주택: 「노인복지법」에 따른 노인복지주택으로 운영하기 위하여 취득하는 주택. 다만, 정당한 사유 없이 그 취득일부터 1년이 경과할 때까지 해당 용도에 직접 사용하지 않거나 해당 용도로 직접 사용한 기간이 3년 미만인 상태에서 매각·증여하거나 다른 용도로 사용하는 경우는 제외한다.

② 국가등록문화재 주택: 「문화재보호법」에 따른 지정문화재 또는 등록문화재에 해당하는 주택

③ 가정어린이집: 「영유아보육법」에 따른 가정어린이집으로 운영하기 위하여 취득하는 주택(가정어린이집을 국공립어린이집으로 전환하는 경우 포함). 다만, 정당한 사유 없이 그 취득일부터 1년이 경과할 때까지 해당 용도에 직접 사용하지 않거나 해당 용도로 직접 사용한 기간이 3년 미만인 상태에서 매각·증여하거나 다른 용도로 사용하는 경우는 제외한다.

④ 주택시공자의 대물변제 미분양 주택: 주택의 시공자(주택법 제33조 2항, 건축법 제2조 제16호에 따른 공사시공자)가 건축법(11조)에 따른 허가를 받은 자 또는 주택법(15조)에 따른 사업계획승인을 받은 자로부터 해당 주택의 공사대금으로 취득한 미분양 주택. 단, 건축법(11조)에 따른 허가를 받은 자로부터 취득한 주택으로서 자기 또는 타인이 1년 이상 거주한 주택은 제외

⑤ 농어촌주택(별장의 범위에서 제외하는 농어촌주택의 범위와 같음)

⑥ 사원임대용 주택: 사원에 대한 임대용으로 직접 사용할 목적으로 취득하는 주택으로서 1구의 건축물의 연면적(전용면적)이 60㎡이하인 공동주택. 다만, 다음에 해당하는 경우에는 제외한다.

　㉠ 취득하는 자가 개인인 경우로서 친족관계인 사람에게 제공하는 주택

　㉡ 취득하는 자가 법인인 경우로서 과점주주에게 제공하는 주택

　㉢ 정당한 사유 없이 그 취득일부터 1년이 경과할 때까지 해당 용도에 직접 사용하지 않거나 해당 용도로 직접 사용한 기간이 3년 미만인 상태에서 매각·증여하거나 다른 용도로 사용하는 주택

⑦ 주택건설사업자등이 주택건설사업을 위해 멸실목적으로 취득하는 주택

주택건설사업자등이 주택건설사업을 위해 멸실시킬 목적으로 취득하는 주택. 다만, 다음의 사업자가 다음에 해당하는 기간까지 해당 주택을 멸실시키지 않은 경우는 제외한다.

ㄱ 3년이 경과할 때까지 멸실하지 않은 경우

「도시 및 주거환경정비법」에 따른 사업시행자, 「빈집 및 소규모주택 정비에 관한 특례법」에 따른 사업시행자, 「주택법」에 따른 주택조합(주택조합설립인가를 받으려는 자 포함), 「주택법」 제4조에 따라 등록한 주택건설사업자

ㄴ 2년이 경과할 때까지 멸실하지 않은 경우

「민간임대주택에 관한 특별법」에 따른 공공지원민간임대주택 개발사업 시행자

ㄷ 1년이 경과할 때까지 멸실하지 않거나 3년이 경과할 때까지 주택을 신축하여 판매하지 않는 경우

주택신축판매업[한국표준산업분류에 따른 주거용 건물 개발 및 공급업과 주거용 건물 건설업(자영건설업으로 한정한다)을 말한다]을 영위할 목적으로 「부가가치세법」 제8조 제1항에 따라 사업자 등록을 한 자

(4) 1세대의 기준 (지방세령 28조의3)

1) 1세대의 기준

① 1세대란 주택을 취득하는 사람과 세대별 주민등록표 또는 등록외국인기록표 및 외국인등록표에 함께 기재되어 있는 가족(동거인은 제외)으로 구성되어 있는 세대를 말한다.

② 이 경우 주택을 취득하는 사람의 배우자(사실혼은 제외하며, 법률상 이혼을 했으나 생계를 같이 하는 등 사실상 이혼한 것으로 보기 어려운 관계에 있는 사람을 포함), 취득일 현재 미혼인 30세 미만의 자녀 또는 부모(주택을 취득하는 사람이 미혼이고 30세 미만인 경우로 한정)는 주택을 취득하는 사람과 같은 세대별 주민등록표 또는 등록외국인기록표 등에 기재되어 있지 않더라도 1세대에 속한 것으로 본다.

2) 별도 세대로 보고 중과하지 않는 경우

① 부모와 같은 세대별 주민등록표에 기재되어 있지 않은 소득이 있는 30세 미만의 자녀

주택 취득일이 속하는 달의 직전 12개월 동안 발생한 소득으로서 행정안전부장관이 정하는 소득이 「국민기초생활 보장법」에 따른 기준 중위소득을 12개월로 환산한 금액의 100분의 40 이상이고, 소유하고 있는 주택을 관리·유지하면서 독립된 생계를 유지할 수 있는 경우. 다만, 미성년자의 경우는 제외한다.

참고 2022년 기준 중위소득(보건복지부 고시 2021-211호)					(단위: 원/월)	
구분	1인가구	2인가구	3인가구	4인가구	5인가구	6인가구
금액	1,944,812	3,260,085	4,194,701	5,121,080	6,024,515	6,907,004
12개월로 환산한 금액의 40%	777,924	1,304,034	1,677,880	1,950,516	2,448,432	2,672,801

주택 취득세 중과 관련 별도세대 판단 소득기준
[시행 2022. 1. 1.] [행정안전부고시 제2022-3호, 2022. 1. 1., 제정]

제1조(목적) 이 기준은 「지방세법 시행령」(이하 "영"이라 한다) 제28조의3제2항제1호에 따라 주택 취득세 중과와 관련한 별도세대를 판단하기 위한 소득 등 세부기준에 관하여 필요한 사항을 규정함을 목적으로 한다.

제2조(적용 대상) 이 기준의 적용 대상은 부모와 같은 세대별 주민등록표에 기재되어 있지 않은 30세 미만의 자녀(미성년자는 제외한다)로서 주택 취득일 현재 근로를 제공하거나, 사업을 영위하는 등 경제활동을 하는 사람으로 한다.

제3조(소득의 범위) ① 영 제28조의3제2항제1호에서 "행정안전부장관이 정하는 소득"이란 제2조에 따른 사람이 주택을 취득하는 경우 그 주택의 취득일이 속하는 달의 직전 12개월 동안 발생한 소득으로, 다음 각 호에 따른 소득을 합한 금액을 말한다.
  1. 「소득세법」 제19조제1항에 따른 사업소득. 이 경우 같은 법 제12조에 따른 비과세소득 및 제27조부터 제35조에 따른 필요경비를 차감한다.
  2. 「소득세법」 제20조제1항에 따른 근로소득. 이 경우 같은 법 제12조에 따른 비과세소득은 차감한다.
  3. 「소득세법」 제21조제1항 제5호·제15호·제19호에 따른 기타소득. 이 경우 같은 법 제12조에 따른 비과세소득 및 제37조에 따른 필요경비를 차감한다.
  4. 그 밖에 제1호부터 제3호에 준하는 소득으로서 경상적, 반복적으로 발생하는 소득
  ② 제1항 본문에도 불구하고 계속하여 소득이 있던 사람이 일시적인 휴직, 휴업 등으로 제1항에 따른 소득이 제4조제1항에 따른 기준소득을 충족하기 어려운 경우에는 주택의 취득일이 속하는 달의 직전 24개월 동안 발생한 소득을 "행정안전부장관이 정하는 소득"으로 볼 수 있다.

제4조(기준소득의 산정방식) ① 별도세대 판단을 위한 기준이 되는 소득은 「국민기초생활 보장법」 제2조제11호에 따른 기준중위소득의 100분의 40을 12개월로 환산한 금액을 말하며(이하 "기준소득"이라 한다), 기준소득의 계산식은 다음과 같다.

기준소득	=	주택 취득일 현재 「국민기초생활 보장법」 제2조제11호에 따른 "기준중위소득"	×	$\dfrac{40}{100}$	×	12

② 제3조제2항에 해당하는 경우에는 제1항에도 불구하고 다음 계산식에 따라 산출한 금액을 기준소득으로 한다.

$$\text{기준소득} = \text{주택 취득일 현재 「국민기초생활 보장법」제2조제11호에 따른 “기준중위소득”} \times \frac{40}{100} \times 24$$

③ 제1항 및 제2항을 적용할 때 소득의 월별 귀속 시기를 구분할 수 없는 경우에는 해당 연도에 귀속되는 전체 소득이 매월 균등하게 발생한 것으로 본다.

제5조(소득의 확인) ① 취득일 현재 근로를 제공하거나, 사업을 영위하는 등 경제활동을 하는지 여부는 다음 각 호의 서류로 확인한다.
 1. 근로 제공 여부 : 근로계약서 또는 재직증명서 등 고용되어 근로를 제공하고 있음을 증명할 수 있는 서류
 2. 사업 영위 여부 : 「부가가치세법 시행규칙」 별지 제7호에 따른 “사업자등록증” 사본
 3. 그 밖에 제1호 및 제2호에 준하는 서류로서 경제활동을 영위하고 있음을 확인할 수 있는 서류
 ② 제4조 각 호에 따른 소득은 주택을 취득하는 자가 제출하는 다음 각 호의 서류로 확인한다.
 1. 직전년도 소득으로 기준소득을 증빙하는 경우 : 「국세청민원사무처리규정」 별지 제15호·제16호서식에 따라 세무서장이 발급하는 “소득금액증명원”
 2. 당해연도 소득으로 기준소득을 증빙하는 경우 : 「소득세법 시행규칙」 별지 제23호 및 제24호 서식에 따른 “지급명세서”
 3. 그 밖에 「소득세법」제160조에 따른 장부 등 객관적 증빙자료로서 소득을 확인할 수 있는 서류

제6조(소득의 사후확인) 지방자치단체의 장은 납세자가 신고한 내용에 대해 사후에 소득세 확정신고자료 등을 통해 사실여부를 확인하여야 한다.

제7조(재검토기한) 행정안전부장관은 「훈령·예규 등의 발령 및 관리에 관한 규정」에 따라 이 고시에 대하여 2022년 1월 1일 기준으로 매 3년이 되는 시점(매 3년째의 12월 31일까지를 말한다)까지 그 타당성을 검토하여 개선 등의 조치를 하여야 한다.

부 칙

제1조 (시행일) 이 고시는 2022년 1월 1일부터 시행한다.

제2조 (적용례) 이 고시는 이 고시 시행 이후 납세의무가 성립하는 경우부터 적용한다.

② 부모 동거봉양을 위해 합가

취득일 현재 65세 이상의 부모(부모 중 어느 한 사람이 65세 미만인 경우를 포함)를 동거봉양하기 위하여 30세 이상의 자녀, 혼인한 자녀 또는 ①의 소득요건을 충족하는 성년인 자녀가 합가한 경우
③ 해외 체류 신고

취학 또는 근무상의 형편 등으로 세대 전원이 90일 이상 출국하는 경우로서 「주민등록법」 제10조의3 제1항 본문에 따라 해당 세대가 출국 후에 속할 거주지를 다른

가족의 주소로 신고한 경우

④ 취득 후 60일 이내에 세대 분리

별도의 세대를 구성할 수 있는 사람이 주택을 취득한 날부터 60일 이내에 세대를 분리하기 위하여 그 취득한 주택으로 주소지를 이전하는 경우

(5) 주택 수 산정 방법 (지방세령 28조의4)

1) 주택 수 산정 개요

다주택자의 중과세율 적용의 기준이 되는 1세대의 주택 수는 주택 취득일 현재 취득하는 주택을 포함하여 1세대가 국내에 소유하는 주택, 조합원입주권, 주택분양권, 주택분재산세 대상 오피스텔의 수를 말한다.

조합원입주권 또는 주택분양권에 의하여 취득하는 주택의 경우에는 조합원입주권 또는 주택분양권의 취득일(분양사업자로부터 주택분양권을 취득하는 경우에는 분양계약일)을 기준으로 해당 주택 취득 시의 세대별 주택 수를 산정한다.

> ☑ **check point** **조합원입주권 또는 주택분양권에 의한 추가취득주택**
> 2020.8.12. 이후 1세대가 입주권 또는 분양권에 의하여 취득하는 주택은 시행일 이후 입주권 또는 분양권 취득일을 기준으로 주택 수를 산정하고, 2020.8.12. 이전에 분양권과 입주권을 취득한 경우에는 주택 취득일을 기준으로 주택 수를 산정함

이 경우 주택, 조합원입주권, 주택분양권 또는 주택분재산세 대상 오피스텔을 동시에 2개 이상 취득하는 경우에는 납세의무자가 정하는 바에 따라 순차적으로 취득한 것으로 본다.

2) 주택 수 산정 방법

① 공동 소유 주택등

㉠ 1세대 내에서 1개의 주택, 조합원입주권, 주택분양권 또는 주택분 재산세 대상인 오피스텔을 세대원이 공동으로 소유하는 경우에는 1개의 주택, 조합원입주권, 주택분양권 또는 주택

분 재산세 대상 오피스텔을 소유한 것으로 본다.

ⓒ 별도 세대에 해당하는 자와 공동으로 1개의 주택등을 소유하는 경우에는 각각 1주택등을 소유한 것으로 본다.

ⓒ 주택의 부속토지만을 소유하거나 취득하는 경우에도 주택을 각각 소유하거나 취득한 것으로 본다.

② 상속주택등

㉠ 2020.8.12. 이전 상속받은 주택등: 2025.8.12.까지는 주택수 산정에서 제외

ⓒ 2020.8.12. 이후 상속받은 주택등: 상속을 원인으로 취득한 주택등은 상속개시일로부터 5년간 주택수 산정에서 제외한다. 즉, 상속개시일로부터 5년까지는 주택수 산정에서 제외하고, 5년 이후부터는 주택수 산정에서 포함한다.

ⓒ 공동으로 상속받은 경우(상속등기 미이행)에는 다음 순서에 의하여 주된 상속인의 주택수에 포함한다.(지분이 가장 큰 자 ⇨ 주택에 거주하는 자 ⇨ 연장자)

③ 조합원입주권 및 주택분양권

㉠ 2020.8.11. 까지 취득한 조합원입주권, 주택분양권: 주택수 산정에서 제외

ⓒ 2020.8.12. 이후에 취득한 조합원입주권 및 주택분양권: 주택수 산정에서 포함(2020.8.12. 이전에 계약을 체결한 경우에는 주택수 산정에서 제외)

ⓒ 조합원입주권 및 주택분양권에 의하여 취득하는 주택의 경우에는 조합원입주권 및 주택분양권의 취득일(분양사업자로부터 주택분양권을 취득하는 경우에는 분양계약일)을 기준으로 해당 주택 취득 시의 세대별 주택수를 산정

ⓔ 분양권의 경우 주택분양권에 대하여만 주택수에 산정되며, 오피스텔분양권은 주택수 산정에서 제외

④ 오피스텔

㉠ 주택분 재산세가 과세되는 오피스텔의 경우에만 주택 수 산정에서 포함(업무용으로 재산세가 과세되는 오피스텔은 주택 수 산정에서 제외)

ⓒ 2020.8.11.까지 취득한 오피스텔: 주택수 산정에서 제외

ⓒ 2020.8.12. 이후에 취득한 오피스텔: 주택수 산정에서 포함(2020.8.12. 이전에 계약을 체결한 경우에는 주택수 산정에서 제외)

ⓔ 시가표준액이 1억원 이하인 주택분 재산세가 과세되는 오피스텔: 주택수 산정에서 제외

☑ check point 주거용 오피스텔의 취득세율 적용

오피스텔 자체는 공부상 현황에 따라 주택의 세율이 아닌 일반적인 유상승계 취득 세율인 4%의 표준세율이 적용되며, 1세대 주택수 판정에서만 주택수에 산정됨.
오피스텔은 건축법상 그 용도가 업무용 시설로 취득세·등록세는 과세기준일 현재의 사용 현황에 따라 세금을 부과하는 것이 아니라, 취득(구입) 시점에 적용할 세율 등이 결정되므로 취득일 현재의 공부상 현황에 의해 과세하는 것이 타당함. (지방세정팀 1081, 2006.3.21.)

⑤ 중과 제외 주택

다주택자 중과세율이 제외되는 주택(지방세령 28조의2) 중 일정한 주택의 경우 1세대가 다른 주택을 취득 시 주택 수 산정에서 제외된다. 즉 주택 수 산정일 현재 시가표준액이 1억원 이하인 주택, 노인복지주택, 공공지원민간임대주택, 가정어린이집, 사원임대주택, 국가등록문화재주택, 주택건설사업자가 주택건설사업을 위해 멸실목적으로 취득하는 주택, 공사시공자가 대물변제로 취득하는 주택, 농어촌주택등 일정 요건을 충족하는 경우 주택 수 산정에서 제외한다. 다만, 취득 시에는 시가표준액이 1억원 이하였지만, 다른 주택의 취득일(주택수 산정일) 현재 시가표준액이 1억원을 초과하는 경우에는 주택 수 산정에 포함한다.

(5) 일시적 2주택의 취득세 중과 배제 (지방세령 28조의5, 36조의3)

1세대 1주택자가 조정대상지역에 있는 주택을 취득하는 경우에는 취득세가 중과(8%)되지만, 일시적 2주택에 해당하는 경우에는 표준세액(1~3%)의 세율이 적용된다.

1) 일시적 2주택의 의미

일시적 2주택이란 국내에 주택, 조합원입주권, 주택분양권 또는 오피스텔을 1개 소유한 1세대가 그 주택등을 소유한 상태에서 이사·학업·취업·직장이전 및 이와 유사한 사유로 다른 1주택(신규주택)을 추가로 취득한 후 3년(종전 주택등과 신규주택이 모두 조정대상지역에 있는 경우에는 2년) 이내에 종전 주택등을 처분하는 경우 해당 신규주택을 말한다.

조합원입주권 또는 주택분양권을 1개 소유한 1세대가 그 조합원입주권 또는 주택분양권을 소유한 상태에서 신규 주택을 취득한 경우에는 해당 조합원입주권 또는 주택분양권에 의한 주택을 취득한 날부터 일시적 2주택 기간을 기산한다.

2) 재개발, 재건축 멸실예정 주택이 종전 주택인 경우

종전 주택등이 「도시 및 주거환경정비법」에 따른 관리처분계획의 인가 또는 「빈집 및 소규모주택 정비에 관한 특례법」에 따른 사업시행계획인가를 받은 주택인 경우로서, 관리처분계획인가 또는 사업시행계획인가 당시 해당 사업구역에 거주하는 세대가 신규 주택을 취득하여 그 신규 주택으로 이주한 경우에는 그 이주한 날에 종전 주택등을 처분한 것으로 본다.

3) 추징

일시적 2주택에 해당하여 표준세율(1~3%)을 적용하여 신고한 후 일정 기간(3년 또는 2년) 내에 종전 주택등을 처분하지 못하여 1주택이 되지 아니한 경우에는 중과세율(8%)을 적용하여 추징한다. 이 경우 중과세율을 적용한 산출세액에 가산세(신고불성실가산세 및 납부지연가산세)를 더하고 기납부세액을 공제한 금액을 세액으로 하여 보통징수 방법에 의하여 징수한다. (지방세법 21조 1항 3호)

☑ check point **2022년 지방세개정안(일시적 2주택 추징세액 발생이 신고납부 허용)**

일반적인 비과세, 세액감면을 받은 후 해당 과세물건이 부과대상 또는 추징대상이 된 경우 그 사유 발생일로부터 60일 이내에 신고 납부하도록 규정되어 있는데, 조세 형평성 유지를 위해, 2023년 1월 1일 이후 일시적 2주택 중과세율 납세의무가 성립하는 분부터 처분기간(3년 또는 2년) 경과 시 경과일로부터 60일 이내에 중과세율로 신고 납부 허용(60일 이내에 신고 납부 시 가산세를 부담하지 않음)하는 2022년 지방세개정안을 발표하였음. (지방세법 20조 2항 개정안 발의하여 2022.10.18. 현재 국회 계류 중)

☑ check point **일시적 2주택 처분 기간 연장에 대한 환급**

지방세법 시행령 28조의5 개정으로 2022.5.10. 양도하는 분부터 신규주택 취득일로부터 2년 이내에 종전주택을 처분하는 경우(기존 1년에서 2년으로 연장) 일시적 2주택 요건을 충족한 것으로 본다. (신규주택과 종전주택 모두 조정대상지역에 있는 경우)

따라서 기존 규정 적용하여 신규주택 취득일로부터 1년 이내에 처분하지 못할 것으로 알고 중과세율(8%)을 적용하여 신고 납부를 한 경우에는 경정청구를 통하여 표준세율(1~3%)과 중과세율(8%) 차액을 환급받을 수 있음. (단, 종전주택을 2022.5.10. 이후에 양도하고 신규주택 취득일부터 2년 이내 처분한 경우에 적용)

2 **조정대상지역 내 주택 무상 취득 중과세 (지방세법 13조의2 2항)**

(1) 중과 요건

조정대상지역에 있는 주택으로서 시가표준액(지분이나 부속토지만을 취득한 경우에는 전체 주택의 시가표준액)이 3억원 이상의 주택을 무상 취득(상속 제외)을 원인으로 취득하는 경우

(2) 중과세율

조정대상지역 내 주택을 무상취득하는 경우 세율은 표준세율(3.5%)이 아닌 중과세율 (12%)을 적용한다.

시가표준액	조정대상지역	비조정대상지역
3억원 이상	12%	3.5%
3억원 미만	3.5%	3.5%

(3) 중과제외

① 1세대 1주택을 소유한 사람으로부터 해당 주택을 배우자 또는 직계존비속이 무상취득(상속 제외)을 원인으로 취득하는 경우.
   여기서, 1세대 1주택자의 판단은 수증자의 주택 소유수와 관계없이 증여자의 주택 소유수를 기준으로 판단함.
② 적격합병 및 이혼에 따른 재산분할에 따른 세율의 특례 적용 대상에 해당하는 경우
③ 적격분할로 인하여 분할신설법인이 분할법인으로부터 취득하는 미분양 주택

법인의 주택 유상 취득 중과세 (지방세법 13조의2 1항)

(1) 법인의 범위

법인이란 「국세기본법」에 따른 법인으로 보는 단체, 「부동산등기법」에 따른 법인 아닌 사단·재단 등 개인이 아닌 자를 포함한다.

(2) 중과세율

법인이 주택을 유상으로 취득하는 경우에는 주택 수를 고려하지 않고, 조정대상지역에 소재하는지와 무관하게 표준세율(1~3%)이 아닌 중과세율(12%)을 적용한다.

(3) 중과제외

다주택자의 중과제외 요건과 동일함.

기타 중과세 (지방세법 제13조 5항, 영 28조)

(1) 별장

1) 별장의 범위
① 주거용 건축으로서 늘 주거용으로 사용하지 아니하고 휴양·피서·놀이 등의 용도로 사용하는 건축물과 그 부속토지
② 개인이 소유하는 별장은 본인 또는 그 가족 등이 사용하는 것으로 하고, 법인 또는

단체가 소유하는 별장은 그 임직원 등이 사용하는 것으로 하며, 주거와 주거 외의 용도로 겸용할 수 있도록 건축된 오피스텔 또는 이와 유사한 건축물로서 사업장으로 사용하고 있음이 사업자등록증 등으로 확인되지 아니한 것은 별장으로 본다.

③ 읍 또는 면 지역에 있는 농어촌 주택은 별장에서 제외한다.

참고 읍 또는 면 지역에 있는 농어촌 주택

다음에 해당하는 요건을 모두 갖춘 주택은 농어촌 주택으로 본다.

(1) 대지면적이 660㎡ 이내
(2) 건축물 연면적이 150㎡ 이내
(3) 건축물 시가표준액 6,500만원 이내
(4) 다음 이외에 지역에 위치해 있을 것
　① 광역시에 소속된 군지역 또는 수도권 지역(서울, 경기, 인천. 다만 접경지역 및 수도권정비계획법상 자연보전권역은 제외)
　② 도시지역 및 토지거래허가구역
　③ 투기지역(소득세법 제104조의2 1항)
　④ 관광단지(관광진흥법 제2조)

판례 임차인의 일시적 거주 여부를 기준으로 별장으로 볼 수 있는지 여부 (대법원 2020.1.7. 선고 2019두 57435 판결)

별장용 건축물에 해당하기 위해서는 그 건축물이 사실상의 현황에 의하여 별장으로 사용되고 있으면 족하고, 그 사용 주체가 반드시 그 건축물의 소유자임을 요하는 것은 아니며 그 건축물의 임차인이라도 무방함.

---

2) 중과세율

별장을 취득하는 경우에는 취득세 표준세율과 중과기준세율(2%)의 100분의 400을 합한 세율을 적용하여 계산한 금액을 그 세액으로 한다.

취득 원인	취득세 표준세율	중과기준세액의 4배	합계
별장(고급주택) 유상 취득	1%~3%	8%	9%~11%
별장(고급주택) 무상 취득	3.5%	8%	11.5%
별장(고급주택) 원시, 상속 취득	2.8%	8%	10.8%
다주택자 별장(고급주택) 유상거래(8%)	8%	8%	16%
다주택자, 법인 주택유상거래 및 조정대상지역(3억) 별장(고급주택) 무상취득(12%)	12%	8%	20%

(2) 고급주택

1) 고급주택의 범위

① 다음 중 어느 하나에 해당하는 경우에는 고급주택으로 본다. 다만 취득 당시 시가 표준액(주택공시가격)이 9억원을 초과하는 경우(ㄹ은 제외)에만 고급주택으로 본다.

　ㄱ 1구(1세대가 독립하여 구분 사용할 수 있도록 구획된 부분)의 건축물의 연면적(주차장면적 제외)이 331㎡를 초과하는 주거용 건축물과 그 부속토지

　ㄴ 1구의 건축물의 대지면적이 662㎡를 초과하는 주거용 건축물과 그 부속토지

　ㄷ 1구의 건축물에 엘리베이터(200kg 이하 소형엘리베이터 제외)가 설치된 주거용 건축물과 그 부속토지(공동주택과 그 부속토지는 제외)

　ㄹ 1구의 건축물에 에스컬레이터 또는 67㎡ 이상의 수영장 중 1개 이상의 시설이 설치된 주거용 건축물과 그 부속토지(공동주택과 그 부속토지는 제외)

　ㅁ 1구의 공동주택(다가구용 주택을 포함하되, 이 경우 한 가구가 독립하여 거주할 수 있도록 구획된 부분을 각각 1구의 건축물로 봄)의 건축물 연면적(공용면적 제외)이 245㎡(복층형은 274㎡로 하되, 한 층의 면적이 245㎡를 초과하는 것은 제외)를 초과하는 공동주택

② 다만, 주거용 건축물을 취득한 날부터 60일[상속으로 인한 경우는 상속개시일이 속하는 달의 말일부터, 실종으로 인한 경우는 실종선고일이 속하는 달의 말일부터 각각 6개월(납세자가 외국에 주소를 둔 경우에는 9개월)]이내에 주거용이 아닌 용도로 사용하거나 고급주택이 아닌 용도로 사용하기 위하여 용도변경공사를 착공하는 경우에는 고급주택으로 보지 않는다.

2) 중과세율

고급주택을 취득하는 경우에는 취득세 표준세율과 중과기준세율(2%)의 100분의 400을 합한 세율을 적용하여 계산한 금액을 그 세액으로 한다.

　⇨ 별장의 중과세율과 같음

취득세에 부가되는 세금

 1 ## 지방교육세 (지방세법 151조)

지방교육세는 취득세에 부가되는 세금으로, 취득 유형에 따라 산출방식이 다르게 적용된다.

(1) 주택 유상거래

주택 유상거래에 세율이 적용되는 경우에는 취득세 표준세율(1~3%)에 50%를 곱한 세율을 적용하여 산출한 금액의 20%가 지방교육세가 된다.

(2) 주택 유상거래 외 취득유형

원시취득, 무상취득, 주택외 부동산의 취득 등 주택유상거래 외 취득유형의 경우에는 각각의 취득세율에서 2%를 뺀 세율을 적용하여 산출한 금액에서 20%를 적용한 금액이 지방교육세가 된다.

(3) 다주택자·법인의 유상취득, 조정대상지역 내 무상취득의 경우

다주택자·법인의 유상취득, 조정대상지역 내 무상취득 등 중과세가 적용되는 경우에는 4%에서 중과기준세율(2%)을 뺀 세율을 적용하여 산출한 금액의 20%가 지방교육세가 된다.

 농어촌특별세 (농특세법 5조 1항 6호, 4조 11호)

농어촌특별세란 취득세에 부가되는 국세로서 산출한 취득세액의 10%와 감면세액의 20%에 대하여 납부하여, 국민주택 규모(85㎡ 이하) 주택과 농가주택에 대한 취득세의 경우 비과세된다.

(1) 산출한 취득세액에 부가되는 부분

① 주택유상거래
주택유상거래에 대한 세율이 적용되는 경우에는 2%를 취득세를 산출한 후 10%를 적용하여 일률적으로 0.2%의 세율이 적용된다.

② 다주택자 유상거래 중과세율(8%)이 적용되는 경우
다주택자 유상거래 중과세율(8%)이 적용되는 경우에는 2%와 4%(2%의 2배)를 합한 세액에서 10%를 적용하여 0.6%가 농어촌특별세가 된다.

③ 다주택자·법인·조정대상지역 내 무상취득의 경우
다주택자·법인·조정대상지역 내 무상취득 중과세율(12%)이 적용되는 경우에는 2%와 8%(2%의 4배)를 합한 세액에서 10%를 적용하여 1%가 농어촌특별세가 된다.

④ 주택유상거래 외 취득유형
원시취득, 무상취득, 주택 외 부동산의 취득 등 주택유상거래 외 취득유형의 경우에는 0.2%의 농어촌특별세가 적용된다.

(2) 감면세액에 부가되는 부분

감면되는 세액의 20%에 대하여 농어촌특별세가 부과된다.

 ## 3 취득세율과 부가세율 요약

취득원인	구분	취득세	농특세	지방 교육세	합계
상속으로 인한 취득	농지 (일정 요건 충족 시 농특세 비과세)	2.3%	0.2%	0.06%	2.56%
	농지 외의 것	2.8%	0.2%	0.16%	3.16%
상속 외의 무상취득	일반	3.5%	0.2%	0.3%	4%
	비영리사업자	2.8%	0.2%	0.16%	3.16%
원시취득		2.8%	0.2%	0.16%	3.16%
공유물의 분할취득		2.3%	0.2%	0.06%	2.56%
합유물·총유물의 분할취득		2.3%	0.2%	0.06%	2.56%
유상취득	농지 (일정 요건 충족 시 농특세 비과세)	3%	0.2%	0.2%	3.4%
	농지 외의 것	4%	0.2%	0.1%	4.6%
주택의 유상취득	85㎡ 초과	1%~3%	0.2%	0.1%~0.3%	1.3%~3.5%
	85㎡ 이하	1%~3%	-	0.1%~0.3%	1.1%~3.3%
주택의 무상취득	85㎡ 초과	3.5%	0.2%	0.3%	4%
	85㎡ 이하	3.5%	-	0.3%	3.8%
주택의 원시, 상속취득	85㎡ 초과	2.8%	0.2%	0.16%	3.16%
	85㎡ 이하	2.8%	-	0.16%	2.96%
다주택자 주택 유상거래(8%)	85㎡ 초과	8%	0.6%	0.4%	9%
	85㎡ 이하	8%	-	0.4%	8.4%
다주택자, 법인 주택유상거래 및 조정대상지역(3억) 주택무상취득(12%)	85㎡ 초과	12%	1%	0.4%	13.4%
	85㎡ 이하	12%	-	0.4%	12.4%

신고 납부

(1) 일반적인 경우

부동산 등 취득세 과세대상 물건을 취득한 자는 과세물건 취득일로부터 60일 이내에 주택 소재지 관할 지방자치단체에 신고납부하여야 한다. (지방세법 7조 1항, 20조 1항)

(2) 토지거래허가구역 내 토지 취득의 경우

토지거래허가구역 내에서 토지를 취득한 경우 사실상 잔금지급일을 취득일로 본다. 다만, 그 신고납부는 토지거래허가 및 해제 등의 사유로 그 매매계약이 확정적으로 유효하게 된 날부터 60일 이내로 한다. (지방세운영예규 21-1)

> **판례 토지거래허가구역내 토지취득 여부 (대법원 1997.11.11. 선고 97다8427 판결)**
> 토지거래허가구역 안에 있는 토지에 관한 매매계약 등 거래계약은 관할 관청의 허가를 받아야만 효력이 발생하며 허가를 받기 전에는 물권적 효력은 물론 채권적 효력도 발생하지 아니하여 무효라고 할 것이며, 토지에 대한 거래허가를 받지 아니하여 무효의 상태에 있다면 매수인이 매매대금을 전액 지급했다 하더라도 매수인이 토지를 취득했다고 할 수는 없다고 할 것이므로 매수인이 토지거래허가구역 안에 있는 토지에 관한 매매계약을 체결하고 매도인에게 그 매매대금을 모두 지급하였다고 하더라도, 그 취득세 신고 당시 관할 관청으로부터 토지거래허가를 받지 못하였다면 그 토지를 취득하였다고 할 수 없음.

(3) 상속으로 인한 취득의 경우

상속으로 인한 취득의 경우 상속개시일이 속하는 달의 말일부터 6개월(외국에 주소를 둔 상속인이 있는 경우에는 9개월) 이내에 신고납부하여야 한다. (지방세법 20조1항)

(4) 증여등 무상취득의 경우 (2023.1.1. 이후 취득분부터)

증여등 무상취득의 경우 취득일이 속하는 달의 말일부터 3개월 이내에 취득세를 신고납부하여야 한다. (지방세법 20조 1항)

☑ check point **2022.12.31.까지 증여 등 무상취득의 경우 신고 납부기한**
2022.12.31.까지 증여 등 무상취득의 경우 취득일로부터 60일 이내에 신고납부하여야 함

(5) 비과세, 감면 후 부과 대상이 됨에 따른 신고납부

① 신고납부
　지방세법 또는 지방세특례제한법에 따라 취득세를 비과세, 과세면제 또는 경감을 받은 후 해당 과세물건이 취득세 부과 대상 또는 추징 대상이 되었을 때에는 그 사유 발생일부터 60일 이내에 신고납부하여야 한다. (지방세법 20조 3항)

② 이자상당액 추징
　2020.1.15. 지방세특례제한법 개정으로 지방세특례제한법에 따라 취득세 감면을 받은 자가 추징사유가 발생하여 감면된 세액을 납부하여야 하는 경우 당초 감면받은 취득세 납부기한의 다음날부터 추징사유가 발생한 날까지 1일당 25/100,000의 이자상당액을 추가로 납부해야 한다. (지특법 178조 2항)

(6) 중과세 대상이 됨에 따른 신고납부

취득세 과세물건을 취득한 후에 그 과세물건이 중과세 적용대상이 되었을 때에는 중과세 사유발생일부터 60일 이내에 신고 납부하여야 한다. (지방세법 20조 2항)

(7) 가산세

신고납부 기한 내에 신고하지 아니하거나 신고하였더라도 납부하지 아니한 경우에는 가산세를 납부하여야 한다. (지기법 53조, 54조, 55조)

① 가산세 종류

구분		가산세율
무신고가산세	일반	무신고 납부세액의 20%
	사기, 부정	사기, 부정 무신고 납부세액의 40%
과소신고(초과환급) 가산세	일반	(과소신고 등 - 사기, 부정 과소신고 등)분의 10%
	사기, 부정	사기, 부정 과소신고(초과환급)분의 40%
납부지연가산세		1일 22/100,000(2022.6.7. 이후) 1일 25/100,000(2019.1.1. ~ 2022.6.6.)
무신고 매각 가산세 (미등기 전매)		산출세액의 80%

② 가산세 감면(지기법 57조)

구분	감면비율
과세표준 신고서를 법정신고기한까지 제출한 자 법정신고기한 경과 후 2년 이내 수정신고(과세관청에서 경정할 것을 미리 알고 수정신고하는 경우 제외)	법정신고기한 경과 후 ① 1개월 이내: 90% ② 1개월 초과 3개월 이내: 75% ③ 3개월 초과 6개월 이내: 50% ④ 6개월 초과 1년 이내: 30% ⑤ 1년 초과 1년 6개월 이내: 20% ⑥ 1년 6개월 초과 2년 이내: 10%
과세표준 신고서를 법정신고기한까지 제출하지 아니한 자가 법정신고기한 경과 후 6개월 이내 기한 후 신고(과세관청에서 경정할 것을 미리 알고 기한 후 신고하는 경우 제외)	법정신고기한 경과 후 ① 1개월 이내: 50% ② 1개월 초과 3개월 이내: 30% ③ 3개월 초과 6개월 이내: 20%

(8) 보통징수 (지방세법 21조)

다음의 어느 하나에 해당하는 경우에는 산출세액에 가산세를 합한 금액을 세액으로 하여 보통징수의 방법으로 징수한다.

① 신고 또는 납부의무를 다하지 아니한 경우

② 지방세법 제10조 제5항부터 제7항(국가 또는 지방자치단체로부터의 취득, 법인장부, 판결문 등으로 사실상 취득가격이 확인된 경우)에 따른 과세표준이 확인된 경우

> ☑ check point
> 유형별 과세표준이 적용됨에 따라 2023.1.1. 취득분부터 지방세법 제10조5항~7항 삭제

③ 일시적 2주택에 해당하여 표준세율(1~3%)을 적용하여 신고한 후 일정기간(3년 또는 2년) 내에 종전 주택등을 처분하지 못하여 1주택으로 되지 아니한 경우

> ☑ check point **2022년 지방세개정안(일시적 2주택 추징세액 발생이 신고납부 허용)**
> 일반적인 비과세, 세액감면을 받은 후 해당 과세물건이 부과대상 또는 추징대상이 된 경우 그 사유 발생일로부터 60일 이내에 신고 납부하도록 규정되어 있는데, 조세 형평성 유지를 위해, 2023년 1월 1일 이후 일시적 2주택 중과세율 납세의무 성립하는 분부터 처분기간(3년 또는 2년) 경과 시 경과일로부터 60일 이내에 중과세율로 신고 납부 허용(60일 이내에 신고 납부 시 가산세를 부담하지 않음)하는 2022년 지방세개정안을 발표하였음. (지방세법 20조 2항 개정안 발의하여 2022.10.18. 현재 국회 계류 중)

(9) 신고 납부시 제출서류 (지방세칙 9조)

취득세를 신고하려는 자는 취득세신고서(주택 취득을 원인으로 신고하려는 경우에는 부표 포함)에 다음의 서류 중 해당되는 서류를 첨부하여 납세지를 관할 시장·군수·구청장에게 신고하여야 한다.

① 매매계약서, 증여계약서, 부동산거래계약 신고필증 또는 법인장부 등 취득가액 및 취득일 등을 증명할 수 있는 서류 사본 1부

② 「지방세특례제한법 시행규칙」 별지 제1호서식의 지방세 감면 신청서 1부

③ 별지 제4호서식의 취득세 납부서 납세자 보관용 영수증 사본 1부

④ 별지 제8호서식의 취득세 비과세 확인서 1부

⑤ 근로소득 원천징수영수증 또는 소득금액증명원 1부

취득세 ([ ]기한 내 / [ ]기한 후]) 신고서

(앞쪽)

관리번호		접수 일자		처리기간	즉시

신고인	취득자 (신고자)	성명(법인명)		주민등록번호(외국인등록번호, 법인등록번호)	
		주소		전화번호	
	전 소유자	성명(법인명)		주민등록번호(외국인등록번호, 법인등록번호)	
		주소		전화번호	

매도자와의 관계	□ 배우자 □ 직계존비속 □ 기타

취 득 물 건 내 역

소재지

취득물건	취득일	면적	종류(지목/차종)	용도	취득 원인	취득가액

세목		과세표준액	세율	① 산출 세액	② 감면 세액	③ 기납부 세 액	가산세			신고세액 합 계 (①-②-③+④)
							무신고 또는 과소신고	납부지연	계 ④	
합계										
신고 세액	취득세		%							
	지방교육세		%							
	농어촌특별세	부과분	%							
		감면분	%							

「지방세법」 제20조제1항, 제152조제1항, 같은 법 시행령 제33조제1항, 「농어촌특별세법」 제7조에 따라 위와 같이 신고합니다.

년   월   일

신고인

대리인

접수(영수)일자
(인)
(서명 또는 인)
(서명 또는 인)

특별자치시장·특별자치도지사·
시장·군수·구청장 귀하

첨부 서류	1. 매매계약서, 증여계약서, 부동산거래계약 신고필증 또는 법인 장부 등 취득가액 및 취득일 등을 증명할 수 있는 서류 사본 1부 2. 「지방세특례제한법 시행규칙」 별지 제1호서식의 지방세 감면 신청서 1부 3. 별지 제4호서식의 취득세 납부서 납세자 보관용 영수증 사본 1부 4. 별지 제8호서식의 취득세 비과세 확인서 1부 5. 근로소득 원천징수영수증 또는 소득금액증명원 1부	수수료 없음

위임장

위의 신고인 본인은 위임받는 사람에게 취득세 신고에 관한 일체의 권리와 의무를 위임합니다.

위임자(신고인)   (서명 또는 인)

위임받는 사람	성명		위임자와의 관계	
	주민등록번호		전화번호	
	주소			

*위임장은 별도 서식을 사용할 수 있습니다.

- - - - - - - - - - - - - - - 자르는 선 - - - - - - - - - - - - - - -

접수증(취득세 신고서)

신고인(대리인)	취득물건 신고내용	접수 일자	접수번호
「지방세법」 제20조제1항, 제152조제1항, 같은 법 시행령 제33조제1항, 「농어촌특별세법」 제7조에 따라 신고한 신고서의 접수증입니다.			접수자 (서명 또는 인)

210mm×297mm[백상지 80g/㎡(재활용품)]

주택 ([ ]무상 / [ ]유상거래) 취득 상세 명세서

① 주택 (증여자[　] / 취득자[　]) 세대 현황

① 취득자 구분		□ 개인		□ 법인 또는 단체		
② 세대 현황	구 분	세대주와의 관계	성명	주민등록번호(외국인등록번호)	1세대 포함 여부	
※ 무상취득은 증여자 기준으로, 유상거래는 취득자 기준으로 적습니다.	세대주				□ 포함　□ 제외	
					□ 포함　□ 제외	
	세대원				□ 포함　□ 제외	
					□ 포함　□ 제외	

② 신규 취득 주택 현황

③ 취득 주택 소재지 및 별장·고급주택 여부	주 소				
	조정대상지역	□ 여　　□ 부	별장·고급주택	□ 여　　□ 부	
④ 중과세 제외 주택 여부	□ 해당 없음	□ 해당 (「지방세법 시행령」 제28조의2제(　)호의 주택)			
⑤ 취득 원인	□ 무상취득　/ 유상거래 (□ 매매　□ 분양권에 의한 취득)				
⑥ 계약일		⑦ 취득일			
⑧ 취득 가격					
⑨ 취득주택 면적(㎡)	총면적	토 지	취득지분	％	취득면적	토 지
		건 물		％		건 물
⑩ 일시적 2주택 여부	□ 일시적 2주택　　□ 해당 없음				

③ 1세대 소유주택 현황　※ 신규로 취득하는 주택을 포함합니다.

⑪ 1세대 소유주택 현황	소유주택 수	□ 1주택　□ 일시적 2주택　□ 2주택　□ 3주택　□ 4주택 이상				
	소유주택 현황	유 형	소유자	소재지 주소	취득일	주택 수 산정 포함 여부*
		단독·공동주택				□ 포함　□ 제외
						□ 포함　□ 제외
	※ 기재사항이 많을 경우 별지로 작성할 수 있습니다.	'20.8.12. 이후 계약	주택 분양권			□ 포함　□ 제외
						□ 포함　□ 제외
			주거용 오피스텔			□ 포함　□ 제외
		'20.8.12. 이후 취득				□ 포함　□ 제외
			조합원 입주권			□ 포함　□ 제외
						□ 포함　□ 제외

* 「지방세법 시행령」 제28조의4제5항 각 호의 어느 하나에 해당하는 주택은 주택 수 산정 시 제외합니다.

④ 신규 주택 적용 취득세율

취득구분	중과세 제외 주택		무상취득		유상거래							
						개인						
규제구분	무상 취득	유상 거래	조정대상 지역 3억 이상	조정대상지역 외 지역	법인 및 단체	조정대상지역			조정대상지역 외 지역			
총 소유주택 수 (신규 주택 포함)			3억 이상	3억 미만			1주택 일시적 2주택	2주택	3주택 이상	2주택 이하	3주택	4주택 이상
⑫ 취득세율	3.5% □	1~3% □	12% □	3.5% □	12% □		1~3% □	8% □	12% □	1~3% □	8% □	12% □
별장·고급주택			□ ⑫ 취득세율에 8% 가산									

※ 향후 세대별 주택 수 확인 결과 신고내용과 다르거나 일시적 2주택으로 신고했으나 종전 주택을 기한 내에 처분하지 않은 경우 가산세를 포함하여 추가로 취득세가 부과될 수 있음을 확인합니다.

신고인 : 　　　　　　　　　　　[서명 또는 인]

지방세 감면 신청서

※ 뒤쪽의 작성방법을 참고하시기 바라며, 색상이 어두운 난은 신청인이 적지 않습니다. (앞쪽)

접수번호		접수일		처리기간	5일

신청인	성명(대표자)		주민(법인)등록번호	
	상호(법인명)		사업자등록번호	
	주소 또는 영업소			
	전자우편주소		전화번호 (휴대전화번호)	

감면대상	종류	면적(수량)
	소재지	

감면세액	감면세목	과세연도	기분
	과세표준액	감면구분	
	당초 산출세액	감면받으려는 세액	

감면 신청 사유	

감면 근거규정	「지방세특례제한법」 제 조 및 같은 법 시행령 제 조

관계 증명 서류	

감면 안내 방법	직접교부[ ] 등기우편[ ] 전자우편 [ ]

신청인은 본 신청서의 유의사항 등을 충분히 검토했고, 향후에 신청인이 기재한 사항과 사실이 다른 경우에는 감면된 세액이 추징되며 별도의 이자상당액 및 가산세가 부과됨을 확인했습니다.

「지방세특례제한법」 제4조 및 제183조, 같은 법 시행령 제2조제6항 및 제126조제1항, 같은 법 시행규칙 제2조에 따라 위와 같이 지방세 감면을 신청합니다.

년   월   일

신청인   (서명 또는 인)

특별자치시장·특별자치도지사·
시장·군수·구청장 귀하

첨부서류	감면받을 사유를 증명하는 서류	수수료 없음

210mm×297mm [백상지(80/㎡) 또는 중질지(80/㎡)]

■ 지방세법 시행규칙[별지 제8호서식] <개정 2022. 3. 31.> 정부24(www.gov.kr)에서도 신청할 수 있습니다.

취득세(등록면허세) 비과세(감면) 확인서

신청인	성명(법인명)		생년월일(법인등록번호)	
	주소(소재지)			

취득 또는 등기·등록 목적	

취득 또는 등기·등록의 표시	

과세표준	취득세율 (등록면허세율)	산출세액	감면세율	비과세 또는 감면액

결정사유	

　　년　　월　　일 취득세(등록면허세) 납부명세서에 따라 위의 취득세(등록면허세)가 [　]비과세 [　]감면 됨을 확인합니다.

년　　월　　일

시장·군수·구청장 (직인)

210㎜×297㎜[미색모조지 80g/㎡]

제5절

주택임대사업자의 세제 혜택

1 민간매입임대주택에 대한 취득세 감면 (지특법 31조 2항)

민간임대주택법에 따른 주택임대사업자가 임대할 목적으로 건축주로부터 공동주택 (아파트 제외) 또는 오피스텔을 최초로 분양받은 경우에는 2024.12.31.까지 취득세를 감면한다.

> **예규** **최초로 분양받은 경우(서울세제과-3173, 2013.3.14.)**
> 최초로 분양받은 경우란 건축주 명의로 보존등기를 한 후 건축주에서 주택임대사업자로 최초 이전 등기를 한 것을 말하며, 공동주택이나 오피스텔을 전매로 취득한 경우에도 적용함.

> **예규** **공동건축주 상속지분이 '최초분양'에 해당되는지 여부(행정안전부 지방세운영과-2759, 2011.6.13.)**
> 주택임대사업자가 임대할 목적으로 건축주로부터 공동주택을 최초로 분양받는 경우 공동주택에 대한 취득세 감면한다는 규정에서 건축주란 공동주택의 건축허가 명의인, 이와 동일시할 수 있는 경우로 상속 및 합병·분할 등의 사유로 건축주의 지위를 승계한 자를 포함하며 임대주택 공동건축주(부부) 1인의 사망으로 불가피하게 상속지분과 건축주의 지위를 승계받은 상속인(공동건축주 1인)으로부터 분양받은 상속지분도 건축주로부터 최초로 분양받은 경우에 해당됨.

(1) 감면요건

다음의 요건을 모두 충족하여야 한다.

① 취득일부터 60일 이내에 관할 지방자치단체에 임대주택으로 등록한 경우

② 취득당시의 가액이 3억원(수도권은 6억원) 이하일 것(2020.8.12. 이후 취득분에 대하여 적용)

(2) 감면범위

① 전용면적 60㎡ 이하인 공동주택 또는 오피스텔을 취득하는 경우에는 취득세를 면제한다. (감면세액이 200만원을 초과하는 경우 85%의 감면이 적용)

② 10년 이상의 장기임대 목적으로 전용면적 60㎡ 초과 85㎡ 이하인 임대주택(장기임대주택)을 20호 이상 취득하거나, 20호 이상의 장기임대주택을 보유한 주택임대사업자가 추가로 장기임대주택을 취득하는 경우(추가로 취득한 결과로 20호 이상을 보유하게 되었을 때에는 그 20호부터 초과분까지를 포함)에는 취득세의 50%를 경감한다.

(3) 감면배제

2020.7.11. 이후 폐지되는 유형인 단기임대(4년)로 등록하거나, 장기임대(8년, 10년)로 변경한 경우 또는 아파트를 장기일반(8년, 10년 매입)으로 등록한 경우(임대할 주택을 추가하기 위하여 변경신고한 경우 포함)에는 감면배제한다.

(4) 추징

① 임대의무기간 내에 임대 외의 용도로 사용하거나 매각·증여한 경우
② 임대의무기간 내에 민간임대주택법 6조에 따라 주택임대사업자 등록이 말소된 경우

<취득세 추징 대상이 되는 말소 사유> 「민간임대주택에 관한 특별법」 제6조

(1) 거짓이나 그 밖의 부정한 방법으로 등록한 경우
(2) 주택임대사업자가 다음의 일정 기간 안에 민간임대주택을 취득하지 아니한 경우
① 사업계획승인을 받은 자: 주택임대사업자로 등록한 날부터 6년
② 건축허가를 받은 자: 주택임대사업자로 등록한 날부터 4년
③ 매매계약을 체결한 자: 주택임대사업자로 등록한 날부터 3개월
④ 분양계약을 체결한 자: 주택임대사업자로 등록한 날부터 1년
⑤ 주택건설사업자, 부동산투자회사, 투자회사, 집합투자기구, 소속 근로자에게 임대하기 위하여 민간임대주택을 건설하려는 고용자(법인에 한정): 주택임대사업자로 등록한 날부터 6년
(3) 주택임대사업자로 등록한 날부터 3개월 내에 등록 말소를 신청하는 경우(임대주택으로 등록한 이후 체결한 임대차계약이 있는 경우에는 그 임차인의 동의가 있는 경우로 한정)
(4) 주택임대사업자 등록기준을 갖추지 못한 경우
(5) 주택임대사업자 포괄양수도 방식으로 양도한 경우
(6) 임대조건을 위반한 경우
(7) 임대차계약을 해제·해지하거나 재계약을 거절한 경우
(8) 준주택에 대한 용도제한을 위반한 경우
(9) 설명이나 정보를 거짓이나 그 밖의 부정한 방법으로 제공한 경우
(10) 주택임대사업자가 보증금 반환을 지연하여 임차인의 피해가 명백히 발생한 경우
(11) 임대차계약 신고 또는 변경신고를 하지 아니하여 시장·군수·구청장이 보고 하게 하였으나 거짓으로 보고하거나 3회 이상 불응한 경우
(12) 보증보험에 가입하지 아니한 경우로서 다음에 해당하는 경우
① 보증보험에 가입하지 않아 3회 이상 보증보험 가입을 요구했으나 주택임대사업자가 보증보험에 가입하지 않은 경우
② 보증대상 금액이 있음에도 불구하고 보증대상 금액이 없음을 이유로 주택임대사업자가 보증보험에 가입하지 않은 경우
③ 보증보험 가입 면제 요건(우선변제금 이하)에 해당하지 않음에도 불구하고 주택임대사업자가 보증보험에 가입하지 않은 경우

(5) 추징 배제

「민간임대주택에 관한 특별법」 제43조 4항의 사유로 주택임대사업자 등록이 말소된 경우에는 추징 배제한다.

<**취득세 추징 배제 대상 말소 사유**>

1. 「민간임대주택에 관한 특별법」 43조 4항 1호

(1) 부도, 파산

(2) 2년 연속 적자가 발생하는 경우

(3) 2년 연속 부의 영업현금흐름이 발생하는 경우

(4) 최근 12개월간 해당 주택임대사업자의 전체 민간임대주택 중 임대되지 아니한 주택이 20% 이상이고, 같은 기간 동안 특정 민간임대주택이 계속하여 임대되지 아니한 경우

(5) 관계 법령에 따라 재개발, 재건축 등으로 민간임대주택의 철거가 예정되어 있거나 민간임대주택이 철거된 경우

(6) 주택임대사업자의 상속인이 다음 중 어느 하나에 해당하는 경우

① 주택임대사업자로서의 지위 승계를 거부하는 경우

② 미성년자 또는 공적의무 위반으로 등록이 전부 말소된 후 2년 이내 경과되지 않은 자에 해당하여 등록이 제한된 경우

2. 「민간임대주택에 관란 특별법」 43조 4항 3호

민간임대주택에 관한 특별법 개정(2020.8.18. 시행) 개정으로 장기일반민간임대주택 중 아파트(도시형생활주택이 아닌 것)를 임대하는 민간매입임대주택 및 단기민간임대주택(임대의무기간: 4년)에 대하여 주택임대사업자가 임대의무기간 내 등록 말소를 신청(신청 당시 체결된 임대차계약이 있는 경우에는 임차인의 동의를 받는 경우로 한정)하는 경우

(6) 추징 시 이자상당액 납부

2020.1.15. 지방세특례제한법 개정으로 취득세 감면을 받은 자가 추징사유가 발생하여 감면된 세액을 납부하여야 하는 경우 당초 감면받은 취득세 납부기한의 다음날부터 추징사유가 발생한 날까지 1일당 25/100,000의 이자상당액을 추가로 납부해야 한다. (지특법 178조 2항)

(7) 감면 후 부과 대상이 됨에 따른 신고납부

취득세 경감을 받은 후 해당 과세물건이 취득세 부과 대상 또는 추징 대상이 되었을 때에는 그 사유 발생일부터 60일 이내에 신고납부하여야 한다(이자상당액 추가 납부). (지방세법 20조 3항)

(8) 최소납부세액제도 (지특법 177조의2)

취득세가 100% 감면되는 경우에는 85%의 감면율을 적용한다. 다만, 취득세액이 200만
원 이하인 경우에는 최소납부세액제도가 적용되지 아니하여 100% 감면율을 적용한다.

 2 민간건설임대주택에 대한 취득세 감면 (지특법 31조 1항)

민간임대주택법에 따른 주택임대사업자가 임대할 목적으로 공동주택을 건축하는 경우
다음의 요건을 충족하는 경우 2024.12.31.까지 취득세를 감면한다.

(1) 감면요건

① 취득일부터 60일 이내에 관할 지방자치단체에 임대주택으로 등록한 경우
② 토지에 대해서는 사업계획승인을 받은 날 또는 건축허가를 받은 날부터 60일 이내
　로서 토지 취득일부터 1년 6개월 이내에 해당 임대용 부동산을 임대목적물로 하여
　주택임대사업자로 등록한 경우

(2) 감면범위

① 전용면적 60㎡ 이하인 공동주택을 취득하는 경우에는 취득세를 면제한다(감면세액이
　200만원을 초과하는 경우 85%의 감면 적용).
② 10년 이상의 장기임대 목적으로 전용면적 60㎡ 초과 85㎡ 이하인 임대주택(장기임대
　주택)을 20호 이상 취득하거나, 20호 이상의 장기임대주택을 보유한 주택임대사업자

가 추가로 장기임대주택을 취득하는 경우(추가로 취득한 결과로 20호 이상을 보유하게 되었을 때에는 그 20호부터 초과분까지를 포함)에는 취득세의 50%를 경감한다.

(3) 감면배제

2020.7.11. 이후 폐지되는 유형인 단기임대(4년)로 등록하거나, 장기임대(8년, 10년)로 변경한 경우에도 감면을 배제한다.

(4) 추징

① 토지를 취득한 날부터 정당한 사유 없이 2년 이내에 공동주택을 착공하지 아니한 경우
② 임대의무기간 내에 임대 외의 용도로 사용하거나 매각·증여한 경우
③ 임대의무기간 내에 민간임대주택법 6조에 따라 주택임대사업자 등록이 말소된 경우
　※ 취득세 추징 대상이 되는 말소 사유는 민간매입임대주택에 대한 취득세 감면과 같음.

(5) 추징 배제, 추징 시 이자상당액 납부, 신고 납부

※ 민간매입임대주택에 대한 취득세 감면과 같음

> ✔ check point
> 민간매입임대주택에 대한 취득세 감면과 달리 민간건설임대주택에 대한 취득세 감면은 공동주택의 신축인 경우에만 감면을 받을 수 있다. 따라서 다가구주택이나 오피스텔을 신축한 경우 민간건설임대주택으로 등록할 수 있지만 공동주택에 해당하지 않아 취득세 감면은 받을 수 없다.

제5장

주택에 대한 재산세와
주택임대사업자의
세제 혜택

재산세 개요

제1절

① 과세대상

재산세는 납세자가 소유한 재산의 가치에 담세력을 두어 지방자치단체별로 과세하는 지방세이다. 이러한 재산세는 토지, 건축물, 주택, 항공기 및 선박을 과세대상으로 한다. (지방세법 105조)

(1) 현황 과세 원칙 (지방세법 106조 3항)

1) 원칙

재산세 과세대상 물건이 토지대장, 건축물대장 등 공부상 등재되지 아니하였거나 공부상 등재현황과 사실상의 현황이 다른 경우에는 사실상의 현황에 따라 재산세를 부과한다.

2) 예외

재산세 과세대상 물건을 공부상 등재현황과 달리 이용함으로써 재산세 부담이 낮아지는 다음의 경우에 해당하는 경우에는 공부상 등재 현황에 따라 재산세를 부과한다.

① 관계 법령에 따라 허가 등을 받아야 함에도 불구하고 허가 등을 받지 않고 재산세의 과세대상 물건을 이용하는 경우로서 사실상 현황에 따라 재산세를 부과하면 오히려 재산세 부담이 낮아지는 경우
② 재산세 과세기준일 현재의 사용이 일시적으로 공부상 등재현황과 달리 사용하는 것

으로 인정되는 경우

(2) 주택

1) 주택의 정의
주택이란 「주택법」 제2조 제1호에 따른 주택을 말하며, 이 경우 토지와 건축물의 범위에서 주택은 제외한다. (지방세법 104조 3호)

또한 주택의 부속토지만을 소유한 경우에도 주택으로 보고 있으므로 재산세 납세의무가 있다.

참고 **주택의 구분**

1. 주택의 정의(주택법 2조 1호)

주택이란 세대의 구성원이 장기간 독립된 주거생활을 할 수 있는 구조로 된 건축물의 전부 또는 일부 및 그 부속토지를 말하며, 단독주택과 공동주택으로 구분한다.

(1) 단독주택

1세대가 하나의 건축물 안에서 독립된 주거생활을 할 수 있는 구조로 된 주택

(2) 공동주택

건축물의 벽·복도·계단이나 그 밖의 설비 등의 전부 또는 일부를 공동으로 사용하는 각 세대가 하나의 건축물 안에서 각각 독립된 주거생활을 할 수 있는 구조로 된 주택

2. 주택의 분류(건축법 시행령 별표1)

구분		층수	1동당 바닥면적	비고
단독주택	단독주택	-	-	-
	다중주택	3개층 이하	660㎡ 이하	독립된 주거의 형태를 갖추지 않은 것 [각 실별로 욕실(○), 취사시설(×)]
	다가구주택	3개층 이하	660㎡ 이하	1동당 19세대 이하
공동주택	다세대주택	4개층 이하	660㎡ 이하	
	연립주택	4개층 이하	660㎡ 초과	
	아파트	5개층 이상	-	

---

2) 다가구주택
「건축법 시행령」 별표1 제1호 다목에 따른 다가구주택은 1가구가 독립하여 구분 사용할 수 있도록 분리된 부분을 1구의 주택으로 본다. 이 경우 그 부속 토지는 건물면적 비율에 따라 각각 안분한 면적을 1구의 토지로 본다. (지방세령 112조)

① 1구의 주택의 의미

1구의 주택이라 함은 소유상의 기준이 아니고 점유상의 독립성을 기준으로 판단하되 합숙소·기숙사 등의 경우에는 방 1개를 1구의 주택으로 보며, 다가구주택은 침실, 부엌, 출입문이 독립되어 있어야 1구의 주택으로 본다. (지방세 운영예규 111···112-1)

② 가구별 안분 계산

다가구주택의 경우 건축법상 단독주택으로 구분이 되어 공시가격은 전체 주택으로 산정되어 공시된다. 이 경우 재산세는 각 가구별로 안분하여 과세표준과 세율을 계산한다.

3) 1동의 건물의 과세 구분

1동의 건물이 주거와 주거 외의 용도로 사용되고 있는 경우에는 주거용으로 사용되는 부분만을 주택으로 보며, 건물의 부속토지는 주거와 주거 외의 용도로 사용되는 건물의 면적비율에 따라 각각 안분하여 주택의 부속토지와 건축물의 부속토지로 구분한다. (지방세법 106조 2항 1호)

4) 1구의 건물의 과세 구분

1구의 건축물이 주거와 주거 외의 용도로 사용되고 있는 경우에는 주거용으로 사용되는 면적이 전체의 100분의 50 이상인 경우에는 주택으로 보며, 주택의 부속토지의 경계가 명백하지 아니한 경우에는 그 주택의 바닥면적의 10배에 해당하는 토지를 주택의 부속토지로 본다. (지방세법 106조 2항 2호, 3호)

5) 무허가 건물

무허가 건축물은 주거용으로 사용하여도 허가 등이나 사용승인(임시사용승인 포함)을 받지 아니하고 주거용으로 사용하는 면적이 전체 건축물 면적의 100분의 50 이상인 경우에는 그 건축물 전체를 주택으로 보지 아니하고, 그 부속토지는 종합합산과세대상토지로 한다. (지방세법 106조 2항 2의2)

<지방세운영예규> 오피스텔의 과세원칙 (지방세운영예규 104-2)

오피스텔은 「건축법」상 일반 업무시설에 해당하므로 일반적으로 건축물로 과세하나, 현황과세의 원칙에 따라 주거용(주민등록, 취학여부, 임대주택 등록 여부 등)으로 사용하는 경우에 한해 주택으로 과세한다. 이 경우 해당 건물부분과 그 부속토지부분은 각각 구분하여 산출한 시가표준액의 합을 주택의 시가표준액으로 보아 이 금액에 주택분 공정시장가액 비율을 적용한 금액을 과세표준으로 한다.

판례 생활숙박시설을 주택으로 사용하는 경우 재산세율 적용(대법원 2019두56357, 2020.2.13)

생활숙박시설을 주택임대차 계약을 체결하고 주택으로 사용한다 하더라도 재산세율은 지방세법 제111조 제1항 제2호 다목의 '그 밖의 건축물'로 보고 재산세를 적용하여야 함

예규 주택의 건물과 부속토지의 소유자가 다를 경우(지방세운영과-1767, 2009.4.30.)

주택의 건물과 부속토지의 소유자가 다를 경우 주택에 대한 산출세액을 시가표준액 비율로 안분 계산하여 건물 및 토지 소유자에게 각각 주택분으로 재산세를 부과하므로 세대원의 독립된 주거생활이 가능한 주택인 경우 재산세 현황과세 원칙과 현행 지방세법의 관련 규정에 따라 주택분으로 재산세가 과세된다.

② 과세기준일 및 납세의무자

(1) 과세기준일 (지방세법 114조)

재산세는 보유기간과 관계없이 매년 6월 1일에 재산세 과세대상 물건을 소유하고 있는 경우에 부과된다. 따라서 6월 1일에 소유권이 변동되면 양수인이 재산세 납세의무자가 된다.

> **판례** **재산세 과세기준일 헌재 판례(헌법재판소 2006헌바111, 2008.9.25.)**
> 재산보유세의 본질에 부합시키면서 조세행정의 효율성을 제고하기 위하여 매년 1회의 과세기준일을 정하고, 그 과세기준일에 과세대상 재산을 사실상 소유하는 자를 재산세의 납세의무자로 정했을 뿐이다. 따라서 구 지방세법 제182조 제1항은 조세입법권을 잘못 행사하였다거나 재산권을 침해하였다 보기 어렵다고 판시.

(2) 납세의무자

1) 원칙

재산세 과세기준일(매년 6월 1일) 현재 재산세 과세대상 재산을 사실상 소유하고 있는 자는 재산세를 납부할 의무가 있다. (지방세법 107조 1항)

2) 예외 (지방세법 107조 1항 1호, 2호, 2항)

① 공유재산
   공유재산인 경우에는 그 지분에 해당하는 부분(지분의 표시가 없는 경우에는 지분은 균등한 것으로 봄)에 대해서는 그 지분권자가 재산세를 납부할 의무를 진다.
② 주택의 건물과 부속토지의 소유자가 다를 경우
   그 주택에 대한 산출세액을 건축물과 그 부속토지의 시가표준액 비율로 안분계산한 부분에 대해서는 그 소유자가 재산세를 납부할 의무를 진다.
③ 공부상의 소유자
   공부상의 소유자가 매매 등의 사유로 소유권에 변동이 있었음에도 이를 신고하지 아니하여 사실상의 소유자를 알 수 없는 때에는 공부상의 소유를 납세의무자로 본다.

④ 상속재산에 대한 주된 상속자

　상속이 개시된 재산으로서 상속등기가 이행되지 아니하고 사실상의 소유자를 신고하지 아니하였을 때에는 다음의 순서에 따라 주된 상속자를 납세의무자로 본다.

주된 상속자의 판정(지방세법 시행규칙 53조)
① 민법상의 상속지분이 가장 높은 자 ⇨ ② 연장자

---

⑤ 종중재산의 공부상 소유자

　공부상 개인 등의 명의로 등재되어 있는 사실상의 종중재산으로서 종중소유임을 신고하지 아니하였을 때에는 공부상 소유자

⑥ 연부계약 무상 사용자

　국가, 지방자치단체, 지방자치단체조합과 재산세 과세대상 재산을 연부로 매매계약을 체결하고 그 재산의 사용권을 무상으로 받은 경우에는 그 매수계약자

⑦ 신탁재산의 위탁자

　「신탁법」 제2조에 따른 수탁자의 명의로 등기 또는 등록된 신탁재산의 경우에는 위탁자가 신탁재산을 소유한 것으로 보아 위탁자(「주택법」 제2조 제11호 가목에 따른 지역주택조합 및 같은 호 나목에 따른 직장주택조합이 조합원이 납부한 금전으로 매수하여 소유하고 있는 신탁주택의 경우에는 해당 지역주택조합 및 직장주택조합)가 재산세 납세의무자가 된다.

☑ check point
2021.1.1. 지방세법 개정으로 신탁재산의 납세의무자가 수탁자에서 위탁자로 변경되었음.

---

⑧ 사업시행자

　「도시개발법」에 따라 시행하는 환지방식에 의한 도시개발사업 및 「도시 및 주기환경정비법」에 따른 정비사업(재개발사업만 해당)의 시행에 따른 환지계획에서 일정한 토지를 환지로 정하지 아니하고 체비지 또는 보류지로 정한 경우에는 사업시행자.

⑨ 파산재산의 공부상 소유자

　「채무자 회생 및 파산에 관한 법률」에 따른 파산선고 이후 파산종결의 결정까지 파산재단에 속하는 재산의 경우 공부상 소유자

⑩ 사실상 소유자를 확인할 수 없는 경우

재산세 과세기준일 현재 소유권의 귀속이 분명하지 아니하여 사실상의 소유자를 확인할 수 없는 경우에는 그 사용자가 재산세를 납부할 의무를 진다. (지방세법 107조 3항)

운영 예규 **사실상의 소유자를 알 수 없을 때 (지방세운영예규 107-6)**

「지방세법」 제107조 제3항의 소유권의 귀속이 분명하지 아니하여 사실상의 소유자를 확인할 수 없는 경우라 함은 소유권의 귀속 자체에 분쟁이 생겨 소송 중에 있거나 공부상 소유자의 행방불명 또는 생사불명으로 장기간 그 소유자가 관리하고 있지 않은 경우 등을 의미한다.

재산세 계산

〈 재산세 계산 구조〉

구분	재산세(주택)		
시가표준액 (×)	「부동산 가격공시에 관한 법률」에 따른 공시가격 (개별주택가격,공동주택가격) (×)		
공정시장 가액비율 (=)	60% (=)		
과세표준 (×)	재산세(주택) 과세표준 (×)		
세율			

과세표준	표준세율	1주택세율특례
6천만원 이하	0.1%	0.05%
6천만원 초과 1억5천만원 이하	60,000원+6천만원 초과금액의 0.15%	30,000원+6천만원 초과금액의 0.1%
1억5천만원 초과 3억원 이하	195,000원+1억5천만원 초과금액의 0.25%	120,000원+1억5천만원 초과금액의 0.2%
3억원 초과	570,000원+3억원 초과금액의 0.4%	420,000원+3억원 초과금액의 0.35%

※ 조례에 따라 표준세율의 50% 범위 내에서 가감 가능

(=)

(=)			
산출세액 (-)	재산세(주택) 산출세액 (-)		
감면 (-)	「지방세특례제한법」에 따른 감면 (-)		
세부담상한 초과액			

공시가격	3억원 이하	6억원 이하	6억원 초과	법인
상한율	105%	110%	130%	150%

(=)

(=)
재산세(주택) 납부할 세액 ※ 지방교육세,재산세 도시지역분 및 지역자원시설세 별도

납부할 세액	

1 과세표준 (지방세법 110조 1항)

① 단독(공동)주택의 과세표준 = 개별(공동)주택가격 × 공정시장가액비율(60%)

> **참고** **주택의 시가표준액**
> ① 주택의 시가표준액은 「부동산 가격공시에 관한 법률」 제16조 및 제17조에 따라 공시된 개별주택가격(단독주택)과 같은 법 제18조에 따라 공시한 공동주택가격(공동주택)으로 한다.
> ② 개별주택가격, 공동주택가격이 공시되지 아니한 경우에는 특별자치시장·특별자치도지사·시장·군수 또는 구청장이 같은 법에 따라 국토교통부장관이 제공한 주택가격비준표를 사용하여 산정한 가액으로 하고, 공동주택가격이 공시되지 아니한 경우에는 행정안전부장관이 정하는 기준에 따라 특별자치시장·특별자치도지사·시장·군수 또는 구청장이 산정한 가액으로 한다.

> **참고** **공정시장가액비율(지방세법 시행령 109조)**
> ① 토지 및 건축물: 시가표준액의 100분의 70
> ② 주택: 시가표준액의 100분의 60.
> ③ 1세대 1주택
> 2022년도에 납세의무가 성립하는 재산세의 과세표준을 산정하는 경우 제110조의2에 따라 1세대 1주택으로 인정되는 주택(시가표준액이 9억원을 초과하는 주택을 포함한다)에 대해서는 시가표준액의 100분의 45로 한다.

② 1세대 1주택의 재산세 과세표준 = 개별(공동)주택가격 × 공정시장가액비율(45%)

  이 경우 시가표준액이 9억원을 초과하는 주택도 포함한다.

> ☑ check point **재산세 과세표준**
> 2022년에 한하여 1세대 1주택의 공정시장가액비율이 60%에서 45%로 인하되었음

세율 (지방세법 111조 1항 3호, 111조의2)

(1) 주택의 세율 (지방세법 111조 1항 3호, 111조의2)

주택의 세율은 4단계 초과 누진세율로 구성되어 있으며, 2021년부터 3년간 1세대 1주택자가 보유한 공시가격 9억원 이하 주택에 대하여 3년간(2021년~2023년) 과세표준 구간별 0.05% 인하하는 한시적 특례세율을 적용한다.

① 주택의 표준 세율

과세표준	세율
6천만원 이하	0.1%
6천만원 초과 1억5천만원 이하	60,000원 + 6천만원 초과금액의 0.15%
1억5천만원 초과 3억원 이하	195,000원 + 1억5천만원 초과금액의 0.25%
3억원 초과	570,000원 + 3억원 초과금액의 0.4%

② 1세대 1주택자 특례세율(공시가격 9억원 이하 주택에 한하여 적용)

과세표준	세율
6천만원 이하	0.05%
6천만원 초과 1억5천만원 이하	30,000원 + 6천만원 초과금액의 0.1%
1억5천만원 초과 3억원 이하	120,000원 + 1억5천만원 초과금액의 0.2%
3억원 초과	420,000원 + 3억원 초과금액의 0.35%

다만, 동일한 주택이 1세대 1주택자 특례세율과 「지방세특례제한법」에 따른 재산세 경감 규정의 적용 대상이 되는 경우에는 중복하여 적용하지 아니하고 둘 중 경감 효과가 큰 것 하나만을 적용한다.

③ 별장의 세율

별장의 경우에는 4%의 단일 세율을 적용한다. 여기서 별장이란 주거용 건축물로서 늘 주거용으로 사용하지 아니하고 휴양·피서·놀이 등의 용도로 사용하는 건축물과 그 부속토지(읍 또는 면 지역의 농어촌주택과 그 부속토지는 제외)를 말한다(취득세 중과대상 별상와 동일).

(2) 1세대 1주택 요건 (지방세령 110조의2)

1) 1세대 범위

1세대란 과세기준일 현재 세대별 주민등록표에 함께 기재되어 있는 가족(동거인 제외)을 말한다.

1세대에 포함 (별도로 거주하더라도 포함)	1세대에 제외 (별도의 세대로 보는 경우)
• 배우자 • 미혼인 19세 미만의 자녀 • 부모(주택의 소유자가 미혼이고 19세 미만인 경우)	• 65세 이상의 부모 (한 명만 충족하면 됨)를 동거봉양하기 위하여 19세 이상 자녀 또는 혼인한 자녀가 합가한 경우 • 취학 또는 근무상의 형편 등으로 세대 전원이 90일 이상 출국하는 경우로서 해당 세대가 출국 후에 속할 거주지를 다른 가족의 주소로 신고한 경우

2) 1주택 판단 시 주택 수 계산에서 제외하는 주택

주택 유형	적용 대상
사원용 주택	종업원에게 무상이나 저가로 제공하는 사용자 소유의 주택으로서 과세기준일 현재 다음 중 어느 하나에 해당하는 주택(지방세기본법 시행령 2조 1항에 해당하는 친족 관계자에게 제공하는 경우 제외) ① 시가표준액이 3억원 이하인 주택 ② 국민주택규모(85㎡) 이하인 주택
기숙사	「건축법 시행령」 별표1 제2호 라목의 기숙사
미분양 주택	사업자등록을 하고 「건축법」 11조에 따라 허가를 받거나 「주택법」 제15조에 따라 사업계획승인을 받은 자가 건축하여 소유한 미분양 주택으로서 재산세 납세의무가 최초로 성립한 날부터 5년이 경과하지 않은 주택(단, 건축법 11조에 따라 허가를 받은 경우에는 자기 또는 타인이 1년 이상 거주한 주택은 제외)
가정어린이집	세대원이 「영유아보육법」 제13조에 따라 인가를 받고 「소득세법」 제165조 제5항에 따라 고유번호를 부여받은 후 「영유아보육법」 제10조 제5호에 따른 가정어린이집을 운영하는 주택(국공립어린이집으로 전환하는 경우 포함)

대물변제 주택	주택의 시공자(주택법 제33조 2항, 건축법 제2조 제16호에 따른 공사시공자)가 공사대금으로 받은 미분양 주택으로서 재산세 납세의무가 최초로 성립한 날부터 5년이 경과하지 않은 주택(단, 건축법 11조에 따라 허가를 받은 경우에는 자기 또는 타인이 1년 이상 거주한 주택은 제외)
문화재 주택	「문화재보호법」 제2조 제3항에 따른 지정문화재 또는 4항에 따른 등록문화재에 해당하는 주택
노인복지주택	「노인복지법」 제32조 제1항 제3호에 따른 노인복지주택으로서 노인복지주택을 설치자가 소유한 노인복지주택
상속주택	과세기준일 현재 상속개시일부터 5년이 경과하지 않은 주택
혼인 전 소유주택	혼인 전부터 소유한 주택으로서 과세기준일 현재 혼인일로부터 5년이 경과하지 않은 주택. 다만, 혼인 전부터 각각 최대 1개의 주택만 소유한 경우로서 혼인 후 주택을 추가로 취득하지 않은 경우로 한정한다.

3) 주택 수 산정 제외 신청서 제출 (지방세칙 56조의2)

1주택 판정 시 주택 수 산정에서 제외하고자 할 때에는 별지 제58호의 3호 서식(주택 수 산정 제외 신청서)를 작성하여 소재지 관할 시, 군, 구에 제출하여야 한다.

(3) 탄력세율 (지방세법 111조 3항)

지방자치단체의 장은 특별한 재정수요나 재해 등의 발생으로 재산세의 세율 조정이 불가피하다고 인정되는 경우 조례로 정하는 바에 따라 표준세율의 100분의 50의 범위에서 가감할 수 있다. 단, 가감한 세율은 해당 연도에만 적용한다.

(4) 세율의 적용 (지방세법 113조 2항, 3항)

① 주택(부속토지 포함)에 대한 재산세는 주택별로 세율을 적용한다.
② 주택을 2명 이상이 공동으로 소유하거나 토지와 건물의 소유자가 다를 경우 해당 주택에 대한 세율을 적용할 때 해당 주택의 토지와 건물의 가액을 합산한 과세표준에 세율을 적용한다.

(20   년도)재산세 세율 특례 적용 시 주택 수 산정 제외 (변경)신청서

(「지방세법 시행령」 제110조의2제1항 각 호에 따른 주택)

(앞쪽)

1. 납세의무자

성 명		주 민 등 록 번 호		주 소		(☎:)

2. 주택 수 제외 (변경)신청 주택명세

(단위: ㎡, 원)

번호	① 신고 구분	② 소재지	③ 주택 유형	사원용 주택			미분양 주택			대물변제				상속/혼인		
				④ 전용면적	⑤ 월세	⑥ 임대 보증금	⑦ 허가 구분	⑧ 사업계획승인일 (건축허가일)	⑨ 사용승인일 (사용검사일)	⑩공사대금 지급자			⑨ 사용승인일 (사용검사일)	⑪ 피상속인/배우자		⑫ 상속개시일 /혼인일
										성명 (상호)	주민번호 (법인번호)			성명	주민등록 번호	
1																
2																
3																
4																
5																
6																
7																
8																

「지방세법 시행규칙」 제56조의2제1항에 따라 위의 주택에 대하여 1세대 소유 주택 수 판단 시 제외할 것을 (변경)신청합니다.

년   월   일

신 청 인: (서명 또는 인)
위 임 인: (서명 또는 인)

지방자치단체의 장 귀하

3 세부담 상한

주택공시가격의 급격한 상승으로 인하여 보유세(재산세 및 종합부동산세)가 급격하게 상승하는 것을 방지하기 위하여 세부담 상한제도를 두고 있다.

현행 재산세에서는 산출된 재산세액이 직전 연도의 해당 재산에 대한 재산세 상당액의 일정 비율을 초과하는 경우에는 그 초과하는 금액은 없는 것으로 하여 납부할 세액을 적용하는 세부담 상한제도를 적용한다. (지방세법 122조)

(1) 세부담 상한율 (지방세법 122조)

구분		세부담 상한율
법인소유 주택		150%
주택 (법인소유 주택 제외)	공시가격 또는 산정가액 3억원 이하	105%
	공시가격 또는 산정가액 3억원 초과~6억원 이하	110%
	공시가격 또는 산정가액 6억원 초과	130%

(2) 세부담 상한 계산 방법 (지방세령 118조)

1) 직전 연도의 주택에 대한 세액 상당액

① 해당 연도의 주택에 대한 직전 연도의 과세표준이 있는 경우: 직전 연도의 법령과 과세표준 등을 적용하여 과세대상별로 산출한 금액. 다만, 직전 연도에 해당 납세의무자에 대하여 해당 주택에 과세된 세액이 있는 경우에는 그 세액으로 한다.

② 주택의 신축·증축 등으로 해당 연도의 과세대상 주택에 대한 직전 연도의 과세표준이 없는 경우: 해당 연도의 과세대상 주택이 직전 연도 과세기준일 현재 존재하는 것으로 보아 직전 연도의 법령과 과세표준(직전 연도의 법령을 적용하여 산출한 과세표준을 말한다) 등을 적용하여 과세대상별로 산출한 세액.

③ 해당 연도의 과세대상 주택에 대하여 용도변경 등으로 지방세법 제111조 제1항 제3

호 나목 외의 세율(그 밖의 주택 세율)이 적용되거나 적용되지 아니한 경우: ①, ②에도 불구하고 직전 연도에도 해당 세율이 적용되거나 적용되지 아니한 것으로 보아 직전 연도의 법령과 과세표준(직전 연도의 법령을 적용하여 산출한 과세표준을 말한다) 등을 적용하여 산출한 세액

④ ①의 본문, ②, ③에 따라 산출한 세액 상당액이 해당 수택과 수택가격(「부동산 가격 공시에 관한 법률」에 따라 공시된 주택가격을 말한다)이 유사한 인근 주택의 소유자에 대하여 ① 단서에 따라 직전 연도에 과세된 세액과 현저한 차이가 있는 경우: 그 과세된 세액을 고려하여 산출한 세액 상당액

2) 당해 연도에 비과세·감면 규정 또는 특례세율이 적용되지 아니하거나 적용된 경우

직전 연도에도 해당 규정 또는 특례세율이 적용되지 아니하거나 적용된 것으로 보아 세액 상당액을 계산한다.

제3절

재산세 부과 징수

◆1 부과 징수

(1) 징수 방법 (지방세법 116조)

　재산세는 주택 소재지 관할 지방자치단체의 장이 세액을 산정하여 보통징수의 방법으로 부과·징수한다.

　이 경우 납부기한 개시 5일 전까지 주택, 토지, 건축물로 구분한 납세고지서에 과세표준과 세액을 기재하여 발급한다.

(2) 납부기한 (지방세법 115조)

　해당 연도에 부과·징수할 세액의 2분의 1은 매년 7월 16일부터 7월 31일까지 나머지 2분의 1은 9월 16일부터 9월 30일까지 납부하여야 한다.

　다만, 해당 연도에 부과할 세액이 20만원 이하인 경우에는 조례로 정하는 바에 따라 납부기한을 7월 16일부터 7월31일까지로 하여 한꺼번에 부과·징수할 수 있다.

(3) 분납 (지방세법 118조)

재산세의 납부세액이 250만원을 초과하는 경우에는 납부할 세액의 일부를 납부기한이 지난 후 2개월 이내에 분할납부할 수 있다. 이 경우 분할납부하려 자는 재산세 납부기한까지 재산세 분할납부 신청서를 시장·군수·구청장에게 제출하여야 한다.

납부할 세액	분납할 세액
250만원 초과 500만원 이하	250만원을 초과하는 금액
500만원 초과	납부세액의 100분의 50 이하의 금액

① 250만원 초과 여부 판단

　재산세 납부세액이 250만원을 초과하는지 여부는 동일 시·군·구별로 납세자가 납부할 재산세액(「지방세법」 제112조에 따른 도시지역분을 포함한 금액)으로 판단하고 병기 고지되는 지역자원시설세·지방교육세는 제외한다. (지방세 운영예규 118-1)

② 재산세 분납대상

　재산세가 분납처리되는 경우 지방교육세도 분납처리되고(지방세 운영예규 118-1), 병기 고지되는 재산세가 분할납부 대상이 되는 경우 지역자원시설세(소방분)도 분할 납부가 가능하다. (지방세법 147조)

■ 지방세법 시행규칙[별지 제63호서식] <개정 2021. 12. 31.>

재산세 · 지역자원시설세 분할납부 신청서

※ 색상이 어두운 난은 신청인이 작성하지 않으며, 뒤쪽의 작성방법을 읽고 작성하시기 바랍니다.   (앞쪽)

접수번호	접수일시	처리기간 즉시

1. 신청인

① 성명 (법인명)		② 주민등록번호 (법인등록번호)	
③ 주소		④ 전화번호	
		⑤ 전자우편주소	

2. 부과고지 내용

⑥ 부과세액		⑦ 과세대상	⑧ 납부기한
재산세	지역자원시설세		

3. 분할납부 신청내용

⑨ 납기내 납부할 세액		⑩ 분할납부할 세액		⑪ 분할납부기한
재산세	지역자원시설세	재산세	지역자원시설세	

「지방세법」 제118조, 제147조 및 같은 법 시행령 제116조에 따라 위와 같이 분할납부를 신청합니다.

년   월   일

신청인   (서명 또는 인)

시장 · 군수 · 구청장 귀하

첨부서류 해당없음	수수료 없음

신 청 안 내

1. 재산세는 납부할 재산세 세액(「지방세법」 제112조에 따른 도시지역분 포함)이 250만원 초과하는 경우 분할납부 할 수 있습니다.
2. 지역자원시설세(소방분)은 재산세 분납대상이고, 지역자원시설세 납부할 세액이 250만원 초과하는 경우 분할납부 할 수 있습니다.

210mm×297mm[백상지(80g/㎡) 또는 중질지(80g/㎡)]

(4) 물납

① 물납 (지방세법 117조)

재산세 납부세액이 1천만원을 초과하는 경우에는 납세의무자의 신청을 받아 해당 지방자치단체의 관할구역에 있는 부동산에 대하여만 물납을 신청할 수 있다.

재산세 납부세액(도시지역분 포함, 병기 고지되는 지역자원시설세, 지방교육세 제외)이 1,000만원을 초과하는지 여부는 동일 시·군·구별로 납세자가 납부할 재산세액으로 판단한다. (지방세 운영예규 117-1)

② 물납의 신청 및 허가 (지방세령 113조)

재산세를 물납하려는 자는 납부기한 10일 전까지 납세지를 관할하는 시장·군수·구청장에게 신청하여야 하며, 물납 신청을 받은 시장·군수·구청장은 신청을 받은 날로부터 5일 이내에 그 허가 여부를 서면으로 통지하여야 한다.

물납허가를 받은 부동산을 물납하였을 때에는 납부기한 내에 납부한 것으로 본다.

③ 물납 부동산의 평가 (지방세령 115조)

물납을 허가하는 부동산의 가액은 재산세 과세기준일 현재의 시가로 한다. 여기서 시가란 시가표준액(개별주택가격, 공동주택가격 등)에 의한다. 다만, 수용, 공매가액 및 감정가액 등으로서 시가로 인정되는 것은 시가로 본다.

> **☑ check point 시가로 인정되는 부동산가액 (지방세법 시행규칙 60조)**
>
> 재산세 과세기준일 전 6개월부터 과세기준일 현재까지의 기간 중에 확정된 가액으로서 다음 각 호의 어느 하나에 해당하는 가액을 말한다. 시가로 인정되는 가액이 둘 이상인 경우에는 재산세 과세기준일부터 가장 가까운 날에 해당하는 가액에 의한다.
>
> 1. 해당 부동산에 대하여 수용 또는 공매사실이 있는 경우: 그 보상가액 또는 공매가액
> 2. 해당 부동산에 대하여 둘 이상의 감정평가법인 등이 평가한 감정가액이 있는 경우: 그 감정가액의 평균액
> 3. 법 제10조 제5항 제1호 및 제3호에 따른 취득(국가등에 의한 취득, 판결문 또는 법인장부등에 의하여 취득가액이 증명되는 경우)으로서 그 사실상의 취득가액이 있는 경우: 그 취득가액

(5) 소액 징수 면제 (지방세법 119조)

고지서 1장당 재산세(재산세 도시지역분을 포함한 세액)가 2천원 미만인 경우 재산세를 징수하지 않는다.

□ 재산세 물납 허가 신청서	처리기간
□ 재산세 물납부동산 변경허가 신청서	5 일

신 청 인	①성명(법인명)		②주민(법인)등록번호	
	③상호(대표자)		④사업자등록번호	
	⑤주소(영업소)			
	⑥ 전 화 번 호	(휴대전화:)	⑦ 전 자 우 편 주 소	

신청내용	⑧ 부 과 세 액		⑨ 납 부 세 액	
	⑩ 과 세 대 상			
	⑪ 납 부 기 한		⑫ 물 납 신 청 세 액	

물납명세

⑬ 종 류	⑭ 소 재 지	⑮ 평 가 기 준 일	⑯면적(㎡)	⑰단가(원)	⑱총 액	비 고
계						

「지방세법」 제117조 및 같은 법 시행령 제113조·제114조에 따라 위와 같이 물납허가(물납부동산 변경허가)를 신청합니다.

년   월   일

신청인   (서명 또는 인)

시장·군수·구청장   귀하

구비서류	신청인 제출서류	담당공무원 확인사항	수 수 료
	1. 수용·공매·감정가액 등을 입증할 수 있는 관련 서류(해당되는 경우에만 제출합니다) 2. 당초 재산세 물납 허가서 사본 1부(재산세 물납부동산 변경허가를 신청하는 경우만 해당합니다)	1. 건물 등기부등본 2. 토지 등기부등본	없 음

행정기관명

수신자

제 목　재산세 물납허가(물납부동산 변경허가) 통지

　　　　　귀하(귀 법인)께서 　년　　월　　일 신청한 재산세 물납허가(물납부동산 변경허가) 신청을「지방세법」 제117조 및 같은 법 시행령 제113조·제114조에 따라 허가하오니 해당 물납부동산을 　년　　월　　일까지 납부하시기 바랍니다.

신청인	성명(법인명)		주민(법인)등록번호	
	상호(대표자)		사업자등록번호	
	주 소(소재지)			
허 가 사 항				
납부세액		허가세액		
물납허가(물납부동산 변경허가) 명세				
종 류	소재지	면적(㎡)	단가(원)	물납가액	비 고
계					

끝.

행 정 기 관 의 장 [직인]

기안자(직위/직급)　서명　　검토자(직위/직급)　서명　　결재권자(직위/직급)　서명

협조자　(직위/직급)　서명

시행　　처리과-일련번호　　(시행일)　　　　접수　처리과-일련번호　　(접수일)
우　　　　　주소　　　　　　　　　　　　　　　　　/ 홈페이지 주소
전화　　　　　　전송　　　　　　　/ 공무원의 공식 전자우편주소 / 공개구분

210mm×297mm(일반용지 60g/㎡(재활용품))

❷ 재산세 부가되는 세금

(1) 재산세 도시지역분 (지방세법 112조)

지방자치단체의 장은 「국토의 계획 및 이용에 관한 법률」 제6조 제1호에 따른 도시지역 중 해당 지방의회의 의결을 거쳐 고시한 지역 안에 있는 주택에 대하여는 조례로 정하는 바에 따라 재산세 도시지역분을 부과할 수 있다.

① 과세대상 (지방세령 111조)
  재산세 과세대상 주택. 단 개발제한구역에서는 별장 또는 고급주택만 해당

② 산출세액

> 재산세 도시지역분 산출세액 = 주택 재산세 과세표준 × 1.4/1,000

③ 세부담상한 적용 (지방세법 122조)
  재산세와 재산세 도시지역분은 각각 세부담 상한을 적용한다.

(2) 지방교육세 (지방세법 151조, 152조)

재산세 납세의무자는 재산세액의 20%에 상당하는 지방교육세를 납부하여야 하며, 재산세 부과 징수할 때 지방교육세도 함께 부과·징수한다.

(3) 지역자원시설세 (지방세법 143조, 146조 3항)

① 과세대상
  소방분 지역자원시설세는 소방시설로 인하여 이익을 받는 자의 주택의 소유자에게 부과한다.

② 과세표준

주택 시가표준액 × 공정시장가액비율(주택: 60%, 건축물: 70%)

③ 세율

과세표준	세율
600만원 이하	0.04%
600만원 초과 1,300만원 이하	2,400원+600만원 초과금액의 0.05%
1,300만원 초과 2,600만원 이하	5,900원+1,300만원 초과금액의 0.06%
2,600만원 초과 3,900만원 이하	13,700원+2,600만원 초과금액의 0.08%
3,900만원 초과 6,400만원 이하	24,100원+3,900만원 초과금액의 0.1%
6,400만원 초과	49,100원+6,400만원 초과금액의 0.12%

제4절

주택임대사업자의 세제 혜택

1 장기일반민간임대주택등에 대한 재산세 감면 (지특법 31조의3)

(1) 감면 요건

「민간임대주택에 관한 특별법」에 따른 공공지원민간임대주택 및 장기일반민간임대주택을 임대하려는 자가 다음의 요건을 경우에는 2024.12.31.까지 재산세를 감면한다.

> **<감면 요건>**
> 1. 공동주택 2세대 이상 또는 오피스텔 2세대 이상 또는 다가구주택(건축물 대장에 호수별로 전용면적이 구분되어 있는 다가구 주택을 말하며, 모든 임대 호수의 전용 면적이 40㎡ 이하인 경우)을 과세기준일 현재 임대목적으로 직접 사용할 것
> 2. 주택공시가격이 다음의 금액 이하일 것(2020.8.12. 이후 장기일반민간임대주택 등으로 등록한 분부터 적용)
> ① 공동주택: 주택공시가격이 6억원(수도권 밖의 경우 3억원) 이하(2022.1.1. 이후 민간건설임대주택의 경우 9억원 이하)
> ② 오피스텔: 시가표준액 4억원(수도권 밖의 경우 2억원) 이하

> ✔ check point **가액요건 적용**
> 2020.8.12. 이후 장기일반민간임대주택 등으로 등록한 분부터 적용되므로 2020.8.12. 이전에 등록된 장기일반민간임대주택 등의 경우는 가액 요건을 충족하지 않아도 재산세 감면이 가능

(2) 감면율

재산세 감면율은 전용면적 및 임대주택의 종류에 따라 감면율이 결정된다.

전용면적 및 임대주택	감면율	비고
전용면적 40㎡ 이하인 임대목적의 공동주택, 다가구주택 또는 오피스텔	100%(면제)	도시지역분 포함
전용면적 40㎡ 초과 60㎡ 이하인 임대목적의 공동주택 또는 오피스텔	75%	도시지역분 포함
전용면적 60㎡ 초과 85㎡ 이하인 임대목적의 공동주택 또는 오피스텔	50%	도시지역분 제외

(3) 감면배제

2020.7.11. 이후 장기임대(8년, 10년)로 유형변경한 경우, 아파트를 장기일반(8년, 10년 매입)으로 등록한 경우(임대할 주택을 추가하기 위하여 변경신고한 경우 포함)에는 감면 배제한다.

(4) 추징

다음의 사유에 해당하는 경우에는 감면 사유 소멸일부터 소급하여 5년 이내에 감면된 재산세를 추징한다.

① 임대의무기간 내에 매각, 증여하는 경우
② 민간임대주택법 제6조에 따라 주택임대사업자 등록이 말소되는 경우

(5) 추징 배제

① 민간임대주택법 제43조 제1항에 따른 임대의무기간이 경과한 후 등록이 말소된 경우(자동 말소)
② 「민간임대주택에 관한 특별법」 제43조 4항의 사유로 주택임대사업자 등록이 말소된

경우

(6) 최소납부세액 제도 (지특법 177조의2 1항)

재산세가 100% 감면되는 경우에는 85%의 감면율을 적용한다. 다만, 재산세액이 50만원 이하(세 부담의 상한을 적용하기 이전의 산출액)인 경우에는 최소납부세액제도가 적용되지 아니하여 100% 감면율을 적용한다.

2 임대주택등에 대한 재산세 감면 (지특법 31조 4항)

(1) 감면요건

「민간임대주택에 관한 특별법」에 따른 주택임대사업자가 다음의 요건을 갖춘 경우에는 2024.12.31.까지 재산세를 감면한다.

<감면 요건>
1. 공동주택 또는 오피스텔 2세대 이상을 과세기준일 현재 임대목적으로 직접 사용할 것
2. 주택공시가격이 다음의 금액 이하일 것(2020.8.12. 이후 장기일반민간임대주택 등으로 등록한 분부터 적용)
① 공동주택: 주택공시가격이 6억원(수도권 밖의 경우 3억원) 이하(2022.1.1. 이후 민간건설임대주택의 경우 9억원 이하)
② 오피스텔: 시가표준액 4억원(수도권 밖의 경우 2억원) 이하

 check point 가액요건 적용
2020.8.12. 이후 민간임대주택 등으로 등록한 분부터 적용되므로 2020.8.12. 이전에 등록된 민간임대주택 등의 경우는 가액 요건을 충족하지 않아도 재산세 감면이 가능

(2) 감면율

재산세 감면율은 전용면적 및 임대주택의 종류에 따라 감면율이 결정된다.

전용면적 및 임대주택	감면율	비고
전용면적 40㎡ 이하인 「공공주택특별법」제50조의2 제1항에 따라 30년 이상 임대목적의 공동주택	100%(면제)	도시지역분 포함
전용면적 40㎡ 초과 60㎡ 이하인 임대 목적의 공동주택 또는 오피스텔	50%	도시지역분 포함
전용면적 60㎡ 초과 85㎡ 이하인 임대목적의 공동주택 또는 오피스텔	25%	도시지역분 제외

(3) 감면배제

2020.7.11. 이후 폐지되는 유형인 단기임대(4년)로 등록하거나 장기임대(8년, 10년)로 유형 변경한 경우, 아파트를 장기일반(8년, 10년 매입)으로 등록한 경우(임대할 주택을 추가하기 위하여 변경신고한 경우 포함)에는 감면 배제한다.

(4) 추징

※ 장기일반민간임대주택 등에 대한 감면과 동일함

(5) 추징 배제

※ 장기일반민간임대주택 등에 대한 감면과 동일함

(6) 최소납부세액 제도

재산세가 100% 감면되는 경우에는 85%의 감면율을 적용한다. 다만, 재산세액이 50만원 이하(세 부담의 상한을 적용하기 이전의 산출액)인 경우에는 최소납부세액제도가 적용되지 아니하여 100% 감면율을 적용한다.

☑ check point 민간임대주택에 대한 재산세 감면 규정 비교

구분	장기일반민간임대주택 등에 대한 재산세 감면(지특법 제31조의3)	임대주택 등에 대한 재산세 감면 (지특법 제31조 제4항)
적용 주택	공동주택(85㎡ 이하), 오피스텔(85㎡ 이하), 다가구(전용면적 40㎡ 이하)	공동주택(85㎡ 이하), 오피스텔(85㎡ 이하)
	2020.7.11. 이후 아파트를 장기일반민간임대주택으로 등록 신청을 제외	
임대 호수	공동주택 2세대 이상 또는 오피스텔 2세대 이상 또는 다가구주택	공동주택과 오피스텔을 합하여 2세대 이상 임대
임대주택 종류	장기일반민간임대주택, 공공지원민간임대주택	장기일반민간임대주택, 단기민간임대주택(2020.7.11. 이후 등록신청한 것부터 제외) 등
감면율	전용면적에 따라 50%~100%	전용면적에 따라 25%~100%

제6장

주택에 대한 종합부동산세와
주택임대사업자의
세제 혜택

제1절

종합부동산세 개요

주택에 대한 종합부동산세는 과세기준일(매년 6월 1일) 현재 국내에 소재한 재산세 과세 대상인 주택을 인별로 공시가격 합계액(개별주택가격, 공동주택가격등)에서 공제금액(6억원, 1세대 1주택자 11억)을 초과하는 경우 그 초과분에 대하여 과세되는 세금이다.

즉, 과세기준일 현재 주택을 보유하고 있다면 1차로 부동산 소재지 관할 시·군·구에서 재산세를 부과하고, 2차로 인별 공시가격 합계액에서 공제금액을 초과하는 부분에 대하여 주소지(본점 소재지) 관할세무서에서 종합부동산세를 부과한다.

 과세대상

종합부동산세는 「지방세법」상 재산세 과세대상 주택을 과세대상으로 한다. 다만 별장의 경우는 과세대상에서 제외한다. (종부세법 2조 3호)

> ☑ **check point** 재산세 규정 준용
>
> ① 종합부동산세는 지방자치단체의 재산세부과현황에 따라 과세되는 것이므로 재산세 과세자료의 경정이 없는 한 처분청에서는 종합부동산세 과세대상 자산을 정정할 수 없다. 주택분 재산세 과세대상 물건이 공부상 현황과 사실상 현황이 상이한 경우 사실상의 현황에 의하여 재산세를 부과하는 것으로 규정하고 있어, 오피스텔이 사업용 건물로 사용되고 있다면 재산세 용도변경이 완료된 후 종합부동산세를 결정하는 것이다. (심사-종부-2019-0014, 2019.9.4.)
>
> ② 공부상 주택이나 실질은 상업용 건물로 사용한 경우 자방자치단체에서 사실상의 용도에 따라 재산세 과세자료를 정정하지 않는 이상 쟁점부동산을 주택으로 보아 종합부동산세 과세대상이 된다. (적부 2008-0146, 2008.10.31.)

② 과세기준일

종합부동산세 과세기준일은 「지방세법」상 재산세 과세기준일인 매년 6월 1일로 한다. (종부세법 3조) 즉, 보유기간과 관계없이 매년 6월 1일에 재산세 과세대상 주택을 소유하고 있으면 종합부동산세 과세대상이 된다. 따라서 6월 1일에 소유권이 변동되면 양수인이 종합부동산세 납세의무자가 된다.

③ 납세의무자

(1) 원칙

재산세 과세기준일(6월 1일) 현재 주택분 재산세의 납세의무자는 종합부동산세를 납부할 의무가 있다. (종부세법 7조 1항)

(2) 신탁재산의 위탁자

「신탁법」 제2조에 따른 수탁자의 명의로 등기 또는 등록된 신탁재산의 경우에는 위탁자가 신탁재산을 소유한 것으로 보아 위탁자(「주택법」 제2조 제11호 가목에 따른 지역주택조합 및 같은 호 나목에 따른 직장주택조합이 조합원이 납부한 금전으로 매수하여 소유하고 있는 신탁주택의 경우에는 해당 지역주택조합 및 직장주택조합)가 종합부동산세를 납부할 의무가 있다. 이 경우 위탁자가 신탁주택을 소유한 것으로 본다. (종부세법 7조 2항)

종합부동산세 계산

< 종합부동산세 계산 구조>

구분	종합부동산세(주택)
Σ 주택공시가격	인별 「부동산 가격공시에 관한 법률」에 따른 공시가격의 합계액 (개별주택가격, 공동주택가격등)
(-)	(-)
기본공제금액	6억원(법인 제외), 1세대 1주택자 11억
(×)	(×)
공정시장가액비율	주택의 60%, 토지의 경우 100% ⇨ 2022.8.22. 개정
(=)	(=)
과세표준	주택분 종합부동산세 과세표준
(×)	(×)

과세표준	일반(2주택 이하)		3주택 이상 등*	
	세율	누진공제	세율	누진공제
3억원 이하	0.6%		1.2%	
6억원 이하	0.8%	60만원	1.6%	120만원
12억원 이하	1.2%	300만원	2.2%	480만원
50억원 이하	1.6%	780만원	3.6%	2,160만원
94억원 이하	2.2%	3,780만원	5.0%	9,160만원
94억원 초과	3.0%	11,300만원	6.0%	18,560만원

* 3주택이상등: 3주택 이상 및 조정대상지역 2주택
※ 법인의 경우 일반(3%), 3주택이상등(6%)로 단일세율

세액	주택분 종합부동산세 산출세액
(-)	(-)
공제할 재산세액	재산세로 부과된 세액 중 종합부동산세 과세표준금액에 부과된 재산세 상당액
(=)	(=)
산출세액	주택분 종합부동산세 산출세액
(-)	(-)
세액공제 **(1세대 1주택)**	① 보유: 5년(20%), 10년(40%), 15년(50%) ② 연령: 60세(20%), 65세(30%), 70세(40%) ③ 중복 적용 가능(한도: 80%)
(-)	(-)

구분	3주택 이상 등	그 외	법인
세부담상한율	300%	150%	없음

[직전년도(재산세+종합부동산세)×세부담상한율]을 초과하는 세액

세부담상한 초과액	
(=)	(=)
납부할 세액	종합부동산세 납부할 세액 ※ 농어촌특별세 별도(종합부동산세 납부할 세액의 20%) ※ 250만원 초과 시 분납 가능(6개월)

① 과세표준

주택에 대한 종합부동산세 과세표준은 납세의무자별로 주택의 공시가격을 합산한 금액에서 6억원(1세대 1주택자의 경우 11억)을 공제한 금액에 공정시장가액비율을 곱한 금액으로 한다. (종부세법 8조 1항)

다만, 2021년부터 일반누진세율이 적용되는 다음의 법인을 제외한 법인 또는 법인으로 보는 단체는 6억원 공제금액을 적용하지 아니한다. (종부세법 8조 1항, 종부세령 4조의4)

> **참고** **일반누진세율이 적용되는 법인(6억원 공제금액 적용 법인) (종부세령 4조의4)**
> 1. 「공공주택 특별법」에 따른 공공주택사업자
> 2. 「상속세 및 증여세법」에 따른 공익법인 등
> 3. 「주택법」의 주택조합
> 4. 「도시 및 주거환경정비법」 및 「빈집 및 소규모주택 정비에 관한 특례법」에 따른 사업시행자
> 5. 「민간임대주택에 관한 특별법」상 민간건설임대주택을 2호 이상 보유하고 있는 임대사업자로서 해당 민간건설임대주택과 다음에 해당하는 주택만을 보유한 경우
> ① 「지방세특례제한법」 또는 「조세특례제한법상」 재산세 비과세 규정을 준용하는 주택 및 「지방세법」에 따라 재산세 비과세 대상인 주택
> ② 「공공주택 특별법」에 따른 공공임대주택
> ③ 「종합부동산세법」 제4조 제1항 각호의 어느 하나에 해당하는 주택 (합산배제 사원용주택등)
> 6. 다음의 요건을 모두 갖춘 「사회적기업 육성법」에 따른 사회적기업 또는 「협동조합 기본법」에 따른 사회적협동조합
> ① 정관 또는 규약상의 설립 목적이 다음의 어느 하나에 해당할 것
> ㉠ 사회적기업등 구성원의 주택 공동 사용
> ㉡ 「사회적기업 육성법」에 따른 취약계층이나 「주거기본법」에 따른 주거지원이 필요한 계층에 대한 주거지원
> ② ①에 따른 설립 목적에 사용되는 주택만을 보유하고 있을 것
> 7. 종중(宗中)

(1) 주택의 공시가격

공시가격이란 「부동산 가격공시에 관한 법률」에 따라 가격이 공시되는 주택에 대하여 공시된 가격을 말한다. (종부세법 2조 9호)

즉 개별주택가격(단독주택), 공동주택가격(공동주택)을 의미하며, 개별주택가격 또는 공동주택이 공시되지 아니한 경우에는 특별자치시장·특별자치도지사·시장·군수 또는 구청장이 산정한 가액을 말한다.

다만, 재산세 감면규정에 따라 감면이 적용된 주택의 경우 주택의 공시가격에서 재산감면비율(비과세 또는 과세면제의 경우에는 100분의 100)을 곱한 금액을 공제한 금액을 공시가격으로 본다. (종부세법 6조 3항)

(2) 기본공제금액

인별로 주택의 공시가격의 합계액에서 공제금액을 초과한 경우 종합부동산세 납세의무가 있다. 이 경우 1세대 1주택자의 경우는 11억이며, 그 외의 경우는 6억원(일반누진세율 적용 법인을 제외한 법인은 제외)이다.

✅ check point 2022년 세법개정안

2022년 7월 21일 발표한 정부의 세법개정안에 의하면 주택분 종합소득세 계산 시 기본공제금액을 상향하는 세법개정안(2022년, 2023년 시행)을 발표(국회 개정 여부 확인해야 함)

구분	현행		개정안	
	일반	1세대 1주택자	일반	1세대 1주택자
기본공제금액	6억원	11억원	9억원	12억원 (14억원 2022년에 한정)

(3) 공정시장가액 비율 (종부세법 8조 1항, 종부세령 2조의4)

공정시장가액 비율은 부동산 시장의 동향과 재정 여건 등을 고려하여 100분의 60부터 100분의 100까지의 범위에서 대통령령으로 정한다. 주택의 경우 2022.8.22. 종합부동산세법 시행령이 개정되어 현재 공정시장가액 비율은 60%이다.

연도	2019년	2020년	2021년	2022년
공정시장가액비율	85%	90%	95%	60%

(4) 과세표준 (종부세법 8조 1항)

인별 주택 공시가격의 합계액(재산세 감면이 적용된 경우 감면비율을 곱한 금액)에서 기본공제금액(6억원 또는 11억원, 법인은 제외)을 차감 후 공정시장가액비율을 곱한 금액이 주택분 종합부동산세 과세표준이 된다.

① 주택분 종합부동산세 과세표준

[인별 주택 공시가격의 합계액 - 기본공제금액 6억원 또는 11억원(1세대 1주택자)] × 공정시장가액비율

② 일반누진세율이 적용되는 법인 제외 법인

인별 주택 공시가격의 합계액 × 공정시장가액비율

② 세율

주택에 대한 종합부동산세는 납세의무자가 소유한 주택 수에 따라 과세표준에 해당 세율을 적용하여 계산한 금액을 그 세액으로 한다. (종부세법 9조)

(1) 2주택 이하를 소유한 경우 (조정대상지역 내 2주택은 제외)

과세표준	세율
3억원 이하	0.6%
3억원 초과 6억원 이하	180만원 + 3억원을 초과하는 금액의 0.8%
6억원 초과 12억원 이하	420만원 + 6억원을 초과하는 금액의 1.2%
12억원 초과 50억원 이하	1,140만원 + 12억원을 초과하는 금액의 1.6%

50억원 초과 94억원 이하	7,220만원 + 50억원을 초과하는 금액의 2.2%
94억원 초과	16,900만원 + 94억원을 초과하는 금액의 3.0%

(2) 3주택 이상을 소유하거나, 조정대상지역 내 2주택을 소유한 경우

과세표준	세율
3억원 이하	1.2%
3억원 초과 6억원 이하	360만원 + 3억원을 초과하는 금액의 1.6%
6억원 초과 12억원 이하	840만원 + 6억원을 초과하는 금액의 2.2%
12억원 초과 50억원 이하	2,160만원 + 12억원을 초과하는 금액의 3.6%
50억원 초과 94억원 이하	15,840만원 + 50억원을 초과하는 금액의 5.0%
94억원 초과	37,840만원 + 94억원을 초과하는 금액의 6.0%

(3) 법인 또는 법인으로 보는 단체

① 2주택 이하를 소유한 경우(조정대상지역 내 2주택을 소유한 경우 제외): 3.0%
② 3주택 이상을 소유하거나, 조정대상지역 내 2주택을 소유한 경우: 6.0%

법인 일반세율 특례제도(종부세령 4조의4)
1. 적용 대상
일반누진세율이 적용되는 법인
2. 특례
① 법인의 경우 3%, 6%의 단일 세율이 적용되는데, 일반세율 특례 법인은 일반 세율*이 적용된다.
   * 일반세율: 2주택 이하(0.6~3.0%), 3주택 이상 등(1.2%~6.0%)
② 법인의 경우 6억원이 공제금액이 적용되지 아니하나, 일반세율 특례 법인은 6억원의 공제금액이 적용된다. 즉 공시가격 합계액이 6억원을 초과하는 경우에만 종합부동산세 대상이 된다.
③ 법인의 경우 세부담상한이 적용되지 아니하나, 일반세율 특례 법인은 세부담상한(150%, 300%)이 적용된다.
3. 특례신청
9월 16일부터 9월 30일까지 일반 세율 적용 신청을 하여야 한다. (매년 신청해야 함)

법인 주택분 종합부동산세 일반세율 적용 신청서

※ 뒤쪽의 작성방법을 읽고 작성해 주시기 바라며, [ ]에는 해당되는 곳에 √표를 합니다.

1. 신청법인

① 법인명	② 사업자등록번호(고유번호)
③ 소재지	④ 전화번호

2. 일반세율 적용 법인 구분(해당되는 곳에 √표 기재)

[ ] ⑤ 「공공주택 특별법」 제4조제1항 각 호에 따른 공공주택사업자

[ ] ⑥ 「상속세 및 증여세법」 제16조제1항에 따른 공익법인등

[ ] ⑦ 「주택법」 제2조제11호에 따른 주택조합

[ ] ⑧ 「도시 및 주거환경정비법」 제24조부터 제28조까지 및 「빈집 및 소규모주택 정비에 관한 특례법」 제17조부터 제19조까지의 규정에 따른 사업시행자

[ ] ⑨ 「민간임대주택에 관한 특별법」 제2조제2호의 민간건설임대주택을 2호 이상 보유하고 있는 임대사업자

[ ] ⑩ 「사회적기업 육성법」에 따른 사회적기업 또는 「협동조합 기본법」에 따른 사회적협동조합

[ ] ⑪ 종중(宗中)

3. 일반세율 적용 법인 세부 구분(해당되는 곳에 √표 기재, 고시일자 기재, 호수 기재)

⑫ 공공주택 사업자 (⑤ 선택 시)	[ ] ㉮ 국가, 지방자치단체, 지방공사, 공공기관 [ ] ㉯ ㉮에 해당하는 자가 출자한 법인 [ ] ㉰ 주택도시기금 또는 ㉮에 해당하는 자가 출자한 부동산투자회사
⑬ 공익법인등 (⑥ 선택 시)	[ ] ㉮ 종교의 보급 기타 교화에 현저히 기여하는 사업 [ ] ㉯ 학교·유치원 등 교육사업 [ ] ㉰ 사회복지법인이 운영하는 사업 [ ] ㉱ 의료법인이 운영하는 사업 [ ] ㉲ 기부금으로 운영하는 사업 등
⑭ 주택조합 (⑦ 선택 시)	[ ] ㉮ 지역주택조합 [ ] ㉯ 직장주택조합 [ ] ㉰ 리모델링주택조합 ㉱ 사업계획승인 고시일 또는 리모델링 허가일(년 월 일)
⑮ 사업시행자 (⑧ 선택 시)	[ ] ㉮ 「도시 및 주거환경정비법」에 따른 사업시행자 [ ] ㉯ 「빈집 및 소규모주택 정비에 관한 특례법」에 따른 사업시행자 ㉰ 사업계획승인 고시일(년 월 일)
⑯ 민간건설임대주택 임대사업자 (⑨ 선택 시)	[ ] ㉮ 임대사업자가 임대를 목적으로 건설하여 임대하는 주택 [ ] ㉯ 주택건설사업자가 건설한 주택 중 분양되지 않아 임대하는 주택 ㉰ 임대주택 호수( )
⑰ 사회적기업등 (⑩ 선택 시)	[ ] ㉮ 정관 또는 규약상의 설립목적이 사회적기업 또는 사회적협동조합 구성원의 주택 공동 사용인 경우 [ ] ㉯ 정관 또는 규약상의 설립목적이 「사회적기업 육성법」에 따른 취약계층이나 「주거기본법」 제3조제2호에 따른 주거지원이 필요한 계층에 대한 주거지원인 경우

「종합부동산세법」 제9조 및 같은 법 시행령 제4조의4에 따라 위와 같이 법인 주택분 종합부동산세 일반세율 적용을 신청합니다.

년 월 일

신청인(법인) (인)

신청인(대표자) (서명 또는 인)

세무대리인 (서명 또는 인)

세무서장 귀하

210mm×297mm[백상지 80g/㎡ 또는 중질지 80g/㎡]

2022년 7월 21일 발표한 정부의 세법개정안에 의하면 종합부동산세 세율 인하안을 발표하였음. 기존 다주택자 중과 제도를 폐지하고 세율 인하안(2023년부터 시행)을 발표(국회 개정 여부 확인해야 함)

과세표준	현행		개정안
	일반	3주택 이상 등	
3억원 이하	0.6%	1.2%	0.5%
3억원 초과 6억원 이하	0.8%	1.6%	0.7%
6억원 초과 12억원 이하	1.2%	2.2%	1.0%
12억원 초과 25억원 이하	1.6%	3.6%	1.3%
25억원 초과 50억원 이하			1.5%
50억원 초과 94억원 이하	2.2%	5.0%	2.0%
94억원 초과	3.0%	6.0%	2.7%
법인	3.0%	6.0%	2.7%

(4) 주택 수 계산

종합부동산세의 세율 및 세부담상한은 납세의무자가 보유한 주택 수에 따라 달리 규정하고 있다. (종부세법 9조, 10조)

즉, 세율과 세부담상한 적용 시 본인이 보유한 주택 수를 합산하여 적용한다.

1) 주택 수 적용 기준

세율과 세부담상한 적용 시 주택 수 기준은 과세기준일 현재를 기준으로 주택 수 및 조정대상지역을 판단한다. 즉, 과세기준일인 6월 1일 현재 조정대상지역에 2주택을 보유하고 있다면, 추후 조정대상지역에서 해제되더라도 조정대상지역 2주택을 기준으로 중과세율이 적용되고, 세부담상한도 300%가 적용된다.

2) 인별 기준

종합부동산세는 인별 과세제도를 채택하고 있기 때문에 세율과 세부담상한 적용시 본인이 보유한 주택 수를 기준으로 판단한다. 다만, 1세대 1주택 특례 적용 시에는 세대 구성원 전체의 보유 주택 수를 기준으로 판단한다.

3) 공동소유 주택

1주택을 여러 사람이 공동으로 소유한 경우에는 공동 소유자 각자가 그 주택을 소유한 것으로 본다. (종부세령 4조의3 3항 1호)

4) 다가구 주택 (종부세령 4조의3 3항 2호)

「건축법 시행령」 별표 1 제1호 다목에 따른 다가구주택은 1주택으로 본다.

> **참고** 「건축법 시행령」 별표 1 제1호 다목에 따른 다가구주택
>
> 다가구주택이란 다음의 요건을 모두 갖춘 주택으로서 공동주택에 해당하지 아니하는 것을 말한다.
>
> ① 주택으로 쓰는 층수(지하층은 제외한다)가 3개층 이하일 것. 다만, 1층의 전부 또는 일부를 필로티 구조로 하여 주차장으로 사용하고 나머지 부분을 주택(주거 목적으로 한정한다) 외의 용도로 쓰는 경우에는 해당 층을 주택의 층수에서 제외한다.
> ② 1개 동의 주택으로 쓰이는 바닥면적의 합계가 660㎡ 이하일 것
> ③ 19세대(대지 내 동별 세대수를 합한 세대를 말한다) 이하가 거주할 수 있을 것

5) 합산배제 주택 (종부세령 4조의3 3항 3호 가목)

합산배제 임대주택 및 합산배제 사원용 주택 등은 주택 수 산정에서 제외한다.

6) 상속주택 (종부세령 4조의3 3항 3호 나목)

상속주택(조합원입주권 또는 분양권을 상속받아 사업시행 완료 후 취득한 신축주택 포함) 다음에 해당하는 주택은 주택 수 계산 시 제외한다.

① 과세기준일 현재 상속개시일부터 5년이 경과하지 않은 주택
② 지분율이 100분의 40 이하인 주택
③ 지분율에 상당하는 공시가격이 6억원(수도권 밖의 지역에 소재한 주택의 경우에는 3억원) 이하인 주택

> **☑ check point**
>
> 세율 산정 시 주택 수 계산에서만 제외되며, 상속주택 공시가격 중 본인 지분에 해당하는 금액은 과세표준에 합산한다.
> 예를 들어 조정대상지역 외 기존 주택 2채(기준시가 각각 10억, 5억을 보유한 상태에서 상속주택(5억)을 보유 시 종합부동산세 과세표준은 [10억 + 5억 + 5억 - 6억(기본공제)]이 되며, 세율은 3주택 등에 대한 세율이 아닌 일반세율이 적용된다.

상속주택을 주택 수 산정에서 제외하고자 하는 경우 9월 16일부터 9월 30일까지 관할 세무서장에게 세율 적용 시 주택 수 산정 제외 신청서[별지 제2호의3서식]를 제출하여야 한다. (종부세령 4조의3 4항)

7) 무허가주택 부속토지 (종부세령 4조의3 3항 3호 다목)

토지의 소유권 또는 지상권 등 토지를 사용할 수 있는 권원이 없는 자가 「건축법」 등 관계 법령에 따른 허가를 받지 않거나 신고를 하지 않고 건축하여 사용 중인 주택(주택을 건축한 자와 사용 중인 자가 다른 주택을 포함)의 부속토지는 주택 수 계산 시 제외한다.

⇨ 세율 산정 시 주택 수 계산에서만 제외되며, 부속토지분에 해당하는 금액은 과세표준에 합산한다.

무허가주택 부속토지를 주택 수 산정에서 제외하고자 하는 경우 9월 16일부터 9월 30일까지 관할 세무서장에게 세율 적용 시 주택 수 산정 제외 신청서[별지 제2호의3서식]를 제출하여야 한다. (종부세령 4조의3 4항)

8) 주택을 양도하기 전 대체취득한 주택 (종부세령 4조의3 3항 3호 라목)

1세대 1주택자가 보유하고 있는 주택을 양도하기 전에 다른 1주택(신규주택)을 취득(자기가 건설하여 취득하는 경우를 포함)하여 2주택이 된 경우로서 과세기준일 현재 신규주택을 취득한 날부터 2년이 경과하지 않은 경우에는 주택 수 계산 시 제외한다.

9) 지방 저가주택 (종부세령 4조의3 3항 3호 마목)

1세대 1주택자가 다음의 요건을 모두 충족한 지방 저가주택을 함께 소유하고 있는 경우에는 지방의 저가주택은 주택 수 계산 시 제외한다.

① 공시가격이 3억원 이하일 것
② 수도권 밖의 지역으로서 다음의 어느 하나에 해당하는 지역에 소재하는 주택일 것
　㉠ 광역시 및 특별자치시가 아닌 지역
　㉡ 광역시에 소속된 군
　㉢ 「세종특별자치시 설치 등에 관한 특별법」 제6조 제3항에 따른 읍·면

세율 적용 시 주택 수 산정 제외 신청서(갑)

※ 뒤쪽의 작성방법을 읽고 작성해 주시기 바라며, [ ]에는 해당하는 곳에 √표를 합니다.

1. 신청인

① 성명	② 주민등록번호
③ 주소	④ 전화번호

2. 신청대상 주택 현황 [ ]에는 해당하는 곳에 √표를 합니다.

⑤ 신청대상	⑥ 소재지	⑦ 공시가격	⑧ 피상속인(사망자) 성명	주민등록번호	⑨ 상속개시일 (사망일)	⑩ 소유지분	⑪ 소재지 구분
[ ] 상속주택							[ ] 수도권
[ ] 무허가주택 부속토지							[ ] 비수도권
[ ] 상속주택							[ ] 수도권
[ ] 무허가주택 부속토지							[ ] 비수도권
[ ] 상속주택							[ ] 수도권
[ ] 무허가주택 부속토지							[ ] 비수도권

「종합부동산세법」 제9조 및 같은 법 시행령 제4조의3제4항에 따라 위 상속주택 또는 무허가주택 부속토지를 주택분 종합부동산세 세율 적용 시 주택 수 산정에서 제외해 주시기 바랍니다.

년   월   일

신청인 (서명 또는 인)
세무대리인 (서명 또는 인)

세무서장 귀하

담당 공무원확인 사항   건물등기사항증명서, 건축물대장

297mm×210mm[백상지 80g/㎡ 또는 중질지 80g/㎡]

③ 공제할 재산세액

종합부동산세에서는 재산세와 이중 과세를 조정하기 위하여 종합부동산세 과세표준 금액에 부과된 재산세 상당액을 납부할 종합부동산세에서 공제해 준다. (종부세법 9조 3항)

이 경우 재산세액만 공제대상으로 하므로 재산세와 같이 부과되는 재산세 도시지역분, 지역자원시설세 및 지방교육세는 공제하는 재산세액에서 제외된다. (종부세령 4조의3 1항)

「지방세법」 제112조제1항제1호에 따라 주택분 재산세로 부과된 세액의 합계액 ×

$$\frac{(\text{법 제8조제1항에 따른 주택분 종합부동산세의 과세표준} \times \text{「지방세법 시행령」 제109조제2호에 따른 공정시장가액비율}) \times \text{「지방세법」 제111조제1항제3호에 따른 표준세율}}{\text{주택을 합산하여 주택분 재산세 표준세율로 계산한 재산세 상당액}}$$

<계산사례>

박세무씨는 국내에 공시가격 9억원, 3억원인 2채를 보유하고 있다. 이 경우 종합부동산세 계산 시 공제할 재산세액은?

1. 재산세 부과세액

① 공시가격 9억원:

900,000,000 × 60%(공정시장가액비율) × 0.4%(세율) - 630,000(누진공제) = 1,530,000

② 공시가격 3억원:

300,000,000 × 60%(공정시장가액비율) × 0.25%(세율) - 180,000(누진공제) = 270,000

③ 재산세 부과세액: ① + ② = 1,800,000

2. 종합부동산세 과세표준

[(900,000,000 + 300,000,000) - 600,000,000] × 60%(공정시장가액비율) = 360,000,000

3. 종합부동산세 과세표준분 표준세율 재산세액

360,000,000 × 60%(재산세공정시장가액비율) × 0.25% = 540,000

※ 종합부동산세 과세표준분 표준세율에 의한 재산세액은 주택분 과세표준에 공정가액비율을 곱하여 산정한 금액에 재산세 표준세율을 곱하여 산정한 재산세액으로, 누진공제액을 차감하지 아니한 금액을 말한다. (종부세 집행기준 9-4의2-4)

4. 전체 주택에 대한 표준세율 재산세액

[(900,000,000 + 300,000,000) × 60% × 0.4% - 630,000] = 2,250,000

5. 공제할 재산세액

1,800,000 × (540,000 ÷ 2,250,000) = 432,000

1세대 1주택 세액공제

⇨ 1세대 1주택 특례에서 설명

5 세부담 상한

주택공시가격의 급격한 상승으로 인하여 보유세(재산세 및 종합부동산세)가 급격하게 상승하는 것을 방지하기 위하여 재산세와 마찬가지로 종합부동산세에서도 세부담 상한제도를 두고 있다.

주택분 종합부동산세 납세의무자가 해당 연도에 납부하여야 할 주택분 재산세상당액과 주택분 종합부동산세상당액의 합계액이 직전 연도 해당 주택에 부과된 주택에 대한 총세액상당액에 세부담 상한율을 곱한 금액을 초과하는 경우 그 초과하는 세액은 종합부동산세를 부과하지 않는다. 다만, 납세의무자가 법인 또는 법인으로 보는 단체로서 3%, 6%의 단일세율이 적용되는 법인 등의 경우에는 세부담 상한을 적용하지 않는다. (종부세법 10조)

(1) 세부담 상한율

2주택 이하	3주택 이상 및 조정대상지역 2주택자	법인 (3%, 6% 단일세율 적용 법인)
150%	300%	세부담상한 적용하지 않음

☑ check point **2022년 세법개정안**

2022년 7월 21일 발표한 정부의 세법개정안에 의하면 주택분 종합소득세 계산 시 세부담 상한율을 150%로 단일화(법인의 경우 변동 없음)하는 세법 개정안(2023년부터 시행)을 발표(국회 개정 여부 확인해야 한)

구분	현행			개정안	
	2주택 이하	3주택등	법인	일반, 3주택등	법인
세부담 상한율	150%	300%	세부담 상한 적용하지 않음	150%	세부담 상한 적용하지 않음

(2) 세부담 상한 적용

세부담 상한의 적용은 재산세와 종합부동산세를 합한 총 보유세액을 기준으로 적용한다.

> **① 과 ② 둘 중 적은 금액**
> ① 해당 연도에 납부하여야 할 주택에 대한 총세액
> 세부담 상한 적용 후 실제 부과된 재산세액(재산세 도시지역분 제외) + 1세대1주택자 세액공제까지 적용한 종합부동산세액
> ② 직전 연도에 부과된 주택에 대한 총세액 × 세부담상한율
> 직전 연도에 부과된 주택에 대한 총세액: 세부담 상한 적용 전 재산세액(재산세 도시지역분 제외) + 종합부동산세액

1) 해당 연도에 납부하여야 할 주택에 대한 총세액
다음의 ①, ②를 합한 금액으로 한다.

① 「지방세법」에 따라 부과된 재산세액[「지방세법 제112조 제1항 제1호에 따른 재산세액 (재산세 도시지역분 제외)을 말하며, 세부담 상한이 적용되는 경우 그 상한을 적용한 후 세액]
② 「종합부산세법」 제9조에 따라 계산한 종합부동산세액(1세대 1주택자 세액공제까지 적용한 종합부동산세액)

2) 직전 연도에 부과된 주택에 대한 총세액
직전 연도 과세기준일에 실제로 소유하였는지의 여부를 불문하고 해당 연도의 과세표준합산주택을 직전 연도에 소유한 것으로 보아 계산한다. (종부세령 5조 2항)

즉, 직전 연도에 부과된 주택에 대한 총세액상당액이란 해당 연도의 과세표준합산주택에 대하여 직전 연도의 「지방세법」을 적용하여 산출한 재산세액(탄력세율, 재산세 도시지역분, 세부담상한은 제외)과 해당 연도의 과세표준합산주택에 대하여 직전 연도의 「종합부동산세법」(세부담 상한은 제외)을 적용하여 산출한 종합부동산세액(공제할 재산세액과 1세대 1주택자의 경우 세액공제까지 적용한 세액)의 합계액을 말한다. (종부세령 5조 2항 1호, 2호)

① 주택을 신축·증축 등으로 해당 연도의 과세표준합산주택에 대한 직전 연도의 과세표준이 없는 경우: 해당 연도 과세표준합산주택이 직전 연도 과세기준일 현재 존재하는 것으로 보아 직전 연도의 법령(지방세법, 종합부동산세법)과 과세표준(직전 연도의

법령을 적용하여 산출한 과세표준을 말한다) 등을 적용하여 계산한다. (종부세령 5조 3항)

② 해당 연도 과세표준합산주택이 재산세 감면규정 또는 분리과세규정을 적용받지 아니하거나 적용받은 경우에는 직전 연도에도 동일하게 이를 적용받지 아니하거나 적용받은 것으로 본다. (종부세령 5조 4항)

③ 해당 연도 과세표준합산주택이 직전 연도에 법 제8조 제2항(합산배제 주택)에 따라 과세표준합산주택에 포함되지 아니한 경우에는 직전 연도에 과세표준합산주택에 포함된 것으로 보아 계산한다. (종부세령 5조 5항)

제3절

종합부동산세 부과 징수 및 신고 납부

1 종합부동산세 부과 징수

관할 세무서장은 납부하여야 할 종합부동산세의 세액을 결정하여 해당연도 12월 1일부터 12월15일(납부기간)까지 부과·징수한다.

이 경우 납부기간 개시 5일 전까지 과세표준과 세액이 기재된 납부고지서를 발급하여야 한다. (종부세법 16조 1항, 2항)

또한 종합부동산세의 기초가 되는 재산세의 세액변경 또는 수시부과사유에 해당되는 때에는 이에 따라 종합부동산세의 과세표준과 세액을 경정하여야 한다. (종부세법 17조 4항)

2 종합부동산세 신고 납부

종합부동산세를 신고납부방식으로 납부하고자 하는 납세의무자는 종합부동산세의 과세표준과 세액을 해당 연도 12월 1일부터 12월 15일까지 신고 납부할 수 있다. 이 경우 당초 부과고지는 없었던 것으로 본다. (종부세법 16조 3항)

❸ 종합부동산세 분납

종합부동산세로 납부하여야 할 세액이 250만원을 초과하는 경우에 그 세액의 일부를 납부기한이 지난 날부터 6개월 이내에 분할 할 수 있다. (종부세법 20조)

(1) 분할할 세액 (종부세령 16조 1항)

① 납부하여야 할 세액이 250만원을 초과 500만원 이하인 경우: 해당 세액에서 250만 원을 차감한 금액
② 납부하여야 할 세액이 500만원을 초과하는 경우: 해당 세액의 100분의 50 이하의 금액

당초 고지세액	12월 15일까지 납부할 세액	다음해 6월 15일까지 납부할 세액 (분납신청세액)
450만원	250만원	200만원
800만원	800만원 - 분납신청금액	400만원 이하의 금액

(2) 분납 신청

① 종합부동산세 납부고지서를 받은 자가 분납하려고 할 때에는 납부기한까지 종합부동산세 분납신청서를 관할 세무서장에게 제출하여야 한다. (종부세령 16조 2항)
② 관할세무서장은 분납신청을 받은 때에는 이미 고지한 납부고지서를 납부기한까지 납부해야 할 세액에 대한 납부고지서와 분납기간 내에 납부해야 할 세액에 대한 납부고지서로 구분하여 수정 고지해야 한다. (종부세령 16조 3항)

종합부동산세에 부가되는 세금

　종합부동산세 납세의무자는 납부하여야 할 종합부동산세액의 20%에 상당하는 농어촌특별세를 납부하여야 한다. (농특세법 5조 1항)

☑ check point　**2022년 세법개정안(종합부동산세 경정청구 대상 확대)**

2022.7.21. 정부에서 발표한 세법 개정안에 의하면 2023.1.1. 이후 경정청구하는 분부터 종합부동산세 부과·고지받아 납부한 납세자도 경정청구가 가능하도록 국세기본법 개정안을 발표함. (국회 개정 여부를 확인하여야 함)

(20 　년도)종합부동산세분납신청서

※ 뒤쪽의 작성방법을 읽고 작성하시기 바랍니다. 　　　　　　　　　　　　　　　　　　　　　　　　　(앞쪽)

신 청 인	성　　　　명 (법인명 또는 단체명)		주민등록번호 (법인 등 사업자등록번호)		
	주　　　　소 (본 점 소 재 지)		(☎ : 　　　　　　)		
부과고지 내　　용	①총 납 부 세 액	종 합 부 동 산 세		②납 부 기 한	
		농 어 촌 특 별 세			
분납신청 내　　용	③분 납 세 액	종 합 부 동 산 세		④분 납 기 한 (납부기한이 경과 한 날부터 6개 월)	
		농 어 촌 특 별 세			

「종합부동산세법」 제20조 및 같은 법 시행령 제16조에 따라 위와 같이 분납을 신청합니다.

년　　　월　　　일

신청인　　　　　　　　　　　(서명 또는 인)

세무서장 귀하

297mm×210mm[일반용지 60g/㎡(재활용품)]

1세대 1주택 특례

1 1세대

(1) 1세대의 개념

1세대란 주택의 소유자 및 그 배우자와 그들과 동일한 주소 또는 거소에서 생계를 같이하는 가족과 함께 구성하는 1세대를 말하며, 여기서 가족이라 함은 주택의 소유자와 그 배우자의 직계존비속(그 배우자를 포함) 및 형제자매를 말한다. (취학, 질병의 요양, 근무상 또는 사업상의 형편으로 본래의 주소 또는 거소를 일시 퇴거한 자를 포함) (종부세령 1조의2 1항, 2항)

(2) 별도세대로 보는 경우

1) 원칙적으로 혼인을 하지 않은 경우에는 별도세대로 인정되지 않지만, 다음의 경우에는 배우자가 없더라도 별도 세대로 본다. (종부세령 1조의2 3항)

① 30세 이상인 경우
② 배우자가 사망하거나 이혼한 경우
③「소득세법」제4조에 따른 소득이 중위소득 40% 이상으로서 소유하고 있는 주택을 관리·유지하면서 독립된 생계를 유지할 수 있는 경우. 단 미성년자의 경우는 제외하되, 미성년자의 결혼, 가족의 사망 등의 사유로 1세대 구성이 불가피한 경우는 별도세대로 본다.

2) 혼인함으로써 1세대를 구성하는 경우에는 혼인한 날부터 5년 동안은 주택을 소유한 자와 그 혼인한 자별로 각각 1세대로 본다. (종부세령 1조의2 4항)

3) 동거봉양 하기 위하여 합가함으로써 과세기준일 현재 60세 이상의 직계존속(어느 한 사람이 60세 미만인 경우 포함)과 1세대를 구성하는 경우에는 합가한 날부터 10년 동안 (합가한 날 당시는 60세 미만이었으나, 합가한 후 과세기준일 현재 60세에 도달하는 경우는 합 가한 날부터 10년의 기간 중에서 60세 이상인 기간 동안) 주택을 소유한 자와 그 합가한 자 별로 각각 1세대로 본다. (종부세령 1조의2 5항)

 2 1세대 1주택자

(1) 1세대 1주택자 개념

1세대 1주택자란 세대원 중 1명만이 주택분 재산세 과세대상인 1주택만을 소유한 거주 자*를 말한다

*거주자. 국내에 주소를 두거나 183일 이상 거소를 둔 개인

<종부세 집행기준 8-2의3-5> 비거주자가 1세대 1주택자에 해당하는 지 여부

1세대 1주택자란 「소득세법」에 따른 거주자를 말하므로 비거주자는 1세대 1주택자의 추가공제, 장기보유 및 고령자에 대한 세액공제 규정이 적용되지 아니함

이 경우 다가구주택은 1주택으로 보되, 합산배제 임대주택으로 신고한 경우에는 1세대 가 독립하여 구분 사용할 수 있도록 구획된 부분(1구)을 각각 1주택으로 본다. (종부세 집 행기준 8-2의3-2)

(2) 주택 수 판단

1) 주택 수 판단

종합부동산세 계산을 함에 있어 주택 수의 판단은 재산세 과세대상 주택 여부로 판단한다.

2) 주택 수 판단 특례 (종부세법 8조 4항, 종부세령 4조의2 4항, 5항)

다음의 어느 하나에 해당하는 경우에는 1세대 1주택자로 본다. 여기서 ②, ③, ④에 해당하는 경우 납세의무자는 9월 16일부터 9월 30일까지 관할세무서장에게 신청서[별지 제2호의2 서식]를 제출하여야 한다. 이 경우 신청을 한 납세의무자는 최초의 신청을 한 연도의 다음 연도부터는 그 신청 사항에 변동이 없으면 신청하지 않을 수 있다.

① 납세의무자가 1주택(주택의 부속토지만을 소유한 경우는 제외)과 다른 주택의 부속토지(주택의 건물과 부속토지의 소유자가 다른 경우의 그 부속토지)를 함께 소유하고 있는 경우에는 1세대 1주택자로 보며, 본인이 1주택을 소유한 상태에서 세대원 중 1명이 다른 주택의 부속토지만을 소유한 경우에는 1세대 1주택에 해당하지 않는다(각각 1주택을 소유한 것으로 봄).

② 1세대 1주택자가 보유하고 있는 주택을 양도하기 전에 다른 1주택(신규주택)을 취득(자기가 건설하여 취득하는 경우를 포함)하여 2주택이 된 경우로서 과세기준일 현재 신규주택을 취득한 날부터 2년이 경과하지 않은 경우

③ 1주택과 상속받은 주택으로서 다음의 상속주택을 함께 소유하고 있는 경우: 상속을 원인으로 취득한 주택(「소득세법」 제88조 제9호에 따른 조합원입주권 또는 같은 조 제10호에 따른 분양권을 상속받아 사업시행 완료 후 취득한 신축주택을 포함)으로서 다음의 어느 하나에 해당하는 주택을 말한다.

　㉠ 과세기준일 현재 상속개시일부터 5년이 경과하지 않은 주택

　㉡ 지분율이 100분의 40 이하인 주택

　㉢ 지분율에 상당하는 공시가격이 6억원(수도권 밖의 지역에 소재하는 주택의 경우에는 3억원) 이하인 주택

④ 1주택과 다음의 요건을 모두 갖춘 지방 저가주택을 함께 소유하고 있는 경우

　㉠ 공시가격이 3억원 이하일 것

　㉡ 수도권 밖의 지역으로서 다음의 어느 하나에 해당하는 지역에 소재하는 주택일 것

　　ⓐ 광역시 및 특별자치시가 아닌 지역

ⓑ 광역시에 소속된 군

ⓒ 「세종특별자치시 설치 등에 관한 특별법」 제6조 제3항에 따른 읍·면

(3) 주택 수 제외 주택

1세대 1주택자 판단 시 합산배제 요건을 충족하고 합산배제 신고를 한 임대주택과 사원용 주택등 기타주택은 주택 수 계산에서 제외한다. (종부세법 8조 2항)

다만, 합산배제 임대주택을 제외하고 1주택만을 소유한 경우에는 과세기준일 현재 해당 1주택에 주민등록이 되어 있고 실제로 거주하고 있는 경우에 한정하여 1세대 1주택을 적용한다. (종부세령 2조의3 2항)

1세대 1주택자 판단 시 주택 수 산정 제외 신청서(갑)

※ 뒤쪽의 작성방법을 읽고 작성해 주시기 바라며, [ ]에는 해당하는 곳에 √표를 합니다.

1. 신청인

① 성명		② 주민등록번호	
③ 주소		④ 전화번호	

2. 1세대 1주택 적용 대상 주택

⑤ 소재지	

3. 신청대상 주택 현황 [ ]에는 해당하는 곳에 √표를 합니다.

⑥ 신청대상	⑦ 소재지	⑧ 공시가격	⑨ 취득일 (피상속인 사망일)	⑩ 피상속인(사망자) 성명	상속주택 현황 주민등록번호	⑪ 소유 지분	⑫ 소재지 구분
[ ] 대체취득 주택 [ ] 상속주택 [ ] 지방 저가주택							[ ] 수도권 [ ] 비수도권
[ ] 대체취득 주택 [ ] 상속주택 [ ] 지방 저가주택							[ ] 수도권 [ ] 비수도권

「종합부동산세법」 제8조제5항 및 같은 법 시행령 제4조의2제4항에 따라 위 대체취득 주택, 상속주택 또는 지방 저가주택을 1세대 1주택자 판단 시 주택 수 산정에서 제외해 주시기 바랍니다.

년   월   일

신청인 (서명 또는 인)
세무대리인 (서명 또는 인)

세무서장 귀하

담당 공무원 확인 사항	건물등기사항증명서, 건축물대장

※ 이 신청서가 접수되면 기존에 접수·처리된 신청서는 폐기되오니 기존에 신청한 주택도 주택 수 산정에서 제외할 필요가 있는 경우 함께 작성하여 주시기 바랍니다.

297mm×210mm[백상지 80g/㎡ 또는 중질지 80g/㎡]

(4) 1세대 1주택자 혜택

1) 기본 공제금액 상향

1세대 1주택자의 경우는 11억이며, 그 외의 경우는 6억원(일반누진세율 적용 법인을 제외한 법인은 제외)이다.

구분	1세대 1주택자	일반
기본공제금액	11억	6억원

2) 1세대 1주택자 세액공제

주택분 종합부동산세 납세의무자가 1세대 1주택자에 해당하는 경우 주택분 종합부동산세액은 산출세액에 연령과 보유기간에 따른 공제액을 공제한 금액으로 하며, 이 경우 연령별 세액공제와 보유기간별 세액공제는 80% 범위 내에서 중복하여 적용이 가능한다. (종부세법 9조 5항)

① 연령별 공제(종부세법 9조 6항)

연령	공제율
만60세 이상 만65세 미만	20%
만65세 이상 만70세 미만	30%
만70세 이상	40%

② 보유기간별 공제(종부세법 9조 8항)

보유기간	공제율
5년 이상 10년 미만	20%
10년 이상 15년 미만	40%
15년 이상	50%

③ 1세대 1주택자가 다음의 어느 하나에 해당하는 경우 다음의 각 항에 해당하는 산출세액(공시가격합계액으로 안분하여 계산한 금액을 말한다)은 1세대 1주택자 세액공제 적용

대상에서 제외한다. (종부세법 9조 7항, 9항)

    ㉠ 법 제8조 제4항 제1호에 해당하는 경우: 주택의 부속토지(주택의 건물과 부속토지의 소유자가 다른 경우의 그 부속토지를 말한다)분에 해당하는 산출세액

    ㉡ 법 제8조 제4항 제2호에 해당하는 경우: 1주택을 양도하기 전 대체취득한 주택분에 해당하는 산출세액

    ㉢ 법 제8조 제4항 제3호에 해당하는 경우: 상속주택분에 해당하는 산출세액

    ㉣ 법 제8조 제4항 제4호에 해당하는 경우: 지방 저가주택분에 해당하는 산출세액

④ 기간 산정 (종부세령 4조의5)

    ㉠ 연령 및 보유기간은 과세기준일인 6월 1일을 기준으로 적용한다.

    ㉡ 노후, 도괴, 소실 등으로 인하여 멸실되어 재건축 또는 재개발하는 주택에 대하여는 그 멸실된 주택을 취득한 날부터 보유기간을 계산한다.

    ㉢ 배우자로부터 상속받은 주택에 대하여는 피상속인이 해당 주택을 취득한 날부터 보유기간을 계산한다.

> **예규 재산분할로 취득한 주택의 보유기간 기산일(종부, 종합부동산세과-255, 2009.03.02.)**
> 「종합부동산세법」 제9조 제7항(보유기간별 공제율)을 적용함에 있어서 배우자로부터 재산분할로 취득한 주택에 대하여는 재산분할로 인한 소유권이전등기 접수일부터 보유기간을 계산하는 것임

③ 한도

연령별 공제와 보유기간별 공제는 중복공제가 가능하여 최대 40% + 50%를 받을 수 있으나 종합부동산세법에서는 연령별 공제와 보유기간별 공제를 합하여 총 80%를 한도로 한다.

(5) 부부 공동명의 1세대 1주택 특례

종합부동산세는 인별로 과세되는 세목이기 때문에 부부가 공동으로 주택을 소유하고 있는 경우에는 각각 1주택을 소유한 것으로 보아 종합부동산세를 부과한다.

하지만 종합부동산세법 개정으로 2021년부터 부부 공동명의 1주택인 경우 납세자의 신청에 의하여 1세대 1주택자의 특례를 적용받을 수 있게 되었다.

1) 개요

과세기준일 현재 세대원 중 1인이 그 배우자와 공동으로 1주택을 소유하고 해당 세대원 및 다른 세대원이 다른 주택(합산배제 신고를 한 임대주택과 사원용 주택등 기타주택을 제외)을 소유하지 아니한 경우(부부가 모두 거주자인 경우에 한함)에는 공동명의 1주택자를 해당 1주택에 대한 납세의무자로 할 수 있다. (종부세법 10조의2 1항)

공동명의 1주택자의 배우자가 다른 주택의 부속토지(주택의 건물과 부속토지의 소유자가 다른 경우의 그 부속토지를 말한다)를 소유하고 있는 경우는 제외한다. (종부세령 5조의2 2항)

2) 특례 신청 기간

부부 공동명의 1주택자 특례를 적용받으려면 매년 9월 16일~9월 30일까지 공동명의 1주택자 신청서[별지 제2호의5 서식]를 관할세무서장에게 제출하여야 한다. (종부세령 5조의2 4항)

3) 납세의무자

부부 중 주택에 대한 지분율이 높은 사람이 납세의무자가 되며, 지분율이 같은 경우에는 공동 소유자 간의 합의에 의한 사람을 말한다. (종부세령 5조의2 3항)

4) 과세특례 변경 신청 (종부세령 5조의2 5항, 종부세칙 4조의8 3항)

부부 공동명의 1주택자 특례를 신청한 공동명의 1주택자는 다음의 사유가 발생한 경우에는 매년 9월 16일~9월 30일까지 변경신청을 하여야 한다. 최초 신청 후 변동 사항이 없는 경우에는 추가 신청 없이 계속 적용 가능하다.

① 해당 주택의 소유자가 변경된 경우
② 해당 주택의 지분율이 변경된 경우
③ 공동명의 1주택자를 변경하려는 경우
④ 부부 공동명의 1주택자 특례를 적용을 받지 않으려는 경우

5) 부부 공동명의 1주택 특례 적용과 미적용 세제상 차이

구분	특례 적용	특례 미적용
납세의무자	지분율이 큰 자(지분율이 동일한 경우 합의)	부부 각각 납세의무자
기본 공제금액	11억	부부 각각 6억원

세액공제	1세대 1주택자 세액공제 가능 (연령공제: 40%, 보유기간 공제: 50%, 총 한도: 80%)	불가능

✅ check point **필자 주**

부부 공동명의 1주택자의 경우(지분율이 동일한 경우) 1주택의 공시가격이 12억원 이하인 경우 특례 규정을 적용하지 아니하면 인별로 6억원씩 공제가 가능하므로 세부담이 없게 되므로 1주택의 공시가격이 12억원 이하인 경우에는 특례를 적용하지 않는 것이 유리하고, 1주택의 공시가격이 12억원을 초과하는 경우에는 1세대 1주택자 세액공제를 적용받을 수 있으므로, 특례 규정을 적용하는 것이 유리할 수 있다.

✅ check point **2022년 세법개정안**

2022년 7월 21일 발표한 정부의 세법개정안에 의하면 주택분 종합소득세 계산 시 기본공제금액을 상향하는 세법개정안(2022년, 2023년 시행)을 발표(국회 개정 여부 확인해야 함)

구분	현행		개정안	
	일반	1세대 1주택자	일반	1세대 1주택자
기본공제금액	6억원	11억원	9억원	12억원 (14억원 2022년에 한정)

(20 년도)종합부동산세 공동명의 1주택자 특례 (변경)신청서

※ 뒤쪽의 작성방법을 읽고 작성해 주시기 바라며, [ ]에는 해당되는 곳에 √표를 합니다.   (앞쪽)

① 신청인	성명		주민등록번호	
	주소		(☎ :)	

② 신청유형	[ ] 최초 [ ] 변경(지분율 변경[ ], 납세의무자 변경[ ]) [ ] 1세대1주택 특례 취소

	구분	성명	주민등록번호	③ 보유지분	④ 납세의무자 지정 신청
공동명의 1주택자	본인			(%)	[ ]
	배우자			(%)	[ ]

⑤ 공동명의 주택 소재지	

「종합부동산세법」 제10조의2 및 같은 법 시행령 제5조의2에 따라 위와 같이 공동명의 1주택자 납세의무 등에 관한 특례 적용을 (변경)신청합니다.

위의 신청사항에 대해 배우자의 동의를 받아 공동명의 특례를 신청했음을 확인합니다.

년   월   일

신청인   (서명 또는 인)

세무서장 귀하

신청인 제출서류	혼인관계증명서 1부
담당 공무원 확인사항	부부 공동명의 주택의 건물등기사항증명서

※ 공동명의 특례 신청서는 해당 연도 9월 16일부터 9월 30일까지 제출해야 합니다.

297㎜×210㎜[일반용지 60g/㎡(재활용품)]

(6) 1세대 1주택 고령자, 장기보유자 종합부동산세 납부 유예 (종부세법 20조의2)

1) 납부 유예 대상 및 신청

관할세무서장은 다음의 요건을 모두 충족하는 납세의무자가 주택분 종합부동산세액의 납부유예를 그 납부기한 만료 3일 전까지 신청하는 경우 이를 허가할 수 있다. 이 경우 납부유예를 신청한 납세의무자는 그 유예할 주택분 종합부동산세액에 상당하는 담보를 제공하여야 한다.

① 과세기준일 현재 1세대 1주택자일 것
② 과세기준일 현재 만 60세 이상이거나 해당 주택을 5년 이상 보유하고 있을 것
③ 다음의 어느 하나에 해당하는 소득 기준을 충족할 것
　　㉠ 직전 과세기간의 총급여액이 7천만원 이하일 것(직전 과세기간에 근로소득만 있거나 근로소득 및 종합소득과세표준에 합산되지 아니하는 종합소득이 있는 자로 한정)
　　㉡ 직전 과세기간의 종합소득과세표준에 합산되는 종합소득금액이 6천만원 이하일 것(직전 과세기간의 총급여액이 7천만원을 초과하지 아니하는 자로 한정)
④ 해당 연도의 주택분 종합부동산세액이 100만원을 초과할 것

2) 납부유예 허가 통지

관할세무서장은 납부유예 신청을 받은 경우, 납부기한 만료일까지 납세의무자에게 납부유예 허가 여부를 통지하여야 한다.

3) 납부유예 허가 취소

주택분 종합부동산세액의 납부가 유예된 납세의무자가 다음에 해당하는 경우에는 그 납부유예 허가를 취소하여야 한다.

① 해당 주택을 타인에게 양도하거나 증여하는 경우
② 사망하여 상속이 개시되는 경우
③ 1세대 1주택자 요건을 충족하지 아니하게 된 경우
④ 담보의 변경 또는 그밖에 담보 보전에 필요한 관할세무서장의 명령에 따르지 아니한 경우
⑤ 「국세징수법」 제9조 제1항에 의한 사유에 해당되어 그 납부유예와 관계되는 세액의 전액을 징수할 수 없다고 인정되는 경우

⑥ 납부유예된 세액을 납부하려는 경우

4) 허가가 취소된 경우 이자상당가산액 납부

① 주택분 종합부동산세액의 납부유예 허가를 취소한 경우에는 해당 납세의무자에게 납부를 유예받은 세액과 이자상당가산액을 징수하여야 한다. 다만, 상속인 또는 상속재산관리인은 상속으로 받은 재산의 한도에서 납부를 유예받은 세액과 이자상당가산액을 납부할 의무를 진다.
② 납부유예를 허가한 연도의 납부기한이 지난 날부터 납부유예 허가가 취소됨에따라 납부 유예받은 세액을 징수할 경우, 징수할 세액의 고지일까지의 기간 동안에는 「국세기본법」 제47조의4에 따른 납부지연가산세를 부과하지 아니한다.

제5절

종합부동산세 합산배제

종합부동산세는 「민간임대주택에 관한 특별법」에 따라 등록된 민간임대주택 또는 기업의 사원용 주택등에 일정한 요건에 해당하는 경우 종합부동산세 과세대상에서 제외하고 있는데 이를 종합부동산세 합산배제라고 한다.

1 합산배제 임대주택

합산배제 임대주택이란 「민간임대주택에 관한 특별법」 제2조 7호에 따른 임대사업자로서 과세기준일 현재 「소득세법」 제168조 또는 「법인세법」 제111조에 따른 주택임대업 사업자등록을 한 자가 과세기준일 현재 임대하거나 소유하고 있는 일정한 주택을 말한다. (종부세령 3조 1항)

이 경우 과세기준일 현재 임대를 개시한 자가 합산배제 신고기간 종료일(9월 30일)까지 임대사업자로서 사업자등록을 하는 경우에는 과세기준일 현재 사업자등록을 한 것으로 보아 합산배제를 적용받을 수 있다. (종부세령 3조 1항)

이하에서는 「민간임대주택에 관한 특별법」에 따른 임대주택에 한정하여 합산배제 임대주택에 대하여 알아보도록 한다.

(1) 민간매입임대주택 (종부세령 3조 1항 2호)

「민간임대주택에 관한 특별법」 제2조 제3호에 따른 민간매입임대주택으로서 다음의 요건을 모두 갖춘 주택을 말한다. 다만 2018년 3월 31일 이전에 「민간임대주택에 관한 특별법」에 따라 임대사업자등록과 「소득세법」 또는 「법인세법」에 따라 사업자등록을 한 주택으로 한정한다.

① 해당 주택의 임대개시일 또는 최초로 합산배제신고를 한 연도의 과세기준일의 공시가격이 6억원(수도권 밖의 지역인 경우에는 3억원) 이하일 것
② 5년 이상 계속하여 임대하는 것일 것
③ 임대료등의 증가율이 5%를 초과하지 않을 것. 이 경우 임대료등 증액 청구는 임대차계약의 체결 또는 약정한 임대료 등의 증액이 있은 후 1년 이내에는 하지 못하고, 임대사업자가 임대료등의 증액을 청구하면서 임대보증금과 월임대료를 상호 간에 전환하는 경우에는 「민간임대주택에 관한 특별법」 제44조 제4항에 따라 정한 기준에 의함(2019.2.12. 이후 최초 체결, 갱신하는 분부터 적용)

(2) 매입임대주택 중 장기일반민간임대주택등 (종부세령 3조 1항 8호)

매입임대주택 중 「민간임대주택에 관한 특별법」 제2조 제4호에 따른 공공지원민간임대주택 또는 「민간임대주택에 관한 특별법」 제2조 제5호에 따른 장기일반민간임대주택으로서 다음의 요건을 모두 갖춘 주택.

1) 합산 배제 요건

① 해당 주택의 임대개시일 또는 최초로 합산배제신고를 한 연도의 과세기준일의 공시 가격이 6억원(수도권 밖의 지역인 경우에는 3억원) 이하일 것

② 10년 이상 계속하여 임대하는 것일 것(2018.4.1.~2020.8.17. 사이 임대주택자 등록과 사업 자등록을 한 주택의 경우 8년 이상). 이 경우 임대기간을 계산할 때 단기민간임대주택을 장기일반민간임대주택등으로 변경신고한 경우에는 변경신고가 수리된 시점(변경신고 이후 임대가 개시되는 주택은 임대차계약서상의 실제 임대개시일)부터 그 기간을 계산한다.

③ 임대료 등의 증가율이 5%를 초과하지 않을 것. 이 경우 임대료 등 증액 청구는 임 대차계약의 체결 또는 약정한 임대료등의 증액이 있은 후 1년 이내에는 하지 못하 고, 임대사업자가 임대료등의 증액을 청구하면서 임대보증금과 월임대료를 상호 간 에 전환하는 경우에는 「민간임대주택에 관한 특별법」 제44조 제4항에 따라 정한 기 준을 준용한다. (2019.2.12. 이후 최초 체결, 갱신하는 분부터 적용)

2) 합산 배제 제외

① 1세대가 국내에 1주택 이상을 보유한 상태에서 2018년 9월 14일 이후 세대원이 새 로 취득(상속 또는 재개발등으로 임대기간이 합산되는 경우의 취득은 제외)한 조정대상지역 에 있는 장기일반민간임대주택. 다만 조정대상지역의 공고가 있은 날 이전에 주택(주 택을 취득할 수 있는 권리 포함)을 취득하거나 취득하기 위하여 매매계약을 체결하고 계 약금을 지급한 사실이 증빙서류에 의하여 확인되는 경우는 제외한다.

> ☑ check point   조정대상지역 주택 취득 시 합산배제 요건 변화(1세대 1주택자의 주택 추가 취득)
> ① 2018.9.13. 부동산 대책으로 인하여 2018.9.13. 이전에 주택을 취득(계약)한 후 장기일반민간임대주택으로 등록 시 종합부동산세 합산배제가 가능했지만. (조정대상지역 소재 여부 불문)
> ② 2018.9.14. 이후에는 조정대상지역 공고 이전에 취득(계약)한 경우에만 장기일반민간임대주택으로 등록 시 종합부동산세 합산배제가 가능함.

② 법인 또는 법인으로 보는 단체가 조정대상지역의 공고가 있은 날(이미 공고된 조정대상 지역의 경우에는 2020년 6월 17일)이 지난 후 사업자등록등을 신청(임대등록 추가 포함, 재 개발등에 따라 임대기간이 합산되는 경우 멸실된 주택에 대한 신청을 말함)한 조정대상지역 에 있는 장기일반민간임대주택

③ 2020년 7월 11일 이후 장기일반민간임대주택 중 아파트를 민간임대주택으로 등록 신청을 한 경우
④ 2020년 7월 11일 이후 단기민간임대주택에서 장기일반민간임대주택 또는 공공지원 민간임대주택으로 변경 신고한 주택

(3) 민간건설임대주택 (종부세령 3조 1항 1호)

「민간임대주택에 관한 특별법」 제2조 제2호에 따른 민간건설임대주택으로서 다음의 요건을 모두 갖춘 주택이 2호 이상인 경우 그 주택을 말한다. 다만 2018년 3월 31일 이전에 「민간임대주택에 관한 특별법」에 따라 임대사업자등록과 「소득세법」 또는 「법인세법」에 따라 사업자등록을 한 주택으로 한정한다.

① 전용면적이 149㎡ 이하로서 2호 이상의 주택의 임대를 개시한 날(2호 이상의 주택의 임대를 개시한 날 이후 임대를 개시한 주택의 경우에는 그 주택의 임대개시일을 말함) 또는 최초로 합산배제신고를 한 연도의 과세기준일의 공시가격이 9억원 이하일 것
② 5년 이상 계속하여 임대하는 것일 것
③ 임대료등의 증가율이 5%를 초과하지 않을 것. 이 경우 임대료등 증액 청구는 임대차계약의 체결 또는 약정한 임대료등의 증액이 있은 후 1년 이내에는 하지 못하고, 임대사업자가 임대료등의 증액을 청구하면서 임대보증금과 월임대료를 상호 간에 전환하는 경우에는 「민간임대주택에 관한 특별법」 제44조 제4항에 따라 정한 기준에 의함. (2019.2.12. 이후 최초 체결, 갱신하는 분부터 적용)

(4) 건설임대주택 중 장기일반민간임대주택 등 (종부세령 3조 1항 7호)

1) 합산 배제 요건

건설임대주택 중「민간임대주택에 관한 특별법」제2조 제4호에 따른 공공지원민간임대주택 또는「민간임대주택에 관한 특별법」제2조 제5호에 따른 장기일반민간임대주택으로서 다음의 요건을 모두 갖춘 2호 이상의 주택.

① 전용면적 149㎡ 이하로서 2호 이상의 주택의 임대를 개시한 날(2호 이상의 주택의 임대를 개시한 날 이후 임대를 개시한 주택의 경우에는 그 주택의 임대개시일) 또는 최초로 합산배제 신고를 한 연도의 과세기준일의 공시가격이 9억원 이하일 것

☑ check point 건설임대주택의 가액 기준 완화

2021.2.17. 종합부동산세 시행령 개정으로 2021.2.17. 이후 신규 임대등록한 건설임대주택의 합산배제 가액 기준이 공시가격 6억원 이하에서 9억원 이하로 완화 되었음(종부세령 3조 1항 1호, 4호, 7호에 해당하는 건설임대주택의 가액기준 완화)

---

② 10년 이상 계속하여 임대하는 것일 것(2018.4.1.~2020.8.17. 사이 임대주택자 등록과 사업자등록을 한 주택의 경우 8년 이상). 이 경우 임대기간을 계산할 때 단기민간임대주택을 장기일반민간임대주택 등으로 변경신고한 경우에는 변경신고가 수리된 시점(변경신고 이후 임대가 개시되는 주택은 임대차계약서상의 실제 임대개시일)부터 그 기간을 계산한다.

③ 임대료 등의 증가율이 5%를 초과하지 않을 것. 이 경우 임대료등 증액 청구는 임대차계약의 체결 또는 약정한 임대료등의 증액이 있은 후 1년 이내에는 하지 못하고, 임대사업자가 임대료등의 증액을 청구하면서 임대보증금과 월임대료를 상호 간에 전환하는 경우에는「민간임대주택에 관한 특별법」제44조 제4항에 따라 정한 기준을 준용한다. (2019.2.12. 이후 최초 체결, 갱신하는 분부터 적용)

2) 합산 배제 제외

2020년 7월 11일 이후 종전의 단기민간임대주택에서 장기일반민간임대주택 또는 공공지원민간임대주택으로 변경신고한 주택

(5) 기존임대주택 (종부세령 3조 1항 3호)

임대사업자의 지위에서 2005년 1월 5일 이전부터 임대하고 있던 임대주택으로서 다음의 요건을 모두 갖춘 주택이 2호 이상인 경우 그 주택

① 국민주택 규모(85㎡) 이하로서 2005년도 과세기준일의 공시가격이 3억원 이하일 것
② 5년 이상 계속하여 임대하는 것일 것

(6) 미임대 민간건설임대주택 (종부세령 3조 1항 4호)

「민간임대주택에 관한 특별법」 제2조 제2호에 따른 민간건설임대주택으로서 다음의 요건을 모두 갖춘 주택

① 전용면적이 149㎡ 이하일 것
② 합산배제신고를 한 연도의 과세기준일 현재의 공시가격이 9억원 이하일 것
③ 「건축법」 제22조에 따른 사용승인을 받은 날 또는 「주택법」 제49조에 따른 사용검사 후 사용검사필증을 받은 날부터 과세기준일 현재까지의 기간 동안 임대된 사실이 없고, 그 임대되지 아니한 기간이 2년 이내일 것

(7) 부동산투자회사·부동산간접투자기구 매입임대주택 (종부세령 3조 1항 5호)

「부동산투자회사법」 제2조 제1호에 따른 부동산투자회사 또는 「간접투자자산 운용업법」 제27조 제3호에 따른 부동산간접투자기구가 2008년 1월 1일부터 2008년 12월 31일까지 취득 및 임대하는 매입임대주택으로서 다음의 요건을 모두 갖춘 5호 이상의 주택.

① 전용면적 149㎡ 이하로서 2008년도 과세기준일의 공시가격이 6억원 이하일 것
② 10년 이상 계속하여 임대하는 것일 것
③ 수도권 밖의 지역에 위치할 것

(8) 미분양 매입임대주택 (종부세령 3조 1항 6호)

1) 합산 배제 요건

미분양 매입임대주택(미분양주택으로서 2008년 6월 11일부터 2009년 6월 30일까지 최초로 분양 계약을 체결하고 계약금을 납부한 주택에 한정)으로 다음의 요건을 모두 갖춘 5호 이상의 주택

① 전용면적 149㎡ 이하로서 5호 이상의 주택의 임대를 개시한 날(5호 이상의 주택의 임대를 개시한 날 이후 임대를 개시한 주택의 경우에는 그 주택의 임대개시일) 또는 최초로 합산 배제신고를 한 연도의 과세기준일의 공시가격이 3억원 이하일 것.

② 5년 이상 계속하여 임대하는 것일 것

③ 수도권 밖의 지역에 위치할 것

④ 해당 주택을 보유한 납세의무자가 합산배제 신고와 함께 시장·군수 또는 구청장이 발행한 미분양주택 확인서 사본 및 미분양주택 매입 시의 매매계약서 사본을 제출할 것

> **참고** **미분양주택**
> 「주택법」 제54조에 따른 사업주체가 같은 조에 따라 공급하는 주택으로서 입주자모집공고에 따른 입주자의 계약일이 지난 주택단지에서 2008년 6월 10일까지 분양계약이 체결되지 아니하여 선착순의 방법으로 공급하는 주택

2) 합산 배제 제외 (종부세령 3조 1항 6호 가목)

다음의 어느 하나에 해당하는 경우에는 합산 배제에서 제외한다.

① 2020년 7월 11일 이후 단기민간임대주택으로 등록 신청을 한 경우

② 2020년 7월 11일 이후 장기일반민간임대주택 중 아파트를 임대하는 민간임대주택으로 등록 신청을 한 경우

③ 2020년 7월 11일 이후 단기민간임대주택에서 장기일반민간임대주택 또는 공공지원 민간임대주택으로 변경신고한 주택

(9) 합산배제 임대주택 요건 요약 (종부세 집행기준 8-3-2, 국세청 보도자료)

구분	전용면적	주택 수	공시가격	임대기간	임대료 증액제한
민간매입임대주택[1] (2018.3.31. 이전 등록)		전국1호 이상	6억원 이하 (비수도권 3억원 이하)	5년 이상	증가율 5% 이하[5]
매입임대주택 중 장기일반민간임대주택등[4]		전국1호 이상	6억원 이하 (비수도권 3억원이하)	10년 이상[3] 8년 이상[2]	증가율 5% 이하[5]
민간건설임대주택[1] (2018.3.31. 이전 등록)	149㎡ 이하	전국2호 이상	9억원 이하[6]	5년 이상	증가율 5% 이하[5]
건설임대주택 중 장기일반민간임대주택등[8]	149㎡ 이하	전국2호 이상	9억원 이하[6]	10년 이상[3] 8년 이상[2]	증가율 5% 이하[5]
기존임대주택[7]	국민주택규모 (85㎡) 이하	전국2호 이상	3억원 이하	5년 이상	
미임대 민간건설임대주택	149㎡ 이하		9억원 이하[6]		
부동산투자회사등 매입임대주택	149㎡ 이하	비수도권 5호 이상	6억원 이하	10년 이상	
미분양매입임대주택	149㎡ 이하	비수도권 5호 이상	3억원 이하	5년 이상	

1) 2018.3.31. 이전에 임대사업자 등록과 사업자등록을 한 주택

2) 2018.4.1.~2020.8.17. 사이 임대사업자 등록과 사업자등록을 한 주택

3) 2020.8.18. 이후 「민간임대주택에 관한 특별법」 제5조 제1항에 따라 등록 신청(임대주택 추가를 위한 변경신고 포함)한 경우부터 적용

4) ① 개인: 1세대가 국내에 1주택 이상을 보유한 상태에서 세대원이 새로 취득한 조정대상지역에 있는 장기일반민간임대주택은 제외

② 법인: 법인 또는 법인으로 보는 단체가 조정대상지역의 공고가 있는 날(이미 공고된 경우 2020.6.17.)이 지난 후에 사업자등록등을 신청한 조정대상지역에 있는 장기일반민간임대주택은 제외

③ 2020년 7월 11일 이후 장기일반민간임대주택 중 아파트를 민간임대주택으로 등록 신청을 한 경우는 제외

④ 2020년 7월 11일 이후 단기민간임대주택에서 장기일반민간임대주택등으로 변경 신고 한 주택은 제외

5) 2019.2.12. 이후 최초 체결(갱신)하는 표준임대차 계약을 기준으로 이후 임대차계약을 갱신하거나 새로 체결하는 분부터 적용, 임대료등 증액 청구는 임대차계약의 체결 또는 약정한 임대료 등의 증액이 있은 후 1년 이내에

는 불가

6) 2021.2.17. 이후 신규 임대등록 주택분부터 적용

7) 2005.1.5. 이전 임대사업자등록을 하고 임대하고 있는 경우

8) 2020.7.11 이후 단기민간임대주택에서 장기일반민간임대주택등으로 변경 신고한 주택은 제외

(10) 임대기간의 계산

미임대 민간건설임대주택을 제외한 합산배제 임대주택은 임대의무기간 동안 계속하여 임대하는 경우에만 합산배제를 적용한다.

임대의무기간을 충족하지 못한 경우에는 합산배제로 경감받은 세액과 이자상당가산액을 납부하여야 한다.

이러한 임대기간의 계산은 다음과 같이 계산한다. (종부세령 3조 7항)

① 합산배제 임대주택의 임대기간의 계산은 임대사업자 등록 후 의무임대호수 이상의 주택의 임대를 개시한 날부터 임대기간을 계산한다.

② 상속으로 인하여 피상속인의 합산배제 임대주택을 취득하여 계속 임대하는 경우에는 당해 피상속인의 임대기간을 상속인의 임대기간에 합산한다.

③ 합병·분할 또는 조직변경을 한 법인이 합병·분할 또는 조직변경 전의 법인의 합산배제 임대주택을 취득하여 계속 임대하는 경우에는 당해 피합병법인 등의 임대기간을 합병법인등의 임대기간에 합산한다.

④ 기존 임차인의 퇴거일부터 다음 임차인의 입주일까지의 기간이 2년 이내인 경우에는 계속 임대한 것으로 본다.

⑤ 다음의 사유에 해당하는 경우에는 임대기산일부터 임대의무기간 종료일까지 계속하여 임대한 것으로 본다.

　㉠ 「공익사업을 위한 토지 등의 취득 및 보상에 관한 법률」이나 그 밖의 법률에 따른 협의매수 또는 수용

　㉡ 건설임대주택으로서 「공공주택 특별법 시행령」 제54조 제2항 제2호에 따른 임차인에 대한 분양전환

　㉢ 천재·지변, 그 밖에 이에 준하는 사유로 발생

⑥ 건설임대주택의 경우에는 「건축법」 제22조에 따른 사용승인을 받은 날 또는 「주택

법」제49조에 따른 사용검사필증을 받은 날부터 「민간임대주택에 관한 특별법」 제
43조에 따른 임대의무기간 종료일(해당 주택을 보유한 기간에 한정) 동안은 계속 임대한
것으로 본다.

⑦ 「도시 및 주거환경정비법」에 따른 재개발사업·재건축사업 또는 「빈집 및 소규모주택
정비에 관한 특례법」에 따른 소규모수택정비사업에 따라 당초의 합산배제임대주택
이 멸실되어 새로운 주택을 취득하게 된 경우에는 멸실된 주택의 임대기간과 새로
취득한 주택의 임대기간을 합산한다. 이 경우 새로 취득한 주택의 준공일부터 6개
월 이내에 임대를 개시하여야 한다.

⑧ 「주택법」에 따른 리모델링을 하는 경우에는 해당 주택의 같은 법에 따른 허가일 또
는 사업계획승인일 전의 임대기간과 준공일 후의 임대기간을 합산한다. 이 경우 준
공일부터 6개월 이내에 임대를 개시해야 한다.

(11) 임대료 상한 요건

민간매입임대주택(2018.3.31.이전 등록)과 민간건설임대주택(2018.3.31. 이전 등록), 매입임대
주택 중 장기일반민간임대주택등과 건설임대주택 중 장기일반민간임대주택등은 임대보
증금 또는 임대료의 증가율이 5%를 초과하지 않아야 한다.

> ☑ check point **임대료 5% 증액 제한 적용 시기**
> 2019.2.12. 종합부동산세법 시행령 개정으로 종합부동산세 합산배제 요건 중 임대료 증액 제한이 있는 것은
> 모두 2019.2.12. 이후 임대차계약을 갱신하거나 새로 체결하는 분부터 적용

이 경우 임대료등 증액 청구는 임대차계약의 체결 또는 약정한 임대료등의 증액이 있
은 후 1년 이내에는 하지 못하고, 임대사업자가 임대료등의 증액을 청구하면서 임대보증
금과 월임대료를 상호 간에 전환하는 경우에는 「민간임대주택에 관한 특별법」 제44조 제
4항에 따라 정한 기준에 의한다.

> **<전월세 전환>**
> 임대보증금과 월임대료 상호 간 전환 시 그 전환되는 금액에 다음 중 낮은 비율을 곱한 월차임의 범위를 초과할 수 없다. (민특법 제44조 제4항)
> Min[①,②]
> ① 「은행법」에 따른 은행에서 적용하는 대출금리와 해당 지역의 경제 여건 등을 고려하여 대통령령으로 정하는 비율(10%)
> ② 한국은행에서 공시한 기준금리에 대통령령으로 정하는 이율(2%)을 더한 비율
>   *한국은행의 기준금리가 매번 바뀔 수 있기 때문에 항상 확인하여야 함.

임대의무기간 내에 임대료 증액제한 요건을 충족하지 않게 된 때에는 해당 과세연도와 다음 과세연도(총 2개연도)까지는 합산배제에서 제외하며(종부세령 3조 8항), 합산배제로 경감받은 세액과 이자상당가산액을 추징한다. 다만 최소 임대의무기간(5년, 8년, 10년)이 지난 후에 임대료 증액제한 요건을 위반한 경우에는 추징하지 않는다. (종부세령 10조 3항)

(12) 다가구주택 (종부세령 3조 2항, 6항)

「건축법 시행령」 별표1 제1호 다목에 따른 다가구주택은 1주택으로 보되, 「종합부동산세법 시행령」 제3조에 따른 합산배제 임대주택으로 같은 조 제8항에 따라 신고한 경우에는 1세대가 독립하여 구분 사용할 수 있도록 구획된 부분(1구)을 각각 1주택으로 본다.

> **<종부세 집행기준 8-3-11> 주택임대사업 중 추가로 취득한 다가구주택**
> 「임대주택법」 제6조 제1항에 의하여 시장·군수 또는 구청장(자치구의 구청장을 말함)에게 임대사업자 등록 및 「소득세법」 제168조에 따른 사업자등록을 한 자가 등록일 이후에 추가로 취득하여 임대하는 주택은 임대사업자등록사항변경신고를 한 경우에 합산배제 임대주택 규정이 적용된다.

> **<종부세 집행기준 8-3-12> 부부가 다가구주택과 그 부속토지를 각각 소유한 경우**
> 「건축법 시행령」 별표 1 제1호 다목에서 규정하는 다가구주택의 부속토지는 부부 중 1인이, 건물은 그 배우자가 각각 소유하는 경우 당해 다가구주택의 부속토지는 「종합부동산세법」 제8조의 합산배제 임대주택 규정이 적용되지 아니한다.

② 주요 합산배제 사원용 주택등 (종부세령 4조)

(1) 사원용 주택 (종부세령 4조 1항 1호)

종업원에게 무상이나 저가로 제공하는 사용자 소유의 주택으로서 국민주택규모 이하이거나 과세기준일 현재 공시가격이 3억원 이하인 주택을 말한다.

다만, 사용자가 개인인 경우에는 그 사용자의 「국세기본법」에 따른 특수관계자인 종업원에게 제공하는 주택과 사용자가 법인인 경우에는 「국세기본법」 과점주주인 종업원에게 제공하는 주택은 제외한다.

여기서 저가로 제공하는 사용자 소유의 주택이란 과세기준일 현재의 전세금 또는 임대보증금(종업원이 부담하는 월세 등 임차료가 있는 경우에는 「부가가치세법 시행규칙」 제47조에 따라 국세청장이 정한 계약기간 1년의 정기예금이자율을 적용하여 1년으로 환산한 금액)이 해당 주택의 공시가격의 100분의 10 이하인 주택을 말한다. (종부세칙 2조의3)

(2) 기숙사 (종부세령 4조 1항 2호)

종업원의 주거에 제공하기 위한 기숙사(「건축법 시행령」 별표1 제2호 라목의 기숙사)

(3) 주택건설사업자의 미분양 주택 (종부세령 4조 1항 3호)

과세기준일 현재 「주택법」제15조에 따른 사업계획승인을 받은 자(주택신축판매업자) 또는 「건축법」 제11조에 따른 허가를 받은 자(일반건축공사업자)가 분양 또는 판매를 목적으로 건축하여 소유하는 미분양주택으로서 2005년 1월 1일 이후에 주택분 재산세의 납세의무가 최초로 성립하는 날부터 5년이 경과하지 않은 주택을 말한다.

(4) 세대원이 어린이집으로 사용하는 주택 (종부세령 4조 1항 4호)

세대원이 「영유아보육법」 제13조에 따라 시장·군수·구청장의 인가를 받은 국공립어린이집 외의 어린이집 또는 「영유아보육법」 제24조에 따라 운영을 위탁받은 국공립어린이집으로 사용하는 주택으로서 「소득세법」 제168조 제5항에 따른 고유번호를 부여받은 후 과세기준일 현재 5년(의무운영기간) 이상 계속하여 어린이집으로 운영하는 주택

<종부세령 4조 2항> 어린이집 의무운영기간을 충족하는 것으로 보는 경우
① 어린이집용 주택의 소유자 또는 어린이집을 운영하던 세대원이 사망한 경우
② 어린이집용 주택이 「공익사업을 위한 토지 등의 취득 및 보상에 관한 법률」 또는 그 밖의 법률에 따라 협의매수 또는 수용된 경우
③ 그 밖에 천재·지변 등 부득이한 사유로 더 이상 어린이집을 운영할 수 없는 경우

<종부세령 4조 3항> 어린이집을 계속 운영하는 것으로 보는 경우
① 어린이집용 주택에서 이사하여 입주한 주택을 3개월 이내에 어린이집으로 운영하는 경우
② 어린이집용 주택의 소유자 또는 어린이집을 운영하던 세대원의 사망으로 어린이집을 운영하지 않은 기간이 3개월 이내인 경우

(5) 매물변제 미분양주택 (종부세령 4조 1항 5호)

주택의 시공사가 「주택법」 제15조에 따른 사업계획승인을 받은 자(주택신축판매업자) 또는 「건축법」 제11조에 따른 허가를 받은 자(일반건축공사업자)로부터 해당 주택의 공사대금으로 받은 미분양주택으로서 해당 주택을 공사대금으로 받은 날 이후 해당 주택의 주택분 재산세의 납세의무가 최초로 성립한 날부터 5년이 경과하지 않은 주택을 말한다.

(6) 연구기관의 연구원에게 제공하는 주택 (종부세령 4조 1항 7호)

「정부출연연구기관 등의 설립·운영 및 육성에 관한 법률」에 따른 연구기관 등 정부출연연구기관이 해당 연구기관의 연구원에게 제공하는 주택으로서 2008년 12월 31일 현재 보유하고 있는 주택

(7) 등록문화재주택 (종부세령 4조 1항 8호)

「문화재보호법」에 따른 등록문화재주택

(8) 노인복지주택 (종부세령 4조 1항 12호)

「노인복지법」 제32조 제1항 제3호에 따른 노인복지주택을 같은 법 제33조제2항에 따라 설치한 자가 소유한 해당 노인복지주택

(9) 향교 또는 향교재산이 소유 주택부속토지 (종부세령 4조 1항 13호)

「향교재산법」에 따른 향교 또는 향교재단이 소유한 주택의 부속토지(주택의 건물과 부속토지의 소유자가 다른 경우의 그 부속토지를 말한다)

(10) 주택건설사업 멸실목적 취득주택 (종부세령 4조 1항 21호)

다음의 어느 하나에 해당하는 자가 주택건설사업을 위하여 멸실시킬 목적으로 취득하여 그 취득일부터 3년 이내에 멸실시키는 주택(정당한 사유로 3년 이내에 멸실시키지 못한 주택을 포함)

① 「공공주택 특별법」 제4조 제1항에 따라 지정된 공공주택사업자
② 「도시 및 주거환경정비법」 제24조부터 제28조까지의 규정에 따른 사업시행자
③ 「도시재생 활성화 및 지원에 관한 특별법」 제44조에 따라 지정된 혁신지구재생사업의 시행자
④ 「빈집 및 소규모주택 정비에 관한 특례법」 제17조, 제18조 및 제19조에 따른 사업시행자
⑤ 「주택법」에 따른 주택조합 및 같은 법 제4조 제1항 본문에 따라 등록한 주택건설사업자(같은 항 단서에 해당하여 등록하지 않은 자를 포함한다)

<종부세칙 4조의4> 정당한 사유

① 법령에 따른 제한으로 주택의 멸실이 지연되거나 주택을 멸실시킬 수 없는 경우

② 천재지변이나 이에 준하는 재해로 주택의 멸실이 지연되거나 주택을 멸실시킬 수 없는 경우

③ 그 밖에 주택 취득 당시 예측할 수 없었던 사유가 발생하여 주택의 멸실이 지연되거나 주택을 멸실시킬 수 없는 경우로서 통상적인 주택건설사업 시행방식을 고려할 때 해당 사유가 발생하면 주택의 멸실이 곤란하다고 관할 세무서장이 인정하는 경우

 3 합산배제 신고 및 사후 관리

(1) 합산배제 신고

합산배제 적용 대상 주택을 보유한 자가 합산배제 임대주택 및 합산배제 사원용주택등의 규정을 적용받으려면 9월 16일부터 9월 30일까지 합산배제 신고서[별지 제1호서식, 2호서식]을 관할세무서장에게 신고하여야 한다. (종부세법 8조 3항)

이 경우 최초의 합산배제 신고를 한 연도의 다음 연도부터는 그 신고한 내용 중 임대주택의 소유권 또는 전용면적의 변동이 없는 경우에는 신고하지 아니할 수 있다. (종부세령 3조 9항, 4조 4항)

☑ check point 신고기한이 경과한 이후 합산배제 신청하는 경우(종부세 집행기준 8-3-13)
임대사업자가 합산배제 임대주택을 종합부동산세 신고기한이 경과한 이후에 합산배제를 신청하는 경우에도 「종합부동산세법」 제8조 및 동법 시행령 제3조의 합산배제 임대주택 규정이 적용된다.

(20 년도)임대주택 합산배제 (변동)신고서(갑)

「종합부동산세법 시행령」 제3조제1항에 따른 주택)

(앞쪽)

1. 납세의무자

성 명 (법인명 또는 단체명)		주 민 등 록 번 호 (법인등 사업자등록번호)		주 소 (본점 소재지)		(☎:)

2. 합산배제 (변동)신고 주택명세

(단위: m², 원)

번호	① 신고 구분	② 공공 구분	③ 소 재 지	임대구분 등				공시가격 등		등록사항		임차인				조정대상지역 (장기일반민간 임대주택 취득 등)	
				④ 임대 구분	⑤ 취득 사유	⑥ 주택 구분	⑦ 전용 면적	⑧ 공시 가격	⑨ 임대 개시일 등	⑩시군구 등록번호 (등록일)	⑪세무서 등록번호 (등록일)	⑫ 성명	⑬ 주민등록번호	⑭ 월세	⑮ 임대 보증금	⑯ 조정대상 지역공고일	⑰ 취득일자, 계약일자
1																	
2																	
3																	
4																	
5																	
6																	
7																	
8																	

「종합부동산세법 시행령」 제3조제9항에 따라 위의 주택에 대하여 종합부동산세 과세표준 합산배제를 (변동)신고합니다.

년   월   일

신 고 인: (서명 또는 인)
세 무 대 리 인: (서명 또는 인)

세무서장 귀하

297㎜×210㎜[일반용지 60g/㎡(재활용품)]

(20　년도)사원용주택등 합산배제 (변동)신고서(갑)

(「종합부동산세법 시행령」 제4조제1항에 따른 주택)

(앞쪽)

1. 납세의무자

성명 (법인명 또는 단체명)		주민등록번호 (사업자등록번호)		주소 (본점 소재지)		(☎:　　　)

2. 합산배제 (변동)신고 주택명세

(단위: ㎡, 원)

번호	① 신고 구분	② 소재지	주택유형 등				사업계획승인일 등		등록사항		종업원(시행사)			
			③ 주택 유형	④ 전용 면적	⑤ 취득 일자	⑥ 허가 구분	⑦ 사업계획승인일 (건축허가일)	⑧ 사용승인일 (사용검사일)	⑨ 시·군·구 인가번호 (인가일)	⑩ 세무서 등록번호 (등록일)	⑪ 성명 (상호)	⑫ 주민등록번호 (사업자등록번호)	⑬ 월세	⑭ 임대 보증금
1														
2														
3														
4														
5														

「종합부동산세법 시행령」 제4조제4항에 따라 위의 주택에 대하여 종합부동산세 과세표준 합산배제를 (변동)신고합니다.

년　　월　　일

신고인:　　　　　　　　　(서명 또는 인)

세무대리인:　　　　　　　(서명 또는 인)

　　　　세무서장　귀하

(2) 합산배제 사후관리 (종부세법 17조 5항)

합산배제 임대주택과 합산배제 가정어린이집 주택(합산배제임대주택등)이 추후 그 요건을 충족하지 아니하게 된 때에는 합산배제 적용으로 경감받은 세액과 이자상당가산액을 추징하여야 한다.

1) 합산배제 적용으로 경감받은 세액 (종부세령 10조 1항)
합산배제 적용으로 경감받은 세액이란 다음의 ①에서 ②를 차감한 금액으로 한다.

① 합산배제임대주택등으로 보아 왔던 매 과세연도마다 해당 주택을 종합부동산세 과세표준 합산의 대상이 되는 주택으로 보고 계산한 세액
② 합산배제 임대주택등으로 보아 왔던 매 과세연도마다 해당 주택을 종합부동산세 과세표준 합산의 대상에서 제외되는 주택으로 보고 계산한 세액

> **☑ check point** 임대의무기간 내에 임대료 증액제한 요건 위반
> 임대의무기간 내에 임대료 증액제한 요건을 충족하지 않게 된 때에는 해당 과세연도와 다음 과세연도(총 2개연도)까지는 합산배제에서 제외하며(종부세령 3조 8항), 합산배제로 경감받은 세액과 이자상당가산액을 추징한다.

2) 이자상당가산액(종부세령 10조 2항)
이자상당가산액이란 합산배세 적용으로 경감받은 세액에 ①의 기산과 ②의 율을 곱하여 계산한 금액으로 한다.

① 합산배제 임대주택등으로 신고한 매 과세연도의 납부기한의 다음 날부터 추징할 세액의 고지일까지의 기간
② 1일당 10만분의 22(2019.2.12.~2022.2.14.까지의 기간은 1일당 10만분의 25)

이자상당가산액 = 합산배제로 경감받은 세액 × 1일 22/100,000 × 기간

---

(3) 추징 배제 (종부세령 10조 3항)

다음의 어느 하나에 해당하는 경우에는 경감받은 세액과 이자상당액을 추징하지 않는다.

① 최소 임대의무기간이 지난 후에 임대료 증액 제한 요건을 충족시키지 않은 경우
② 장기일반민간임대주택 중 아파트를 임대하는 민간매입임대주택과 단기민간임대주택이 임대의무기간 종료일에 임대사업자 등록이 자동 말소되는 경우
③ 장기일반민간임대주택 중 아파트를 임대하는 민간매입임대주택과 단기민간임대주택에 대하여 임대사업자가 임대의무기간 내 등록 말소를 신청하여 말소되는 경우(신청 당시 체결된 임대차계약이 있는 경우에는 임차인의 동의가 있는 경우에 한정)
④ 「도시 및 주거환경정비법」에 따른 재개발사업·재건축사업, 「빈집 및 소규모주택 정비에 관한 특례법」에 따른 소규모주택정비사업으로 당초의 합산배제 임대주택이 멸실되어 새로 취득하거나 「주택법」에 따른 리모델링으로 새로 취득한 주택이 다음의 어느 하나에 해당하는 요건을 갖춘 경우. 다만, 새로 취득한 주택의 준공일부터 6개월이 되는 날이 2020년 7월 10일 이전인 경우는 제외
   ㉠ 새로 취득한 주택에 대하여 2020년 7월 11일 이후 장기일반민간임대주택 중 아파트를 임대하는 민간매입임대주택 또는 단기민간임대주택으로 등록 신청했을 것
   ㉡ 새로 취득한 주택이 아파트(당초의 합산배제 임대주택이 단기민간임대주택인 경우에는 모든 주택)인 경우로서 해당 주택에 대하여 임대사업자 등록을 하지 않았을 것

(4) 합산배제 제외 신고

「민간임대주택에 관한 특별법」에 따라 임대주택 등록이 자동말소되는 유형인 장기일반민간임대주택 중 아파트를 임대하는 민간매입임대주택과 단기민간임대주택이 자동 말소 또는 자진말소가 된 경우에는 합산배제 '제외' 신고를 하여야 한다.

(20   년도)임대주택 합산배제 (변동)신고서(갑)

「종합부동산세법 시행령」 제3조제1항에 따른 주택)

(앞쪽)

1. 납세의무자

성 명 (법인명 또는 단체명)		주 민 등 록 번 호 (법인등 사업자등록번호)		주 소 (본점 소재지)		(☎:)

2. 합산배제 (변동)신고 주택명세

(단위: ㎡, 원)

번호	① 신고 구분	② 공공 구분	③ 소 재 지	임대구분 등				공시가격 등		등록사항		임차인				조정대상지역 (장기일반민간 임대주택 취득 등)	
				④ 임대 구분	⑤ 취득 사유	⑥ 주택 구분	⑦ 전용 면적	⑧ 공시 가격	⑨ 임대 개시일 등	⑩시군구 등록번호 (등록일)	⑪세무서 등록번호 (등록일)	⑫ 성명	⑬ 주민등록번호	⑭ 월세	⑮ 임대 보증금	⑯ 조정대상 지역공고일	⑰ 취득일자, 계약일자
1	제외																
2																	
3																	
4																	
5																	
6																	
7																	
8																	

「종합부동산세법 시행령」 제3조제9항에 따라 위의 주택에 대하여 종합부동산세 과세표준 합산배제를 (변동)신고합니다.

년   월   일

신 고 인: (서명 또는 인)
세 무 대 리 인: (서명 또는 인)

세무서장 귀하

29㎝×210㎜[일반용지 60g/㎡(재활용품)]

제7장

주택 임대와 관련된
세금과 주택임대사업자의
세제 혜택

주택의 임대로 인하여 발생한 소득은 소득세법상 사업소득에 해당한다. 사업소득은 이자소득, 배당소득, 근로소득, 연금소득, 기타소득과 합산하여 종합소득으로 과세한다. 따라서 주택 임대 소득이 있는 사람은 매년 5월 종합소득세 신고납부의무가 있다. 또한 주택 임대는 부가가치세법상 면세에 해당하여 부가가치세 신고의무는 없지만, 매년 2월 10일까지 사업장현황신고의무가 있으며, 2020.1.1.부터 주택임대소득이 있는 사업자가 사업 개시일로부터 20일 이내에 사업자등록을 하지 않을 경우 가산세가 부과된다.

제1절

주택임대업 사업자 등록

1 사업자 등록 신청

주택의 임대를 개시한 자는 임대사업을 개시 후 20일 이내에 사업자등록신청서에 임대주택명세서를 첨부하여 사업장 소재지 관할 세무서장에게 제출하여야 한다. 이 경우 임대주택명세서에 갈음해「민간임대주택에 관한 특별법 시행령」제4조 제5항에 따른 임대사업자 등록증 사본으로 첨부할 수 있다. (소득령 220조 2항)

또한,「민간임대주택에 관한 특별법」제5조 제1항에 따라 임대사업자로 등록하려는 자가「소득세법」제168조에 따른 사업자등록(개인사업자로 한정)을 같이 하려는 경우「부가가치세법 시행규칙」별지 제4호서식의 사업자등록 신청서(개인사업자용)를 함께 제출할 수 있다.

공동명의의 경우 주택임대사업자 등록증이 공동명의 사업자를 하나의 사업자로 보아 주택임대사업자 등록증이 하나로 발급이 되며, 사업자등록 신청도 공동사업자로 신청하여야 하며, 이 경우 공동사업자 명세서도 같이 제출하여야 한다.

❷ 사업장 소재지

원칙적으로 사업장 소재지는 임대주택의 소재지를 말한다. 따라서 임대주택이 여러 채가 있는 경우 각 임대주택 소재지마다 사업자등록을 하여야 한다. 다만, 임대주택법상 임대사업자로 등록한 사업자는 그 등록한 주소지(사무소 소재지)를 사업장으로 하여 관할 세무서장에게 사업자등록신청을 할 수 있다. (서면인터넷방문상담1팀-728, 2006.6.5.)

☑ check point **임대주택법상 임대사업자로 등록한 사업자가 임대주택을 추가로 매입한 경우 사업자 등록 정정 여부 (소득세과-3054, 2008.09.02.)**
사업자등록은 임대주택 소재지를 사업장으로 하나 임대주택법에 따라 등록한 자는 그 등록지를 사업장으로 사업자등록신청을 할 수 있으며, 임대주택법·소득세법에 따라 등록한 자가 임대용 주택 추가·매입 시 사업자등록 정정 사유에 해당하지 않음.

주택임대업 업종코드

사업자등록 신청 시 주택임대업의 업종코드는 다음과 같다.

업종코드	세분류	세세분류
701101	부동산 임대업	주거용 건물 임대업(고가주택임대)
	「소득세법」제12조에 따른 기준시가가 9억원을 초과하는 주택	
701102	부동산 임대업	주거용 건물 임대업(일반주택임대)
	• 주택주거용 건물 및 건물 일부를 임대하는 산업활동. • 주로 1개월 초과하는 기간으로 임대기간을 약정하며, 가구 등 집기류 등을 포함하여 임대. • 기준시가가 9억원을 초과하지 않는 아파트, 공동주택, 다가구주택, 단독주택.	
701103	부동산 임대업	주거용 건물 임대업(장기임대공동·단독주택)
	• 장기임대 국민주택(공동주택 및 단독주택) • 국민주택 5호 이상을 5년 이상 임대한 경우에 한하여 적용	
701104	부동산 임대업	주거용 건물 임대업(장기임대다가구주택)
	• 장기임대 국민주택(다가구주택) • 국민주택 5호 이상을 5년 이상 임대한 경우에 한하여 적용	
701301	부동산 임대업	주거용 건물임대업
	주택의 전대 또는 전전대	

사업자 등록 미신청 가산세 (소득세법 81조12)

(1) 부과 대상

주택임대소득이 있는 사업자가 사업 개시일부터 20일 이내에 사업자등록 신청을 하지 아니한 경우

(2) 가산세액

사업개시일부터 등록을 신청한 날의 직전일까지의 주택임대수입금액의 0.2%에 해당하는 금액

(3) 납부

사업자등록 미신청 가산세는 종합소득 결정세액에 가산하여 납부한다. 이 경우 가산세은 종합소득산출세액이 없는 경우에도 적용한다.

(4) 적용시기

사업자등록 미신청 가산세액의 적용 시기는 2020.1.1. 이후 주택임대사업을 시작하는 사업자부터 적용되며 2019.12.31. 이전에 주택임대사업을 개시한 경우에는 2020.1.1.을 사업개시일로 본다. (부칙〈법률 제16104호, 2018.12.31.〉 제8조 6항)

■ 부가가치세법 시행규칙 [별지 제4호서식] <개정 2022. 3. 18.>

홈택스(www.hometax.go.kr)에서도
신청할 수 있습니다.

사업자등록 신청서(개인사업자용)
(법인이 아닌 단체의 고유번호 신청서)

※ 사업자등록의 신청 내용은 영구히 관리되며, 납세 성실도를 검증하는 기초자료로 활용됩니다.
　아래 해당 사항을 사실대로 작성하시기 바라며, 신청서에 본인이 자필로 서명해 주시기 바랍니다.
※ [　]에는 해당하는 곳에 √표를 합니다.
(앞쪽)

접수번호		처리기간	2일(보정 기간은 불산입)

1. 인적사항

상호(단체명)		연락처	(사업장 전화번호)
성명(대표자)			(주소지 전화번호)
주민등록번호			(휴대전화번호)
			(FAX 번호)

사업장(단체) 소재지		층　　호
사업장이 주소지인 경우 주소지 이전 시 사업장 소재지 자동 정정 신청	([　]여, [　]부)	

2. 사업장 현황

업종	주업태	주종목	주생산요소		주업종 코드	개업일	종업원 수
	부업태	부종목	부생산요소		부업종 코드		

사이버몰 명칭			사이버몰 도메인				

사업장 구분	자가 면적	타가 면적	사업장을 빌려준 사람 (임대인)			임대차 명세		
			성 명 (법인명)	사업자 등록번호	주민(법인) 등록번호	임대차 계약기간	(전세) 보증금	월세(차임)
	㎡	㎡				. . . ~ . . .	원	원

허가 등 사업 여부	[　]신고　　[　]등록 [　]허가　　[　]해당 없음	주류면허	면허번호	면허신청
				[　]여 [　]부

개별소비세 해당 여부	[　]제조　　[　]판매 [　]입장　　[　]유흥	사업자 단위 과세 적용 신고 여부	[　]여　　[　]부

사업자금 명세 (전세보증금 포함)	자기자금	원　　타인자금	원

간이과세 적용 신고 여부	[　]여　　[　]부	간이과세 포기 신고 여부	[　]여　　[　]부

전자우편주소		국세청이 제공하는 국세정보 수신동의	[　]문자(SMS) 수신에 동의함(선택) [　]전자우편 수신에 동의함(선택)

그 밖의 신청사항	확정일자 신청 여부	공동사업자 신청 여부	사업장소 외 송달장소 신청 여부	양도자의 사업자등록번호 (사업양수의 경우에만 해당함)
	[　]여 [　]부	[　]여 [　]부	[　]여 [　]부	

신탁재산 여부	[　]여 [　]부	신탁재산의 등기부상 소재지 또는 등록부상 등록지	

210mm×297mm[백상지(80g/㎡) 또는 중질지(80g/㎡)]

■ 소득세법 시행규칙 [별지 제106호서식] <개정 2022. 3. 18.>

임대주택 명세서

신청인	성명		주민등록번호	
	상호		사업자등록번호	
	주소(사업장)			
		(전화번호:		)

주택임대 명세

①구분	②임대주택 소재지	③주택의 종류	④주택의 유형	⑤전용면적	⑥등록번호

「소득세법 시행령」 제220조제2항에 따라 위와 같이 임대주택명세를 제출합니다.

20   년   월   일

작성요령 및 유의사항

① 구분란에는 신규, 추가, 삭제 중 하나를 선택하여 적습니다.

② 임대주택 소재지란에는 임대주택의 주소(도로명 주소를 말합니다)를 적고, 각 호·세대·실의 위치를 확인할 수 있는 층과 호수를 적습니다. 이 경우 같은 소재지에 여러 호·세대·실이 있는 경우에는 각 다른 열로 적습니다.

③ 주택의 종류란에는 「민간임대주택에 관한 특별법」 제5조에 따라 등록한 경우 민간임대주택의 종류(공공지원, 장기일반, 단기)중 하나를 선택하여 적습니다.

④ 주택의 유형란에는 건축물대장에서 확인되는 건축물의 용도로서 아파트, 다세대, 연립, 다가구, 단독, 오피스텔, 도시형 생활 주택, 기숙사 중 하나를 선택하여 적습니다.

⑤ 전용면적란에는 해당 주택의 전용면적을 기준으로 40제곱미터 이하, 40제곱미터 초과 60제곱미터 이하, 60제곱미터 초과 85제곱미터 이하, 85제곱미터 초과 중 하나를 적습니다.

⑥ 등록번호란에는 「민간임대주택에 관한 특별법」 제5조에 따라 등록한 번호를 적습니다.

210㎜×297㎜(백상지 80g/㎡)

■ 부가가치세법 시행규칙 [별지 제4호서식 부표 1] <개정 2021. 3. 16.>

[　] 공동사업자 명세
[　] 서류를 송달받을 장소

※ [　]에는 해당되는 곳에 √표를 합니다.

1. 인적사항

상호(단체명)

성명(대표자)

주민등록번호

사업장(단체) 소재지

2. 공동사업자 명세

출자금		원	성립일		
성명	주민등록번호		지분율	관계	출자공동사업자여부

* 소득분배비율과 지분율이 다른 경우에는 소득분배비율을 적습니다.
* 출자공동사업자란 「소득세법 시행령」 제100조제1항에 따라 경영에는 참여하지 않고 출자만 하는 공동사업자를 말합니다.

3. 서류를 송달받을 장소

「국세기본법」 제9조 및 같은 법 시행령 제5조에 따라 사업장이 아닌 다음 장소에서 서류를 송달받고자 합니다.
이 신청서로 등록신청한 사업장에 대하여 발생되는 고지서나 신고안내문 등의 송달주소로 활용됩니다.
 - 구분 : [　] 1.주민등록상 주소　　　　 [　] 2.기타 　(전화번호 : 　　　　　　)
 ※ 주민등록상 주소를 선택한 경우 「주민등록법」 제16조에 따라 주소가 이전되면 송달주소가 이전된 주소로 자동으로 변경되
　는 것에 동의하는 경우 아래의 동의함에 체크하여 주시기 바랍니다.
　　　　 [　] 동의함　　　　　　　 [　] 동의하지 않음

송달받을 장소	주소
	전화번호
사유	

210mm×297mm[백상지(80g/㎡) 또는 중질지(80g/㎡)]

사 업 자 등 록 증
(부가가치세 면세사업자)
등록번호 :

상   호 :

성   명 :   생 년 월 일 :

개 업 연 월 일 : 2015 년 01 월 29 일

사 업 장 소 재 지 :

사 업 의 종 류 : 업태 부동산업   종목 주택임대(주거용건물임대)

발 급 사 유 : 정정

공 동 사 업 자 :

사업자 단위 과세 적용사업자 여부 : 여( ) 부(∨)

전자세금계산서 전용 전자우편주소 :

2017 년 09 월 28 일

양 천 세 무 서 장

제2절

주택임대소득 과세대상 및 과세방법

1 주택의 범위

(1) 주택의 개념 (소득세령 8의2 2항)

주택에는 주택부수토지를 포함하며, 주택이란 상시 주거용(사업을 위한 주거용의 경우는 제외)으로 사용하는 건물을 말하고, '주택부수토지'란 주택에 딸린 토지로서 다음 중 어느 하나에 해당하는 면적 중 넓은 면적 이내의 토지를 말한다.

① 건물의 연면적(지하층의 면적, 지상층의 주차용으로 사용되는 면적, 「건축법 시행령」 제34조 제3항에 따른 피난안전구역의 면적 및 「주택건설기준 등에 관한 규정」 제2조 제3호에 따른 주민공동시설의 면적은 제외한다)
② 건물이 정착된 면적에 5배(「국토의 계획 및 이용에 관한 법률」 제6조 제1호에 따른 도시지역 밖의 토지의 경우에는 10배)를 곱하여 산정한 면적

(2) 겸영주택의 경우 (소득세령 8의2 4항)

주택과 부가가치세가 과세되는 사업용 건물이 함께 설치되어 있는 경우 그 주택과 주택부수토지의 범위는 다음의 구분에 따른다. 이 경우 주택과 주택부수토지를 2인 이상의 임차인에게 임대한 경우에는 각 임차인의 주택 부분의 면적(사업을 위한 거주용은 제외)과 사업용건물 부분의 면적을 계산하여 각각 적용한다.

구분	건물	부수토지
주택 면적 > 사업용 건물 면적	전부 주택으로 봄	전부 주택의 부수토지로 봄
주택 면적 ≤ 사업용 건물 면적	주택만 주택으로 봄	총토지면적 × 주택부분면적 / 총건물면적

(3) 주택 수 계산 (소득세령 8의2 3항)

주택임대소득 과세에서 주택 수는 부부합산을 기준으로 하며, 주택 수 계산은 다음에 따라 계산한다.

1) 다가구 주택

다가구주택은 1개의 주택으로 보되, 구분 등기된 경우에는 각각을 1개의 주택으로 계산한다.

2) 공동소유 주택

공동소유하는 주택은 지분이 가장 큰 사람의 소유로 계산한다(지분이 가장 큰 사람이 2명 이상인 경우로서 그들이 합의하여 그들 중 1명을 해당 주택 임대수입의 귀속자로 정한 경우에는 그의 소유로 계산한다). 다만, 다음 중 어느 하나에 해당하는 사람은 공동소유의 주택을 소유하는 것으로 계산되지 않는 경우라도 그의 소유로 계산한다.

① 해당 공동소유하는 주택을 임대해 얻은 수입금액에 지분율을 곱한 금액이 연간 6백만원 이상인 사람 (소득세칙 5의2 1항)
② 해당 공동소유하는 주택의 기준시가가 9억원을 초과하는 경우로서 그 주택의 지분을 100분의 30 초과 보유하는 사람

3) 전대 또는 전전세

임차 또는 전세 받은 주택을 전대하거나 전전세하는 경우에는 당해 임차 또는 전세 받은 주택을 임차인 또는 전세 받은 자의 주택으로 계산한다.

4) 부부 소유

본인과 배우자가 각각 주택을 소유하는 경우에는 이를 합산한다. 다만, 공동소유의 주택 하나에 대해 본인과 배우자가 각각 소유하는 주택으로 계산되는 경우에는 다음에 따

라 본인과 배우자 중 1명이 소유하는 주택으로 보아 합산한다.

　① 본인과 배우자 중 지분이 더 큰 사람의 소유로 계산
　② 본인과 배우자의 지분이 같은 경우로서 그들 중 1명을 해당 주택 임대수입의 귀속자로 합의해 정하는 경우에는 그의 소유로 계산

 2 주택임대소득 과세대상 및 과세방법

(1) 주택임대소득 과세대상

　주택임대소득의 과세대상은 보유주택 수(부부합산)와 임대주택의 월세, 보증금에 따라 다르다.
　1주택자의 주택임대소득에 대하여는 과세하지 않는다. 다만, 기준시가가 9억원을 초과하는 주택 및 국외에 소재하는 주택의 임대소득에 대하여는 과세한다. (소득세법 12조 2호 나목)
　2주택자의 경우에는 월세수입에 대하여만 과세하며, 보증금을 받은 경우의 간주임대료 수입금액은 과세하지 않는다.
　3주택자의 경우에는 월세와 보증금을 받은 경우의 간주임대료 수입금액 모두 과세한다. 다만, 주거전용 면적이 1호 또는 1세대당 40㎡ 이하이면서 기준시가가 2억원 이하인 소형주택의 경우 2023년까지 주택 수에 포함하지 아니하고, 보증금의 합계액이 3억원 초과하는 경우에만 보증금 등 간주임대료를 과세한다. (소득세법 25조 1항)

보유 주택 수	과세대상임(O)	과세대상 아님(×)
1주택	① 월세: 국외 주택 및 국내 기준시가 9억원 초과 주택[1]의 월세 수입	① 월세: 국내 기준시가 9억원 이하 주택의 월세 수입 ② 보증금: 모든 보증금의 간주임대료
2주택	① 월세: 모든 월세 수입	① 보증금: 모든 보증금의 간주임대료
3주택	① 월세: 모든 월세 수입 ② 보증금: • 비소형주택 3채 이상 & 보증금 합계 3억원 초과하는 경우 보증금에 대한 간주임대료 과세	① 보증금: • 소형주택[2]의 보증금 • 비소형주택 3채 미만 보유한 경우 보증금 • 비소형주택 보증금 합계 3억원 이하

1) 기준시가 9억원 초과 주택의 판단기준일: 과세기간 종료일(12.31) 또는 해당 주택의 양도일 기준으로 판단

2) 소형주택: 주거전용 면적이 1호 또는 1세대당 40㎡ 이하이면서 기준시가가 2억원 이하인 주택(2023년까지 주택

수에 포함하지 아니함)

☑ check point **주택임대소득 과세 고가주택 기준 상향 (2022년 세법개정안)**
지난 2022.7.21. 발표한 정부의 세법개편안에 따르면 주택임대소득 과세 고가주택 기준을 기준시가 9억원에서 12억으로 상향하는 세법개정안을 발표(연말 국회 개정 여부를 확인해야 함)

☑ check point **고가주택 임대소득의 과세범위 (소득 집행기준 12-8의2-3)**
국내에 소재하는 1개의 주택을 소유하는 자의 주택임대소득은 비과세되나 과세기간 종료일 또는 해당 주택 양도일 현재 기준시가가 9억원을 초과하는 고가주택의 경우에는 소득세를 과세하며 다음의 경우를 포함한다.
① 고가주택의 일부를 임대하는 경우에도 해당 주택임대소득에 대하여 과세한다.
② 연도 중에 기준시가가 상승하여 과세기간 종료일 현재를 기준으로 고가주택에 해당하는 경우, 그 과세기간 중에 발생한 주택임대소득은 과세한다.

☑ check point **오피스텔 임대소득에 대한 과세여부등 (소득 집행기준 12-8의2-4)**
① 오피스텔을 임대함에 있어 임차인이 항상 주거용(사업을 위한 주거용인 경우는 제외한다)으로 사용하는 경우에는 주택임대소득에 해당한다.
② 조합원입주권은 그 사용검사필증 교부일(사용검사 전 사실상 사용하거나 사용승인을 얻은 경우에는 그 사실상의 사용일 또는 사용승인일) 이후부터 주택으로 본다.
③ 과세기간 중에 일시적으로 주택을 2개 소유하는 자의 2주택 소유기간 동안 발생하는 주택임대소득은 과세한다.
즉, 이사 등으로 일시적 2주택의 경우에도 2주택 보유기간 동안의 월세 수입금액은 소득세가 과세된다.

참고 주택의 기준시가(소득세법 99조 1항 1호 라목, 소득세령 164조 11항)

① 주택의 기준시가란 「부동산 가격공시에 관한 법률」에 따른 개별주택가격 및 공동주택가격. 다만, 국세청장이 국토교통부장관과 협의하여 공동주택가격을 별도로 결정·고시하는 경우에는 그 가격에 따르고, 개별주택가격 및 공동주택가격이 없는 주택의 가격은 납세지 관할 세무서장이 인근 유사주택의 개별주택가격 및 공동주택가격을 고려하여 대통령령으로 정하는 방법에 따라 평가한 금액으로 한다.

② 여기서 "대통령령으로 정하는 방법에 따라 평가한 금액"이란 다음의 금액을 말한다. 이 경우 납세지 관할 세무서장은 시장·군수가 산정한 가액을 평가한 가액으로 하거나 둘 이상의 감정평가법인 등에게 의뢰하여 해당 주택에 대한 감정평가법인 등의 감정가액을 고려하여 평가할 수 있다.

㉠ 「부동산 가격공시에 관한 법률」에 따른 개별주택가격이 없는 단독주택의 경우에는 당해 주택과 구조·용도·이용상황 등 이용가치가 유사한 인근주택을 표준주택으로 보고 같은 주택가격비준표에 따라 납세지 관할세무서장(납세지 관할세무서장과 당해 주택의 소재지를 관할하는 세무서장이 서로 다른 경우로서 납세지 관할세무서장의 요청이 있는 경우에는 당해 주택의 소재지를 관할하는 세무서장)이 평가한 가액

㉡ 「부동산 가격공시에 관한 법률」에 따른 공동주택가격이 없는 공동주택의 경우에는 인근 유사공동주택의 거래가격·임대료 및 당해 공동주택과 유사한 이용가치를 지닌다고 인정되는 공동주택의 건설에 필요한 비용추정액 등을 종합적으로 참작하여 납세지 관할세무서장(납세지 관할세무서장과 당해 주택의 소재지를 관할하는 세무서장이 서로 다른 경우로서 납세지 관할세무서장의 요청이 있는 경우에는 당해 주택의 소재지를 관할하는 세무서장)이 평가한 가액

(2) 주택임대소득 과세방법

주택의 임대로 인하여 발생한 소득은 소득세법상 사업소득에 해당한다. 사업소득은 이자소득, 배당소득, 근로소득, 연금소득, 기타소득과 합산하여 종합소득으로 과세한다. 따라서 주택 임대 소득이 있는 사람은 매년 5월 종합소득세 신고납부의무가 있다.

다만, 주택임대 총수입금액의 합계액이 2,000만원 이하인 자는 분리과세를 선택할 수 있다. 분리과세를 선택하는 경우 종합소득 과세표준을 계산할 때 합산하지 않고, 주택임대소득에 대하여만 14%의 세율로 과세한다. (소득세법 64조의2 1항)

총수입금액(월세 + 간주임대료)	과세방법
2,000만원 이하	종합과세와 분리과세 중 선택
2,000만원 초과	종합과세

(1) 주택임대소득 과세대상 판단 흐름도

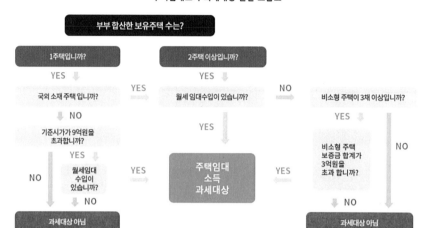

〈출처: 국세청 홈페이지〉

(2) 주택임대소득 과세대상 및 과세방법 사례

1) 월세 수입은 없고 보증금만 있는 경우

① 주택 임대 현황

주택	소재지	소유자	주거전용 면적	기준시가	보증금
A	국내	본인	85㎡	10억	6억
B	국내	본인	39㎡	2.3억	2억
C	국내	배우자	44㎡	2.5억	2.8억
D	국내	배우자	36㎡	1.9억	3억
E	국외	자녀	59㎡	4억	3.5억
E	국내	부친	85㎡	10억	2억

② 과세대상 여부

  ⊙ 본인: 부부합산 보유주택이 4채이나, D주택의 경우 소형주택(전용면적 40㎡ 이하 and 기준시가 2억 이하)으로 보유주택 수에서 차감되므로 부부합산 보유주택 수는 3채이다. 따라서 임대보증금에 대한 간주임대료도 과세대상이다. 다만, 간주임대료 대상 금액은 임대보증금 합계 8억(6억+2억)에서 3억을 차감한 5억원이 대상 금액이다.

  ⓒ 배우자: 부부합산 보유주택이 4채이나, 배우자가 보유한 D주택의 경우 소형주택(전용면적 40㎡ 이하 and 기준시가 2억 이하)으로 보유주택 수에서 차감되므로 부부합산 보유주택 수는 3채이다. 따라서 간주임대료도 과세대상이다. 다만, 임대보증금(C주택, 2.8억)이 3억 이하이므로 간주임대료 금액은 계산되지 않는다.

  ⓒ 자녀: 자녀의 경우 국외 보유주택 수가 1채이므로, 월세 수입금액이 있는 경우 과세 대상이나 월세 수입이 없으므로 주택임대소득 과세대상이 아니다.

  ② 부친: 부친의 경우 보유주택 수가 1채이고, 월세 수입이 없으므로 주택임대소득 과세대상이 아니다.

2) 월세 수입과 보증금이 같이 있는 경우

① 주택임대현황

주택	소재지	소유자	주거전용면적	기준시가	보증금	월세 합계
A	국내	본인	85㎡	10억	6억	-
B	국내	본인	39㎡	2.3억	2억	-
C	국내	배우자	44㎡	2.5억	2.8억	-
D	국내	배우자	36㎡	1.9억	0.5억	1,000만원
E	국외	자녀	59㎡	4억	1억	2,100만원
E	국내	부친	85㎡	10억	2억	1,800만원

② 과세대상 여부

  ⊙ 본인: 본인과 배우자의 주택 수를 합산하여 4채이나, D주택의 경우 소형주택(전용면적 40㎡ 이하 and 기준시가 2억 이하)으로 보유주택 수에서 차감되므로 부부합산 보유주택 수는 3채이다. 따라서 간주임대료도 과세대상이다. 다만, 간주임대료 대상 금액은 임대보증금 합계 8억(6억+2억)에서 3억을 차감한 5억원이 대상 금액이다.

  ⓒ 배우자: 부부합산 보유주택이 4채이나, 배우자가 보유한 D주택의 경우 소형주택(전용면적

40㎡ 이하 and 기준시가 2억 이하)으로 보유주택 수에서 차감되므로 부부합산 보유주택 수는 3채이다. 따라서 월세수입금액 뿐만 아니라 간주임대료도 과세대상이다. 다만, 간주임대료의 경우 임대보증금(C주택, 2.8억)이 3억 이하이므로, 간주임대료는 계산 되지 않으나, 월세 합계액 1,000만원에 대하여 종합과세와 분리과세 중 유리한 방식으로 신고 가능하다.

ⓒ 자녀: 자녀의 경우 1주택으로 원칙적으로 월세수입금액이 과세대상이 아니나, 보유주택이 국외에 소재 주택을 임대하고 있으므로 월세수입금액이 과세대상이며, 간주임대료의 경우 보유주택 수가 1채이므로 과세대상이 아니다. 따라서 자녀의 경우 월세 월계액이 2,100만 원이므로 종합과세한다.

ⓒ 부친: 부친의 경우 기준시가가 9억원을 초과하므로, 월세수입금액이 과세대상이 되나, 간주임대료의 경우 보유주택 수가 1채이므로 과세대상이 아니다. 따라서 부친의 경우 월세 월계액이 1,800만원이므로 종합과세와 분리과세 중 유리한 방식으로 신고 가능하다.

제3절

총수입금액 및 필요경비 계산과 세액 산출

❶ 총수입금액

　주택임대소득의 총수입금액이란 해당 과세기간에 수입하였거나 수입할 금액의 합계액을 말하며(소득세법 24조), 구체적으로 임대료(1년치 월세)와 보증금에 대한 간주임대료, 관리비 등을 합산하여 계산한다.

(1) 임대료

1) 일반적인 임대료
임대료는 매월 지급받은 월세에 당해연도 임대월수를 곱하여 계산한다.

2) 선세금
　주택을 임대하고 받은 선세금에 대한 총수입금액은 그 선세금을 계약기간의 월수로 나눈 금액의 각 과세기간의 합계액으로 한다. (소득세령 51조 3항 1호)

선세금에 대한 총수입금액 = 선세금 × 해당연도 임대기간 월수 / 계약기간 월수

　이 경우 월수의 계산에 있어 당해계약기간의 개시일이 속하는 달이 1월 미만인 경우는 1월로 하고 당해계약기간의 종료일이 속하는 달이 1월 미만인 경우에는 이를 산입하지 아니한다. (소득세칙 21조)

(2) 보증금에 대한 간주임대료

거주자가 3주택 이상을 소유하고 해당 주택의 보증금 등의 합계액이 3억원을 초과하는 경우에는 간주임대료를 총수입금액에 산입한다. 다만 주거전용 면적이 1호 또는 1세대당 40㎡ 이하인 주택으로서 해당 과세기간의 기준시가가 2억원 이하인 주택은 2023년 12월 31일까지는 주택 수에 포함하지 아니한다. (소득세법 25조 1항)

1) 일반적인 경우 간주임대료

간주임대료의 계산은 다음의 산식에 따라 계산한다. 이 경우 총수입금액에 산입할 금액이 0보다 적은 때에는 없는 것으로 보며, 적수의 계산은 매월 말 현재의 보증금등의 잔액에 경과일수를 곱하여 계산할 수 있다. (소득세령 53조 3항)

간주임대료 = (해당 과세기간의 보증금등 - 3억원[1])의 적수 × 60% × 1/365(윤년 366) × 이자율[2] - 금융수익[3]

> [1] 3억원: 보증금 등을 받은 주택이 2주택 이상인 경우에는 보증금 등의 적수가 가장 큰 주택의 보증금 등부터 순서대로 뺀다.
>
> [2] 이자율: 금융회사 등의 정기예금이자율을 고려하여 기획재정부령으로 정하는 이자율(2021년 귀속: 1.2%)을 적용한다. 매년 3월 중 이자율을 고시함.
>
> [3] 금융수익: 임대사업부분에서 발생한 수입이자·할인료 및 배당금은 비치·기장한 장부나 증빙서류에 의하여 당해 임대보증금등으로 취득한 것이 확인되는 금융자산으로부터 발생한 것에 한한다. (소득세령 53조 6항)

2) 추계신고·결정하는 경우

추계신고·결정하는 경우에는 해당 과세기간의 해당 임대사업부분에서 발생한 금융수익을 차감하지 아니한다. (소득세령 53조의 4항)

간주임대료 = (해당 과세기간의 보증금등 - 3억원)의 적수 × 60% × 1/365(윤년 366) × 이자율

3) 전전세 또는 전대하는 경우 해당 부동산의 보증금등에 산입할 금액 (소득세령 53조 7항)

보증금등에 산입할 금액 = [전전세 또는 전대하고 받은 보증금등의 적수 - [전세 또는 임차받기 위하여 지급한 보증금등의 적수 × 전전세 또는 전대한 부분의 면적이 전세 또

는 임차받은 부동산의 면적에서 차지하는 비율(사업시설을 포함하여 전전세 또는 전대한 경우 그 가액의 비율)] × 1/365(윤년의 경우에는 366)

(3) 관리비 등 (소득집행기준 24-51-5)

① 사업자가 주택을 임대하고 임대료 외에 유지비나 관리비 등의 명목으로 지급받는 금액이 있는 경우에는 전기료·수도료 등의 공공요금을 제외한 청소비·난방비 등은 총수입금액에 산입하는 것이며, 전기료·수도료 등의 공공요금의 명목으로 지급받은 금액이 공공요금의 납부액을 초과할 때 그 초과하는 금액은 총수입금액에 산입한다.

② 청소·난방 등의 사업이 부동산임대업과 객관적으로 구분되는 경우(청소·난방 등의 사업을 독립적으로 운영하면서 자기소유 건물의 세입자에게 청소·난방 등의 용역을 제공하는 경우)에는 청소 관련 수입금액은 사업시설관리 및 사업지원 서비스업 중 건물·산업설비 청소업, 난방 관련 수입금액은 전기·가스·증기 및 수도사업 중 증기, 냉온수 및 공기조절공급업의 총수입금액에 산입한다.

③ 임대료 외에 장래에 발생할 수 있는 피해에 따른 분쟁을 사전에 방지하고자 임차인으로부터 지급받는 금액 등은 총수입금액에 산입한다.

(4) 총수입금액의 귀속연도

① 부동산임대업에서 발생하는 소득에 대한 총수입금액의 수입시기는 계약 또는 관습에 의하여 지급일이 정하여진 경우 그 정하여진 날로 하는 것이고, 지급일이 정하여지지 아니한 경우에는 그 지급을 받은 날로 한다. (소득집행기준 24-48-1 ①)

② 임대차계약에 관한 쟁송의 판결·화해 등으로 인한 부동산임대업에서 발생하는 소득의 수입시기는 다음과 같다. (소득집행기준 24-48-1 ②)

　㉠ 임대차계약에 관한 쟁송(미불임대료의 청구에 관한 쟁송은 제외한다)의 판결·화해 등으로 인하여 소유자 등이 받게 되어 있는 이미 경과한 기간에 대응하는 임대료상당액(지연이자, 기타 손해배상금을 포함한다)은 판결·화해 등이 있는 날이 된다.

　㉡ 임대료에 관한 쟁송의 경우에 그 임대료를 변제하기 위하여 공탁된 금액에 대해서는 약정에 의하여 지급일로 정해진 날이 된다.

(5) 공동사업자의 총수입금액

공동사업은 공동사업장을 1거주자로 보아 공동사업장별로 그 소득금액을 계산하므로, 간주임대료 계산 시 공동사업장별로 3억원을 공제한다. 이렇게 계산된 공동사업장의 소득금액에서 공동사업자 간의 약정된 손익분배비율에 의하여 분배되었거나 분배될 소득금액에 따라 각 공동사업자별로 분배한다. 만약 약정된 손익분배비율이 없는 경우에는 지분비율에 따른다. (소득세법 43조)

2 총수입금액 계산 사례

(1) 단독사업자의 보증금 등의 합계액이 변동하지 않는 경우

1) 사례
아래와 같이 4채를 단독으로 임대하는 경우 총수입금액을 구하시오. 단, 임대사업부분 발생 금융수익은 없고, 임대기간은 모두 1.1.~12.31.이다.

구분	보증금	월세	임대기간	주거전용 면적	기준시가
A주택	1.5억	100만원	1.1.~12.31	59㎡	4억
B주택	1억	-	1.1.~12.31	38㎡	1.8억
C주택	3.5억	130만원	1.1.~12.31	85㎡	6억
D주택	2억	-	1.1.~12.31	49㎡	2.5억

2) 계산내역
간주임대료의 경우 부부합산 비소형주택(주거전용 면적 40㎡ 초과하거나 기준시가 2억원 초과) 3채 이상 소유자의 비소형주택 보증금 및 전세금에 대하여 보증금 합계 3억원 초과분의 60%에 대하여 이자율(1.2%)을 임대료로 간주하여 총수입금액에 산입한다.

간주임대료 = (해당 과세기간의 보증금등 - 3억원)의 적수 × 60% × 1/365(윤년 366) × 이자율(1.2%) - 금융수익

구분	간주임대료	월세	총수입금액 합계
A주택	1,080,000[1]	12,000,000[2]	13,080,000
B주택	- [1]	-	-
C주택	360,000[1]	15,600,000[2]	15,960,000
D주택	1,440,000[1]	-	1,440,000
총수입금액 합계			30,480,000

1) A: [(1.5억-0) × 365 × 60%] ÷ 365 × 1.2% = 1,080,000

B: 주거전용면적 40㎡ 이하이고 기준시가 2억 이하이므로 주택 수 산정에서 제외

C: [(3.5억 -3억) × 365 × 60%] ÷ 365 × 1.2% = 360,000

D: [(2억-0) × 365 × 60%] ÷ 365 × 1.2% = 1,440,000

2) A: 1,000,000 × 12개월 = 12,000,000

C: 1,300,000 × 12개월 = 15,600,000

(2) 공동으로 주택을 임대하는 경우

1) 사례

아래와 같이 비소형주택 4채를 단독 및 공동으로 임대하는 경우 총수입금액을 구하시오. 단, 임대사업부분 발생 금융수익은 없고, 임대기간은 모두 1.1.~12.31.이다. 甲과乙은 부부사이이다.

구분	보증금	월세	소유 현황
A주택	4억원	100만원	甲 단독소유
B주택	5억원	-	甲(50%), 乙(50%)
C주택	1억원	120만원	甲(30%), 乙(70%)
D주택	2.5억원	50만원	甲(40%), 乙(60%)

2) 계산사례

부부 공동명의 주택 3채(B, C, D)에 대해서는 1거주자로 보아 간주임대료를 계산하고, 甲의 단독소유 A주택은 별도로 계산한다. 공동사업의 경우 공동사업장을 1거주자로 보아 공동사업장별로 소득금액을 계산하며, 공동사업의 구성원이 동일한 수개의 공동사업장은 동일한 1거주자가 각 공동사업장을 운영하는 것으로 본다.

> ☑ check point **부부가 부동산임대업을 공동으로 하는 경우 주택의 임대보증금에 대한 간주임대료 계산 방법 (서면-2016-법령해석소득-5179 [법령해석과-1606], 2017.06.12.)**
> 단독명의 주택과 공동명의 주택이 혼합된 경우 간주임대료 계산대상 해당여부는 각 거주자별로 판단하되, 단독명의 주택과 공동명의 주택을 구분하여 각각 간주임대료를 계산하며, 간주임대료와 월 임대료를 합산하여 각 공동명의 주택별 소득금액을 계산한 후 각 공동명의 주택의 손익분배비율에 따라 각 거주별로 소득금액을 배분하여야 하는 것임.

구분	간주임대료	월세	소계	甲수입금액	乙수입금액
A(甲)	720,000[1]	12,000,000[3]	12,720,000	12,720,000	-
B(5:5)	1,440,000[2]	-	1,440,000	720,000	720,000
C(3·7)	720,000[2]	14,400,000[3]	15,120,000	4,536,000	10,584,000
D(4:6)	1,800,000[2]	6,000,000[3]	7,800,000	3,120,000	4,680,000
총 수입금액 합계				21,096,000[4]	15,984,000[4]

1) [(4억 – 3억) × 365] × 60% ÷ 365 × 1.2% = 720,000

2) B: [(5억 – 3억) × 365] × 60% ÷ 365 × 1.2% = 1,440,000

   C: [(1억 – 0) × 365] × 60% ÷ 365 × 1.2% = 720,000

   D: [(2.5억 – 0) × 365] × 60% ÷ 365 × 1.2% = 1,800,000

3) A: 1,000,000 × 12개월 = 12,000,000

   C: 1,200,000 × 12개월 = 14,400,000

D: 500,000 × 12개월 = 6,000,000

4) 甲: 수입금액이 2,000만원을 초과하므로 다른 소득과 합산하여 종합과세

乙: 수입금액이 2,000만원 이하이므로 종합과세와 분리과세 선택

(3) 보증금 등 합계액이 변동하는 경우

1) 사례

비소형주택 3채를 단독으로 임대하고 아래와 같이 임대기간별로 보증금이 변동하는 경우 총수입금액을 구하시오. 단, 임대사업부분 발생 금융수익은 없다.

구분	임대기간	보증금	월세
A주택	1.1.~9.27.(270일)	130,000,000	
	9.28.~12.31.(95일)	136,000,000	
B주택	1.1.~2.8.(39일)	120,000,000	
	2.9.~12.31.(326일)	125,000,000	
C주택	1.1.~12.31.(365일)	400,000,000	500,000

2) 계산방법

① 각각의 보증금 등의 합계액에 해당하는 임차기간별로 구분

② 각 기간의 보증금 등의 합계액에서 주택의 임대보증금 적수가 큰 순서대로 3억원을 차감하여 계산된 각 기간별 간주임대료를 합산하여 해당 기간의 간주임대료를 계산

☑ check point 주택 간주임대료 계산시 보증금적수가 가장 큰 주택의 보증금 등으로부터 순서대로 3억원을 뺀 금액 적용방법 (소득, 서면-2016-법령해석소득-2990 [법령해석과-1054] , 2017.04.18.)

간주임대료 계산 대상 임대주택이 2주택 이상으로서 임대기간 중 임대보증금등이 변동하는 경우 해당 과세기간의 보증금 등에서 보증금 등의 적수가 가장 큰 주택의 보증금 등부터 순서대로 3억원을 차감하는 계산방법을 적용할 때 보증금 등이 변동하는 임차기간별로 구분하여 적용하는 것임

구분	1.1.~2.8.	2.9.~9.27.	9.28.~12.31	합계
A주택보증금	130,000,000	130,000,000	136,000,000	
B주택보증금	120,000,000	125,000,000	125,000,000	
C주택보증금	400,000,000	400,000,000	400,000,000	
보증금등 합계	650,000,000	655,000,000	661,000,000	
(보증금-3억) 적수	13,650,000,000[1]	82,005,000,000[2]	34,295,000,000[3]	
간주임대료	269,260[4]	1,617,632[5]	676,504[6]	2,563,396
월세				6,000,000[7]
총수입금액				8,563,396

1) (6.5억 - 3억) × 39일 = 13,650,000,000

2) (6.55억 - 3억) × 231일 = 82,005,000,000

3) (6.61억 - 3억) × 95일 = 34,295,000,000

4) 13,650,000,000 × 60% ÷ 365 × 1.2% = 269,260

5) 82,005,000,000 × 60% ÷ 365 × 1.2% = 1,617,632

6) 34,295,000,000 × 60% ÷ 365 × 1.2% = 672,504

7) 500,000 × 12개월 = 6,000,000

3 필요경비 계산

사업자는 소득금액을 계산할 수 있도록 증명서류 등을 갖춰 놓고 그 사업에 관한 모든 거래 사실이 객관적으로 파악될 수 있도록 복식부기에 따라 장부에 기록·관리하여야 한다. 다만, 간편장부대상자가 간편장부를 갖춰 놓고 그 사업에 관한 거래 사실을 성실히 기재한 경우에는 장부를 비치·기록한 것으로 본다. (소득세법 160조 1항, 2항)

여기서 간편장부대상자란 업종별 일정 규모 미만의 사업자를 말하며, 간편장부대상자 외의 사업자는 복식부기의무자라고 한다. (소득세법 160조 3항)

주택임대업의 경우 직전과세기간 수입금액 합계액이 7,500만원에 미달하거나, 해당 과세기간에 신규로 사업을 개시한 사업자는 간편장부대상자이다.

참고 간편장부대상자(소득세령 208조 5항)

1. 간편장부대상자의 범위

간편장부대상자란 다음 중 어느 하나에 해당하는 사업자를 말한다. (전문직 종사자 등 제외)

① 신규사업자: 해당 과세기간에 신규로 사업을 개시한 사업자

② 계속사업자: 직전 과세기간의 수입금액의 합계액이 일정 규모 이하

2. 계속사업자의 수입금액 기준

직전 과세기간 수입금액의 합계액이 다음의 금액에 미달하는 사업자를 말한다.

업종	직전 과세기간 수입금액
① 농업·임업 및 어업, 광업, 도매 및 소매업(상품중개업을 제외한다), 부동산매매업, ② 및 ③에 해당되지 아니하는 사업	3억원
② 제조업, 숙박 및 음식점업, 전기·가스·증기 및 공기조절 공급업, 수도·하수·폐기물처리·원료재생업, 건설업(비주거용 건물 건설업은 제외한다), 부동산 개발 및 공급업(주거용 건물 개발 및 공급업에 한정한다), 운수업 및 창고업, 정보통신업, 금융 및 보험업, 상품중개업	1억5천만원
③ 부동산임대업, 부동산업(부동산매매업 제외), 전문·과학 및 기술서비스업, 사업시설관리·사업지원 및 임대서비스업, 교육서비스업, 보건업 및 사회복지서비스업, 예술·스포츠 및 여가 관련 서비스업, 협회 및 단체, 수리 및 기타 개인서비스업, 가구내 고용활동	7천5백만원

---

(1) 장부기장에 따른 필요경비

주택임대소득금액을 계산할 때 필요경비에 산입할 금액은 해당 과세기간의 총수입금액에 대응하는 비용으로서 일반적으로 용인되는 통상적인 것의 합계액으로 한다. 이 경우 해당 과세기간 전의 총수입금액에 대응하는 비용으로서 그 과세기간에 확정된 것에 대해서는 그 과세기간 전에 필요경비로 계상하지 아니한 것만 그 과세기간의 필요경비로 본다. (소득세법 27조)

(2) 추계신고 시 필요경비 계산

1) 추계신고

사업자는 원칙적으로 스스로 작성한 장부를 근거로 소득금액을 산정하여야 하나, 장부를 비치·기장하지 않아 실제 필요경비를 확인할 수 없어 정확한 소득금액을 산정할 수 없는 경우에는 예외적으로 소득을 추정하여 소득금액을 산정할 수 있는데 이를 추계신고라고 한다.

① 과세표준을 계산할 때 필요한 장부와 증빙서류가 없거나 한국표준산업분류에 따른 동종업종 사업자의 신고내용 등에 비추어 수입금액 및 주요 경비 등 중요한 부분이 미비 또는 허위인 경우
② 기장의 내용이 시설규모·종업원수·원자재·상품 또는 제품의 시가·각종 요금 등에 비추어 허위임이 명백한 경우
③ 기장의 내용이 원자재사용량·전력사용량 기타 조업상황에 비추어 허위임이 명백한 경우

2) 단순경비율 대상자와 기준경비율 대상자 (소득세령 143조 4항)

추계신고 시 적용되는 경비율은 직전연도 수입금액(신규개시자의 경우 당해연도 수입금액)과 업종 유형에 따라 다르게 적용된다.

주택임대업의 경우 직전연도 수입금액이 2,400만원 이상이거나 당해연도 수입금액이 7,500만원 이상인 경우에는 기준경비율을 적용하고, 그 외의 경우에는 단순경비율을 적용한다.

구분 (주택임대업)	계속사업자			신규사업자
	직전연도 수입금액		당해연도 수입금액	당해연도 수입금액
단순경비율	2,400만원 미만	and	7,500만원 미만	7,500만원 미만
기준경비율	2,400만원 이상	or	7,500만원 이상	7,500만원 이상

참고 업종별 단순경비율 대상자 (소득세령 143조 4항)
업종별로 다음에 해당하는 사업자는 단순경비율 대상자이며, 그 외의 사업자는 기준경비율 대상자이다.

업종	계속사업자			신규사업자
	직전연도 수입금액		당연도 수입금액	당해연도 수입금액
① 농업·임업 및 어업, 광업, 도매 및 소매업(상품중개업을 제외), 부동산매매업, 그 밖에 ② 및 ③에 해당되지 아니하는 사업	6,000만원 미만	and	3억원 미만	3억원 미만
② 제조업, 숙박 및 음식점업, 전기·가스·증기 및 공기조절 공급업, 수도·하수·폐기물처리·원료재생업, 건설업(비주거용 건물 건설업은 제외, 주거용 건물 개발 및 공급업을 포함), 운수업 및 창고업, 정보통신업, 금융 및 보험업, 상품중개업	3,600만원 미만	and	15,000만원 미만	15,000만원 미만
③ 부동산 임대업, 부동산업(부동산매매업 제외), 전문·과학 및 기술서비스업, 사업시설관리·사업지원 및 임대서비스업, 교육서비스업, 보건업 및 사회복지서비스업, 예술·스포츠 및 여가 관련 서비스업, 협회 및 단체, 수리 및 기타 개인서비스업, 가구 내 고용활동	2,400만원 미만	and	7,500만원 미만	7,500만원 미만

3) 단순경비율과 기준경비율

① 단순경비율과 기준경비율

추계신고 시 적용되는 경비율에는 기준경비율과 단순경비율이 있는데, 여기서 기준
경비율이란 주요경비는 증빙에 의하여 필요경비로 인정하고 기타경비는 경비율에 의
하여 필요경비를 인정하는 것을 말하며, 단순경비율은 필요경비 전부를 경비율에
의해 인정하는 것을 말한다.

② 기준경비율 적용 시 주요경비(소득세령 143조 3항)

기준경비율 적용시 주요경비 (소득세령 143조 3항)

기준경비율 적용함에 있어 주요경비란 다음과 같으며, 그 범위 등에 대하여는 국세청이 정하는 바(매입비용·
임차료의 범위와 증명서류의 종류 고시)에 따른다.

① 매입비용(사업용 유형자산 및 무형자산의 매입비용 제외)과 사업용 유형자산 및 무형자산에 대한 임차료
로서 증빙서류에 의하여 지출하였거나 지출할 금액

② 종업원의 급여와 임금 및 퇴직급여로서 증빙서류에 의하여 지급하였거나 지급할 금액

※ 매입비용·임차료의 범위와 증명서류의 종류 고시

국세청고시 제2021-54호

매입비용·임차료의 범위와 증명서류의 종류 고시

「소득세법」제80조제3항 단서, 같은 법 시행령 제143조제3항제1호 및 제143조제5항의 위임에 따라 소득금액을
추계결정 또는 경정하는 경우에 수입금액에서 공제하는 '매입비용과 사업용 유형자산 및 무형자산에 대한 임차
료의 범위', '매입비용과 사업용 유형자산 및 무형자산에 대한 임차료 관련 증명서류의 종류', '종업원의 급여·임
금 및 퇴직급여에 대한 증명서류의 종류'에 관한 사항을 다음과 같이 고시합니다.

2021년 9월 15일
국 세 청 장

제1조(목적) 이 고시는 「소득세법」제80조제3항 단서, 같은 법 시행령 제143조제3항제1호 및 제143조제5항에서
국세청장에게 위임한 바에 따라 소득금액을 추계결정 또는 경정하는 경우에 수입금액에서 공제하는 '매입비용
과 사업용 유형자산 및 무형자산에 대한 임차료의 범위', '매입비용과 사업용 유형자산 및 무형자산에 대한 임차
료 관련 증명서류의 종류', '종업원의 급여·임금 및 퇴직급여에 대한 증명서류의 종류'를 정함을 목적으로 한다.

제2조(매입비용의 범위) ① 매입비용은 다음 각 호의 재화의 매입(사업용 유형자산 및 무형자산의 매입을 제외
함)과 외주가공비 및 운송업의 운반비로 한다.

1. 재화의 매입은 재산적 가치가 있는 유체물(상품·제품·원료·소모품 등 유형적 물건)과 동력·열 등 관리할 수 있는 자연력의 매입으로 한다.

2. 외주가공비는 사업자가 판매용 재화의 생산·건설·건축 또는 가공을 타인에게 위탁하거나 하도급하고 그 대가로 지출하였거나 지출할 금액으로 한다.

3. 운송업의 운반비는 육상·해상·항공 운송업 및 운수관련 서비스업을 영위하는 사업자가 사업과 관련하여 타인의 운송수단을 이용하고 그 대가로 지출하였거나 지출할 금액으로 한다.

② 제1항의 외주가공비와 운송업의 운반비 이외의 용역을 제공받고 지출하였거나 지출할 금액은 매입비용에 포함하지 아니한다. 매입비용에 포함되지 않는 용역을 예시하면 다음 각 호와 같다.

1. 음식료 및 숙박료

2. 창고료(보관료), 통신비

3. 보험료, 수수료, 광고선전비(광고선전용 재화의 매입은 매입비용으로 함)

4. 수선비(수선용·수리용 재화의 매입은 매입비용으로 함)

5. 사업서비스, 교육서비스, 개인서비스, 보건서비스 및 기타 서비스(용역)를 제공받고 지급하는 금액 등

제3조(사업용 유형자산 및 무형자산에 대한 임차료의 범위) 사업용 유형자산 및 무형자산에 대한 임차료는 사업에 직접 사용하는 건축물 및 기계장치 등 유형자산 및 무형자산을 타인에게서 임차하고 그 임차료로 지출하였거나 지출할 금액으로 한다.

제4조(재고자산에 포함된 주요경비의 계산) ① 해당 과세연도 수입금액에서 공제하는 매입비용과 사업용 유형자산 및 무형자산에 대한 임차료와 종업원의 급여·임금·퇴직급여(이하 "주요경비"라 한다)는 해당 과세연도에 지출하였거나 지출할 금액에 기초재고자산에 포함된 주요경비를 가산하고 기말재고자산에 포함된 주요경비를 공제하여 계산한 금액으로 한다.

② 해당 과세연도의 기초재고자산 또는 기말재고자산에 포함된 주요경비를 따로 계산할 수 없는 경우에는 기초재고자산 및 기말재고자산을 감안하지 않고 해당 과세연도에 지출하였거나 지출할 주요경비를 수입금액에서 공제할 주요경비로 할 수 있다.

③ 직전 과세연도 종료일 이전의 주요경비 지출에 대한 내용과 증명서류가 없어 해당 과세연도 개시일 현재 기초재고자산에 포함된 주요경비를 따로 계산할 수 없으나 해당 과세연도 종료일 현재 기말재고자산에 포함된 주요경비를 따로 계산할 수 있는 경우에는 다음 방법으로 해당 과세연도 개시일 현재 기초재고자산에 포함된 주요경비 금액을 계산할 수 있다.

> 해당 과세연도 개시일 현재 기초재고자산에 포함된 주요경비 금액
> =기초재고자산의 매출환산금액 × (직전과세연도 해당 업종의 단순경비율 − 직전과세연도 해당 업종의 기준경비율)

제5조(매입비용과 사업용 유형자산 및 무형자산에 대한 임차료 관련 증명서류의 종류)매입비용과 사업용 유형자산 및 무형자산에 대한 임차료는 다음의 증명서류에 의하여 지출하였거나 지출할 사실이 객관적으로 확인되어야 한다.

1. 세금계산서, 계산서, 신용카드매출전표(현금영수증 포함)

2. 「소득세법」제160조의2제2항 단서와 같은 법 시행령 제208조의2 및 같은 법 시행규칙 제95조의3에 따라 위 제1호의 증명서류를 수령하지 않아도 되는 경우에는 지출 사실이 확인되는 영수증 등

3. 매입비용과 사업용 유형자산 및 무형자산에 대한 임차료에 대하여 제1호의 증명서류를 수령하지 아니한 경우에는 종합소득세 과세표준 확정신고서에 소득세법시행령 제143조제9항에 따른 주요경비지출명세서를 첨부하여 제출한 금액

제6조(종업원의 급여·임금 및 퇴직급여에 대한 증명서류의 종류) 종업원의 급여·임금·퇴직급여는 다음의 증명서류에 의하여 지급하였거나 지급할 사실이 객관적으로 확인되어야 한다.

1. 급여·임금의 경우 근로소득원천징수영수증 또는 지급명세서를 관할세무서에 제출한 금액

2. 퇴직급여의 경우 퇴직소득원천징수영수증 또는 지급명세서를 관할세무서에 제출한 금액

3. 급여와 임금 및 퇴직급여에 대한 원천징수영수증 또는 지급명세서를 제출할 수 없는 부득이한 사유가 있는 경우에는 소득을 지급받은 자의 주소, 성명, 주민등록번호 등 인적사항이 확인되고 소득을 지급받은 자가 서명 날인한 증명서류

제7조(추계소득금액계산서 기재사항) 제5조 및 제6조의 증명시류 중 세금계산서·계산서·신용카드매출전표 (현금영수증 포함) 수령금액과 원천징수영수증·지급명세서 제출금액은 「소득세법시행령」제130조에 따른 별지 제40호 서식(1)의 "추계소득금액계산서(기준경비율적용대상자용)" 작성 시 정규증빙서류 수취금액란에 기재 한다.

제8조(재검토기한) 「훈령·예규 등의 발령 및 관리에 관한 규정」(대통령 훈령 제431호)에 따라 이 고시 발령 후 의 법령이나 현실여건의 변화 등을 검토하여 이 고시의 폐지, 개정 등의 조치를 하여야 하는 기한은 2024년 9 월 14일까지로 한다.

부칙(2021. 9. 15. 국세청 고시 제2021-54호)
제1조(시행일) 이 고시는 2021. 9. 15. 부터 시행한다.
제2조(적용례) 이 고시는 이 고시 시행일 이후 최초로 종합소득과세표준확정신고 기한이 도래하는 소득분부터 적용한다.

③ 주택임대업의 경비율(2021년 귀속)

국세청에서는 매년 소득금액 추계결정·경정시 적용할 경비율을 고시하므로, 매년 경 비율을 확인하여 적용하여야 한다. (2022년 귀속분 경비율은 2023년 4월 고시 예정)

업종코드	분류	단순경비율	기준경비율
701101	고가주택 임대업(기준시가 9억원 초과)	37.4%	16%
701102	일반주택 임대업(기준시가 9억원 이하)	42.6%	16.4%
701103	장기임대공동·단독주택 임대업(국민주택 5호 이상을 5년 이상 임대한 경우에 한하여 적용)	61.6%	20.1%
701104	장기임대 다가구주택 임대업(국민주택 5호 이상을 5년 이상 임대한 경우에 한하여 저용)	59.2%	21.3%
701301	주택의 전대 또는 전전대	43.4%	4.2%

(3) 추계신고 시 소득금액 계산

1) 간편장부 대상자의 경우

간편장부 대상자란 주택임대업의 경우 직전연도 수입금액이 7,500만원에 미달하거나 해당 과세기간에 신규로 사업을 개시한 사업자를 말한다. 이러한 간편장부 대상자 중 단 순경비율 대상자에 해당하는 경우 단순경비율에 의하여 소득금액을 계산할 수 있고, 기

준경비율 대상자인 경우에는 단순경비율에 의한 계산액의 2.8배와 기준경비율에 의한 계산액 중 적은 금액을 주택임대업의 소득금액으로 한다.

① 단순경비율 대상자의 소득금액

소득금액 = 수입금액 - (수입금액 × 단순경비율)

② 기준경비율 대상자의 소득금액

Min(㉠, ㉡)
㉠ 수입금액 - 주요경비(매입비용+임차료+인건비) - (수입금액 × 기준경비율)
㉡ [수입금액 - (수입금액 × 단순경비율)] × 2.8배

③ 가산세
사업자가 장부를 비치·기록하지 아니하였거나 비치·기록한 장부에 따른 소득금액이 기장하여야 할 금액에 미달하는 경우 다음의 산식에 의한 금액을 가산세로 하여 해당 과세기간의 종합소득 결정세액에 더하여 납부하여야 한다. (소득세법 81조의5)

$$\text{무기장가산세} = \text{산출세액} \times \left[\frac{\text{무(미달)기장소득금액}}{\text{종합소득금액}} \right] \times 20\%$$

다만, 다음 중 어느 하나에 해당하는 소규모사업자의 경우는 무기장가산세를 적용하지 아니한다. (소득세령 132조 4항)
㉠ 해당 과세기간에 신규로 사업을 개시한 사업자
㉡ 직전 과세기간의 사업소득의 수입금액(결정 또는 경정으로 증가된 수입금액 포함)이 4,800만원에 미달하는 사업자
㉢ 「소득세법」 제73조 제1항 제4호를 적용받는 사업자(연말정산 사업소득 대상자: 보험모집인, 음료배달원, 방문판매사업자)

2) 복식부기의무자
직전연도 주택임대업 수입금액이 7,500만원 이상인 복식부기의무자의 경우 단순경비율

에 의하여 소득금액을 계산할 수 없고, 다음의 방법에 의한 계산액의 적은 금액을 소득금액으로 한다.

Min(㉠, ㉡)
㉠ 수입금액 - 주요경비(매입비용+임차료+인건비) - (수입금액 × 기준경비율 × 0.5)
㉡ [수입금액 - (수입금액 × 단순경비율)] × 3.4배

---

③ 가산세

복식부기의무자가 장부를 비치·기록하지 아니한 경우에는 무기장가산세가 적용된다. (소득세법 81조의5) 또한 복식부기의무자가 기업회계기준을 준용하여 작성한 재무상태표·손익계산서와 그 부속서류, 합계잔액시산표 및 조정계산서를 제출하지 아니한 경우에는 종합소득세 과세표준확정신고를 하지 아니한 것으로 본다. (소득세법 70조 4항)

복식부기의무자가 기장의무를 이행하지 아니한 경우 다음 중 큰 금액을 가산세로 하여 해당 과세기간의 종합소득 결정세액에 더하여 납부하여야 한다. (국기법 47조의2 1항, 2항)

Max(㉠, ㉡, ㉢)
㉠ 무신고 가산세: 무신고 납부세액 × 20%(부정: 40%)
㉡ 무신고 가산세: (수입금액) × 7/10,000(부정: 14/10,000)
㉢ 무기장 가산세 = 산출세액 × [$\dfrac{무(미달)기장소득금액}{종합소득금액}$] × 20%

---

④ 결손금

(1) 결손금 공제

1) 주택임대업에서 발생한 결손금

사업자가 비치·기록한 장부에 의하여 해당 과세기간의 사업소득금액을 계산할 때 발생한 결손금은 그 과세기간의 종합소득과세표준을 계산할 때 ① 근로소득금액, ② 연금소득금액, ③ 기타소득금액, ④ 이자소득금액, ⑤ 배당소득금액에서 순서대로 공제한다.(소득세법 45조 1항)

2) 주택임대업을 제외한 부동산임대업에서 발생한 결손금

부동산임대업(주택임대업 제외)에서 발생한 결손금은 종합소득 과세표준을 계산할 때 다른 소득(근로소득금액, 연금소득금액, 기타소득금액, 이자소득금액, 배당소득금액)에서 공제하지 아니하고 다음 연도로 이월하여 부동산임대업에서 발생한 소득금액에서 공제한다. (소득세법 45조 2항, 3항)

(2) 이월결손금 공제

1) 주택임대업에서 발생한 이월결손금

주택임대업에서 발생한 이월결손금은 해당 이월결손금이 발생한 과세기간의 종료일부터 15년(2008.12.31.이전분은 5년, 2009.1.1.~2019.12.31.분은 10년)이내에 끝나는 과세기간의 소득금액을 계산할 때 먼저 발생한 과세기간의 이월결손금부터 순서대로 공제한다. (소득세법 45조 3항)

> **이월결손금 공제순서 (소득세법 45조 3항)**
> 이월결손금 공제순서는 다음과 같다.
> ① 사업소득금액 ② 근로소득금액 ③ 연금소득금액 ④ 기타소득금액 ⑤ 이자소득금액 ⑥ 배당소득금액으로 한다.
> 다만, 「국세기본법」에 따른 국세부과의 제척기간이 지난 후에 그 제척기간 이전 과세기간의 이월결손금이 확인된 경우 그 이월결손금은 공제하지 아니한다.

2) 주택임대업을 제외한 부동산임대업에서 발생한 이월결손금

부동산임대업(주택임대업 제외)에서 발생한 이월결손금은 해당 이월결손금이 발생한 과세기간의 종료일부터 15년(2008.12.31.이전분은 5년, 2009.1.1.~2019.12.31.분은 10년) 이내에 끝나는 과세기간의 소득금액을 계산할 때 먼저 발생한 과세기간의 이월결손금부터 순서대로 공제한다. 다만, 부동산임대업(주택임대업 제외)에서 발생한 이월결손금은 부동산임대업의 소득금액에서만 공제한다. (소득세법 45조 3항)

3) 결손금 및 이월결손금 공제 배제

해당 과세기간의 소득금액에 대해서 추계신고(비치·기록한 장부와 증명서류에 의하지 아니한 신고)를 하거나 추계조사결정하는 경우에는 적용하지 아니한다. 다만, 천재지변이나 그 밖의 불가항력으로 장부나 그 밖의 증명서류가 멸실되어 추계신고를 하거나 추계조사결정을 하는 경우에는 그러하지 아니하다. (소득세법 45조 4항)

 5 세액 계산

(1) 주요 소득공제 및 세액공제

「소득세법」에서는 소득공제 및 세액공제에 대하여 모든 종류의 종합소득에 동일하게 적용하지 않는다. 인적공제의 경우 종합소득이 있는 자도 적용받을 수 있으나, 특별공제 항목의 경우 대부분 근로소득자를 대상으로 한다.

구분			대상자	근거법령
소득공제	인적공제	기본공제	종합소득자	소득세법 50조
		추가공제	종합소득자	소득세법 51조
	연금보험료 공제		종합소득자	소득세법 51조의3
	특별공제	건강, 고용보험료 공제	근로소득자	소득세법 52조 1항
		주택임차차입금 원리금 상환액 공제	근로소득자	소득세법 52조 4항
		장기주택저당차입금 이자상환액 공제	근로소득자	소득세법 52조 5항
	주택청약종합저축공제		근로소득자	조특법 87조 2항
	신용카드 등 공제		근로소득자	조특법 126조의2
세액공제	자녀세액공제		종합소득자	소득세법 59조의 2
	연금계좌세액공제		종합소득자	소득세법 59조의3
	특별세액 공제	보장성보험료 세액공제	근로소득자	소득세법 59조의4 1항
		의료비 세액공제	근로소득자	소득세법 59조의4 2항
		교육비 세액공제	근로소득자	소득세법 59조의4 3항
		기부금 세액공제	종합소득자(사업소득자만 있는 자 제외)	소득세법 59조의4 4항
		표준세액공제	근로소득자(13만원), 종합소득자(일반: 7만원, 성실사업자: 12만원)	소득세법 59조의4 9항
	배당세액공제		배당소득자	소득세법 56조
	기장세액공제		사업소득자 (간편장부대상자)	소득세법 56조의2
	전자계산서 발급 전송 세액공제		사업소득자 (직전과세기간 3억원미만)	소득세법 56조의3
	외국납부세액공제		종합소득자	소득세법 57조
	재해손실세액공제		사업소득자	소득세법 58조
	근로소득세액공제		근로소득자	소득세법 59조
	월세세액공제		근로소득자	조특법 95조의2

1) 인적공제

① 기본공제 (소득세법 50조)

종합소득이 있는 거주자(자연인만 해당한다)에 대해서는 다음에 해당하는 사람의 수에 1명당 연 150만원을 곱하여 계산한 금액을 그 거주자의 해당 과세기간의 종합소득금액에서 공제한다. (소득세법 50조)

구분	공제대상자	연령 요건	동거 요건	소득 요건
본인	거주자 본인	해당 없음	해당 없음	해당 없음
배우자	거주자의 배우자	해당 없음	해당 없음	연간 100만원 이하 (근로소득만 있는 경우에는 총급여액 500만원 이하)
부양가족	직계존속	60세 이상	필요	
	직계비속과 입양자	20세 이하	해당 없음	
	형제자매	20세 이하 또는 60세 이상	필요	
	수급권자		필요	
	위탁아동	18세 미만 (보호기간이 연장된 경우 20세 이하)	6개월 이상 양육	

② 추가공제 (소득세법 51조)

기본공제대상자가 다음에 해당하는 경우에는 거주자의 해당 과세기간 종합소득금액에서 기본공제 외에 각 항목에 정해진 금액을 추가로 공제한다. 다만, ⓒ과 ⓔ에 모두 해당되는 경우에는 ⓔ를 적용한다.

ⓐ 70세 이상인 사람(경로우대자)의 경우 1명당 연 100만원

ⓑ 장애인인 경우 1명당 연 200만원

ⓒ 해당 거주자(해당 과세기간에 종합소득과세표준을 계산할 때 합산하는 종합소득금액이 3천만원 이하인 거주자로 한정)가 배우자가 없는 여성으로서 부양가족이 있는 세대주이거나 배우자가 있는 여성인 경우 연 50만원

ⓓ 해당 거주자가 배우자가 없는 사람으로서 기본공제대상자인 직계비속 또는 입양자가 있는 경우 연 100만원

③ 인적공제 한도 (소득세법 51조 4항)

인적공제의 합계액이 종합소득금액을 초과하는 경우 그 초과하는 공제액은 없는 것

으로 한다.

2) 연금보험료 공제 (소득세법 51조의 3)

종합소득이 있는 거주자가 공적연금 관련법에 따른 기여금 또는 개인부담금(연금보험료)을 납입한 경우에는 해당 과세기간의 종합소득금액에서 그 과세기간에 납입한 연금보험료를 공제한다.

다만, 다음에 해당하는 공제를 모두 합한 금액이 종합소득금액을 초과하는 경우 그 초과하는 금액을 한도로 연금보험료공제를 받지 아니한 것으로 본다.

① 인적공제
② 연금보험료공제
③ 주택담보노후연금 이자비용공제
④ 특별소득공제
⑤ 「조세특례제한법」에 따른 소득공제

3) 세액공제

① 자녀세액공제 (소득세법 59조의2)

종합소득이 있는 거주자의 기본공제대상자에 해당하는 자녀(입양자 및 위탁아동 포함)로서 7세 이상의 사람에 대해서는 다음에 해당하는 금액을 종합소득산출세액에서 공제한다.

㉠ 1명인 경우: 연 15만원

㉡ 2명인 경우: 연 30만원

㉢ 3명 이상인 경우 연 30만원과 2명을 초과하는 1명당 연 30만원을 합한 금액

또한 해당 과세기간에 출산 또는 입양 신고한 공제대상자녀가 있는 경우에는 다음에 해당하는 금액을 추가로 공제한다.

㉠ 출산하거나 입양 신고한 공제대상자녀가 첫째인 경우: 연 30만원

㉡ 출산하거나 입양 신고한 공제대상자녀가 둘째인 경우: 연 50만원

㉢ 출산하거나 입양 신고한 공제대상자녀가 셋째 이상인 경우: 연 70만원

② 연금계좌세액공제 (소득세법 59조의3)

종합소득이 있는 거주자가 연금계좌에 납입한 금액 중 다음에 해당하는 금액을 제

외한 금액(연금계좌 납입액)의 100분의 12[해당 과세기간에 종합소득과세표준을 계산할 때 합산하는 종합소득금액이 4천만원 이하(근로소득만 있는 경우에는 총급여액 5천 500만원 이하)인 거주자에 대해서는 100분의 15]에 해당하는 금액을 해당 과세기간의 종합소득산출세액에서 공제한다.

다만, 연금계좌 중 연금서축세좌에 납입한 금액이 연 400만원을 초과하는 경우에는 그 초과하는 금액은 없는 것으로 하고, 연금저축계좌에 납입한 금액 중 400만원 이내의 금액과 퇴직연금계좌에 납입한 금액을 합한 금액이 연 700만원을 초과하는 경우에는 그 초과하는 금액은 없는 것으로 하되, 해당 과세기간에 종합소득과세표준을 계산할 때 합산하는 종합소득금액이 1억원 초과(근로소득만 있는 경우에는 총급여액 1억2천만원 초과)인 거주자에 대해서는 연금계좌 중 연금저축계좌에 납입한 금액이 연 300만원을 초과하는 경우에는 그 초과하는 금액은 없는 것으로 하고, 연금저축계좌에 납입한 금액 중 300만원 이내의 금액과 퇴직연금계좌에 납입한 금액을 합한 금액이 연 700만원을 초과하는 경우에는 그 초과하는 금액은 없는 것으로 한다.

㉠ 소득세가 원천징수되지 아니한 퇴직소득 등 과세가 이연된 소득

㉡ 연금계좌에서 다른 연금계좌로 계약을 이전함으로써 납입되는 금액

③ 표준세액공제 (소득세법 59조의4 9항)

구분	세액공제
일반적인 경우	표준세액공제(7만원)
성실사업자	표준세액공제(12만원)
근로소득자	표준세액공제(13만원)

④ 기장세액공제 (소득세법 56조의2 1항)

간편장부대상자가 과세표준확정신고를 할 때 복식부기에 따라 기장하여 소득금액을 계산하고 기업회계기준을 준용하여 작성한 재무상태표·손익계산서와 그 부속서류, 합계잔액시산표 및 조정계산서를 제출하는 경우에는 해당 장부에 의하여 계산한 사업소득금액이 종합소득금액에서 차지하는 비율을 종합소득 산출세액에 곱하여 계산한 금액의 100분의 20에 해당하는 금액을 종합소득 산출세액에서 공제한다. 다만, 공제세액이 100만원을 초과하는 경우에는 100만원을 공제한다.

$$기장세액공제 = Min[\bigcirc, \bigcirc]$$

$\bigcirc$ 산출세액 $\times \dfrac{복식부기로기장소득금액}{종합소득금액} \times 20\%$

$\bigcirc$ 한도액: 100만원

(2) 종합소득세 세율

과세표준	세율	누진공제
1,200만원 이하	6%	-
1,200만원 초과 4,600만원이하	15%	108만원
4,600만원 초과 8,800만원 이하	24%	522만원
8,800만원 초과 1억5,000만원 이하	35%	1,490만원
1억5,000만원 초과 3억원 이하	38%	1,940만원
3억원 초과 5억원 이하	40%	2,540만원
5억원 초과 10억원 이하	42%	3,540만원
10억원 초과	45%	6,540만원

✅ check point **2022년 세법개정안 (소득세 과세표준 구간 조정)**

2022.7.21. 정부는 서민·중산층 세부담 완화를 위하여 소득세 과세표준 구간을 조정하는 것으로 세법 개정안 발표(국회 개정 여부 확인해야 함)

현 행		개 정 안	
□ 소득세 과세표준 및 세율		□ 과세표준 조정	
과 세 표 준	세율	과 세 표 준	세율
1,200만원 이하	6%	1,400만원 이하	6%
1,200만원~4,600만원 이하	15%	1,400만원~5,000만원 이하	15%
4,600만원~8,800만원 이하	24%	5,000만원~8,800만원 이하	24%
8,800만원~1.5억원 이하	35%	8,800만원~1.5억원 이하	35%
1.5억원~3억원 이하	38%	1.5억원~3억원 이하	38%
3억원~5억원 이하	40%	3억원~5억원 이하	40%
5억원~10억원 이하	42%	5억원~10억원 이하	42%
10억원 초과	45%	10억원 초과	45%

(3) 종합소득세 결정세액 계산

주택임대 총수입금액이 2,000만원 이하로 분리과세를 선택하는 경우를 제외하고는 주택임대소득 외 다른 소득(이자소득, 배당소득, 사업소득, 근로소득, 연금소득, 기타소득)금액이 있는 경우에 합산하여 종합소득금액을 계산한다. 종합소득금액에서 소득공제를 차감하여 과세표준을 구하고 세율을 곱한 다음 산출세액을 구하여 각종 세액공제 및 감면을 공제하여 종합소득세 결정세액을 계산한다. 또한 종합소득세 납부할 세액의 10% 상당액을 별도로 지방소득세로 납부하여야 한다.

구분	종합과세
주택임대수입금액	임대료 + 간주임대료 + 관리비 등
(-)	(-)
필요경비	<table><tr><td>구분</td><td>필요경비</td></tr><tr><td>기장</td><td>실제 필요경비</td></tr><tr><td>추계</td><td>단순경비율, 기준경비율에 의한 경비</td></tr></table>
(=)	(=)
주택임대소득금액	수입금액 - 필요경비
(+)	(+)
종합과세대상 다른 소득금액	이자소득금액, 배당소득금액, 사업소득금액, 근로소득금액, 연금소득금액, 기타소득금액
(=)	(=)
종합소득금액	주택임대소득금액 + 종합과세 대상 다른 소득금액
(-)	(-)
소득공제	인적공제 등 각종 소득공제
(=)	(=)
과세표준	종합소득금액 - 소득공제
(×)	(×)
세율	6% ~ 45%
(=)	(=)
산출세액	과세표준 × 세율
(-)	(-)
공제감면세액	소득세법 세액공제 및 조세특례제한법상 공제감면 (소형주택임대사업자세액감면 등)
(=)	(=)
결정세액	산출세액 - 공제감면세액

제4절

주택임대업 분리과세 특례

① 분리과세 개요

주택임대소득 총수입금액이 2,000만원 이하인 경우 납세자가 종합과세와 분리과세 중 유리한 방법으로 선택하여 신고할 수 있다. (소득세법 64조의2)

다만, 총수입금액이 2,000만원을 초과하는 경우에는 무조건 종합과세로 신고해야 한다.

이때, 주택을 공동으로 소유하고 경우에는 공동사업장의 소득금액에서 공동사업자간의 약정된 손익분배비율에 의하여 분배되었거나 분배될 소득금액(약정된 손익분배비율이 없는 경우에는 지분비율에 따른다)에 따라 각 공동사업자별로 분배한 금액과 타 주택임대 수입금액을 합산하여 2,000만원 여부를 판단한다.

☑ check point **주택을 공동으로 소유하고 있는 경우 총수입금액 2,000만원 여부 판단**

다음과 같이 주택임대 수입금액이 발생하였다고 하면

구분	소유자	임대료	甲수입금액	乙수입금액
A주택	甲단독소유	1,200만원	1,200만원	-
B주택	甲: 50%, 乙: 50%	2,000만원	1,000만원	1,000만원
C주택	甲: 30%, 乙: 70%	1,000만원	300만원	700만원
총 수입금액 합계			2,500만원	1,700만원

1. 甲의 경우 주택임대 수입금액이 2,500만원으로 2,000만원을 초과하므로 무조건 종합과세로 신고하여야 한다.
2. 乙의 경우 주택임대 수입금액이 1,700만원으로 2,000만원 이하이므로 종합과세와 분리과세 중 본인 유리한 방법으로 신고할 수 있다.

---

(1) 주택임대소득 분리과세 계산구조

구분	등록임대주택	미등록임대주택
수입금액	임대료 + 간주임대료 + 관리비 등	임대료 + 간주임대료 + 관리비 등
필요경비	수입금액의 60%	수입금액의 50%
소득금액	수입금액 - 필요경비	수입금액 - 필요경비
공제금액[1]	400만원	200만원
과세표준	소득금액 - 공제금액	소득금액 - 공제금액
산출세액	과세표준 × 14%(세율)	과세표준 × 14%(세율)
세액감면[2]	단기임대(30%, 20%), 장기임대(75%, 50%)	-
결정세액	산출세액 - 세액감면	산출세액 - 세액감면

1) 공제금액: 분리과세 주택임대소득을 제외한 종합소득금액이 2,000만원 이하인 경우 400만원(등록임대주택) 또는 200만원(미등록임대주택)을 공제

2) 세액감면: 국민주택규모 이하이면서 임대개시일 당시 기준시가 6억 이하인 등록임대주택에 한하여 적용

> **참고** 등록임대주택 요건(소득세령 122조의2 1항)
> ① 다음 중 어느 하나에 해당하는 주택일 것. 다만 2020.7.11. 이후 단기민간임대주택을 장기일반민간임대주택 등으로 변경신고한 경우에는 제외한다.
> ㉠ 「민간임대주택에 관한 특별법」 제5조에 따른 임대사업자 등록을 한 자가 임대 중인 같은 법 제2조 제4호에 따른 공공지원민간임대주택
> ㉡ 「민간임대주택에 관한 특별법」 제5조에 따른 임대사업자 등록을 한 자가 임대 중인 같은 조 제5호에 따른 장기일반민간임대주택. 다만 아파트를 임대하는 민간매입임대주택의 경우에는 2020년 7월 10일 이전에 등록을 신청(임대할 주택을 추가하기 위해 등록사항의 변경 신고를 한 경우 포함)한 것에 한정
> ㉢ 종전의 「민간임대주택에 관한 특별법」 제5조에 따른 임대사업자등록을 한 자가 임대 중인 단기민간임대주택(2020.7.10. 이전에 등록을 신청한 것으로 한정)
> ② 「소득세법」 제168조에 따른 사업자등록을 한 사업자의 임대주택일 것
> ③ 임대보증금 또는 임대료의 증가율이 5%를 초과하지 않을 것. 이 경우 임대료등의 증액 청구는 임대차계약의 체결 또는 약정한 임대료등의 증액이 있은 후 1년 이내에는 하지 못하고, 임대사업자가 임대료등의 증액을 청구하면서 임대보증금과 월임대료를 상호 간에 전환하는 경우에는 「민간임대주택에 관한 특별법」 제44조 제4항의 전환 규정을 준용한다. (2019.2.12. 이후 계약 또는 갱신하는 때부터 적용)

(2) 분리과세 납부세액 계산

1) 수입금액
주택임대수입금액은 임대료, 간주임대료, 관리비 등의 합계액을 말한다.

2) 필요경비
주택임대 필요경비는 임대주택 등록 여부에 따라 필요경비를 달리 계산한다. 등록임대주택의 경우 수입금액의 60%, 미등록임대주택의 경우 수입금액의 50%를 적용한다.

만약, 해당 과세기간 중에 임대주택으로 등록한 경우에는 임대주택을 등록하기 전까지는 수입금액의 50%를 적용하고, 임대주택으로 등록한 이후에는 수입금액의 60%를 적용한다.

(임대주택 등록 이후 수입금액 × 60%) + (임대주택 등록 전 수입금액 × 50%)

> ☑ check point **해당 과세기간 중에 임대주택으로 등록한 경우 필요경비 계산**
>
> 임대주택 현황
>
> | 계약기간 | 월임대료 | 임대주택 등록일 |
> |---|---|---|
> | 2022.1.1. ~ 2023.12.31 | 150만원 | 2022.10.1 |
>
> 2. 필요경비 계산
> (150만원 × 3개월 × 60%) + (150만원 × 9개월 × 50%) = 9,450,000원

3) 공제금액
주택임대소득금액을 제외한 종합소득금액이 2,000만원 이하인 경우에 한하여 적용하며, 공제금액은 등록임대주택의 경우 400만원, 미등록임대주택의 경우 200만원을 적용한다.

만약, 해당 과세기간 중에 임대주택으로 등록한 경우에는 임대주택을 등록하기 전에 발생한 수입금액과 임대주택을 등록한 후에 발생한 수입금액으로 안분하여 계산한다.

$$\left(\frac{등록임대주택수입금액}{주택임대수입금액} \times 4백만원 \right) + \left(\frac{미등록임대주택수입금액}{주택임대수입금액} \times 2백만원 \right)$$

━━

☑ check point 해당 과세기간 중에 임대주택으로 등록한 경우 공제금액 계산

1. 임대주택 현황

계약기간	월임대료	임대주택 등록일
2022.1.1.~2023.12.31	150만원	2022.10.1

2. 공제금액 계산

$$\left(\frac{450만원}{1,800만원} \times 4백만원\right) + \left(\frac{1,350만원}{1,800만원} \times 2백만원\right) = 2,500,000원$$

━━

4) 세액감면

분리과세 선택 시에는 종합과세 선택 시와 달리 다른 세액공제 등은 적용할 수 없고 소형주택임대사업자 감면만 적용할 수 있다. 소형주택임대사업자 감면을 적용받은 경우 감면받은 세액의 20%를 농어촌특별세로 납부하여야 한다.

소형주택임대사업자 감면에 대하여는 다음 절에서 자세히 설명하도록 한다.

5) 사후관리(임대기간 미충족 시 추징)

① 추징

등록임대주택의 필요경비율 60%와 공제금액 400만원을 적용한 사업자가 해당 임대주택의 임대의무기간 동안 임대하지 않은 경우에는 미등록임대주택(필요경비율 50%, 공제금액 200만원)을 적용하여 계산한 세액과 당초 신고한 세액의 차액과 이자상당가산액을 그 사유가 발생한 날이 속하는 과세연도의 과세표준신고를 할 때 소득세로 납부하여야 한다. (소득세법 64조의2 3항 2호)

② 임대의무기간

2020.8.18. 이후 「민간임대주택에 관한 특별법」 제5조에 따라 등록을 신청하는 민간임대주택에 대하여는 10년을 적용하며, 그 외의 경우에는 4년을 적용한다. (부칙 13조 법률 제17757조 2020.12.29.)

③ 이자상당가산액

추징사유에 해당하는 소득세를 납부하려는 경우 다음에 산식에 의한 이자상당액을

가산하여 납부하여야 한다. (소득세법 64조의 2 4항) 다만 부득이한 사유가 있는 경우에는 이자상당액을 납부하지 않는다.

세액의 차액 × 기간[1] × 22/100,000[2]

---

1) 기간: 감면 등을 받은 과세 연도의 종료일 다음 날부터 사유가 발생한 과세연도의 종료일까지의 기간

2) 2019.2.12.~2022.2.14.: 25/100,000

여기서 부득이한 사유란 다음을 말한다. (소득세령 122의2 6항)
　　㉠ 파산 또는 강제집행에 따라 임대주택을 처분하거나 임대할 수 없는 경우
　　㉡ 법령상 의무를 이행하기 위해 임대주택을 처분하거나 임대할 수 없는 경우
　　㉢「채무자 회생 및 파산에 관한 법률」에 따른 회생절차에 따라 법원의 허가를 받아 임대주택을 처분한 경우

④ 추징 배제 (소득세령 122의2 3항)
　　㉠「민간임대주택에 관한 특별법」제6조 제1항 제11호 또는 같은 조 제5항에 따라 임대사업자 등록이 자진·자동말소된 경우(2020.8.18. 이후 등록이 말소되는 분부터 적용: 부칙 13조 법률 제17757조 2020.12.29.)
　　㉡「도시 및 주거환경정비법」에 따른 재개발사업·재건축사업,「빈집 및 소규모주택 정비에 관한 특례법」에 따른 소규모주택정비사업으로 임대 중이던 당초의 임대주택이 멸실되어 새로 취득하거나「주택법」에 따른 리모델링으로 새로 취득한 주택이 아파트(당초의 임대주택이 단기민간임대주택인 경우에는 모든 주택을 말한다)인 경우. 다만, 새로 취득한 주택의 준공일부터 6개월이 되는 날이 2020년 7월 10일 이전인 경우는 제외한다.

제5절

세액감면 및 신고 납부

1 소형주택임대사업자 세액감면

(1) 세액감면 요건

1) 감면대상 임대사업자 (조특령 96조 1항)
내국인으로 다음의 요건을 모두 충족한 자를 말한다.

① 「소득세법」 제168조에 따른 사업자등록을 하였을 것
② 「민간임대주택에 관한 특별법」 제5조에 따른 임대사업자등록을 하였거나 「공공주택 특별법」 제4조에 따른 공공주택사업자로 지정되었을 것

2) 감면대상 임대주택 (조특령 96조 2항)
감면대상 임대주택을 1호 이상 임대하는 경우를 말하며 여기서 감면대상 임대주택이 란 다음의 요건을 모두 갖춘 임대주택을 말한다.

① 등록 임대주택
감면대상 임대사업자가 임대주택으로 등록한 주택으로서 다음 중 어느 하나에 해당 하는 주택일 것
㉠ 「민간임대주택에 관한 특별법」 제2조 제4호에 따른 공공지원민간임대주택. 다만, 종전의 「민간임대주택에 관한 특별법」(법률 제17482호 민간임대주택에 관한 특별법 일부개정법률로 개정되 기 전의 것을 말함) 제2조 제6호에 따른 단기민간임대주택으로서 2020년 7월 11일 이후 같은

법 제5조 제3항에 따라 공공지원민간임대주택으로 변경 신고한 주택은 제외한다.
ⓛ 「민간임대주택에 관한 특별법」 제2조 제5호에 따른 장기일반민간임대주택(법률 제17482호 민
간임대주택에 관한 특별법 일부개정법률 부칙 제5조 제1항에 따라 장기일반민간임대주택으로 보는 아파
트를 임대하는 민간매입임대주택을 포함). 다만 다음의 어느 하나에 해당하는 주택은 제외한다.
　ⓐ 2020년 7월 11일 이후 종전의 「민간임대주택에 관한 특별법」 제5조 제1항에 따라 등록
　　신청(같은 조 제3항에 따라 임대할 주택을 추가하기 위해 등록한 사항을 변경 신고한 경우를 포함)
　　한 장기일반민간임대주택 중 아파트를 임대하는 민간매입임대주택
　ⓑ 종전의 「민간임대주택에 관한 특별법」 제2조 제6호에 따른 단기민간임대주택으로서
　　2020년 7월 11일 이후 같은 법 제5조 제3항에 따라 장기일반민간임대주택으로 변경
　　신고한 주택
ⓒ 종전의 「민간임대주택에 관한 특별법」 제2조 제6호에 따른 단기민간임대주택. 다만, 2020
년 7월 11일 이후 같은 법 제5조 제1항에 따라 등록 신청한 단기민간임대주택은 제외한다.
ⓔ 「공공주택 특별법」 제2조 제1호의2 및 제1호의3에 따른 공공건설임대주택 또는 공공매입임
대주택

② 규모요건
「주택법」 제2조 제6호에 따른 국민주택규모(해당 주택이 다가구주택일 경우에는 가구당 전
용면적을 기준으로 한다)의 주택(주거에 사용하는 오피스텔과 주택 및 오피스텔에 딸린 토지를
포함하며, 그 딸린 토지가 건물이 정착된 면적에 지역별로 다음에서 정하는 배율을 곱하여 산정
한 면적을 초과하는 경우 해당 주택 및 오피스텔은 제외한다)일 것
ⓖ 「국토의 계획 및 이용에 관한 법률」 제6조 제1호에 따른 도시지역의 토지: 5배
ⓛ 그 밖의 토지: 10배

③ 기준시가
주택 및 이에 부수되는 토지의 기준시가의 합계액이 해당 주택의 임대개시일(임대 개
시 후 등록한 경우 사업자등록 및 지방자치단체 임대등록 완료일) 당시 6억원을 초과하지 않
을 것.

④ 임대료 상한 요건
임대보증금 또는 임대료의 증가율이 100분의 5를 초과하지 않을 것. 이 경우 임대료
등 증액 청구는 임대차계약 또는 약정한 임대료등의 증액이 있은 후 1년 이내에는
하지 못하고, 임대사업자가 임대료등의 증액을 청구하면서 임대보증금과 월임대료를

상호 간에 전환하는 경우에는 「민간임대주택에 관한 특별법」 제44조 제4항 및 「공공주택 특별법 시행령」 제44조 제3항에 따라 정한 기준을 준용한다. (2019.2.12. 이후 신규 계약 및 갱신하는 분부터 적용)

> **<전월세 전환>**
> 임대보증금과 월임대료 상호간 전환 시 그 전환되는 금액에 다음 중 낮은 비율을 곱한 월차임의 범위를 초과할 수 없다. (민특법 제44조 제4항)
> Min[①, ②]
> ① 「은행법」에 따른 은행에서 적용하는 대출금리와 해당 지역의 경제 여건 등을 고려하여 대통령령으로 정하는 비율(10%)
> ② 한국은행에서 공시한 기준금리에 대통령령으로 정하는 이율(2%)을 더한 비율
>   *한국은행의 기준금리가 매번 바뀔 수 있기 때문에 항상 확인하여야 함.

3) 임대기간의 판정 (조특령 96조 3항)

1호 이상의 임대주택을 4년(장기일반민간임대주택등의 경우에는 8년·10년) 이상 임대하는지 여부는 다음에 따른다.

① 해당 과세연도의 매월말 현재 실제 임대하는 임대주택이 1호 이상인 개월 수가 해당 과세연도 개월 수(1호 이상의 임대주택의 임대개시일이 속하는 과세연도의 경우에는 1호 이상의 임대주택의 임대개시일이 속하는 월부터 과세연도 종료일이 속하는 월까지의 개월 수)의 12분의 9 이상인 경우에는 1호 이상의 임대주택을 임대하고 있는 것으로 본다. 다만, 임대주택이 자진·자동 말소된 경우에는 말소되는 날이 속하는 해당 과세연도에 1호 이상의 임대주택을 임대하고 있는 것으로 본다.

② 1호 이상의 임대주택의 임대개시일부터 4년(장기일반민간임대주택 등의 경우에는 8년·10년)이 되는 날이 속하는 달의 말일까지의 기간 중 매월 말 현재 실제 임대하는 임대주택이 1호 이상인 개월 수가 43개월(장기일반민간임대주택 등의 경우에는 87개월·108개월) 이상인 경우에는 1호 이상의 임대주택을 4년(장기일반민간임대주택 등의 경우에는 8년·10년) 이상 임대하고 있는 것으로 본다.

③ ① 및 ②를 적용할 때 기존 임차인의 퇴거일부터 다음 임차인의 입주일까지의 기간으로서 3개월 이내의 기간은 임대한 기간으로 본다.

④ ① 및 ②를 적용할 때 상속, 합병, 분할, 물적분할, 현물출자로 인하여 피상속인, 피합병법인, 분할법인, 출자법인이 임대하던 임대주택을 상속인, 합병법인, 분할신설법인, 피출자법인이 취득하여 임대하는 경우에는 피상속인등의 임대기간은 상속인등

의 임대기간으로 본다.

⑤ ① 및 ②를 적용할 때 「공익사업을 위한 토지 등의 취득 및 보상에 관한 법률」 또는 그 밖의 법률에 따른 수용(협의 매수를 포함한다)으로 임대주택을 처분하거나 임대를 할 수 없는 경우에는 해당 임대주택을 계속 임대하는 것으로 본다.

⑥ ① 및 ②를 적용할 때 「도시 및 주거환경정비법」에 따른 재개발사업·재건축사업, 「빈집 및 소규모주택 정비에 관한 특례법」에 따른 소규모주택정비사업 또는 「주택법」에 따른 리모델링의 사유로 임대주택을 처분하거나 임대를 할 수 없는 경우에는 해당 주택의 관리처분계획 인가일(소규모주택정비사업의 경우에는 사업시행계획 인가일, 리모델링의 경우에는 허가일 또는 사업계획승인일을 말한다) 전 6개월부터 준공일 후 6개월까지의 기간은 임대한 기간으로 본다. 이 경우 임대기간 계산에 관하여는 「종합부동산세법 시행령」 제3조 제7항 제7호 및 제7호의2를 준용한다.

(2) 감면세액 (조특법 96조 1항)

2022년 12월 31일 이전에 끝나는 과세 연도까지 해당 임대사업에서 발생한 소득에 대하여 다음에 따른 세액을 감면한다. (감면세액의 20% 농어촌특별세 납부)

구분		감면율
1호 임대	단기임대주택	30%
	장기일반민간임대주택등	75%
2호 이상 임대	단기임대주택	20%
	장기일반민간임대주택등	50%

> ☑ check point 소형주택임대사업자 세액감면 일몰 연장 (2022년 세법개편안)
> 지난 2022.7.21. 발표한 정부의 세법개편안에 따르면 소형주택임대사업자 세액감면 일몰을 기존 2022.12.31.에서 3년을 연장한 2025.12.31.으로 연장하는 세법개편안을 발표(연말 국회 개정사항을 확인해야 함)

(3) 사후관리

1) 추징

소득세를 감면받은 내국인이 1호 이상의 임대주택을 4년(장기일반민간임대주택 등의 경우에는 8년, 10년) 이상 임내하지 아니하는 경우 그 사유가 발생한 날이 속하는 과세 연도의 과세표준신고를 할 때 감면받은 세액을 소득세로 납부하여야 한다. (조특법 96조 2항)

다만, 2020.8.18. 이후 「민간임대주택에 관한 특별법」 제5조에 따라 등록을 신청하는 장기일반민간임대주택에 대하여는 10년을 적용하며, 그 외의 장기일반민간임대주택 경우에는 8년을 적용한다. (부칙 19조 법률 제17759호 2020.12.29.)

2) 이자상당가산액

추징사유에 해당하는 소득세를 납부하려는 경우 다음에 산식에 의한 이자상당액을 가산하여 납부하여야 한다. (조특법 96조 3항) 다만 부득이한 사유가 있는 경우에는 이자상당액을 납부하지 않는다.

세액의 차액 × 기간[1] × 22/100,000[2]

---

1) 기간: 감면 등을 받은 과세 연도의 종료일 다음 날부터 사유가 발생한 과세연도의 종료일까지의 기간

2) 2019.2.12. ~ 2022.2.14.: 25/100,000

여기서 부득이한 사유란 다음을 말한다. (조특령 96조 7항)

① 파신 또는 강제집행에 따라 임대주택을 치분하거나 임대할 수 없는 경우
② 법령상 의무를 이행하기 위해 임대주택을 처분하거나 임대할 수 없는 경우
③ 「채무자 회생 및 파산에 관한 법률」에 따른 회생절차에 따라 법원의 허가를 받아 임대주택을 처분한 경우

3) 추징 배제 (조특령 96조 5항)

㉠ 「민간임대주택에 관한 특별법」 제6조 제1항 제11호 또는 같은 조 제5항에 따라 임대사업자 등록이 자진·자동말소된 경우
㉡ 「도시 및 주거환경정비법」에 따른 재개발사업·재건축사업, 「빈집 및 소규모주택 정비에 관한

특례법」에 따른 소규모주택정비사업으로 임대 중이던 당초의 임대주택이 멸실되어 새로 취득하거나 「주택법」에 따른 리모델링으로 새로 취득한 주택이 아파트(당초의 임대주택이 단기민간임대주택인 경우에는 모든 주택을 말한다)인 경우. 다만, 새로 취득한 주택의 준공일부터 6개월이 되는 날이 2020년 7월 10일 이전인 경우는 제외한다.

(4) 감면신청 (조특법 96조 4항)

세액의 감면신청을 하려는 자는 해당 과세 연도의 과세표준신고와 함께 세액감면신청서에 다음의 서류를 첨부하여 납세지 관할 세무서장에게 제출하여야 한다. (조특령 96조 8항)

① 「민간임대주택에 관한 특별법 시행령」 제4조 제5항에 따른 임대사업자 등록증 또는 「공공주택 특별법」 제4조에 따른 공공주택사업자로의 지정을 증명하는 자료
② 「민간임대주택에 관한 특별법 시행령」 제36조 제4항에 따른 임대 조건 신고증명서
③ 「민간임대주택에 관한 특별법」 제47조 또는 「공공주택 특별법」 제49조의2에 따른 표준임대차계약서 사본
④ 임대차계약 신고이력 확인서(「민간임대주택에 관한 특별법 시행규칙」 별지 제23호의2 서식)

✅ check point 필자 주

소형주택임대사업자 세액감면을 적용받는 경우 감가상각의제 규정 적용

소형주택임대사업자 세액감면을 적용받는 경우 소득세법시행령 제68조 제1항 및 제3항에 따라 감가상각의제 규정이 적용되어, 감가상각비만큼 추후 해당 주택을 양도 시 취득가액에서 차감되므로 양도소득세 세부담이 증가할 수 있다. 따라서 세액감면을 신중히 적용하여야 한다.

사전 2020-법령해석소득-0233(2021.3.9.)

주택임대사업자가 주택임대소득에 대하여 「소득세법」 제64조의2 제1항에 따라 분리과세를 선택하고 같은 법 제70조 제4항 제6호에 따른 추계소득금액 계산서를 제출한 경우에도 건축물에 대해서는 「소득세법 시행령」 제68조 제2항의 적용이 배제되는 것이나, 위 주택임대소득에 대하여 「조세특례제한법」 제96조 제1항의 규정에 따라 소득세를 감면받은 경우에는 위 건축물에 대하여 「소득세법 시행령」 제68조 제1항이 적용되는 것입니다.

■ 조세특례제한법 시행규칙 [별지 제60호의16서식] <개정 2022. 3. 18.>

소형주택 임대사업자에 대한 세액감면신청서

※ 뒤쪽의 작성방법을 읽고 작성하여 주시기 바랍니다. (앞쪽)

접수번호	접수일	처리기간	즉시

❶ 신청인	① 상호 또는 법인명		② 사업자등록번호
	③ 대표자 성명		④ 생년월일
	⑤ 주소 또는 본점소재지		
	(전화번호:)		

❷ 과세연도 년 월 일부터 년 월 일까지

❸ 세액감면 계산내용

⑥ 임대주택 소재지	⑦ 주거전용 면적	⑧ 임대개시 당시 기준시가 6억원 이하	⑨ 소득세법 등에 따른 사업자등록	⑩ 민간임대 주택법 등에 따른 등록	⑪ 임대주택 요건 충족	⑫ 임대료 증액 (5% 이내) 요건 충족
A		여, 부	여, 부	단기, 장기, 부	여, 부	여, 부
B		여, 부	여, 부	단기, 장기, 부	여, 부	여, 부
C		여, 부	여, 부	단기, 장기, 부	여, 부	여, 부
D		여, 부	여, 부	단기, 장기, 부	여, 부	여, 부
E		여, 부	여, 부	단기, 장기, 부	여, 부	여, 부

⑬ 해당연도 임대 개월수 요건 충족	⑭ 임대기간 요건 충족		⑮ 감면대상 임대사업소득	⑯ 감면대상 산출세액	⑰ 감면율			⑱ 감면세액 (⑯×⑰)
	단기	장기			1호	단기 30% 장기 75%		
					2호 이상	단기 20% 장기 50%		
A 여, 부	여, 부, 4년 미도래	여, 부, 8년(10년) 미도래						
B 여, 부	여, 부, 4년 미도래	여, 부, 8년(10년) 미도래						
C 여, 부	여, 부, 4년 미도래	여, 부, 8년(10년) 미도래						
D 여, 부	여, 부, 4년 미도래	여, 부, 8년(10년) 미도래						
E 여, 부	여, 부, 4년 미도래	여, 부, 8년(10년) 미도래						
합계								

❹ 세액감면을 받은 후 1호 이상, 임대기간 요건을 충족하지 못한 경우의 납부세액 계산

⑲ 공제받은 세액(이월공제세액 포함)의 합계액[장기일반민간임대주택등을 4년 이상 8년(10년) 미만 임대한 경우에는 공제받은 세액의 60%]

⑳ 이자상당액

㉑ 납부 세액(⑲ + ⑳)

「조세특례제한법 시행령」 제96조제8항에 따라 위와 같이 소형주택 임대사업자에 대한 세액감면신청서를 제출합니다.

년 월 일

신청인 (서명 또는 인)

세무서장 귀하

첨부서류	1. 「민간임대주택에 관한 특별법 시행령」 제4조제5항에 따른 임대사업자 등록증 또는 「공공주택 특별법」 제4조에 따른 공공주택사업자로의 지정을 증명하는 자료 2. 「민간임대주택에 관한 특별법 시행령」 제36조제4항에 따른 임대 조건 신고증명서 3. 「민간임대주택에 관한 특별법」 제47조 또는 「공공주택 특별법」 제49조의2에 따른 표준임대차계약서 사본 4. 「민간임대주택에 관한 특별법 시행규칙」 제19조제8항에 따른 임대차계약 신고이력 확인서	수수료 없음

210mm×297mm[백상지 80g/㎡ 또는 중질지 80g/㎡]

임대차계약 신고이력 확인서

<table>
<tr><td rowspan="5">임대
사업자</td><td>[ ] 개인사업자</td><td>성명</td><td colspan="2">주민등록번호</td></tr>
<tr><td>[ ] 법인사업자</td><td>법인명(상호)</td><td colspan="2">법인등록번호</td></tr>
<tr><td rowspan="3">주소(법인의 경우 대표 사무소 소재지)</td><td colspan="3">전화번호 (유선)</td></tr>
<tr><td colspan="3">(휴대전화)</td></tr>
<tr><td colspan="3">전자우편</td></tr>
</table>

<table>
<tr><td rowspan="7">민간
임대
주택</td><td colspan="4">민간임대주택의 소재지</td></tr>
<tr><td>주택 구분</td><td>[ ] 건설, [ ] 매입</td><td colspan="2">등록말소 여부　　　[ ] 등록 중, [ ] 말소</td></tr>
<tr><td rowspan="2">주택 종류</td><td colspan="3">[ ] 공공지원민간임대주택, [ ] 장기일반민간임대주택, [ ] 단기민간임대주택</td></tr>
<tr><td colspan="3">[ ] 준공공임대주택, [ ] 기업형임대주택, [ ] 그 밖의 주택(　　　　　　　)</td></tr>
<tr><td rowspan="2">주택 유형</td><td colspan="3">[ ] 단독주택, [ ] 다가구주택, [ ] 아파트, [ ] 아파트(도시형생활주택)</td></tr>
<tr><td colspan="3">[ ] 연립주택, [ ] 다세대주택, [ ] 기숙사, [ ] 오피스텔</td></tr>
<tr><td>전용면적(㎡)</td><td>임대개시일</td><td colspan="2">대출금(원)</td></tr>
</table>

<table>
<tr><td rowspan="2">순번</td><td colspan="3">임대차 계약기간</td><td colspan="2">임대 조건(원)</td><td rowspan="2">임대료
인상률</td><td rowspan="2">묵시적
계약갱신
여부</td></tr>
<tr><td>개시일</td><td>종료일</td><td>임대기간</td><td>임대보증금</td><td>월 임대료</td></tr>
<tr><td></td><td></td><td></td><td></td><td></td><td></td><td></td><td></td></tr>
<tr><td></td><td></td><td></td><td></td><td></td><td></td><td></td><td></td></tr>
<tr><td></td><td></td><td></td><td></td><td></td><td></td><td></td><td></td></tr>
</table>

「민간임대주택에 관한 특별법 시행규칙」 제19조제8항에 따라 임대차계약 신고이력 확인서를 발급합니다.

년　　　월　　　일

특별자치시장
특별자치도지사
시장 · 군수 · 구청장

직인

210mm×297mm[백상지(80g/㎡) 또는 중질지(80g/㎡)]

◆2◆ 신고 납부

(1) 중간예납

분리과세 주택임대소득만 있는 경우와 당해 과세기간에 신규로 사업을 개시한 자는 중간예납 납세의무가 면제된다. (소득세법 65조 1항, 소득세령 123조)

(2) 확정신고·납부

1) 확정신고·납부
주택임대소득이 있는 거주자는 그 과세기간의 다음연도 5월 1일부터 5월 31일(주택임대수입금액이 5억원 이상인 성실신고확인대상 사업자는 6월 30일)까지 납세지 관할 세무서장에게 신고·납부를 하여야 한다.

2) 분납
거주자로서 납부할 세액이 1,000만원을 초과하는 자는 다음의 세액을 납부기한이 지난 후 2개월 이내에 분납할 수 있다. (소득세법 77조, 소득세령 140조)

① 납부할 세액이 2천만원 이하인 때에는 1천만원을 초과하는 금액
② 납부할 세액이 2천만원을 초과하는 때에는 그 세액의 100분의 50 이하의 금액

(3) 가산세

신고납부 기한 내에 신고하지 아니하거나 신고하였더라도 납부하지 아니한 경우에는 가산세를 납부하여야 한다. (국기법 47조의2, 3, 4)

1) 무신고 가산세

구분		가산세율
무신고 가산세	일반	무신고 납부세액의 20%
	부정[1]	무신고 납부세액의 40% (역외거래 60%)
복식부기의무자	일반	Max(무신고 납부세액의 20%, 수입금액의 0.07%)
	부정[1]	Max(무신고 납부세액의 40%(역외거래 60%), 수입금액의 0.14%)

1) 부정행위(조세범처벌법 제3조 제6항)

㉠ 이중장부의 작성 등 장부의 거짓 기장

㉡ 거짓 증빙 또는 거짓 문서의 작성 및 수취

㉢ 장부와 기록의 파기

㉣ 재산의 은닉, 소득·수익·행위·거래의 조작 또는 은폐

㉤ 고의적으로 장부를 작성하지 아니하거나 비치하지 아니하는 행위 또는 계산서, 세금계산서 또는 계산서합계표, 세금계산서합계표의 조작

㉥ 「조세특례제한법」 제5조의2 제1호에 따른 전사적 기업자원 관리설비의 조작 또는 전자세금계산서의 조작

㉦ 그 밖에 위계(僞計)에 의한 행위 또는 부정한 행위

2) 과소신고 가산세

구분		가산세율
과소신고(초과환급) 가산세	일반	(과소신고 납부세액 등 - 부정과소신고납부세액 등)의 10%
	부정	부정과소신고납부세액 등의 40% (역외거래 60%)
복식부기의무자	일반	(과소신고 납부세액 등 - 부정과소신고납부세액 등)의 10%
	부정	Max[부정과소신고 납부세액의 40%(역외거래 60%), 부정과소신고수입금액의 0.14%]

3) 납부지연 가산세

구분		가산세율
납부지연가산세	미납미달납부	미납·미달납부세액 × 미납기간[1] × 22/100,000 (2019.2.12.~2022.2.14.: 25/100,000)

1) 미납기간: 납부기한의 다음날~자진납부일(고지일)

4) 가산세 감면 (국기법 48조)

구분	감면비율
과세표준신고서를 법정신고기한까지 제출한 자가 법정신고기한 경과 후 2년 이내 수정신고(과세관청에서 경정할 것을 미리 알고 수정신고하는 경우 제외)	법정신고기한 경과 후 ① 1개월 이내: 90% ② 1개월 초과 3개월 이내: 75% ③ 3개월 초과 6개월 이내: 50% ④ 6개월 초과 1년 이내: 30% ⑤ 1년 초과 1년 6개월 이내: 20% ⑥ 1년 6개월 초과 2년 이내: 10%
과세표준신고서를 법정신고기한까지 제출하지 아니한 자가 법정신고기한 경과 후 6개월 이내 기한 후 신고(과세관청에서 경정할 것을 미리 알고 기한 후 신고하는 경우 제외)	법정신고기한 경과 후 ① 1개월 이내: 50% ② 1개월 초과 3개월 이내: 30% ③ 3개월 초과 6개월 이내: 20%

(4) 작성 사례

1) 분리과세로 신고하는 경우 (주택임대 총수입금액 2,000만원 이하)

: 주택임대소득만 있고 다른 종합과세 소득은 없다고 가정

① 임대 현황

구분	보증금	월세	임대기간	주거전용 면적	기준시가	임대주택 등록 여부
A주택	1.5억	50만원	1.1.~12.31	59㎡	4억	등록
B주택	1억	-	1.1.~12.31	38㎡	1.8억	미등록
C주택	3.5억	60만원	1.1.~12.31	85㎡	6억	미등록
D주택	2억	-	1.1.~12.31	49㎡	2.5억	미등록

② 소득금액 계산내역

구분	간주임대료	월세	총수입금액	필요경비	소득금액
A주택	1,080,000[1]	6,000,000[2]	7,080,000	4,248,000[3]	2,832,000
B주택	-[1]	-	-	-	-
C주택	360,000[1]	7,200,000[2]	7,560,000	3,780,000[3]	3,780,000
D주택	1,440,000[1]	-	1,440,000	720,000[3]	720,000
계	2,880,000	13,200,000	16,080,000	8,748,000	7,332,000

1) A: [(1.5억-0) × 365 × 60%] ÷ 365 × 1.2% = 1,080,000

　　B: 주거전용면적 40㎡ 이하이고 기준시가 2억 이하이므로 간주임대료 계산 제외

　　C: [(3.5억-3억) × 365 × 60%] ÷ 365 × 1.2% = 360,000

　　D: [(2억-0) × 365 × 60%] ÷ 365 × 1.2% = 1,440,000

2) A: 500,000 × 12개월 = 6,000,000

　　C: 600,000 × 12개월 = 7,200,000

3) A: 7,080,000 × 60%(등록임대주택 필요경비율) = 4,248,000

　　C: 7,560,000 × 50%(미등록임대주택 필요경비율) = 3,780,000

　　D: 1,440,000 × 50%(미등록임대주택 필요경비율) = 720,000

③ 공제금액 계산

$$\left(\frac{\text{등록임대주택수입금액}}{\text{주택임대수입금액}} \times 4\text{백만원}\right) + \left(\frac{\text{미등록임대주택수입금액}}{\text{주택임대수입금액}} \times 2\text{백만원}\right)$$

$$\left(\frac{2,832,000}{7,332,000} \times 4,000,000\right) + \left(\frac{4,500,000}{7,332,000} \times 2,000,000\right) = 2,772,504$$

④ 세액 계산

$(7,332,000 - 2,772,504) \times 14\% = 638,329$

(2022년 귀속) 종합소득세
과세표준확정신고 및 납부계산서
(분리과세 소득자용)

거주구분	거주자1 /비거주자2	
내·외국인	내국인1 /외국인9	
거주지국	거주지국코드	

관리번호　　-

❶ 기본사항

① 성　　　명 박세무	② 주민등록번호 840101-1******
③ 주　　　소	④ 전자우편주소
⑤ 주소지 전화번호	⑥ 휴대전화번호
⑦ 신고유형 ㉟ 분리과세	⑧ 신고구분 ⑩ 정기신고, ⑳ 수정신고, ㊵ 기한후신고

❷ 환급금 계좌신고　⑨ 금융기관/체신관서명　　　　　⑩ 계좌번호

❸ 세무대리인

⑪ 성명　박지성	⑫ 사업자등록번호 7 6 1 - 2 0 - * * * * *
⑬ 관리번호 U - 1 * * * *	⑭ 전화번호

❹ 종합소득세액의 계산

구　　　　　분	합　계	㉝ 주택임대 사업소득	⑯ 기타소득 (계약금이 위약금 ·배상금으로 대체 되는 경우)	㉻ 기타소득 (가상자산 양도· 대여)
⑮ 총수입금액		16,080,000		
⑯ 필요경비		8,748,000		
⑰ 공제금액		2,772,504		2,500,000
⑱ 소득금액(과세표준): ⑮-⑯-⑰		4,559,496		
⑲ 세율		14%	20%	20%
⑳ 산출세액: ⑱×⑲		638,329		
㉑ 세액감면				
㉒ 결정세액: ⑳-㉑		638,329		
㉓ 가산세액: 가산세액명세(㊱~㊸)의 합계금액				
㉔ 추가납부세액 : ㊾+㏄				
㉕ 합계: ㉒+㉓+㉔	638,329			
㉖ 기납부세액				
㉗ 납부(환급)할 세액: ㉕-㉖	638,329			

❺ 농어촌특별세의 계산

㉘ 과세표준: ㉑ 세액감면란의 금액		
㉙ 세율	20%	
㉚ 산출세액(결정세액): ㉘×㉙		
㉛ 가산세액		
㉜ 추가환급세액		
㉝ 합계: ㉚+㉛-㉜		
㉞ 기납부세액		
㉟ 납부(환급)할 세액: ㉝-㉞		

❻ 가산세액 명세

가산세액계산명세	구　　분		계산기준	기준금액	가산세율	가산세액
	㊱ 무 신 고	부정무신고	무신고납부세액		40/100(60/100)	
			수　입　금　액		14/10,000	
		일반무신고	무신고납부세액		20/100	
			수　입　금　액		7/10,000	
	㊲ 과소신고	부정과소신고	과소신고납부세액		40/100(60/100)	
			수　입　금　액		14/10,000	
		일반과소신고	과소신고납부세액		10/100	

210mm×297mm(백상지 80g/㎡)

	구 분			계산기준	기준금액	가산세율	가산세액
기산세액계산명세	㊳ 납부지연		미 납 일 수 ( )			22/100,000	
			미 납 부 (환 급) 세 액				
	㊴ 보고불성실 (세금)계산서 관련 가산세 (직전년도 수입금액이 기준금액 이상으로 복식부기의무자에 해당하는 경우 작성)	지 급 명 세 서	미제출(불명)	지급(불명)금액		1/100	
			지 연 제 출	지 연 제 출 금 액		0.5/100	
		근로소득간이지급명세서	미제출(불명)	지 급 금 액		0.25/100	
			지 연 제 출	지 연 제 출 금 액		0.125/100	
		계 산 서	미발급(위장가공)	공 급 가 액		2/100	
			지연발급	공 급 가 액		1/100	
			불명	불 명 금 액		1/100	
			전자계산서 외 발급	공 급 가 액		1/100	
			전자계산서 미전송	공 급 가 액		3/1,000 (1/100)	
			전자계산서 지연전송	지 연 전 송 금 액		1/1,000 (5/1,000)	
		계 산 서 합 계 표	미제출(불명)	공 급 (불명) 가 액		0.5/100	
			지연제출	지 연 제 출 금 액		0.3/100	
		매입처별 세금계산서 합계표	미제출(불명)	공 급 (불명) 가 액		0.5/100	
			지연제출	지 연 제 출 금 액		0.3/100	
	㊵ 공동사업장 등록불성실	미 등 록 · 허 위 등 록		총 수 입 금 액		0.5/100	
		손익분배비율 허위신고 등		총 수 입 금 액		0.1/100	
	㊶ 주택임대사업자 미등록			미등록기간 수입금액		2/1,000	

❼ 추가납부세액 계산

1. 공제금액에 대한 추가납부세액

㊷구분	㊸공제받은 과세기간	㊹추가 납부사유	추가납부액 관련 필요경비 및 공제금액		㊽소득세 상당액	가 산 액			㊾추가납부액 (㊽+㊹)
			㊺계	㊻필요경비 차액	㊼공제받은금액 차액	㊽소득세 상당액	㊾이자율 [( )/10,000]	㊿기간	51금 액 (㊽×㊾×㊿)	52추가납부액 (㊽+51)

㊷구분	㊸공제받은 과세기간	㊹추가 납부사유	㊺계	㊻필요경비 차액	㊼공제받은금액 차액	㊽소득세 상당액	㊾이자율 [( )/10,000]	㊿기간	51금 액 (㊽×㊾×㊿)	52추가납부액 (㊽+51)

2. 감면세액에 대한 추가납부세액

53구분	54공제받은 과세기간	55추가납부 사유	56감면세액	57이자율 [( )/10,000]	58기 간	59금 액 (56×57×58)	60추가납부액 (56+59)

❽ 해당 과세기간의 종합소득금액

61 종합소득금액(분리과세 소득 제외)	□ 2천만원 초과	✓ 2천만원 이하

신고인은 「소득세법」 제70조와 「국세기본법」 제45조의3에 따라 위의 내용을 신고하며, **위 내용을 충분히 검토**하였고 신고인이 알고 있는 사실 그대로를 정확하게 적었음을 확인합니다. 위 내용 중 과세표준 또는 납부세액을 신고하여야 할 금액보다 적게 신고하거나 환급세액을 신고하여야 할 금액보다 많이 신고한 경우에는 「국세기본법」 제47조의3에 따른 가산세 부과의 대상이 됨을 알고 있습니다.

년 월 일 신고인 (서명 또는 인)

세무대리인은 조세전문자격자로서 위 신고서를 성실하고 공정하게 작성하였음을 확인합니다.

세무대리인 (서명 또는 인)

세무서장 귀하

210mm×297mm(백상지 80g/㎡)

■소득세법 시행규칙 [별지 제53호서식]

부동산(주택) 임대보증금 등의 총수입금액 조정명세서(3)

①과세기간	2022년 1월 1일부터 2022년 12월31일까지	②주민등록번호	840101-1******	③성명	박세무

1. 주택임대보증금의 총수입금액 조정

④소재지	⑤임차인		⑥임대기간	⑦보증금 등	⑧공제액	⑨보증금잔액 (⑦-⑧)	⑩일수	⑪보증금잔액 적수 (⑨×⑩)	⑫적용률	⑬이자율	⑭총수입금액 상당액 [(⑪×⑫ ×⑬)÷365, 윤년366]	⑮보증금 운용수입			⑯총수입금액산입금액 (⑭-⑮)
	성명	납세자번호										수입이자 및 할인료	배당금	계	
서울시 양천구 신정동 (A)	박임대	80010 1-1** ****	2022.1 .1. 2022.1 2.31	150,0 00,00 0		150,00 0,000	365	54,750 ,000,0 00	60%	1.2%	1,080,000				1,080,0 00
서울시 강서구 마곡동 (C)	김임대	81010 1-1** ****	2022.1 .1. 2022.1 2.31	350,0 00,00 0	300,0 00,00 0	50,000 ,000	365	18,250 ,000,0 00	60%	1.2%	360,000				360,000
경기도 부천시 괴안동 (D)	이임대	82010 1-1** ****	2022.1 .1. 2022.1 2.31	200,0 00,00 0		200,00 0,000	365	73,000 ,000,0 00	60%	1.2%	1,440,000				1,440,0 00
합계				700,0 00,00 0	300,0 00,00 0	400,00 0,000		146,00 0,000, 000							2,880,0 00

2. 주택임대보증금 등 운용수입 명세

⑰과목	⑱계정금액	⑲수입이자 및 할인료	⑳배당금	㉑계

작성방법

1. 이 서식은 주택임대소득에 대해 적용합니다.

2. ⑦ 보증금 등 : 공동 소유 주택의 경우 해당 주택의 전체 보증금 등의 금액을 적습니다.

3. ⑧ 공제액란 : 2주택이상에서 보증금 등을 받은 경우에는 보증금 등의 적수가 가장 큰 주택의 보증금 등부터 순서대로 공제합니다(3억원한도).

4. ⑫ 적용률란 : 60%를 적습니다.

5. ⑬ 이자율란 : 「소득세법 시행규칙」 제23조에 따른 이자율을 옮겨 적습니다.

6. ⑮ 보증금 운용수입란 : 「2. 주택임대보증금 등 운용수입 명세」의 ㉑계의 금액을 옮겨 적습니다.

7. ⑯ 공동 소유 주택의 경우 전체 공동 사업자 전체의 총수입금액산입금액 중 본인 손익분배 비율에 해당하는 금액만큼 적습니다.

210mm×297mm[백상지 80g/㎡ 또는 중질지 80g/㎡]

2) 분리과세 임대소득과 다른 종합소득이 있는 경우 (주택임대주택: 분리과세, 사업소득: 종합과세)

① 임대 현황

구분	보증금	월세	임대기간	주거전용 면적	기준시가	임대주택 등록 여부
A주택	1.5억	50만원	1.1.~12.31	59㎡	4억	등록
B주택	1억	-	1.1.~12.31	38㎡	1.8억	미등록
C주택	3.5억	60만원	1.1.~12.31	85㎡	6억	미등록
D주택	2억	-	1.1.~12.31	49㎡	2.5억	미등록

② 사업소득

총수입금액	필요경비	소득금액	소득공제	기장
400,000,000	300,000,000	100,000,000	15,000,000	복식부기

③ 주택임대소득

㉠ 주택임대소득금액

구분	긴주임대료	월세	총수입금액	필요경비	소득금액
A주택	1,080,000[1]	6,000,000[2]	7,080,000	4,248,000[3]	2,832,000
B주택	-[1]	-	-	-	-
C주택	360,000[1]	7,200,000[2]	7,560,000	3,780,000[3]	3,780,000
D주택	1,440,000[1]	-	1,440,000	720,000[3]	720,000
계	2,880,000	13,200,000	16,080,000	8,748,000	7,332,000

1) A: [(1.5억-0) × 365 × 60%] ÷ 365 × 1.2% = 1,080,000

  B: 주거전용면적 40㎡ 이하이고 기준시가 2억 이하이므로 간주임대료 계산 제외

  C: [(3.5억 -3억) × 365 × 60%] ÷ 365 × 1.2% = 360,000

D: [(2억-0) × 365 × 60%] ÷ 365 × 1.2% = 1,440,000

2) A: 500,000 × 12개월 = 6,000,000

C: 600,000 × 12개월 = 7,200,000

3) A: 7,080,000 × 60%(등록임대주택 필요경비율) = 4,248,000

C: 7,560,000 × 50%(미등록임대주택 필요경비율) = 3,780,000

D: 1,440,000 × 50%(미등록임대주택 필요경비율) = 720,000

ⓛ 주택임대 공제금액 계산

$$\left(\frac{등록임대주택수입금액}{주택임대수입금액} \times 4백만원 \right) + \left(\frac{미등록임대주택수입금액}{주택임대수입금액} \times 2백만원 \right)$$

$$\left(\frac{2,832,000}{7,332,000} \times 4,000,000 \right) + \left(\frac{4,500,000}{7,332,000} \times 2,000,000 \right) = 2,772,504$$

ⓒ 주택임대 세액 계산

(7,332,000 - 2,772,504) × 14% = 638,329

④ 종합소득세 신고

ㄱ 사업소득 결정세액: 15,180,000원

ⓛ 분리과세 주택임대소득 결정세액: 639,329원

ⓒ 신고기간 내 납부세액: 10,000,000원

ㄹ 분납할 세액(2개월 내): 5,818,329원

거주구분	거주자1 /비거주자2
내·외국인	내국인1 /외국인9
외국인단일세율적용	여 1 / 부 2
분리과세	여 1 / 부 2
거주국	거주자코드

(2022 년 귀속)종합소득세·농어촌특별세 과세표준확정신고 및 납부계산서

관리번호 -

❶ 기본사항

① 성 명 박세무   ② 주민등록번호 8 4 0 1 0 1 - 1 * * * * * * *

③ 주 소

④ 주소지 전화번호   ⑤ 사업장 전화번호

⑥ 휴 대 전 화   ⑦ 전자우편주소

⑧ 기 장 의 무 ⑪복식부기의무자 ②간편장부대상자 ③비사업자

⑨ 신 고 유 형 ⑪자기조정 ⑫외부조정 ⑭성실신고확인 ⑳간편장부 ㉛추계-기준율 ㉜추계-단순율 ㉟분리과세 ㊵비사업자

⑩ 신 고 구 분 ⑩정기신고 ⑳수정신고 ㉚경정청구 ㊵기한후신고 ㊿추가신고(인정상여)

❷ 환급금 계좌신고
(5천만원 미만인 경우) ⑪ 금융기관/체신관서명   ⑫ 계좌번호

❸ 세무대리인
⑬성 명 박지성 ⑭사업자등록번호 7 6 1 - 2 0 - * * * * * ⑮전화번호

⑯대리구분 ⑪기장 ②조정 ③신고 ④성실확인 ⑰ 관리번호 U - 1 * * * * ⑱ 조정반번호 -

❹ 세액의 계산

구 분			종합소득세	농어촌특별세
종 합 소 득 금 액		⑲	100,000,000	
소 득 공 제		⑳	15,000,000	
과 세 표 준(⑲ - ⑳)		㉑	85,000,000	㊶
세 율		㉒	24%	㊷
산 출 세 액		㉓	15,180,000	㊸
세 액 감 면		㉔		
세 액 공 제		㉕		
결정세액	종 합 과 세(㉓-㉔-㉕)	㉖	15,180,000	㊹
	분 리 과 세	㉗	638,329	㊺
	합 계(㉖+㉗)	㉘	15,818,329	㊻
가 산 세		㉙		㊼
추 가 납 부 세 액 (농어촌특별세의 경우에는 환급세액)		㉚		㊽
합 계(㉘+㉙+㉚)		㉛	15,818,329	㊾
기 납 부 세 액		㉜		㊿
납 부(환급) 할 총 세 액(㉛-㉜)		㉝		⑤
납부특례세액	차 감	㉞		⑤
	가 산	㉟		
분 납 할 세 액	2개월 내	㊱	5,818,329	
신고기한 이내 납부할 세액(㉝-㉞+㉟+㊱)		㊲	10,000,000	㊼

신고인은 「소득세법」 제70조, 「농어촌특별세법」 제7조 및 「국세기본법」 제45조의3에 따라 위의 내용을 신고하며, 위 내용을 충분히 검토하였고 신고인이 알고 있는 사실 그대로를 정확하게 적었음을 확인합니다. 위 내용 중 과세표준 또는 납부세액을 신고하여야 할 금액보다 적게 신고하거나 환급세액을 신고하여야 할 금액보다 많이 신고한 경우에는 「국세기본법」 제47조의3에 따른 가산세 부과 등의 대상이 됨을 알고 있습니다.

년 월 일   신고인   (서명 또는 인)

세무대리인은 조세전문자격자로서 위 신고서를 성실하고 공정하게 작성하였음을 확인합니다. 무기장·부실기장 및 소득세법에 따른 성실신고에 관하여 불성실하거나 허위로 확인된 경우에는 「세무사법」 제17조에 따른 징계처분 등의 대상이 됨을 알고 있습니다.

세무대리인   (서명 또는 인)

접수(영수)일

세무서장 귀하

첨부서류(각 1부)   전산입력필   (인)

❼ 사업소득명세서

① 소 득 구 분 코 드	40		
② 일 련 번 호	1		
③ 사업장 소 재 지	경기도 부천시 괴안동		
국내1/국외9 소재지국코드	1 KR		
④ 상 호	박세무		
⑤ 사 업 자 등 록 번 호	***-**-*****		
⑥ 기 장 의 무	복식부기		
⑦ 신 고 유 형 코 드	12		
⑧ 주 업 종 코 드	521100		
⑨ 총 수 입 금 액	400,000,000		
⑩ 필 요 경 비	300,000,000		
⑪ 소 득 금 액(⑨-⑩)	100,000,000		
⑫ 과 세 기 간 개 시 일	20220101		
⑬ 과 세 기 간 종 료 일	20221231		
⑭ 대 표 공동사업자 성 명			
주민등록번호			
⑮ 특수관계인 성 명			
주민등록번호			
성 명			
주민등록번호			
성 명			
주민등록번호			

부동산 임대소득 명세

구 분	⑯주택수(개)	⑰수입금액	⑱필요경비	⑲소득금액
주택 외 임대소득 (상가, 토지 등)				
주택임대소득				
합 계				

사업소득에 대한 원천징수 및 납세조합징수 세액

⑳ 일련 번호	원천징수의무자 또는 납세조합		원천징수 또는 납세조합징수 세액	
	㉑ 상호(성명)	㉒ 사업자등록번호 (주민등록번호)	㉓ 소득세	㉔ 농어촌특별세

210mm×297mm(백상지 80g/㎡)

㉑ 분리과세 소득 결정세액 계산서

1. 분리과세 소득 결정세액 계산

(단위: 원)

구 분	(33) 분리과세 주택임대소득	(69) 분리과세 기타소득 (계약금이 위약금·배상금으로 대체되는 경우)	(83) 기타소득 (가상자산 양도·대여)
① 총수입금액	16,080,000		
② 필요경비	8,748,000		
③ 공제금액	2,772,504		2,500,000
④ 소득금액(과세표준): ①-②-③	4,559.495		
⑤ 세율	14%	20%	20%
⑥ 산출세액: ④×⑤	638,329		
⑦ 세액감면			
⑧ 결정세액: ⑥-⑦	638,329		
⑧ 결정세액 합계			

2. 농어촌특별세 계산

(단위: 원)

⑨ 과세표준: ⑦ 세액감면란의 금액을 옮겨 적습니다.		
⑩ 세율	20%	
⑪ 산출세액: ⑨×⑩		
⑫ 결정세액		

210㎜×297㎜(백상지 80g/㎡)

부동산(주택) 임대보증금 등의 총수입금액 조정명세서(3)

①과세기간	2022년 1월 1일부터 2022년 12월31일까지	②주민등록 번호	840101-1******	③성명	박세무

1. 주택임대보증금의 총수입금액 조정

④소재지	⑤임차인 성명	⑤임차인 납세자번호	⑥임대기간	⑦보증금 등	⑧공제액	⑨보증금 잔액 (⑦-⑧)	⑩일수	⑪보증금 잔액 적수 (⑨×⑩)	⑫적용률	⑬이자율	⑭총수입금액 상당액 [(⑪×⑫×⑬)÷365, 윤년366]	⑮보증금 운용수입 수입이자 및 할인료	⑮보증금 운용수입 배당금	⑮보증금 운용수입 계	⑯총수입금액 산입금액 (⑭-⑮)
서울시 양천구 신정동 (A)	박임대	80010 1-1** ****	2022.1.1. 2022.12.31	150,000,000		150,000,000	365	54,750,000,000	60%	1.2%	1,080,000				1,080,000
서울시 강서구 마곡동 (C)	김임대	81010 1-1** ****	2022.1.1. 2022.12.31	350,000,000	300,000,000	50,000,000	365	18,250,000,000	60%	1.2%	360,000				360,000
경기도 부천시 괴안동 (D)	이임대	82010 1-1** ****	2022.1.1. 2022.12.31	200,000,000		200,000,000	365	73,000,000,000	60%	1.2%	1,440,000				1,440,000
합계				700,000,000	300,000,000	400,000,000		146,000,000,000							2,880,000

2. 주택임대보증금 등 운용수입 명세

⑰과목	⑱계정금액	⑲수입이자 및 할인료	⑳배당금	㉑계

작성방법

1. 이 서식은 주택임대소득에 대해 적용합니다.

2. ⑦ 보증금 등 : 공동 소유 주택의 경우 해당 주택의 전체 보증금 등의 금액을 적습니다.

3. ⑧ 공제액란 : 2주택이상에서 보증금 등을 받은 경우에는 보증금 등의 적수가 가장 큰 주택의 보증금 등부터 순서대로 공제합니다(3억원한도).

4. ⑫ 적용률란 : 60%를 적습니다.

5. ⑬ 이자율란 : 「소득세법 시행규칙」 제23조에 따른 이자율을 옮겨 적습니다.

6. ⑮ 보증금 운용수입란 : 「2. 주택임대보증금 등 운용수입 명세」의 ㉑계의 금액을 옮겨 적습니다.

7. ⑯ 공동 소유 주택의 경우 전체 공동 사업자 전체의 총수입금액산입금액 중 본인 손익분배 비율에 해당하는 금액만큼 적습니다.

210mm×297mm[백상지 80g/㎡ 또는 중질지 80g/㎡]

3) 분리과세로 신고하는 경우(주택임대 총수입금액 2,000만원 이하)
: 주택임대소득만 있고 다른 종합과세 소득은 없고, 소형임대주택감면 적용

① 임대 현황

구분	보증금	월세	임대기간	주거전용 면적	기준시가	임대주택 등록 여부
A주택	1.5억	50만원	1.1.~12.31	59㎡	4억	등록[1]
B주택	1억	-	1.1.~12.31	38㎡	1.8억	미등록
C주택	3.5억	60만원	1.1.~12.31	85㎡	6억	미등록
D주택	2억	-	1.1.~12.31	49㎡	2.5억	미등록

1) A주택: 등록임대주택이며, 소형임대주택감면 요건 충족(기준시가 6억 이하, 국민주택규모 이하, 임대료 증가율 5% 이내 준수, 임대의무기간 10년 이상 준수)

② 소득금액 계산내역

구분	간주임대료	월세	총수입금액	필요경비	소득금액
A주택	1,080,000[1]	6,000,000[2]	7,080,000	4,248,000[3]	2,832,000
B주택	-[1]	-	-	-	-
C주택	360,000[1]	7,200,000[2]	7,560,000	3,780,000[3]	3,780,000
D주택	1,440,000[1]	-	1,440,000	720,000[3]	720,000
계	2,880,000	13,200,000	16,080,000	8,748,000	7,332,000

1) A: [(1.5억-0) × 365 × 60%] ÷ 365 × 1.2% = 1,080,000

　B: 주거전용면적 40㎡ 이하이고 기준시가 2억 이하이므로 간주임대료 계산 제외

　C: [(3.5억 -3억) × 365 × 60%] ÷ 365 × 1.2% = 360,000

　D: [(2억-0) × 365 × 60%] ÷ 365 × 1.2% = 1,440,000

2) A: 500,000 × 12개월 = 6,000,000

　C: 600,000 × 12개월 = 7,200,000

3) A: 7,080,000 × 60%(등록임대주택 필요경비율) = 4,248,000

　C: 7,560,000 × 50%(미등록임대주택 필요경비율) = 3,780,000

D: 1,440,000 × 50%(미등록임대주택 필요경비율) = 720,000

③ 공제금액 계산

$$\left(\frac{등록임대주택수입금액}{주택임대수입금액} \times 4백만원 \right) + \left(\frac{미등록임대주택수입금액}{주택임대수입금액} \times 2백만원 \right)$$

$$\left(\frac{2,832,000}{7,332,000} \times 4,000,000 \right) + \left(\frac{4,500,000}{7,332,000} \times 2,000,000 \right) = 2,772,504$$

④ 산출세액 계산

(7,332,000 - 2,772,504) × 14% = 638,329

⑤ 감면세액 계산

구분	감면소득(A주택)	감면소득 외	합계
총수입금액	7,080,000	9,000,000	16,080,000
필요경비	4,248,000	4,500,000	8,748,000
공제금액	1,545,008	1,227,496	2,772,504
과세표준	1,286,992	3,272,504	4,559,496
산출세액	4,559,496 × 14%		638,329
감면대상세액	638,329 × 1,286,992/4,559,496		180,178
감면세액	180,178 × 75%		135,134

⑥ 납부할 세액

638,329 - 135,134 = 503,195

⑦ 농어촌특별세

135,134 × 20% = 27,026

⑧ 총납부할 세액

503,195 + 27,026 = 530,221

관리번호	-

(2022년 귀속) 종합소득세 과세표준확정신고 및 납부계산서 (분리과세 소득자용)

거주구분	거주자1 /비거주자2
내・외국인	내국인1 /외국인9
거주지국	거주지국코드

❶ 기본사항	① 성 명 박세무		② 주민등록번호 840101-1******	
	③ 주 소		④ 전자우편주소	
	⑤ 주소지 전화번호		⑥ 휴대전화번호	
	⑦ 신고유형 ㉟ 분리과세	⑧ 신고구분	⑩ 정기신고, ⑳ 수정신고, ㊵기한후신고	
❷ 환급금 계좌신고	⑨ 금융기관/체신관서명		⑩ 계좌번호	
❸ 세무대리인	⑪ 성명	박지성	⑫ 사업자등록번호	7 6 1 - 2 0 - * * * * *
	⑬ 관리번호	U - 1 * * * *	⑭ 전화번호	

❹ 종합소득세액의 계산

구 분	합 계	㉝ 주택임대 사업소득	(69) 기타소득 (계약금이 위약금・배상금으로 대체되는 경우)	(83) 기타소득 (가상자산 양도・대여)
⑮ 총수입금액		16,080,000		
⑯ 필요경비		8,748,000		
⑰ 공제금액		2,772,504		2,500,000
⑱ 소득금액(과세표준): ⑮－⑯－⑰		4,559,496		
⑲ 세율		14%	20%	20%
⑳ 산출세액: ⑱×⑲		638,329		
㉑ 세액감면		135,134		
㉒ 결정세액: ⑳-㉑		503,195		
㉓ 가산세액: 가산세액명세(㊱~㊶)의 합계금액				
㉔ 추가납부세액 : (52)+(60)				
㉕ 합계: ㉒+㉓+㉔	503,195			
㉖ 기납부세액				
㉗ 납부(환급)할 세액: ㉕-㉖	503,195			

❺ 농어촌특별세의 계산

㉘ 과세표준: ㉑ 세액감면란의 금액		135,134		
㉙ 세율		20%		
㉚ 산출세액(결정세액): ㉘×㉙		27,026		
㉛ 가산세액				
㉜ 추가환급세액				
㉝ 합계: ㉚+㉛-㉜		27,026		
㉞ 기납부세액				
㉟ 납부(환급)할 세액: ㉝－㉞		27,026		

❻ 가산세액 명세

가산세액계산명세	구 분		계산기준	기준금액	가산세율	가산세액
	㊱ 무 신 고	부 정 무 신 고	무 신 고 납 부 세 액		40/100(60/100)	
			수 입 금 액		14/10,000	
		일 반 무 신 고	무 신 고 납 부 세 액		20/100	
			수 입 금 액		7/10,000	
	㊲ 과 소 신 고	부정과소신고	과소신고납부세액		40/100(60/100)	
			수 입 금 액		14/10,000	
		일반과소신고	과소신고납부세액		10/100	

210㎜×297㎜(백상지 80g/㎡)

구 분				계산기준	기준금액	가산세율	가산세액
㉚ 납부지연				미 납 일 수	( )	22/100,000	
				미납부(환급)세액			
가산세액계산명세		지 급 명 세 서		미제출(불명)	지급(불명)금액	1/100	
				지 연 제 출	지연제출금액	0.5/100	
		근로소득간이지급명세서		미제출(불명)	지 급 금 액	0.25/100	
				지 연 제 출	지연제출금액	0.125/100	
	㉙ 보고불성실 (세금)계산서 관련 가산세 (직전년도 수입금액이 기준금액 이상으로 복식부기의무자에 해당하는 경우 작성)	계 산 서		미발급(위장가공)	공 급 가 액	2/100	
				지연발급	공 급 가 액	1/100	
				불명	불 명 금 액	1/100	
				전자계산서 외 발급	공 급 가 액	1/100	
				전자계산서 미전송	공 급 가 액	3/1,000 (1/100)	
				전자계산서 지연전송	지 연 전 송 금 액	1/1,000 (5/1,000)	
		계 산 서 합계표		미제출(불명)	공급(불명)가액	0.5/100	
				지연제출	지 연 제 출 금 액	0.3/100	
		매입처별 세금 계산서 합계표		미제출(불명)	공급(불명)가액	0.5/100	
				지연제출	지 연 제 출 금 액	0.3/100	
	㊵ 공동사업장 등록불성실	미 등 록 · 허 위 등 록			총 수 입 금 액	0.5/100	
		손익분배비율 허위신고 등			총 수 입 금 액	0.1/100	
	㊶ 주택임대사업자 미등록				미등록기간 수입금액	2/1,000	

❼ 추가납부세액 계산

1. 공제금액에 대한 추가납부세액

㊷구분	㊸공제받은 과세기간	㊹추가 납부사유	추가납부액 관련 필요경비 및 공제금액			㊽소득세 상당액	가 산 액			㊾추가납부액 (㊽+㉑)
			㊺계	㊻필요 경비 차액	㊼공제 받은금액 차액		㊾이자율 [( )/10,000]	㊿기간	㉑금 액 (㊽×㊾×㊿)	

2. 감면세액에 대한 추가납부세액

㉢구분	㉣공제받은 과세기간	㉤추가납부 사유	㉥감면세액	가 산 액			㉧추가납부액 (㉥+㉦)
				㉦이자율 [( ) /10,000]	㉨기 간	㉩금 액 (㉥×㉦×㉨)	

❽ 해당 과세기간의 종합소득금액

㉪ 종합소득금액(분리과세 소득 제외)   ☐ 2천만원 초과   ☑ 2천만원 이하

신고인은 「소득세법」 제70조와 「국세기본법」 제45조의3에 따라 위의 내용을 신고하며, **위 내용을 충분히 검토하였고 신고인이 알고 있는 사실 그대로를 정확하게 적었음을 확인합니다.** 위 내용 중 과세표준 또는 납부세액을 신고하여야 할 금액보다 적게 신고하거나 환급세액을 신고하여야 할 금액보다 많이 신고한 경우에는 「국세기본법」 제47조의3에 따른 가산세 부과 등의 대상이 됨을 알고 있습니다.

년   월   일

신고인 (서명 또는 인)

세무대리인은 조세전문자격자로서 위 신고서를 성실하고 공정하게 작성하였음을 확인합니다.

세무대리인 (서명 또는 인)

세무서장   귀하

210mm×297mm(백상지 80g/㎡)

소형주택 임대사업자에 대한 세액감면신청서

※ 뒤쪽의 작성방법을 읽고 작성하여 주시기 바랍니다. (앞쪽)

접수번호	접수일	처리기간	즉시

❶ 신청인	① 상호 또는 법인명	② 사업자등록번호
	③ 대표자 성명	④ 생년월일
	⑤ 주소 또는 본점소재지	
		(전화번호:)

❷ 과세연도	2022 년 1월 1일부터 2022 년 12월 31일까지

❸ 세액감면 계산내용

	⑥ 임대주택 소재지	⑦ 주거 전용 면적	⑧ 임대개시 당시 기준시가 6억원 이하	⑨ 소득세법 등에 따른 사업자등록	⑩ 민간임대 주택법 등에 따른 등록	⑪ 임대주택 요건 충족	⑫ 임대료 증액 (5% 이내) 요건 충족
A	서울시 양천구 신정동	59㎡	여, 부	여, 부	단기, 장기, 부	여, 부	여, 부
B			여, 부	여, 부	단기, 장기, 부	여, 부	여, 부
C			여, 부	여, 부	단기, 장기, 부	여, 부	여, 부
D			여, 부	여, 부	단기, 장기, 부	여, 부	여, 부
E			여, 부	여, 부	단기, 장기, 부	여, 부	여, 부

⑬ 해당연도 임대 개월수 요건 충족	⑭ 임대기간 요건 충족		⑮ 감면대상 임대사업소득	⑯ 감면대상 산출세액	⑰ 감면율		⑱ 감면세액 (⑯ × ⑰)
	단기	장기			1호 단기 30% / 장기 75%	2호 이상 단기 20% / 장기 50%	
A 여, 부	여, 부, 4년 미도래	여, 부, 8년(10년) 미도래	1,286,992	180,178	75%		135,134
B 여, 부	여, 부, 4년 미도래	여, 부, 8년(10년) 미도래					
C 여, 부	여, 부, 4년 미도래	여, 부, 8년(10년) 미도래					
D 여, 부	여, 부, 4년 미도래	여, 부, 8년(10년) 미도래					
E 여, 부	여, 부, 4년 미도래	여, 부, 8년(10년) 미도래					
합계							

❹ 세액감면을 받은 후 1호 이상, 임대기간 요건을 충족하지 못한 경우의 납부세액 계산

⑲ 공제받은 세액(이월공제세액 포함)의 합계액[장기일반민간임대주택등을 4년 이상 8년(10년) 미만 임대한 경우에는 공제받은 세액의 60%]	
⑳ 이자상당액	
㉑ 납부 세액(⑲ + ⑳)	

「조세특례제한법 시행령」 제96조제8항에 따라 위와 같이 소형주택 임대사업자에 대한 세액감면신청서를 제출합니다.

년 월 일

신청인 (서명 또는 인)

세무서장 귀하

첨부서류	1. 「민간임대주택에 관한 특별법 시행령」 제4조제5항에 따른 임대사업자 등록증 또는 「공공주택 특별법」 제4조에 따른 공공주택사업자로의 지정을 증명하는 자료 2. 「민간임대주택에 관한 특별법 시행령」 제36조제4항에 따른 임대 조건 신고증명서 3. 「민간임대주택에 관한 특별법」 제47조 또는 「공공주택 특별법」 제49조의2에 따른 표준임대차계약서 사본 4. 「민간임대주택에 관한 특별법 시행규칙」 제19조제8항에 따른 임대차계약 신고이력 확인서	수수료 없음

210mm×297mm[백상지 80g/㎡ 또는 중질지 80g/㎡]

③ 사업장 현황신고

(1) 개요

주택임대사업자는 해당 사업장의 현황을 해당 과세기간의 다음 연도 2월 10일까지 사업장 관할 세무서장에게 다음의 사항이 포함된 신고서를 제출하여 신고하여야 한다. (소득세법 78 1항, 2항)

① 사업자 인적 사항
② 업종별 수입금액 명세
③ 수입금액의 결제수단별 내역
④ 계산서·세금계산서·신용카드매출전표 및 현금영수증 수취내역 등

(2) 사업장 현황신고 미이행 시 불이익

1) 사업장 현황신고 불성실 가산세

사업장 현황신고 불성실 가산세는 「의료법」에 따른 의료업, 「수의사법」에 따른 수의업 및 「약사법」에 따라 약국을 개설하여 약사에 관한 업을 행하는 사업자로서, 사업장 현황신고를 하지 아니하거나 신고하여야 할 수입금액에 미달하게 신고한 때는 그 신고하지 아니한 수입금액 또는 미달하게 신고한 수입금액의 0.5%에 해당하는 금액을 가산세로 부과하나, 주택임대사업자의 경우에는 사업장 현황신고를 하지 아니한 경우에도 가산세는 적용되지 않는다. (소득세법 81조의3, 소득세령 147조의2)

2) 보고불성실 가산세

사업자(소규모사업자 제외)가 매출·매입처별 계산서합계표 및 매입처별 세금계산서합계표를 제출기한 내에 미제출하거나 매출·매입처별 계산서합계표 및 매입처별 세금계산서합계표를 제출한 경우로서 그 합계표를 기재하여야 할 사항의 전부 또는 일부가 기재되지 아니하거나 사실과 다르게 기재된 경우에는 공급가액의 0.5%에 해당하는 금액을 가산세로 부과한다. (제출기한이 지난 후 1개월 이내에 제출하는 경우에는 공급가액의 0.3%) (소득세법 81조의 10)

여기서 소규모 사업자란 다음의 사업자를 말한다. (소득세령 147조의6)

① 사업소득 연말정산 사업자
② 간편장부대상자로서 직전 과세기간의 사업소득의 수입금액이 4,800만원에 미달하는 사업자
③ 해당 과세기간에 신규로 사업을 개시한 사업자

따라서 주택임대사업자의 경우에도 소규모사업자가 아닌 경우에는 보고불성실가산세가 적용된다.

(3) 공동사업자의 경우

공동으로 주택임대사업을 운영하는 경우에는 대표 공동사업자가 사업장 현황신고를 하면 된다. 이때 사업장 현황신고서상 공동사업자의 수입금액 부표를 작성하여야 한다.

※ 공동사업자인 경우만 작성합니다.

⑤ 공동사업자의 수입금액 부표

상 호		사업자등록번호	
수입금액 분배내용			
공 동 사 업 자		분배비율(%)	수입금액(원)
성 명	주민등록번호		
합 계			

첨부서류	1. 매입처별계산서합계표 2. 매출처별계산서합계표 3. 매입처별세금계산서합계표 4. 수입금액검토표	수수료 없 음

사 업 장 현 황 신 고 서

※ 뒤쪽의 작성방법을 읽고 작성하시기 바라며, [ ]에는 해당되는 곳에 √표를 합니다.

(앞쪽)

관리번호					처리기간 즉시	

사업자	상호	○○임대	사업자등록번호 135-90-*****		공동사업 [ ]여 [√]부	
	성명	김 ○ ○	주민등록번호 680101-*******			
	사업장소재지	경기 수원 영통 ****		전화번호	031-750-****	
	전화번호	031-750-****	휴대전화 010-111-****	전자우편주소	aaa@***.net	

① 수입금액(매출액) 내역

(단위:원)

	업 태	종 목	업 종 코 드	합 계	수입금액	수입금액 제외
(1)	부동산임대	주거용건물임대	701102	14,642,955	14,642,955	
(2)						
(3)						
	합 계			14,642,955	14,642,955	

② 수입금액(매출액) 구성명세

(단위:원)

합 계	계산서발행금액	계산서발행금액 이외 매출		
		신용카드 매출	현금영수증 매출	기타 매출
14,642,955				14,642,955

③ 적격증빙(계산서·세금계산서·신용카드) 수취금액

(단위:원)

합 계	매입 계산서		매입 세금계산서		신용카드·현금영수증 매입금액
	전자계산서	전자계산서 외	전자세금계산서	전자세금계산서 외	
0	0	0	0	0	0

④ 폐 업 신 고

폐업연월일	. .	폐업사유	

첨부서류(해당내용 표기)	
매출처별계산서합계표 □ 전자신고 □ 전산매체 □ 서면 ■ 해당없음 매입처별계산서합계표 □ 전자신고 □ 전산매체 □ 서면 ■ 해당없음 매입처별세금계산서합계표 □ 전자신고 □ 전산매체 □ 서면 ■ 해당없음 수입금액검토표 ■	신고인은 「소득세법」 제78조 및 같은 법 시행령 제141조에 따라 신고하며, 위 내용을 충분히 검토하였고 신고인이 알고 있는 사실 그대로를 정확하게 작성하였음을 확인합니다. 2023년 2월 10일 신고인 : 김 ○ ○ (서명 또는 인) 세무대리인은 조세전문자격자로서 위 신고서를 성실하고 공정하게 작성하였음을 확인합니다. 세무대리인: (서명 또는 인) **세무서장** 귀하

세무대리인	성 명		사업자등록번호		전화번호	

210mm×297mm[백상지 80g/㎡ 또는 중질지 80g/㎡]

주택임대사업자 수입금액 검토표

(앞쪽)

1. 기본사항

① 사업자(주민)등록번호	135 90 ˄˄˄˄˄	② 상 호	○○임대	③ 성 명	김○○
④ 임대업등록번호	123-*****	⑤ 종 목	주거용임대	⑥ 업종코드	701102
⑦ 생 년 월 일	68.1.1	⑧ 전화번호		월세여부	[○] 여 [ ] 부

2. 총수입금액 명세(별지 작성 가능)

(단위: ㎡, 원)

구 분		⑨ 합 계	임대물건(1)	임대물건(2)	임대물건(3)
⑩ 주택소재지			수원 영통 **101호	수원 영통 **102호	수원 영통 **201호
– 주택의 종류			다세대주택	다세대주택	다세대주택
⑪ 취득(신축)일자			2007.1.2	2007.1.2	2007.1.2
⑫ 건물면적			50	50	65
⑬ 등록임대주택 요건 충족기간			2022.1.1~ 2022.12.31	2022.1.1~ 2022.06.30	2022.4.1~ 2022.12.31
임차인	⑭ 성 명		김**	이**	박**
	⑮ 임차인 등록번호		780101-******	680101-******	550101-******
⑯ 임 대 기 간			2021.1.1~ 2022.12.31	2020.7.1~ 2022.6.30	2022.4.1.~ 2024.3.30
임대계약내용	⑰ 보 증 금		100,000,000	400,000,000	600,000,000
	⑱ 월 세		600,000	400,000	200,000
⑲ 월세 수입금액		11,400,000	7,200,000	2,400,000	1,800,000
⑳ 보증금 등의 수입금액 (보증금 3억원 초과분의 60%에 대한 이자상당액)		3,242,955	719,998	895,561	1,627,396
㉑ 임대료 수입금액 =(⑲ + ⑳)		14,642,955			

주택임대사업자에 대한 수입금액 및 기본현황을 위와 같이 신고합니다.

2023년 2월 10일

사 업 자 : 김 ○ ○ (서명 또는 인)
세무대리인 : (서명 또는 인)
(관리번호)

세무서장 귀하

210㎜×297㎜(백상지 80g/㎡)

제8장

주택의 처분과 관련된 세금과 주택임대사업자의 세제 혜택

제1절 양도소득세 전반적인 사항

1 납세의무자

「소득세법」에서 정하는 양도소득세 납세의무자는 개인(자연인과 법인으로 보지 아니하는 법인격이 없는 사단·재단 기타 단체)으로 규정하고 있고, 개인을 다시 거주자와 비거주자로 구분한다. (소득세법 2조 1항)

따라서 법인의 경우에는 양도소득세 납세의무자가 아니며, 감면 등의 경우에는 원칙적으로 거주자에 한하여 적용한다.

(1) 거주자

1) 납세의무의 범위

거주자는 국내 및 국외에 소재한 양도소득세 과세대상 자산의 양도소득에 대하여 양도소득세 납세의무가 있다.

2) 거주자의 범위

거주자란 국내에 주소를 두거나 183일 이상 거소를 둔 개인을 말한다. (소득세법 1조의2 1항 1호)

① 국내에 주소를 가진 것으로 보는 경우 (소득세령 2조 3항)

　ⓐ 계속하여 183일 이상 국내에 거주할 것을 통상 필요로 하는 직업을 가진 때

ⓒ 국내에 생계를 같이하는 가족이 있고, 그 직업 및 자산상태에 비추어 계속하여 183일 이상 국내에 거주할 것으로 인정되는 때

② 국내에 주소가 없는 것으로 보는 경우 (소득세령 2조 4항)

국외에 거주 또는 근무하는 자가 외국 국적을 가졌거나 외국법령에 의하여 그 외국의 영주권을 얻은 자로서 국내에 생계를 같이하는 가족이 없고 그 직업 및 자산 상태에 비추어 다시 입국하여 주로 국내에 거주하리라고 인정되지 아니하는 때에는 국내에 주소가 없는 것으로 본다.

③ 외국을 항행하는 선박 또는 항공기의 승무원 (소득세령 2조 5항)

외국을 항행하는 선박 또는 항공기 승무원의 경우 그 승무원과 생계를 같이하는 가족이 거주하는 장소 또는 그 승무원이 근무기간 외의 기간 중 통상 체재하는 장소가 국내에 있는 때에는 당해 승무원의 주소는 국내에 있는 것으로 보고, 그 장소가 국외에 있는 때에는 당해 승무원의 주소가 국외에 있는 것으로 본다.

④ 해외현지법인등의 임직원 등에 대한 거주자 판정 (소득세령 3조)

거주자나 내국법인의 국외사업장 또는 해외현지법인(내국법인이 발행주식총수 또는 출자지분의 100분의 100을 직접 또는 간접 출자한 경우에 한정한다) 등에 파견된 임원 또는 직원이나 국외에서 근무하는 공무원은 거주자로 본다.

(2) 비거주자

비거주자는 국내에 소재한 양도소득세 과세대상 자산의 양도소득에 대하여만 양도소득세 납세의무가 있다. 따라서 국외에 소재한 양도소득세 자산의 양도소득에 대하여는 납세의무가 없다.

> ☑ check point 비주거자가 양도하는 경우 1세대 1주택 비과세 및 80% 장기보유특별공제 적용 여부
> 비거주자가 양도하는 국내에 소재한 1세대 1주택에 대하여 「1세대 1주택자에 대한 비과세」와 「80%한도의 장기보유특별공제」는 적용하지 않음 (소득세법 121조 2항)

2 양도의 개념 및 양도소득세 과세대상

(1) 양도의 개념 (소득세법 88조 1호)

양도란 자산에 대한 등기 또는 등록과 관계없이 매도, 교환, 법인에 대한 현물출자 등을 통하여 그 자산을 유상으로 사실상 이전하는 것을 말한다. 이 경우 부담부증여 시 수증자가 부담하는 채무액에 해당하는 부분은 양도로 본다.

다만, 다음 어느 하나에 해당하는 경우에는 양도로 보지 아니한다.

① 「도시개발법」이나 그 밖의 법률에 따른 환지처분으로 지목 또는 지번이 변경되거나 보류지(保留地)로 충당되는 경우
② 토지의 경계를 변경하기 위하여 「공간정보의 구축 및 관리 등에 관한 법률」 제79조에 따른 토지의 분할 등 다음의 요건을 모두 충족하는 토지 교환의 경우 (소득세령 152조 3항, 4항)
　㉠ 토지 이용상 불합리한 지상(地上) 경계(境界)를 합리적으로 바꾸기 위하여 「공간정보의 구축 및 관리 등에 관한 법률」이나 그 밖의 법률에 따라 토지를 분할하여 교환할 것
　㉡ ㉠에 따라 분할된 토지의 전체 면적이 분할 전 토지의 전체 면적의 100분의 20을 초과하지 아니할 것
　㉢ 토지 교환이 ㉠, ㉡ 요건을 모두 충족하였음을 입증하는 자료를 납세지 관할 세무서장에게 제출할 것.
③ 위탁자와 수탁자 간 신임관계에 기하여 위탁자의 자산에 신탁이 설정되고 그 신탁재산의 소유권이 수탁자에게 이전된 경우로서 위탁자가 신탁 설정을 해지하거나 신탁의 수익자를 변경할 수 있는 등 신탁재산을 실질적으로 지배하고 소유하는 것으로 볼 수 있는 경우

(2) 양도소득세 과세대상 (소득세법 94조)

양도소득세는 다음에 해당하는 자산의 양도로 인하여 발생하는 소득에 대하여 과세한다. 여기서 주택은 토지 및 건물에 포함되므로 양도소득세 과세대상이 된다.

① 토지(「공간정보의 구축 및 관리 등에 관한 법률」에 따라 지적공부에 등록하여야 할 지목에 해당하는 것을 말한다) 또는 건물(건물에 부속된 시설물과 구축물을 포함한다)

② 다음에 해당하는 부동산에 관한 권리

    ㉠ 부동산을 취득할 수 있는 권리(건물이 완성되는 때에 그 건물과 이에 딸린 토지를 취득할 수 있는 권리를 포함한다)

    ㉡ 지상권

    ㉢ 전세권과 등기된 부동산임차권

③ 주식 또는 출자지분(2023년부터 금융투자소득세로 이관)

    ㉠ 비상장주식. 다만, 주권비상장법인의 대주주에 해당하지 아니하는 자가 한국금융투자협회가 행하는 장외매매거래에 의하여 양도하는 중소기업 및 중견기업의 주식등은 2018.1.1. 이후 양도분부터 과세대상에서 제외한다.

    ㉡ 대주주가 양도하는 주권상장법인 주식

    ㉢ 장외거래하는 주권상장법인 주식

    ㉣ 해외주식

④ 영업권

사업에 사용하는 부동산, 부동산에 관한 권리와 함께 양도하는 영업권(영업권을 별도로 평가하지 아니하였으나 사회 통념상 자산에 포함되어 함께 양도된 것으로 인정되는 영업권과 행정관청으로부터 인가·허가·면허 등을 받음으로써 얻는 경제적 이익을 포함한다)

☑ check point 영업권의 과세 분류

영업권을 단독으로 양도하는 경우에는 양도로 인한 소득이 기타소득으로 분류되며(필요경비 60% 인정), 영업권을 사업에 사용하는 자산과 함께 양도하는 경우에는 양도소득세로 분류함.

---

⑤ 특정시설물 이용권

이용권·회원권, 그 밖에 그 명칭과 관계없이 시설물을 배타적으로 이용하거나 일반이용자보다 유리한 조건으로 이용할 수 있도록 약정한 단체의 구성원이 된 자에게 부여되는 시설물 이용권(법인의 주식 등을 소유하는 것만으로 시설물을 배타적으로 이용하거나 일반이용자보다 유리한 조건으로 시설물 이용권을 부여받게 되는 경우 그 주식 등을 포함한다)

⑥ 과점주주의 주식

법인의 자산총액 중 다음의 합계액이 차지하는 비율이 100분의 50 이상인 법인의 과점주주가 그 법인의 주식 등의 100분의 50 이상을 해당 과점주주 외의 자에게 양도하는 경우에 해당 주식 등

㉠ 부동산 및 부동산에 관한 권리에 따른 자산의 가액

㉡ 해당 법인이 직접 또는 간접으로 보유한 다른 법인의 주식가액에 그 다른 법인의 부동산 등 보유비율을 곱하여 산출한 가액.

⑦ 부동산과다법인의 주식

골프장, 스키장, 휴양콘도미니엄, 전문휴양시설을 건설 또는 취득하여 직접 경영하거나 분양 또는 임대하는 법인으로서 자산총액 중 부동산 및 부동산에 관한 권리등의 합계액이 차지하는 비율이 100분의 80 이상인 법인의 주식등

⑧ 부동산과 함께 양도하는 이축권

부동산과 함께 양도하는 「개발제한구역의 지정 및 관리에 관한 특별조치법」 제12조 제1항 제2호 및 제3호의2에 따른 이축을 할 수 있는 권리(이축권). 다만, 해당 이축권 가액을 감정평가하여 신고하는 경우는 제외한다.

참고 **이축권**

① 개발제한구역 내의 주택 소유자가 인근 다른 개발제한구역 내에 건축 허가를 받아 주택을 옮겨 지을 수 있는 권리

② 이축권은 종전에는 기타소득으로 보았으나, 2020.1.1. 이후 양도분부터 양도소득으로 봄

---

⑨ 파생상품(2023년부터 금융투자소득세로 이관)

⑩ 신탁의 이익을 받을 권리

취득 또는 양도시기 (소득세법 98조, 소득세령 162조)

　양도소득세에 있어서 취득 또는 양도시기는 양도소득세 신고기한의 결정, 주택의 비과세 기간의 계산 및 장기보유특별공제액의 보유기간 계산, 양도소득세 기본공제 대상 중복여부 판단, 양도시기가 조정대상지역 지정 전인지 후인지 등 중요한 의미가 있다.

(1) 매매 등 일반적인 거래

1) 원칙
　대금청산일이 분명한 경우에는 당해 자산의 대금을 청산한 날을 취득 또는 양도시기로 본다.

2) 예외

① 대금을 청산하기 전에 소유권이전등기(등록 및 명의의 개서를 포함한다)를 한 경우에는 등기부·등록부 또는 명부 등에 기재된 등기접수일
② 대금을 청산한 날이 분명하지 아니한 경우에는 등기부·등록부 또는 명부 등에 기재된 등기·등록접수일 또는 명의개서일

> **참고** **대금청산일**
> ① 대금청산일의 의미 (양도 집행기준 98-162-3)
> 대금청산일은 원칙적으로 거래대금의 전부를 지급한 날을 의미하지만, 그 전부를 이행하지 않았어도 사회통념상 거의 지급되었다고 볼 만한 정도의 대금지급이 이행된 날을 포함한다.
> ② 잔금청산일과 잔금지급약정일이 다른 경우 (양도 집행기준 98-162-4)
> 매매계약서 등에 기재된 잔금지급약정일보다 앞당겨 잔금을 받거나 늦게 받는 경우에는 실지로 받은 날이 잔금청산일이 된다.
> ③ 잔금을 소비대차로 전환한 경우 (소득기본통칙 98-162…1)
> 잔금을 소비대차로 변경한 경우는 소비대차로의 변경일을 잔금청산일로 한다.
> ④ 양수자가 양도자의 양도 관련 세금을 부담하기로 한 경우 (소득세법 98조)
> 양도시기 및 취득시기 계산 시 대금청산일은 양수자가 부담하기로 한 양도소득세 등을 제외한 순수한 매매대금의 실제 잔금청산일을 대금청산일로 본다.

(2) 장기할부조건

1) 장기할부조건의 범위 (소득세칙 78조 3항)

장기할부 조건이란 자산의 양도로 인하여 해당 자산의 대금을 월부·연부 기타의 부불방법에 따라 수입하는 것 중 다음의 요건을 모두 갖춘 것을 말한다.

① 계약금을 제외한 해당 자산의 양도대금을 2회 이상으로 분할하여 수입할 것
② 양도하는 자산의 소유권이전등기(등록 및 명의개서를 포함한다) 접수일·인도일 또는 사용수익일 중 빠른 날의 다음날부터 최종 할부금의 지급기일까지의 기간이 1년 이상인 것

2) 취득 또는 양도시기

소유권이전등기(등록 및 명의개서를 포함한다) 접수일·인도일 또는 사용수익일 중 빠른 날 (소득세령 162조 1항 3호)

(3) 기타 거래 형태의 취득 또는 양도시기

1) 자기가 건설한 건축물

① 원칙
사용승인서 교부일.
② 예외
사용승인서 교부일 전에 사실상 사용하거나 임시사용승인을 받은 경우에는 그 사실상의 사용일 또는 임시사용승인을 받은 날 중 빠른 날로 하고 건축허가를 받지 아니하고 건축하는 건축물에 있어서는 그 사실상의 사용일로 한다.

2) 상속 또는 증여에 의한 취득

① 상속
상속이 개시된 날. 즉 피상속인의 사망일이다.
② 증여
증여를 받은 날. 여기서 증여를 받은 날이란 등기하는 자산의 경우에는 증여등기 접수일이다. (상증령 24조)

3) 재산분할·이혼위자료에 의한 취득

① 재산분할청구권 행사로 배우자로부터 취득하는 재산
재산분할청구권의 행사에 따라 취득한 주택을 양도하는 경우 그 부동산의 취득시기는 소유권을 이전해 준 다른 이혼자의 당초 부동산 취득시기 및 취득가액 등을 기산하는 것임. (양도, 서면인터넷방문상담5팀-1048 , 2006.11.30.)
② 이혼위자료로 취득하는 재산
합의이혼에 따른 이혼위자료로 대물변제받은 주택의 취득시기는 소유권이전등기접수일로부터 기산하는 것임. (양도, 서면인터넷방문상담4팀-351, 2005.03.09.)

4) 점유로 취득하는 재산
20년간 소유의 의사로 평온, 공연하게 부동산을 점유한 자가 등기함으로써 부동산의 소유권을 취득하는 경우에는 당해 부동산의 점유를 개시한 날

5) 공익사업에 수용되는 경우
「공익사업을 위한 토지 등의 취득 및 보상에 관한 법률」이나 그 밖의 법률에 따라 공익사업을 위하여 수용되는 경우에는 대금을 청산한 날, 수용의 개시일 또는 소유권이전등기접수일 중 빠른 날. 다만, 소유권에 관한 소송으로 보상금이 공탁된 경우에는 소유권 관련 소송 판결 확정일로 한다.

6) 완성 또는 확정되지 않은 경우
완성 또는 확정되지 아니한 자산을 양도 또는 취득한 경우로서 해당 자산의 대금을 청산한 날까지 그 목적물이 완성 또는 확정되지 아니한 경우에는 그 목적물이 완성 또는 확정된 날. 이 경우 건설 중인 건물의 완성된 날에 관하여는 "자기가 건설한 건축물"의 양

도 또는 취득시기에 준용

7) 환지처분으로 취득하는 토지

「도시개발법」 또는 그 밖의 법률에 따른 환지처분으로 인하여 취득한 토지의 취득시기는 환지 전의 토지의 취득일. 다만, 교부받은 토지의 면적이 환지처분에 의한 권리면적보다 증가 또는 감소된 경우에는 그 증가 또는 감소된 면적의 토지에 대한 취득시기 또는 양도시기는 환지처분의 공고가 있은 날의 다음날로 한다.

4 양도차익

양도차익의 계산은 양도가액에서 취득가액, 자본적지출액 등 및 양도비 등 필요경비를 공제하여 양도차익을 계산한다.

이 경우 양도차익을 계산할 때 양도가액을 실지거래가액(매매사례가액·감정가액이 적용되는 경우 그 매매사례가액·감정가액 등을 포함한다)에 따를 때에는 취득가액도 실지거래가액(매매사례가액·감정가액·환산취득가액이 적용되는 경우 그 매매사례가액·감정가액·환산취득가액 등을 포함한다)에 따르고, 양도가액을 기준시가에 따를 때에는 취득가액도 기준시가에 따른다. (소득세법 100조 1항)

(1) 양도가액

자산의 양도가액은 그 자산의 양도 당시의 양도자와 양수자 간에 실지거래가액에 따른다. (소득세법 96조)

다만, 거주자가 양도소득세 과세대상 자산을 양도하는 경우로서 다음에 해당하는 경우에는 그 가액을 해당 자산의 양도 당시의 실지거래가액으로 본다.

① 특수관계법인에 양도한 경우로서 법인세법 제67조(소득처분)에 따라 해당 거주자의 상여·배당 등으로 처분된 금액이 있는 경우에는 법인세법 제52조(부당행위계산의 부인)에 따른 시가

② 특수관계법인 외의 자에게 자산을 시가보다 높은 가격으로 양도한 경우로서 「상속세 및 증여세법」 제35조(저가 양수 또는 고가 양도에 따른 이익의 증여)에 따라 해당 거주자의 증여재산가액으로 하는 금액이 있는 경우에는 그 양도가액에서 증여재산가액을 뺀 금액

1) 양도가액에 포함하는 경우

① 양수자가 부담하기로 한 양도소득세

양도자가 부담하여야 할 양도소득세 등을 양수자가 부담하기로 약정하고 이를 실지로 지급하였을 경우 양도자는 동 양도소득세 상당액을 포함한 가액을 양도가액으로 보고 양수자가 부담한 양도소득세액은 취득자산의 매입원가로 계상하고 필요경비에 산입한다. (소득기본통칙 97-0…4)

이 경우 양도소득세의 합산범위는 당초 양도가액에 의해 산출된 양도소득세만 양도가액으로 합산한다.

② 양수자가 인수한 양도자의 채무

양도하는 자산에 일정액의 채무가 있어 동 채무를 그 자산을 취득하는 자가 인수·변제하기로 하는 계약조건인 경우에 있어서 동 채무는 양도가액에서 공제하지 아니한다. (소득기본통칙 96-0…1)

③ 당사자의 약정에 의한 이자상당액

실지거래가액에 의하여 양도차익을 산정하는 경우로서 당사자의 약정에 의한 대금지급방법에 따라 일정액에 이자상당액을 가산하여 거래가액을 확정하는 경우 당해 이자상당액은 양도·취득가액에 포함한다. (양도, 서면인터넷방문상담4팀-2963, 2007.10.15.)

2) 양도가액에 포함되지 않는 경우

① 대금지연에 따른 이자상당액

부동산 소유자가 부동산을 양도하고 지급받는 대가 중 양수인이 계약서상 지급기일까지 양도대가를 지급하지 못함에 따라 양도대가 외에 추가로 지급받는 지연가산금은 양도가액에 해당하지 아니하는 것이다. (사전-2017-법령해석재산-0580, 2017.9.13.)

② 위약금 또는 배상금

부동산 매매 계약 등의 해지로 인한 위약금 또는 배상금은 소득세법상 필요경비가 없는 기타소득에 해당한다. (소득세법 21조)

③ 입주권 및 분양권 양도 시 납입기일 미도래 분담금

재개발·재건축조합원 입주권의 분담금 및 일반아파트 분양대금 중 양도일 현재 납입기일 미도래로 납부하지 아니한 분담금은 양도가액에 포함하지 않는다. 실제 납입기일이 미도래한 분담금을 매수인이 부담한 사실이 확인되는 경우에도 양도가액에 포함되지 않는다. (국심 2005중1231, 2006.1.20.)

따라서 분양권 등의 양도가액은 납부한 분양대금과 프리미엄대가를 합한 금액이 양도가액이 된다.

④ 손해배상금

부동산의 양도차익을 실지거래가액에 의하여 계산함에 있어 매매계약서의 특약조항에 양도일 이후 당해 부동산의 하자가 발생할 경우 그에 따른 보상금지급에 대한 내용이 명기되어 있고 손해배상청구소에 의한 판결에 의하여 손해배상금이 지급되었다면 그 금액은 당초 양도가액에서 차감할 수 있다. (양도, 재산46014-370, 2000.03.25.)

(2) 취득가액

1) 실지거래가액을 확인할 수 있는 경우의 취득가액 (소득세령 163조 1항)

① 타인으로부터 매입한 자산은 매입가액에 취득세·등록세·면허세 기타 부대비용을 가산한 금액이며, 자기가 행한 제조·생신 또는 건설 등에 의하여 취득한 자산은 원재료비·노무비·운임·하역비·보험료·수수료·공과금(취득세와 등록면허세 포함)·설치비 기타 부대비용의 합계액

② 취득에 관한 쟁송이 있는 자산은 그 소유권 등을 확보하기 위하여 직접 소요된 소송비용·화해비용 등의 금액으로서 그 지출한 연도의 각 소득금액의 계산에 있어서 필요경비에 산입된 것을 제외한 금액

③ 위 ①을 적용할 때 당사자 약정에 의한 대금지급방법에 따라 취득원가에 이자상당액을 가산하여 거래가액을 확정하는 경우 당해 이자상당액. 다만, 당초 약정에 의한 거래가액의 지급기일 지연으로 인하여 추가로 발생하는 이자상당액을 제외한 금액

2) 취득가액에 가산하는 취득부대 비용

① 취득 시 납부한 제세공과금

취득 시 납부한 취득세··등록세 이에 부과되는 농어촌특별세 및 지방교육세와 인지세 등은 취득가액에 산입하고, 취득세·등록세는 납부영수증이 없는 때에도 취득가액에 포함하며, 「지방세법」에 따라 감면되는 경우에는 취득가액에 포함되지 않는다. (양도 집행기준 97-163-20)

② 취득 시 부담한 부가가치세

취득등기 시 납부한 취득세에 대한 교육세와 아파트 분양 시 그 분양사업자가 거래징수한 부가가치세는 양도차익계산 시 필요경비로 계산한다. 이 경우 아파트를 분양받은 자가 부가가치세법상 일반과세사업자로서 사업용으로 분양받은 경우에는 그 부가가치세는 필요경비로 산입할 수 없다. (소득기본통칙 97-0…5)

자산의 취득과 관련하여 부담한 부가가치세 중 「부가가치세법」에 의하여 공제받지 못한 매입세액은 필요경비에 산입된다.(양도 집행기준 97-163-23)

③ 소송비용등

양도차익계산시 산입되는 취득가액에는 취득시 쟁송으로 인한 명도비용, 소송비용, 인지대 등 취득에 소요된 모든 비용을 포함한다. 이 경우 소송비용은「민사소송법」이 정하는 소송비용과 변호사의 보수 등 자산의 소유권을 확보하기 위하여 직접 소요된 일체의 경비를 말한다.(소득기본통칙 97-0…3)

④ 대항력 있는 임차보증금

대항력이 있는 전세보증금을 매수인이 부담한 경우로서 변제한 전세보증금에 대하여 구상권을 행사할 수 없을 때에는 필요경비에 산입된다. (양도 집행기준 97-163-15)

⑤ 취득관련 수수료

취득과 관련하여 중개수수료, 취득에 관한 등기를 위하여 지출한 등기수수료등은 자산을 취득하기 위한 직접 지출비용에 해당하므로 취득가액에 포함한다. 이 경우 법정 한도액을 초과하여 지급한 수수료의 경우라도 실질적으로 지급한 사실이 확인되는 경우에는 필요경비에 포함된다. (대법 2010두4933, 2010.6.10.)

⑥ 매수자부담의 양도소득세

양도자가 부담하여야 할 양도소득세 등을 양수자가 부담하기로 약정하고 이를 실지로 지급하였을 경우 양도자는 동 양도소득세 상당액을 포함한 가액을 양도가액으로 보고 양수자가 부담한 양도소득세액은 취득자산의 매입원가로 계상하고 필요경비에 산입한다. (소득기본통칙 97-0…4)

⑦ 필요경비에 산입되는 유치권

부동산을 공매로 취득하면서 「민사집행법」에 따라 유치권자에게 변제한 유치권 담보 채권상당액은 필요경비에 산입된다. (양도 집행기준 97-163-16)

⑧ 양수인이 부담한 양도자의 연체료

아파트분양권 등을 취득함에 있어서 양도자가 분양대금 지연 납부로 발생한 연체이자를 양수인이 부담하기로 약정하여 실제 납부를 하였다면 해당 자산의 필요경비에 산입된다. (양도 집행기준 97-163-27)

3) 취득가액에 포함하지 않는 것

① 일시불 할인금액

국가 또는 지방자치단체 등으로부터 자산을 분양받은 경우에 분양대금을 일시불로 지불하여 일정액을 할인받은 때에는 실지로 지불한 금액을 취득가액으로 한다. (양도 집행기준 97-163-8)

② 위약금

부동산매매계약의 해약으로 인하여 지급하는 위약금 등은 양도차익 계산 시 필요경비로 공제하지 아니한다. (소득 기본통칙 97-0,…6)

③ 부당행위계산에 의한 시가초과액

특수관계인과의 거래에 있어서 토지 등을 시가를 초과하여 취득하거나 시가에 미달하게 양도함으로써 조세의 부담을 부당히 감소시킨 것으로 인정되는 때에는 그 취득가액 또는 양도가액을 시가에 의하여 계산한다 (소득세령 167조 4항)

④ 경매 시 명도비용

부동산을 법원경매로 취득하면서 해당 부동산을 점유받기 위하여 소요된 명도비용은 소유권확보를 위한 직접비용으로 볼 수 없으므로 부동산의 취득가액에 포함되지 아니한다. (양도 집행기준 97-163-18)

⑤ 필요경비에 산입되지 않는 유치권

부동산을 경매로 취득한 자가 유치권을 주장하는 제3자에게 법적으로 지급의무가 없는 유치권에 대한 합의금을 지급한 경우 이는 양도가액에서 공제할 필요경비에 해당되지 아니한다. (양도 집행기준 97-163-17)

⑥ 필요경비에 산입하지 아니하는 부가가치세

「부가가치세법」의 일반과세사업자가 사업용으로 아파트를 분양받은 경우 해당 부가가치세는 필요경비에 산입하지 아니하나, 일반사업자가 매입 시 공제받은 후 폐업으

로 인해 다시 납부한 잔존재화에 대한 부가가치세는 필요경비에 산입된다. (양도 집행
기준 97-163-24)

⑦ 지체상금 성격의 지출금액

당사자 간에 당초 약정한 낙찰가액의 납부 지연으로 인하여 추가로 발생하는 이자상
당액은 지체상금 성격이므로 필요경비에 산입되지 아니하며, 납부기한 내 납부하지
못하여 추가부담하는 취득세의 가산세는 정상적인 부동산 취득경비로 볼 수 없어
필요경비에 산입되지 아니한다. (양도 집행기준 97-163-26)

4) 실지거래가액을 확인할 수 없는 경우

취득 당시 실지거래가액을 확인할 수 없는 경우에는 취득가액은 매매사례가액, 감정가
액, 환산취득가액을 순차적으로 적용한다. (소득세법 97조 1항 1호)

① 매매사례가액

양도일 또는 취득일 전후 각 3개월 이내에 해당 자산(주권상장법인의 주식 등은 제외한
다)과 동일성 또는 유사성이 있는 자산의 매매사례가 있는 경우 그 가액 (소득세령
176조의2 3항 1호)

② 감정가액

양도일 또는 취득일 전후 각 3개월 이내에 해당 자산(주식등을 제외한다)에 대하여 둘
이상의 감정평가법인 등이 평가한 것으로서 신빙성이 있는 것으로 인정되는 감정가
액(감정평가기준일이 양도일 또는 취득일 전후 각 3개월 이내인 것에 한정한다)이 있는 경우에
는 그 감정가액의 평균액.

다만, 기준시가가 10억원 이하인 자산(주식등을 제외한다)의 경우에는 양도일 또는 취
득일 전후 각 3개월 이내에 하나의 감정평가법인 등이 평가한 것으로서 신빙성이 있
는 것으로 인정되는 경우 그 감정가액(감정평가기준일이 양도일 또는 취득일 전후 각 3개월
이내인 것에 한정한다)으로 한다. (소득세령 176조의2 3항 2호)

☑ check point **매매사례가액과 감정가액 적용할 수 없는 경우**
매매사례가액과 감정가액을 적용함에 있어 특수관계 있는 자와의 거래에 따른 가액으로 객관적으로 부당
하다고 인정되는 경우에는 이를 적용하지 않는다. (소득세령 176조의2 3항)

③ 환산취득가액 (소득세령 176조의2 2항 2호)

$$\text{양도 당시의 실지거래가액,매매사례가액 또는 감정가액} \times \frac{\text{취득당시의기준시가}}{\text{양도당시의기준시가}}$$

(3) 자본적지출액 등 (소득세령 163조 3항, 67조 2항)

1) 자본적지출액 등 개념

자본적 지출액 등이란 다음의 하나에 해당하는 것으로서 그 지출에 관한 법정증명서류(세금계산서, 계산서, 신용카드매출전표, 현금영수증)를 수취·보관하거나 실제 지출 사실이 금융거래 증명서류에 의하여 확인되는 경우를 말한다.

① 고정자산의 내용연수를 연장시키거나 해당 자산의 가치를 현실적으로 증가시키기 위해 지출한 수선비를 말하며, 다음에 해당하는 것을 포함한다.
  ㉠ 본래의 용도를 변경하기 위한 개조
  ㉡ 엘리베이터 또는 냉난방장치의 설치
  ㉢ 빌딩 등의 피난시설 등의 설치
  ㉣ 재해 등으로 인하여 건물·기계·설비 등이 멸실 또는 훼손되어 당해 자산의 본래 용도로의 이용 가치가 없는 것의 복구
  ㉤ 기타 개량·확장·증설 등 ㉠ 내지 ㉣와 유사한 성질의 것
② 양도자산을 취득한 후 쟁송이 있는 경우에 그 소유권을 확보하기 위하여 직접 소요된 소송비용·화해비용 등의 금액으로서 그 지출한 연도의 각 소득금액의 계산에 있어서 필요경비에 산입된 것을 제외한 금액
③ 「공익사업을 위한 토지 등의 취득 및 보상에 관한 법률」이나 그 밖의 법률에 따라 토지 등이 협의 매수 또는 수용되는 경우로서 그 보상금의 증액과 관련하여 직접 소요된 소송비용·화해비용 등의 금액으로서 그 지출한 연도의 각 소득금액의 계산에 있어서 필요경비에 산입된 것을 제외한 금액. 이 경우 증액보상금을 한도로 한다.
④ 양도자산의 용도변경·개량 또는 이용편의를 위하여 지출한 비용(재해·노후화 등 부득이한 사유로 인하여 건물을 재건축한 경우 그 철거비용을 포함한다)

⑤ 「개발이익환수에 관한 법률」에 따른 개발부담금(개발부담금의 납부의무자와 양도자가 서로 다른 경우에는 양도자에게 사실상 배분될 개발부담금상당액을 말한다)

⑥ 「재건축초과이익 환수에 관한 법률」에 따른 재건축부담금(재건축부담금의 납부의무자와 양도자가 서로 다른 경우에는 양도자에게 사실상 배분될 재건축부담금상당액을 말한다)

⑦ 다음의 기획재정부령이 정하는 비용 (소득세칙 79조 1항)

  ㉠ 「하천법」·「댐건설 및 주변지역지원 등에 관한 법률」 그 밖의 법률에 따라 시행하는 사업으로 인하여 해당사업구역 내의 토지소유자가 부담한 수익자부담금 등의 사업비용

  ㉡ 토지이용의 편의를 위하여 지출한 장애철거비용

  ㉢ 토지이용의 편의를 위하여 해당 토지 또는 해당 토지에 인접한 타인 소유의 토지에 도로를 신설한 경우의 그 시설비

  ㉣ 토지이용의 편의를 위하여 해당 토지에 도로를 신설하여 국가 또는 지방자치단체에 이를 무상으로 공여한 경우의 그 도로로 된 토지의 취득 당시 가액

  ㉤ 사방사업에 소요된 비용

2) 자본적지출액 여부 판단 예시

① 베란다 샤시, 거실 확장공사비 등

  주택의 이용편의를 위한 베란다 샤시, 거실 및 방 확장공사비, 난방시설 교체비 등의 내부시설의 개량을 위한 공사비는 자본적지출액에 해당된다. (양도 집행기준 97-163-29)

② 벽지·장판 또는 싱크대 교체비용 등

  정상적인 수선 또는 부동산 본래의 기능을 유지하기 위한 경미한 개량인 벽지·장판의 교체, 싱크대 및 주방기구 교체비용, 옥상 방수공사비, 타일 및 변기공사비 등은 수익적지출에 해당되므로 필요경비에 산입되지 아니한다. (양도 집행기준 97-163-30)

③ 오피스텔에 설치하는 비품구입비

  오피스텔 비품(TV·에어콘·냉장고·가스레인지·식탁 등) 구입비는 임대조건을 유리하게 하기 위한 임대비용으로서 자본적지출로 볼 수 없다. (양도 집행기준 97-163-31)

④ 임대용 건물의 내장공사비

  건물의 지하실에서 식당을 운영하기 위하여 내장공사를 하는데 소요된 비용은 식당을 경영하기 위한 사업비용이므로 필요경비에 해당되지 않는다. (양도 집행기준 97-163-32)

⑤ 건물의 용도변경 또는 대수선 공사비용

건물을 구입 후 건물 전체의 용도를 변경하거나, 대수선 공사를 한 경우에는 자산의 개량을 위한 지출비용으로 보아 필요경비에 산입된다. (양도 집행기준 97-163-33)

⑥ 장애철거 등에 지출한 비용

토지의 이용편의를 위하여 지출한 묘지이장비는 필요경비에 산입되는 것이며, 토지 소유자가 토지를 양도하면서 불법 건축되어 있던 무허가건물을 매수·철거하는데 지출한 비용도 양도자산의 필요경비에 해당된다. (양도 집행기준 97-163-35)

⑦ 분양아파트 옵션계약한 경우

아파트 분양권을 취득한 자가 해당 아파트 공사 중 아파트 공급자와 체결한 옵션계약에 따라 아파트 구조와 일체가 된 내장비품 등을 시공 받고 해당 공급자에게 지불한 비용은 해당 아파트 양도시 필요경비에 산입한다. (법규재산2013-198, 2013.5.31.)

(4) 양도비 등

자산을 양도하기 위하여 지출한 비용으로서 다음에 해당하는 것으로서 그 지출에 관한 법정증명서류(세금계산서, 계산서, 신용카드매출전표, 현금영수증)를 수취·보관하거나 실제 지출사실이 금융거래 증명서류에 의하여 확인되는 경우를 말한다. (소득세령 163조 5항)

① 양도소득세과세표준 신고서 작성비용 및 계약서 작성비용
② 공증비용, 인지대 및 소개비
③ 매매계약에 따른 인도의무를 이행하기 위하여 양도자가 지출하는 명도비용
④ 부동산을 취득함에 있어서 법령 등의 규정에 따라 매입한 국민주택채권 및 토지개발채권을 만기 전에 양도함으로써 발생하는 매각차손. 이 경우 금융기관 외의 자에게 양도한 경우에는 동일한 날에 금융기관에 양도하였을 경우 발생하는 매각차손을 한도로 한다.

(5) 필요경비 개산공제 (소득세령 163조 6항)

실지거래가액을 확인할 수 없어 매매사례가액, 감정가액, 환산취득가액에 의하여 양도차익을 계산하는 경우 필요경비는 취득 당시의 기준시가에 매입부대비용 등을 감안하여

자산별로 정한 일정한 비율에 의하여 계산한 금액을 필요경비로 공제한다.

구분		기준시가	등기 자산	미등기자산
토지		개별공시지가	3%	0.3%
건물	일반건물	일반건물 기준시가액		
	오피스텔 및 상업용건물	일괄고시가		
지상권·전세권·등기된 부동산임차권		기준시가	7%	1%
부동산을 취득할 수 있는 권리		기준시가	1%	-

(6) 환산취득가액으로 하는 경우 필요경비 (소득세법 97조 2항 2호)

취득 당시 실지거래가액을 확인할 수 없어 환산취득가액으로 하는 경우 필요경비를 다음에 해당하는 금액 중 큰 금액으로 할 수 있다.

① 환산취득가액 + 필요경비 개산공제금액
② 자본적 지출액 + 양도비

(7) 양도차손의 통산

1) 양도소득금액의 구분 (소득세법 102조 1항)
양도소득금액은 다음의 소득별로 구분하여 계산한다.

① 「소득세법」 제94조 제1항 제1호(토지·건물), 제2호(부동산에 관한 권리) 및 제4호(기타자산)에 따른 소득
② 「소득세법」 제94조 제1항 제3호(법인의 주식 및 출자지분)에 따른 소득(2023년부터 금융투자소득세로 이관)
③ 「소득세법」 제94조 제1항 제5호(파생상품 등의 거래 또는 행위)에 따른 소득
(2023년부터 금융투자소득세로 이관)
④ 「소득세법」 제94조 제1항 제6호(신탁의 받을 권리)에 따른 소득

2) 양도차손의 통산 방법

양도소득금액을 계산할 때 양도차손이 발생한 자산이 있는 경우에는 위 ①~④의 각 소득별로 해당 자산 외의 다른 자산에서 발생한 양도소득금액에서 그 양도차손을 공제한다. (소득세법 102조 2항) 이 경우 공제방법은 양도소득금액의 세율 등을 고려하여 다음의 자산의 양도소득금액에서 순차로 공제한다. (소득세령 167조의2 1항)

① 양도차손이 발생한 자산과 같은 세율을 적용받는 자산의 양도소득금액
② 양도차손이 발생한 자산과 다른 세율을 적용받는 자산의 양도소득금액. 이 경우 다른 세율을 적용받는 자산의 양도소득금액이 2 이상인 경우에는 각 세율별 양도소득금액의 합계액에서 당해 양도소득금액이 차지하는 비율로 안분하여 공제한다.

3) 감면소득이 있는 경우 결손금 통산

「소득세법」 제90조의 감면소득금액을 계산함에 있어서 양도소득금액에 감면소득금액이 포함되어 있는 경우에는 순양도소득금액(감면소득금액을 제외한 부분을 말한다)과 감면소득금액이 차지하는 비율로 안분하여 당해 양도차손을 공제한 것으로 보아 감면소득금액에서 당해 양도차손 해당분을 공제한 금액을 감면소득금액으로 본다. (소득세령 167조의2 2항)

 특수한 경우의 양도차익 계산

(1) 고가주택

1세대 1주택(주택에 부수되는 토지 포함) 비과세 요건을 충족하더라도 양도가액이 12억원을 초과하는 고가주택(조합원입주권도 실지거래가액이 12억원을 초과하는 경우 포함)의 경우에는 12억원을 초과하는 양도차익에 대하여는 양도소득세를 납부하여야 한다. (소득세령 160조)

1) 일반적인 고가주택의 경우 양도차익 계산

$$\text{고가주택 양도차익} = \text{전체 양도차익} \times \frac{(\text{양도가액} - 12\text{억원})}{\text{양도가액}}$$

2) 고가주택과 부수 토지의 보유기간이 다르거나 한쪽이 미등기인 경우 (소득 기본통칙 95-0···1)

① 건물부분 양도차익

$$\text{건물부분 양도차익} - \left[\text{건물부분 양도차익} \times \frac{12\text{억원} \times \left(\dfrac{\text{건물부분 양도차액}}{\text{건물 및 대지의 양도가액 합계액}} \right)}{\text{건물양도가액}} \right]$$

② 대지부분 양도차익

$$\text{대지부분 양도차익} - \left[\text{대지부분 양도차익} \times \frac{12\text{억원} \times \left(\dfrac{\text{대지부분 양도차익}}{\text{건물 및 대지의 양도가액 합계액}} \right)}{\text{대지양도가액}} \right]$$

3) 고가의 겸용주택의 양도차익 계산

하나의 건물이 주택과 주택 외의 부분으로 복합되어 있는 경우와 주택에 딸린 토지에 주택 외의 건물이 있는 경우에는 주택 외의 부분은 주택으로 보지 않는다. 따라서 주택부분만 주택으로 본다. (소득세령 160조 1항)

4) 공동소유자가 고가주택을 양도하는 경우

공동소유자가 고가주택을 양도하는 경우 고가주택의 양도차익을 계산 후 각각의 지분율을 곱하여 공동소유자별 양도차익을 계산한다.

(2) 부담부증여

1) 부담부증여의 개요 (소득세법 88조 1호)

자산을 증여하면서 증여를 받은 자(수증자)가 담보된 채무를 인수하는 경우에는 그 채무액에 상당하는 부분은 사실상 유상으로 이전되는 것으로 보아 증여자에게 양도소득세를 과세하고 채무를 제외한 부분은 수증자에게 증여세가 과세된다.

2) 채무의 범위 (상증법 47조 1항, 상증령 36조 1항)

증여일 현재 증여재산에 담보된 채무로써 다음에 해당하는 채무는 증여세 과세가액에서 차감한다.

① 증여재산에 담보된 채무
② 해당 재산을 타인에게 임대한 경우의 해당 임대보증금

3) 양도가액 및 취득가액의 계산 (소득세령 159조)

부담부증여의 경우 양도로 보는 부분에 대한 양도차익을 계산할 때 그 취득가액 및 양도가액은 다음에 따른다.

① 양도가액

$$
\text{양도가액} = \text{당해 자산의 가액}^{1)} \times \frac{\text{채무액}}{\text{증여가액}}
$$

1) 당해 자산의 가액: 「상속세 및 증여세법」 제60조부터 제66조까지의 규정에 따라 평가한 가액

② 취득가액

$$
\text{취득가액} = \text{당해 자산의 가액}^{1)} \times \frac{\text{채무액}}{\text{증여가액}}
$$

1) 당해 자산의 가액: 소득세법 제97조 제1항 제1호에 따른 가액

㉠ 소득세법 제97조 제1항 제1호 가목: 실지거래가액

㉡ 소득세법 제97조 제1항 제1호 나목: 실지거래가액을 알 수 없는 경우 매매사례가액, 감정가액, 환산취득가액의 순서로 적용

양도소득금액 및 과세표준과 세액 계산

〈양도소득세 세액 계산 흐름도〉

구분	내용
양도가액	양도 당시 실지거래가액
(-)	(-)
취득가액	① 취득 당시 실지거래가액 ② 실지거래가액을 확인할 수 없는 경우 매매사례가액, 감정가액, 환산취득가액을 순차적으로 적용
(-)	(-)
필요경비	① 실지거래가액: 취득부대비용,자본적지출,양도비등 ② 매매사례가액, 감정가액, 환산취득가액: 기준시가의 3%
(=)	(=)
양도차익	양도가액 - 취득가액 - 필요경비
(-)	(-)
장기보유특별공제	① 토지, 건물, 조합원입주권: 보유기간에 따라(6% ~ 30%) ② 1세대1주택: 보유기간(최대 40%), 거주기간(최대 40%)
(=)	(=)
양도소득금액	양도차익 - 장기보유특별공제
(-)	(-)
기본공제	250만원(미등기자산은 제외)
(=)	(=)
과세표준	양도소득금액 - 기본공제
(×)	(×)
세율	① 기본세율: 6% ~ 45%(8단계초과누진세율) ② 1세대 2주택(3주택): 기본세율 + 20%(30%) ③ 2022.5.10.~2023.5.9. 양도분 중과 유예(2년 이상 보유)
(=)	(=)
산출세액	과세표준 × 세율
(-)	(-)
세액공제,감면세액	조세특례제한법상 세액감면 등
(+)	(+)
가산세	① 신고불성실가산세(10~40%) ② 납부지연가산세(1일 22/100,000) ③ 환산취득가액 가산세: 환산취득가액(건물분의 5%)
(=)	(=)
납부할 세액	산출세액 - 세액공제, 감면세액 + 가산세

(1) 장기보유특별공제

1) 장기보유특별공제 개요

양도소득금액은 양도차익에서 장기보유특별공제를 차감하여 계산하는데, 여기서 장기보유특별공제란 자산의 보유기간이 3년 이상인 장기보유자산에 대하여 그 양도소득금액을 산정할 때에 일정액을 공제하여 줌으로써 건전한 부동산의 투자형태 내지 소유형태를 유도하려는 세제상의 장치이다.

2) 장기보유특별공제 적용대상 (소득세법 95조 2항)

장기보유특별공제는 국내에 소재한 토지·건물(미등기양도자산은 제외) 및 조합원 입주권(조합원으로부터 취득한 것은 제외)으로서 보유기간이 3년 이상인 것에 대하여 적용한다.

여기서 조합원입주권(조합원으로부터 취득한 것은 제외)의 경우에는 「도시 및 주거환경정비법」 제74조에 따른 관리처분계획 인가 및 「빈집 및 소규모주택 정비에 관한 특례법」 제29조에 따른 사업시행계획인가 전 토지분 또는 건물분의 양도차익에 대하여만 장기보유특별공제를 적용한다.

3) 장기보유특별공제 적용 배제 (소득세법 104조 7항)

2018.4.1. 이후 양도분부터 다음에 해당하는 다주택자가 양도하는 주택에 대하여 장기보유특별공제를 적용하지 아니한다. 다만, 2022.5.10.부터 2023.5.9.까지 보유기간이 2년 이상인 조정대상지역에 있는 주택 양도분에 대하여는 장기보유특별공제를 적용한다.

① 「주택법」 제63조의2 제1항 제1호에 따른 조정대상지역에 있는 주택으로서 1세대 2주택에 해당하는 주택
② 조정대상지역에 있는 주택으로서 1세대가 1주택과 조합원입주권 또는 분양권을 1개 보유한 경우의 해당 주택.
③ 조정대상지역에 있는 주택으로서 1세대 3주택 이상에 해당하는 주택
④ 조정대상지역에 있는 주택으로서 1세대가 주택과 조합원입주권 또는 분양권(2021.1.1. 이후 취득하는 분양권에 한함)을 보유한 경우로서 그 수의 합이 3 이상인 경우 해당 주택.

4) 공제율 (소득세법 95조 2항)

① 일반적인 장기보유특별공제율

보유기간이 3년 이상인 토지·건물(미등기양도자산 제외) 및 조합원입주권(조합원으로부터 취득한 것은 제외)에 대한 장기보유특별공제율은 다음과 같다.

보유기간	공제율
3년 이상 4년 미만	6%
4년 이상 5년 미만	8%
5년 이상 6년 미만	10%
6년 이상 7년 미만	12%
7년 이상 8년 미만	14%
8년 이상 9년 미만	16%
9년 이상 10년 미만	18%
10년 이상 11년 미만	20%
11년 이상 12년 미만	22%
12년 이상 13년 미만	24%
13년 이상 14년 미만	26%
14년 이상 15년 미만	28%
15년 이상	30%

② 1세대 1주택 장기보유특별공제율

1세대 1주택의 장기보유특별공제율은 보유기간과 거주기간별로 계산이 되며, 최대 80%까지 공제율을 적용한다.

보유기간	공제율	거주기간	공제율
3년 이상 4년 미만	12%	2년 이상 3년 미만 (보유기간이 3년 이상인 경우 한함)	8%
		3년 이상 4년 미만	12%
4년 이상 5년 미만	16%	4년 이상 5년 미만	16%
5년 이상 6년 미만	20%	5년 이상 6년 미만	20%
6년 이상 7년 미만	24%	6년 이상 7년 미만	24%
7년 이상 8년 미만	28%	7년 이상 8년 미만	28%
8년 이상 9년 미만	32%	8년 이상 9년 미만	32%
9년 이상 10년 미만	36%	9년 이상 10년 미만	36%
10년 이상	40%	10년 이상	40%

5) 보유기간 계산

① 원칙

자산의 보유기간의 계산은 그 자산의 취득일부터 양도일까지로 한다. (소득세법 95조 4항)

② 배우자 등에 대한 취득가액 이월과세 (소득세법 95조 4항)

거주자가 5년 이내에 그 배우자(양도 당시 혼인관계가 소멸된 경우를 포함하되, 사망으로 혼인관계가 소멸된 경우는 제외한다) 또는 직계존비속으로부터 증여받은 부동산등을 양도하여 「소득세법」 97조의2 1항의 규정이 적용되는 경우 장기보유특별공제 계산 시 보유기간의 계산은 증여자가 당해 자산을 취득한 날부터 양도일까지로 한다.

③ 조합원입주권의 양도

조합원입주권(조합원으로부터 취득한 것은 제외)의 경우에는 「도시 및 주거환경정비법」 제74조에 따른 관리처분계획 인가 및 「빈집 및 소규모주택 정비에 관한 특례법」 제29조에 따른 사업시행계획인가 전 토지분 또는 건물분의 양도차익에 대하여만 장기보유특별공제를 적용하므로, 보유기간의 계산은 종전 주택 취득 시부터 권리처분계획인가(사업시행계획인가)일까지로 한다.

> ☑ check point 장기보유특별공제를 위한 보유기간 계산 기준일 (양도집행기준 95-0-1)
>
> | 취득유형 | | 기준일 |
> |---|---|---|
> | 상속받은 부동산 | | 상속개시일 |
> | 증여받은 부동산 | | 증여등기일 |
> | 재산분할 부동산 | | 이혼 전 배우자가 취득한 날 |
> | 취득가액 이월과세 부동산 | | 당초 증여자가 취득한 날 |
> | 부당행위계산 대상 부동산 | | 당초 증여자가 취득한 날 |
> | 가업상속재산 적용대상 자산 | | 당초 피상속인이 취득한 날 |
> | 도시 및 주거환경정비법 및 빈집 및 소규모주택정비법 | 원 조합원 (조합원입주권) | 종전 주택을 취득한 날 |
> | | 승계조합원 (승계취득후 준공된 주택양도) | 신축 완성주택의 취득시기 (사용승인서 교부일 등) |

6) 고가주택의 장기보유특별공제 (소득세령 160조 1항 2호)

① 일반적인 경우

1세대 1주택인 고가주택의 경우 장기보유특별공제액의 계산은 다음에 의한다.

$$\text{고가주택의 장기보유특별공제} = \text{장기보유특별공제액} \times \left(\frac{\text{양도가액} - 12억}{\text{양도가액}} \right)$$

② 고가주택과 부수 토지의 보유기간이 다르거나 한쪽이 미등기인 경우

㉠ 건물분 장기보유특별공제액

$$\text{건물분 장기보유특별공제} \times \left(1 - \frac{12억원 \times \dfrac{\text{건물양도가액}}{\text{토지와 건물 양도가액 합계액}}}{\text{건물양도가액}} \right)$$

㉡ 토지분 장기보유특별공제액

$$\text{토지분 장기보유특별공제} \times \left(1 - \frac{12억원 \times \dfrac{\text{토지양도가액}}{\text{토지와 건물 양도가액 합계액}}}{\text{토지양도가액}} \right)$$

(2) 양도소득 기본공제 (소득세법 103조)

1) 양도소득 기본공제

양도소득세 과세표준은 양도소득금액에서 양도소득 기본공제를 차감하여 계산하는데, 양도소득 기본공제는 연 250만원을 양도소득금액에서 차감한다. 단, 미등기자산의 경우에는 과세표준 계산에서 공제되지 않는다.

> ☑ check point **비거주자의 양도소득 기본공제 여부 (양도, 재일46014-1494, 1997.06.19.)**
> 비거주자의 양도소득세를 계산하는 경우에도 '양도소득기본공제'를 적용함

2) 양도소득 기본공제 공제순서

양도소득금액에 감면소득금액이 있는 경우에는 그 감면소득금액 외의 양도소득금액에서 먼저 공제하고, 감면소득금액 외의 양도소득금액 중에서는 해당 과세기간에 먼저 양도한 자산의 양도소득금액에서부터 순서대로 공제한다.

(3) 세액계산

양도소득세 과세표준에서 세율을 곱하면 산출세액이 계산된다.

1) 소득세법 제55조 세율(기본세율)

과세표준	세율	누진공제
1,200만원 이하	6%	-
1,200만원 초과 4,600만원이하	15%	108만원
4,600만원 초과 8,800만원 이하	24%	522만원
8,800만원 초과 1억5,000만원 이하	35%	1,490만원
1억5,000만원 초과 3억원 이하	38%	1,940만원
3억원 초과 5억원 이하	40%	2,540만원
5억원 초과 10억원 이하	42%	3,540만원
10억원 초과	45%	6,540만원

2022.7.21. 정부는 서민·중산층 세부담 완화를 위하여 소득세 과세표준 구간을 조정하는 것으로 세법 개정안 발표(국회 개정 여부 확인해야 함)

현 행		개 정 안	
□ 소득세 과세표준 및 세율		□ 과세표준 조정	
과 세 표 준	세율	과 세 표 준	세율
1,200만원 이하	6%	1,400만원 이하	6%
1,200만원~4,600만원 이하	15%	1,400만원~5,000만원 이하	15%
4,600만원~8,800만원 이하	24%	5,000만원~8,800만원 이하	24%
8,800만원~1.5억원 이하	35%	8,800만원~1.5억원 이하	35%
1.5억원~3억원 이하	38%	1.5억원~3억원 이하	38%
3억원~5억원 이하	40%	3억원~5억원 이하	40%
5억원~10억원 이하	42%	5억원~10억원 이하	42%
10억원 초과	45%	10억원 초과	45%

2) 소득세법 제104조 세율

다주택자가 조정대상지역에 있는 주택을 양도하거나 미등기자산등을 양도하는 경우 「소득세법」 제104조 세율을 적용한다. 다만, 다주택자가 2022.5.10.부터 2023.5.9.까지 보유기간이 2년 이상인 조정대상지역 주택등을 양도하는 경우 기본세율을 적용한다. (소득세령 제167조의3 제1항 제12호의2, 제167조의4 제3항 제6호의2, 제167조의10 제1항 제12호의2 및 제167조의11 제1항 제12호)

〈2021.6.1. 이후 양도분〉

구분		세율
조정대상지역 소재 주택	2주택자	기본세율 + 20%
	3주택 이상자	기본세율 + 30%
조정대상지역 외 주택 및 조합원 입주권	1년 미만 보유	70%
	1년 이상 2년 미만	60%
	2년 이상	기본세율
분양권	1년 미만	70%
	1년 이상	60%
미등기 양도자산		70%

구분		세율
조정대상지역 소재 주택	2주택자	기본세율 + 10%
	3주택 이상자	기본세율 + 20%
조정대상지역 외 주택 및 조합원 입주권	1년 미만 보유	40%
	1년 이상 2년 미만	기본세율
	2년 이상	기본세율
분양권	조정대상지역	50%
	조정대상지역외	1년 미만: 50% 1년 이상 2년 미만: 40% 2년 이상: 기본세율
미등기 양도자산		70%

3) 하나의 자산이 둘 이상의 세율에 해당하는 경우 (소득세법 104조 1항)

하나의 자산이 둘 이상의 세율에 해당할 때에는 해당 세율을 적용하여 계산한 양도소득 산출세액 중 큰 것을 그 세액으로 한다.

4) 동일 과세기간에 둘 이상의 자산 양도 시 비교과세 (소득세법 104조 5항)

해당 과세기간에 「소득세법」 제94조 제1항 제1호(토지, 건물), 제2호(부동산에 관한 권리) 및 제4호(기타자산)에서 규정한 자산을 둘 이상 양도하는 경우 양도소득 산출세액은 다음 중 큰 금액(양도소득세 감면액이 있는 경우에는 해당 감면세액을 차감한 세액이 더 큰 경우의 산출세액을 말함)으로 한다.

① 해당 과세기간의 양도소득과세표준 합계액에 대하여 제55조 제1항에 따른 세율(기본세율)을 적용하여 계산한 양도소득 산출세액
② 「소득세법」 104조 제1항부터 제4항까지 및 제7항의 규정에 따라 계산한 자산별 양도소득 산출세액 합계액. 다만, 둘 이상의 자산에 대하여 「소득세법 104조 제1항 각 호, 제4항 각 호 및 제7항 각 호에 따른 세율 중 동일한 호의 세율이 적용되고, 그 적용세율이 둘 이상인 경우 해당 자산에 대해서는 각 자산의 양도소득과세표준을 합산한 것에 대하여 제1항·제4항 또는 제7항의 각 해당 호별 세율을 적용하여 산출한 세액 중에서 큰 산출세액의 합계액으로 한다.

7 양도소득세 신고 납부

(1) 예정신고 납부

1) 예정신고

① 원칙

양도소득세 과세대상 토지·건물, 부동산에 관한 권리, 기타자산을 양도한 거주자는 양도일이 속하는 달의 말일부터 2개월 이내에 납세지 관할 세무서장에게 신고하여야 한다. (소득세법 105조 1항 1호)

② 토지거래허가구역 내 토지 양도

「부동산 거래신고 등에 관한 법률」제10조 제1항에 따른 토지거래계약에 관한 허가구역에 있는 토지를 양도할 때 토지거래계약허가를 받기 전에 대금을 청산한 경우에는 그 허가일(토지거래계약허가를 받기 전에 허가구역의 지정이 해제된 경우에는 그 해제일을 말한다)이 속하는 달의 말일부터 2개월 내에 납세지 관할 세무서장에게 신고하여야 한다. (소득세법 105조 1항 1호)

③ 부담부증여

부담부증여의 채무액에 해당하는 부분으로서 양도로 보는 경우에는 그 양도일이 속하는 달의 말일부터 3개월 내에 납세지 관할 세무서장에게 신고하여야 한다. (소득세법 105조 1항 3호)

④ 예정신고를 2회 이상 하는 경우

해당 과세기간에 누진세율 적용대상 자산에 대한 예정신고를 2회 이상 하는 경우로서 거주자가 이미 신고한 양도소득금액과 합산하여 신고하려는 경우에는 다음에 따른 금액을 제2회 이후 신고하는 예정신고 산출세액으로 한다. (소득세법 107조 2항)

예정신고 산출세액 = [(이미 신고한 양도소득금액 + 제2회 이후 신고하는 양도소득금액 - 양도소득기본공제액) × 제104조 제1항 제1호에 따른 세율] - 이미 신고한 예정신고 산출세액

2) 예정신고 자진납부 (소득세법 106조)

거주자가 예정신고를 할 때에는 산출세액에서 「조세특례제한법」이나 그 밖의 법률에 따른 감면세액을 뺀 세액을 납세지 관할 세무서, 한국은행 또는 체신관서에 납부하여야

한다.

이 경우 수시부과세액이 있을 때에는 이를 공제하여 납부한다.

(2) 확정신고 납부

1) 확정신고

① 원칙(소득세법 110조 1항)

해당 과세기간의 양도소득금액이 있는 거주자는 그 양도소득 과세표준을 그 과세기간의 다음 연도 5월 1일부터 5월 31일까지 납세지 관할 세무서장에게 신고하여야 한다. 이 경우 양도소득과세표준 확정신고는 해당 과세기간의 과세표준이 없거나 결손금액이 있는 경우에도 적용한다.

② 토지거래허가구역 내 토지 양도(소득세법 110조 1항)

「부동산 거래신고 등에 관한 법률」 제10조 제1항의 규정에 의한 토지거래계약에 관한 허가구역에 있는 토지 양도하는 경우에는 토지거래계약에 관한 허가일(토지거래계약허가를 받기 전에 허가구역의 지정이 해제된 경우에는 그 해제일을 말한다)이 속하는 과세기간의 다음 연도 5월 1일부터 5월 31일까지 납세지 관할 세무서장에게 신고하여야 한다.

2) 확정신고를 하여야 하는 경우

예정신고를 한 자는 해당 소득에 대한 확정신고를 하지 아니할 수 있다. 다만, 다음에 해당하는 경우에는 예정신고를 하였다 하더라도 확정신고를 하여야 한다. (소득세법 110조 4항, 소득세령 173조 5항)

① 당해 연도에 누진세율 적용 대상 자산에 대한 예정신고를 2회 이상 한 자가 이미 신고한 양도소득금액과 합산하여 신고하지 아니한 경우

② 토지·건물, 부동산에 관한 권리, 기타자산 및 신탁 수익권을 2회 이상 양도한 경우로서 감면소득금액이 있어 당초 신고한 양도소득산출세액이 달라지는 경우

③ 둘 이상의 자산을 양도하는 경우 양도소득세 비교과세 방식으로 적용할 경우 당초 신고한 양도소득산출세액이 달라지는 경우

3) 확정신고 자진납부

거주자는 해당 과세기간의 과세표준에 대한 양도소득 산출세액에서 감면세액과 세액공제액을 공제한 금액을 확정신고기한까지 납세지 관할 세무서, 한국은행 또는 체신관서에 납부하여야 한다.

이 경우 수시부과세액이 있을 때에는 이를 공제하여 납부한다.

(3) 분납 (소득세법 112조)

납부세액이 1천만원을 초과하는 경우 납세자의 신청에 의하여 다음에 해당하는 금액을 납부기한이 경과 후 2개월 이내에 분할납부할 수 있다.

① 납부할 세액이 2천만원 이하인 때에는 1천만원을 초과하는 금액
② 납부할 세액이 2천만원을 초과하는 때에는 그 세액의 100분의 50 이하의 금액액

(4) 가산세

신고납부 기한 내에 신고하지 아니하거나 신고하였더라도 납부하지 아니한 경우에는 가산세를 납부하여야 한다. (국기법 47조의2, 3, 4)

1) 가산세 종류

구분		가산세율
무신고가산세	일반	무신고 납부세액의 20%
	부정[1]	부정무신고 납부세액의 40%(역외거래 60%)
과소신고(초과환급) 가산세	일반	(과소신고 납부세액등 - 부정과소신고납부세액등)의 10%
	부정[1]	부정과소신고(초과환급)납부세액의 40% (역외거래 60%)
납부지연가산세	미납미달납부	미납·미달납부세액 × 미납기간[2] × 22/100,000 (2019.2.12.~2022.2.14.: 25/100,000)
환산취득가액 가산세	건물신축(증축) 취득 후 5년 이내 양도	환산취득가액(건물분)의 5%

1) 부정행위(조세범처벌법 제3조 제6항)

   ㉠ 이중장부의 작성 등 장부의 거짓 기장

   ㉡ 거짓 증빙 또는 거짓 문서의 작성 및 수취

   ㉢ 장부와 기록의 파기

   ㉣ 재산의 은닉, 소득·수익·행위·거래의 조작 또는 은폐

   ㉤ 고의적으로 장부를 작성하지 아니하거나 비치하지 아니하는 행위 또는 계산서, 세금계산서 또는 계산서합계
표, 세금계산서합계표의 조작

   ㉥ 「조세특례제한법」 제5조의2제1호에 따른 전사적 기업자원 관리설비의 조작 또는 전자세금계산서의 조작

   ㉦ 그 밖에 위계에 의한 행위 또는 부정한 행위

2) 미납기간: 납부기한의 다음날~자진납부일 (고지일)

☑ check point 감정가액 또는 환산취득가액 적용에 따른 가산세 (소득세법 114조의2)

거주자가 건물을 신축 또는 증축(증축의 경우 바닥면적 합계가 85㎡ 초과하는 경우에 한함)하고, 취득일 또는 증축일부터 5년 이내에 양도하는 경우 취득가액을 감정가액 또는 환산취득가액으로 하는 경우에는 건물의 감정가액 도는 환산취득가액의 5%에 해당하는 금액을 가산세로 부과한다. (증축의 경우 증축한 부분에 한정)

이 경우 산출세액이 없는 경우에도 적용한다.

---

2) 가산세 감면 (국기법 48조)

구분	감면비율
과세표준신고서를 법정신고기한까지 제출한 자가 법정신고기한 경과 후 2년 이내 수정신고(과세관청에서 경정할 것을 미리 알고 수정신고하는 경우 제외)	법정신고기한 경과 후 ① 1개월 이내: 90% ② 1개월 초과 3개월 이내: 75% ③ 3개월 초과 6개월 이내: 50% ④ 6개월 초과 1년 이내: 30% ⑤ 1년 초과 1년 6개월 이내: 20% ⑥ 1년 6개월 초과 2년 이내: 10%
과세표준신고서를 법정신고기한까지 제출하지 아니한 자가 법정신고기한 경과 후 6개월 이내 기한 후 신고(과세관청에서 경정할 것을 미리 알고 기한 후 신고하는 경우 제외)	법정신고기한 경과 후 ① 1개월 이내: 50% ② 1개월 초과 3개월 이내: 30% ③ 3개월 초과 6개월 이내: 20%

제2절

부당행위계산 부인 및 취득가액 이월과세등

1 부당행위계산 부인 (소득세법 101조 1항)

(1) 개요

납세지 관할 세무서장 또는 지방국세청장은 양도소득이 있는 거주자의 행위 또는 계산이 그 거주자의 특수관계인과의 거래로 인하여 그 소득에 대한 조세 부담을 부당하게 감소시킨 것으로 인정되는 경우에는 그 거주자의 행위 또는 계산과 관계없이 해당 과세기간의 소득금액을 계산할 수 있다.

(2) 적용 요건

1) 특수관계인과의 거래

① 특수관계인의 판단시기
특수관계 여부의 판단시기는 다음과 같다. (양도집행기준 101-167-12)

증여 당시	양도 당시	부당행위계산 적용 여부
특수관계 있음	특수관계 있음	적용
특수관계 있음	특수관계 없음	적용 배제
특수관계 없음	특수관계 있음	적용 배제

② 특수관계인의 범위

특수관계인이란 「국세기본법 시행령」 제1조의2에 따른 특수관계인을 말한다. 여기서 거래당사자 일방을 기준으로 하면 특수관계인에 해당하지 않지만, 상대방 기준으로 하면 특수관계인에 해당하는 경우에도 상호 간에는 특수관계인에 해당한다. (대법 88누7248, 1991.5.28.)

<국세기본법 시행령 제1조의2에 의한 특수관계인 범위>
1. 혈족·인척 등 친족관계
① 6촌 이내의 혈족
② 4촌 이내의 인척
③ 배우자(사실상의 혼인관계에 있는 자를 포함한다)
④ 친생자로서 다른 사람에게 친양자 입양된 자 및 그 배우자·직계비속
2. 임원·사용인등 경제적 연관관계
① 임원과 그 밖의 사용인
② 본인의 금전이나 그 밖의 재산으로 생계를 유지하는 자
③ ① 및 ②의 자와 생계를 함께하는 친족
3. 주주·출자자 등 경영지배관계
① 본인이 직접 또는 그와 친족관계 또는 경제적 연관관계에 있는 자를 통하여 법인의 경영에 대하여 지배적인 영향력을 행사하고 있는 경우 그 법인
② 본인이 직접 또는 그와 친족관계, 경제적 연관관계 또는 ①의 관계에 있는 자를 통하여 법인의 경영에 대하여 지배적인 영향력을 행사하고 있는 경우 그 법인
4. 해당 법인의 경영에 대하여 지배적인 영향력을 행사하고 있는 것으로 보는 경우
① 영리법인인 경우
㉠ 법인의 발행주식총수 또는 출자총액의 100분의 30 이상을 출자한 경우
㉡ 임원의 임면권의 행사, 사업방침의 결정 등 법인의 경영에 대하여 사실상 영향력을 행사하고 있다고 인정되는 경우
② 비영리법인인 경우
㉠ 법인의 이사의 과반수를 차지하는 경우
㉡ 법인의 출연재산(설립을 위한 출연재산만 해당한다)의 100분의 30 이상을 출연하고 그 중 1인이 설립자인 경우

---

2) 조세의 부담을 부당하게 감소시킨 경우 (소득세령 167조 3항)

조세의 부담을 부당하게 감소시킨 것으로 인정되는 경우란 다음 중 어느 하나에 해당하는 때를 말한다. 다만, 시가와 거래가액의 차액이 3억원 이상이거나 시가의 100분의 5에 상당하는 금액 이상인 경우로 한정한다.

① 특수관계인으로부터 시가보다 높은 가격으로 자산을 매입하거나 특수관계인에게 시가보다 낮은 가격으로 자산을 양도한 때

② 그 밖에 특수관계인과의 거래로 해당 연도의 양도가액 또는 필요경비의 계산 시 조세의 부담을 부당하게 감소시킨 것으로 인정되는 때

☑ check point **특수관계인간 부담부 증여시 채무액 상당액 (양도집행기준 101-167-6)**

특수관계인간의 부담부 증여를 통해 증여자의 채무를 수증자가 인수하여 증여가액 중 그 채무액에 상당하는 부분에 대해 증여자에게 양도소득세를 과세한 경우에는 해당 채무액에 상당하는 부분은 부당행위계산 규정이 적용되지 아니한다.

☑ check point **양도자산의 유형에 따른 부당행위계산 적용 여부 (양도집행기준 101-167-9)**

부당행위계산 대상 자산의 유형	적용 여부
1세대 1주택 비과세(소득세령 154조)	적용 배제
8년 이상 자경농지(조특법 69조)	적용 배제
신축주택의 취득자에 대한 양도소득세 과세특례주택(조특법 99조,99조의3)	적용 배제
공익사업을 위한 토지 등의 취득 및 보상에 관한 법률에 따라 협의매수·수용되는 토지	적용

---

3) 부당행위 판단 기준일

거주자와 특수관계 있는 자와의 거래가 부당한 행위에 해당하는지 여부는 거래 당시 즉 양도가액을 확정지을 수 있는 시점인 매매계약일을 기준으로 판단한다. (양도 집행기준 101-167-2)

4) 시가

시가는 「상속세 및 증여세법」 제60조부터 제66조까지와 같은 법 시행령 제49조, 제50조부터 제52조까지, 제52조의2, 제53조부터 제58조까지, 제58조의2부터 제58조의4까지, 제59조부터 제63조까지의 규정을 준용하여 평가한 가액에 따른다.

이 경우 「상속세 및 증여세법 시행령」 제49조 제1항 각 호 외의 부분 본문 중 "평가기준일 전후 6개월(증여재산의 경우에는 평가기준일 전 6개월부터 평가기준일 후 3개월까지로 한다) 이내의 기간"은 "양도일 또는 취득일 전후 각 3개월의 기간"으로 본다. (소득세령 167조 5항)

(3) 증여를 통한 우회양도 (소득세법 101조 2항)

1) 증여를 통한 우회양도

거주자가 특수관계인(취득가액 이월과세를 적용받는 배우자 및 직계존비속의 경우는 제외)에게 자산을 증여한 후 그 자산을 증여받은 자가 그 증여일부터 5년 이내에 다시 타인에게 양도한 경우로서 아래 ①에 따른 세액이 ②에 따른 세액보다 적은 경우에는 증여자가 그 자산을 직접 양도한 것으로 본다. 다만, 양도소득이 해당 수증자에게 실질적으로 귀속된 경우에는 그러하지 아니하다.

① 증여받은 자의 증여세(「상속세 및 증여세법」에 따른 산출세액에서 공제·감면세액을 뺀 세액을 말한다)와 양도소득세(산출세액에서 공제·감면세액을 뺀 결정세액을 말한다)를 합한 세액

② 증여자가 직접 양도하는 경우로 보아 계산한 양도소득세

☑ check point 특수관계가 소멸한 경우 부당행위계산 부인 적용 여부(양도, 부동산거래관리과-14, 2010.01.08.)

양도일 현재 사망 등으로 특수관계가 소멸한 경우 부당행위계산 부인규정(소득세법 101조 2항)을 적용하지 아니한다.

---

2) 부당행위계산의 부인이 되는 경우 납부한 증여세 (소득세법 101조 3항)

증여자에게 양도소득세가 과세되는 경우에는 당초 증여받은 자산에 대해서는 「상속세 및 증여세법」의 규정에도 불구하고 증여세를 부과하지 아니한다.

② 배우자 등에 대한 취득가액 이월과세 (소득세법 97조의2)

(1) 취득가액 이월

거주자가 양도일부터 소급하여 5년 이내에 그 배우자(양도 당시 혼인관계가 소멸된 경우를 포함하되, 사망으로 혼인관계가 소멸된 경우는 제외한다) 또는 직계존비속으로부터 증여받은 부동산이나 부동산을 취득할 수 있는 권리, 특정시설물이용권의 양도차익을 계산할 때 취득가액은 그 배우자 또는 직계존비속의 취득 당시 취득가액으로 한다.

> ☑ check point **배우자 및 직계존비속이 사망한 경우 이월과세 적용여부(소득세법 97조의2 단서)**
> ① 양도 당시 사망으로 배우자 관계가 소멸한 경우에는 이월과세를 적용하지 아니한다.
> ② 양도 당시 직계존비속이 사망한 경우에도 이월과세를 적용한다.

(2) 이월과세 적용 시 수증자가 부담한 증여세

거주자가 증여받은 자산에 대하여 납부하였거나 납부할 증여세 상당액이 있는 경우에는 양도소득세 필요경비에 산입한다.

이 경우 이월과세 적용시 증여받은 수증자가 부담한 증여세상당액은 해당 자산에 대한 양도차익을 한도로 필요경비에 산입된다. (양도 집행기준 97의2-163의2-2)

$$\text{이월과세대상 자산에 대한 증여세 산출세액} = \text{증여받은 자산에 대한 증여세 산출세액} \times \frac{\text{이월과세내상증여세과세가액}}{\text{증여세과세가액의합계액}}$$

(3) 적용배제

다음에 해당하는 경우에는 배우자 등에 대한 취득가액 이월과세를 적용하지 아니한다.

① 사업인정고시일부터 소급하여 2년 이전에 증여받은 경우로서 「공익사업을 위한 토

지 등의 취득 및 보상에 관한 법률」이나 그 밖의 법률에 따라 협의매수 또는 수용된 경우

② 수증자에게 이월과세를 적용할 경우 1세대 1주택 비과세(비과세대상에서 제외되는 고가 주택 및 부수 토지를 포함)에 해당하게 되는 경우(2014.1.1. 이후 양도분부터 적용). 이 경우에는 부당행위계산부인 규정을 적용한다.

③ 이월과세를 적용하여 계산한 양도소득 결정세액이 이월과세를 적용하지 아니하고 계산한 양도소득 결정세액보다 적은 경우

(4) 부당행위계산 부인(증여를 통한 우회양도)과 배우자 등에 대한 취득가액 이월과세 비교

구분	부당행위계산 부인 (증여를 통한 우회양도)	배우자 등에 대한 취득가액 이월과세
납세의무자	당초 증여자	증여받은 배우자 또는 직계존비속 (수증자)
적용자산	양도소득세 과세대상 자산	토지, 건물, 부동산을 취득할 수 있는 권리, 특정시설물이용권
증여자와 수증자 관계	특수관계인	배우자 또는 직계존비속
조세를 부당하게 감소 여부	증여자의 양도세가 수증자의 부담세액 (증여세 + 양도세)보다 큰 경우에 적용	이월과세 적용 양도세가 미적용 양도세 보다 적은 경우 이월배제 적용 배제 (2017.7.1. 이후)
장기보유특별공제, 세율	증여자의 취득일부터 기산	증여자의 취득일부터 기산
양도소득의 실질 귀속 여부	양도소득이 증여자에게 실질적으로 귀속된 경우에 한하여 적용	양도소득의 실질 귀속 여부를 묻지 않음.
연대납세의무	증여자와 수증자가 연대납세의무를 부담함	연대납세의무 없음
양도차익	당초 증여자가 취득한 때를 기준으로 취득가액 및 필요경비 계산	취득가액은 증여자의 취득가액에 의함
기 납부 증여세	납부한 증여세를 환급	필요경비 산입

배우자 등에 양도한 재산의 증여 추정

(1) 증여추정 요건

① 배우자 또는 직계존비속에게 양도한 재산은 양도자가 그 재산을 양도한 때에 그 재산의 가액을 배우자 등이 증여받은 것으로 추정하여 이를 배우자 등의 증여재산가액으로 한다. (상증법 44조 1항)

② 특수관계인에게 양도한 재산을 그 특수관계인(이하 "양수인"이라 함)이 양수일부터 3년 이내에 당초 양도자의 배우자 등에게 다시 양도한 경우에는 양수자가 그 재산을 양도한 당시의 재산가액을 그 배우자 등이 증여받은 것으로 추정하여 이를 배우자 등의 증여재산가액으로 한다.

다만, 당초 양도자 및 양수자가 부담한 「소득세법」에 따른 결정세액을 합친 금액이 양수자가 그 재산을 양도한 당시의 재산가액을 당초 그 배우자등이 증여받은 것으로 추정할 경우의 증여세액보다 큰 경우에는 그러하지 아니하다.(상증법 44조 2항)

이 경우 해당 배우자등에게 증여세가 부과된 경우에는 「소득세법」의 규정에도 불구하고 당초 양도자 및 양수자에게 그 재산 양도에 따른 소득세를 부과하지 아니한다. (상증법 44조 4항)

(2) 증여추정 배제 (상증법 44조 3항)

① 법원의 결정으로 경매절차에 따라 처분된 경우
② 파산선고로 인하여 처분된 경우
③ 「국세징수법」에 따라 공매(公賣)된 경우
④ 배우자 등에게 대가를 받고 양도한 사실이 명백히 인정되는 경우로서 다음에 해당하는 경우 (상증령 33조 3항)
  ㉠ 권리의 이전이나 행사에 등기 또는 등록을 요하는 재산을 서로 교환한 경우
  ㉡ 당해 재산의 취득을 위하여 이미 과세(비과세 또는 감면받은 경우를 포함한다) 받았거나 신고한 소득금액 또는 상속 및 수증재산의 가액으로 그 대가를 지급한 사실이 입증되는 경우
  ㉢ 당해 재산의 취득을 위하여 소유재산을 처분한 금액으로 그 대가를 지급한 사실이 입증되는 경우

3 저가양수 또는 고가양도에 따른 이익의 증여

(1) 특수관계인과의 거래 시 저가양수 또는 고가양도에 따른 이익의 증여

특수관계인과의 거래시 저가양수 또는 고가양도한 경우로서 그 대가와 시가와의 차액이 기준금액(시가의 30%와 3억원 중 적은 금액) 이상인 경우에는 그 대가와 시가의 차액에서 기준금액을 뺀 금액을 그 이익을 얻은 자의 증여재산가액으로 하여 증여세를 부과하고, 저가양도의 경우에는 양도자에게 시가를 양도가액으로 하여 양도소득세를 부과한다. (상증법 35조, 소득세법 101조 1항)

1) 저가양수

① 양수인

특수관계인간의 저가양수의 경우 양수인이 증여받은 자(수증자)가 되어 다음에 해당하는 금액을 증여재산가액으로 하여 증여세를 납부한다.

> 증여재산가액 = (시가 - 대가) - Min(시가의 30%, 3억원)

② 양도인

특수관계인에게 저가양도 시(시가와 대가와의 차액이 시가의 5% 이상 또는 3억원 이상인 경우에 한함)에는 소득세법상 부당행위계산의 부인 규정이 적용되어 시가를 양도가액으로 본다.

2) 고가양도

특수관계인간의 고가양도의 경우 양도인이 증여받은 자(수증자)가 되어 다음에 해당하는 금액을 증여재산가액으로 하여 증여세를 납부한다.

> 증여재산가액 = (대가 - 시가) - Min(시가의 30%, 3억원)

✓ check point 특수관계인 간의 저가양도시 계산 사례

시가 352억의 부동산을 부(父)가 아들(子)에게 280억에 양도한 경우

(1) 증여세

① 증여재산가액: (352억 - 280억) - Min(352억 × 30%, 3억) = 69억

② 69억을 증여재산가액으로 하여 아들에게 증여세 부과

(2) 양도소득세

① 저가양도 판정: (352억 - 280억) ≧ Min(352억 × 5%, 3억원)

② 양도가액은 280억이 아니라 시가인 352억을 양도가액으로 하여 양도인인 부(父)는 양도소득세를 재계산하여 납부해야 한다.

---

(2) 특수관계인외의 자와 거래시 저가양수 또는 고가양도에 따른 이익의 증여

특수관계인외의 자와의 거래 시에도 거래의 관행상 정당한 사유 없이 그 대가와 시가와의 차액이 기준금액(시가의 30%) 이상인 경우에는 그 대가와 시가와의 차액에서 3억원을 뺀 금액을 그 이익을 얻은 자의 증여재산가액으로 하여 증여세를 부과한다.

☑ check point 거래의 관행상 정당한 사유 (상증, 서면인터넷방문상담4팀-403, 2008.2.20.)

거래의 관행상 정당한 사유가 있는지의 여부는 해당 거래의 경위, 거래당사자의 관계,거래가액의 결정과정 등을 고려할 때에 적정한 교환가치를 반영하여 거래하였다고 볼 수 있는지 여부 등 구체적인 사실을 확인하여 판단.

제3절

주택에 대한 비과세

1 1세대 1주택 비과세

(1) 1세대 1주택 비과세 요건 (소득세법 89조 1항 3호 가목, 소득세령 154조 1항)

거주자인 1세대가 양도일 현재 국내에 1주택을 보유하고 있는 경우로서 다음의 요건을 모두 갖추고 양도하는 경우에는 양도소득세를 과세하지 아니한다.

① 보유기간이 2년 이상일 것.
② 2017년 8월 3일 이후 취득하는 주택부터 취득 당시에 조정대상지역에 있는 주택의 경우에는 해당 주택의 보유기간이 2년 이상이고 그 보유기간 중에 거주기간이 2년 이상일 것
③ 비거주자가 해당 주택을 3년 이상 계속 보유하고 그 주택에서 거주한 상태에서 거주자로 전환된 경우에는 보유기간이 3년 이상일 것
④ 양도 당시 주택이 고가주택에 해당하지 아니할 것. 여기서 고가주택이란 주택 및 이에 부수되는 토지의 양도당시 실지거래가액의 합계액이 12억원을 초과하는 것을 말한다. (소득세법 89조 1항 3호)
⑤ 미등기 양도자산이 아닐 것
⑥ 주택의 부수토지[도시지역 내의 경우에는 건물이 정착된 면적의 5배(2022.1.1. 이후 양도하는 분부터 수도권 내 도시지역 중 주거·상업·공업지역은 3배), 도시지역 밖의 경우 10배 이내를 포함한다. (소득세법 154조 7항)

(2) 1세대

1) 1세대의 정의

거주자 및 그 배우자(법률상 이혼을 하였으나 생계를 같이 하는 등 사실상 이혼한 것으로 보기 어려운 관계에 있는 사람을 포함)가 그들과 같은 주소 또는 거소에서 생계를 같이 하는 자[거주자 및 그 배우자의 직계존비속(그 배우자를 포함한다) 및 형제자매를 말하며, 취학, 질병의 요양, 근무상 또는 사업상의 형편으로 본래의 주소 또는 거소에서 일시 퇴거한 사람을 포함]와 함께 구성하는 가족 단위를 말한다. (소득세법 88조 6호)

2) 배우자가 없어도 별도 세대로 보는 경우 (소득세령 152조3)

① 해당 거주자의 나이가 30세 이상인 경우

② 배우자가 사망하거나 이혼한 경우

③ 「소득세법」 제4조에 따른 소득(종합소득, 퇴직소득, 금융투자소득, 양도소득)이 「국민기초 생활 보장법」 제2조 제11호에 따른 기준 중위소득의 100분의 40 수준 이상으로서 소유하고 있는 주택 또는 토지를 관리·유지하면서 독립된 생계를 유지할 수 있는 경우. 다만, 미성년자의 경우를 제외하되, 미성년자의 결혼, 가족의 사망 그 밖에 기획재정부령이 정하는 사유로 1세대의 구성이 불가피한 경우에는 그러하지 아니하다. (기획재정부령에서 정하는 불가피한 사유 없음)

중위소득 확인은 보건복지부 사이트 ⇒ 정보 ⇒ 통계 ⇒ e-나라지표에서 확인 가능

구분	1인가구	2인가구	3인가구	4인가구	5인가구	6인가구	7인가구
금액	1,944,812	3,260,085	4,194,701	5,121,080	6,024,515	6,907,004	7,780,592
40%	777,924	1,304,034	1,677,880	2,048,432	2,409,806	2,762,801	3,112,236

3) 1세대의 판정기준

1세대 1주택 비과세의 1세대에 해당하는지 여부는 주택 양도일 현재를 기준으로 판정하는 것이며, 같은 장소에서 생계를 같이하는 가족의 주민등록상 현황과 사실상 현황이 다른 경우에는 사실상 현황에 의한다. (양도 집행기준 88-152의3-2)

☑ check point **양도 집행 기준에 의한 세대 판정**

1. 부부가 각각 단독세대를 구성하거나 가정불화로 별거한 경우 (양도 집행기준 89-152의3-3)

현행 「민법」에서 혼인은 「가족관계의 등록 등에 관한 법률」에 따라 신고함으로써 그 효력이 생긴다고 규정하고 있어, 부부가 각각 단독세대를 구성하거나 가정불화로 별거 중이라도 법률상 배우자는 같은 세대로 본다.

2. 독립된 1세대로서의 생계유지 범위 (양도 집행기준 89-152의3-6)

대학생이 군 입대전 수개월 동안 일하면서 소득을 올렸다고 하여 독립된 생계를 유지하였다고 볼 수 없으므로 별도의 1세대를 구성하였다고 볼 수 없다.

3. 양자(養子)의 경우 (양도 집행기준 88-152의3-7)

양자의 직계존속에는 양부모와 생부모를 모두 포함하는 것이며, 양자가 양가와 생가 중 어느 세대에 속하는지는 형식상의 주민등록 내용에 불구하고 실질적으로 생계를 같이하는지 여부에 따라 판단한다.

4. 거주자와 1세대 요건을 갖춘 아들이 같은 세대원인 경우(양도 집행기준 88-152의3-8)

1주택을 소유한 거주자가 「소득세법」 제88조 제6호에 따른 1세대 구성요건을 갖춘 아들과 함께 1세대를 구성하여 생계를 같이하고 있는 경우로서 아들이 주택을 보유한 경우 1세대 2주택에 해당된다.

5. 거주자의 배우자와 1세대 요건을 갖춘 이들이 같은 세대원인 경우 (양도 집행기준 88-152의3-9)

거주자가 단독으로 1세대를 구성하고 그 거주자의 배우자는 그들의 아들과 함께 1세대를 구성하여 생계를 같이하고 있는 경우에 거주자와 그 배우자는 세대 또는 생계를 달리하여도 같은 세대원으로 보는 것이나, 그 아들이 「소득세법」 제88조 제6호에 따른 1세대 구성요건을 갖춘 경우에는 거주자와 그 아들은 같은 세대원으로 보지 아니한다.

(3) 주택

1) 주택의 정의 (소득세법 88조 7호)

허가 여부나 공부(公簿)상의 용도구분과 관계없이 사실상 주거용으로 사용하는 건물을

말한다. 이 경우 그 용도가 분명하지 아니하면 공부상의 용도에 따른다.

2) 주택의 판정 기준일 (양도 집행기준 89-154-3)

주택에 해당하는 지 여부는 양도일 현재를 기준으로 판단하며, 매매특약에 의하여 매매계약일 이후 주택을 멸실한 경우에는 매매계약일 현재를 기준으로 한다. (유권해석 변경: 2022.10.21. 이후 매매계약 체결분부터 양도일 현재 현황에 따라 판단함. 양도, 기획재정부 재산세과-1322, 2022.10.21.)

3) 주택에 해당하는지 여부

① 무허가 주택

건축허가를 받지 않거나, 불법으로 건축된 주택이라 하더라도 주택으로 사용할 목적으로 건축된 건축물인 경우에는 건축에 관한 신고여부, 건축완성에 대한 사용검사나 사용승인에 불구하고 주택에 해당되며, 1주택만 소유한 경우에는 1세대 1주택 비과세 규정을 적용받을 수 있다. (양도 집행기준 89-154-6)

② 공가상태 건물

주택으로 사용하던 건물이 장기간 공가 상태로 방치된 경우에도 공부상의 용도가 주거용으로 등재되어 있으면 주택으로 보는 것이며 장기간 공가 상태로 방치한 건물이 건축법에 의한 건축물로 볼 수 없을 정도로 폐가가 된 경우에는 주택으로 보지 아니한다. (양도 집행기준 89-154-7)

③ 전기와 수도시설이 철거된 재건축아파트

1세대 1주택 양도소득세 비과세 제도의 취지 및 「소득세법」 제89조 제2항의 입법취지와 조문체계 등에 비추어, 전기와 수도시설이 철거된 경우에도 주거용으로서의 잠재적 기능을 여전히 보유한 상태인 재건축아파트는 '주택'에 해당된다. (양도 집행기준 89-154-8)

④ 주택을 일시적으로 다른 용도로 사용하고 경우

일시적으로 주거가 아닌 다른 용도로 사용되고 있다 하더라도 그 구조·기능이나 시설 등이 본래 주거용으로서 주거용에 적합한 상태에 있고 주거기능이 그대로 유지·관리되고 있어 언제든지 주택으로 사용할 수 있는 건물은 주택으로 본다. (양도 집행기준 89-154-9)

⑤ 한울타리 내 농가주택과 창고 등이 있는 경우

사회통념상 농·어업에 필수적인 것으로 인정되는 범위 내의 축사, 퇴비사 및 농기구용 창고 등도 농가주택의 일부분으로 보아 1세대 1주택 비과세 여부를 판단한다. (양도 집행기준 89-154-10)

⑥ 펜션

펜션을 숙박용역 용도로만 제공하는 경우 주택에 해당하지 않으나 세대원이 해당 건물로 거소 등을 이전하여 주택으로 사용하는 경우에는 겸용주택으로 본다. (양도 집행기준 89-154-11)

⑦ 공장 내 합숙소의 주택

사용인의 생활을 위하여 공장에 딸린 건물을 합숙소로 사용하고 있는 경우 해당 합숙소는 주택으로 보지 아니한다. (양도 집행기준 89-154-12)

⑧ 공실인 오피스텔

주택 양도일 현재 공실로 보유하는 오피스텔의 경우 내부시설 및 구조 등을 주거용으로 사용할 수 있도록 변경하지 아니하고 건축법상의 업무용으로 사용승인된 형태를 유지하고 있는 경우에는 주택으로 보지 않으며, 내부시설 및 구조 등을 주거용으로 변경하여 항상 주거용으로 사용 가능한 경우에는 주택으로 본다. (양도 집행기준 89-154-13)

4) 분양권 및 조합원입주권

① 분양권

2021.1.1. 이후 취득하는 분양권의 경우 1세대 1주택 비과세 및 다주택자 중과세 규정을 적용함에 있어 주택 수에 포함한다. (소득세법 89조 2항)

이 경우 분양권의 경우 주택으로 간주되는 것이 아니라 주택 수 계산에만 포함될 뿐, 다주택사 중과세 규정을 적용함에 있어 중과세 대싱은 아니며, 분양권에 대한 세율이 적용된다.

> **참고** **분양권의 정의(소득세법 88조 10호, 소득세령 152조의4)**
> 「주택법」 등 다음에 해당하는 법률에 따른 주택에 대한 공급계약을 통하여 주택을 공급받는 자로 선정된 지위(해당 지위를 매매 또는 증여 등의 방법으로 취득한 것을 포함한다)를 말한다.
> ① 「건축물의 분양에 관한 법률」, ② 「공공주택 특별법」, ③ 「도시개발법」
> ④ 「도시 및 주거환경정비법」, ⑤ 「빈집 및 소규모주택 정비에 관한 특례법」
> ⑥ 「산업입지 및 개발에 관한 법률」, ⑦ 「주택법」, ⑧ 「택지개발촉진법」

② 재개발·재건축 조합원입주권 (소득세법 89조 2항)

재개발·재건축 조합원입주권은 1세대 1주택 비과세 및 다주택자 중과세 규정을 적용함에 있어 주택수에 포함한다.

이 경우 조합원입주권의 경우 주택으로 간주되는 것이 아니라 주택 수 계산에만 포함될 뿐, 조합원 입주권 비과세 특례 규정이 적용되고, 다주택자 중과세 규정을 적용함에 있어 중과세 대상은 아니지만, 주택 수 계산에만 포함된다.

> **참고** **조합원 입주권 정의 (소득세법 88조 9호)**
>
> 「도시 및 주거환경정비법」 제74조에 따른 관리처분계획의 인가 및 「빈집 및 소규모주택 정비에 관한 특례법」 제29조에 따른 사업시행계획인가로 인하여 취득한 입주자로 선정된 지위를 말한다.
>
> 이 경우 「도시 및 주거환경정비법」에 따른 재건축사업 또는 재개발사업, 「빈집 및 소규모주택 정비에 관한 특례법」에 따른 자율주택정비사업, 가로주택정비사업, 소규모재건축사업 또는 소규모재개발사업을 시행하는 정비사업조합의 조합원(같은 법 제22조에 따라 주민합의체를 구성하는 경우에는 같은 법 제2조 제6호의 토지등소유자를 말한다)으로서 취득한 것(그 조합원으로부터 취득한 것을 포함한다)으로 한정하며, 이에 딸린 토지를 포함한다.

4) 1세대 1주택 판정시 주택수에서 제외되는 주택 (양도 집행기준 89-154-5)

구분	1세대 1주택	적용 조문
주택신축판매업자의 재고주택	제외	소득세법 19조
부동산매매업자의 재고주택	제외	소득세법 19조
장기임대주택(감면대상)	제외	조특법 97조
신축임대주택	제외	조특법 97조의2
지방 미분양주택	제외	조특법 98조의2
미분양주택	제외	조특법 98조의3
신축감면주택	포함[1]	조특법 99조, 99조의3
농어촌주택	제외	조특법 99조의4
장기임대주택(다주택 중과배제)	제외	소득세령 155조 20항
신축주택 등 취득자에 대한 과세특례	제외	조특법 99조의2

1) 2007.12.31. 이전에 신축감면주택 외 일반주택을 양도하는 경우 신축감면주택을 거주자의 주택으로 보지 아니하는 것임

(5) 보유기간의 계산

당해 주택(부수토지 포함)의 보유기간의 계산은 그 자산의 취득일부터 양도일까지로 한다. 다만 97조의2 제1항의 경우(배우자 등에 대한 취득가액 이월과세)에는 증여한 배우자 또는 직계존비속이 해당 자산을 취득한 날부터 기산하고, 같은 조 제4항 제1호에 따른 가업상속공제가 적용된 비율에 해당하는 자산의 경우에는 피상속인이 해당 자산을 취득한 날부터 기산한다. (소득세령 154조 5항)

☑ check point 보유기간 및 거주기간 재기산 제도 폐지 (2022.5.10. 이후 양도분부터)

1. 보유기간 및 거주기간 재기산(최종 1주택 규정)

㉠ 2021.1.1. 이후 양도분부터 2주택 이상을 보유한 1세대가 1주택 외의 주택을 모두 처분 [양도·증여 및 용도변경(「건축법」제19조에 따른 용도변경을 말하며, 주거용으로 사용하던 오피스텔을 업무용 건물로 사실상 용도변경하는 경우 포함)]한 경우에는 처분 후 1주택을 보유하게 된 날부터 보유기간을 계산

㉡ 2021.1.1. 이후 2주택 이상(일시적으로 2주택에 해당하는 경우 해당 2주택은 제외)을 보유한 1세대가 1주택 외의 주택을 모두 처분한 후 신규주택을 취득하여 일시적 2주택이 된 경우에는 1주택을 보유하게 된 날부터 보유기간을 기산

2. 보유기간 및 거주기간 재기산(최종 1주택 규정) 삭제

2022.5.10. 이후 양도분부터 최종 1주택 규정이 삭제되어 2주택 이상 다주택자라도 양도시점에 1세대 1주택(일시적 2주택등 1세대 1주택으로 보는 주택 포함)에 해당할 경우 해당 주택의 비과세를 위한 보유기간 및 거주기간의 계산은 그 주택의 실제 보유기간 및 거주기간으로 계산

---

(5) 거주기간 계산

1) 원칙

거주기간의 계산은 주민등록표 등본에 따른 전입일부터 전출일까지의 기간으로 한다. (소득세령 154조 6항)

2) 거주요건 적용

2017.8.2. 부동산 대책으로 2017.8.3. 이후 취득하는 주택부터 취득 당시에 조정대상지역에 있는 주택의 경우에는 해당 주택의 보유기간이 2년 이상이고 그 보유기간 중에 거주기간이 2년 이상이어야 한다. (소득세령 154조 1항)

다만, 2017.8.2. 이전에 매매계약을 체결하고 계약금을 지급한 사실이 증빙서류에 의하여 확인되는 경우로서 해당 거주자가 속한 1세대가 계약금 지급일 현재 주택을 보유하지 아니한 경우에는 거주요건을 적용하지 아니한다. (부칙 2조 법률 제28293호, 2017.9.19.)

(6) 보유기간 또는 거주기간의 통산 (소득세령 154조 8항)

다음에 해당하는 경우에는 보유기간 또는 거주기간을 계산할 때 기간을 통산한다.

① 거주하거나 보유하는 중에 소실·무너짐·노후 등으로 인하여 멸실되어 재건축한 주택인 경우에는 그 멸실된 주택과 재건축한 주택에 대한 거주기간 및 보유기간

☑ check point 재건축한 주택의 보유 및 거주기간 계산 (양도 집행기준 89-154-26)

구분	보유 및 거주기간 포함 여부		
	종전주택	공사기간	재건축주택
소실·노후 등으로 재건축한 경우	포함	포함하지 않음	포함
도시 및 주거환경정비법에 따라 재건축한 경우	포함	보유: 포함 거주: 포함하지 않음	포함

② 비거주자가 해당 주택을 3년 이상 계속 보유하고 그 주택에서 거주한 상태로 거주자로 전환된 경우에는 해당 주택에 대한 거주기간 및 보유기간
③ 상속받은 주택으로서 상속인과 피상속인이 상속개시 당시 동일세대인 경우에는 상속개시 전에 상속인과 피상속인이 동일세대로서 거주하고 보유한 기간

(7) 보유기간 및 거주기간의 제한을 받지 않는 경우 (소득세령 154조 1항)

다음의 사유에 해당하는 경우에는 보유기간 및 거주기간의 제한을 받지 않고 양도소득세 비과세대상이 된다.

① 「민간임대주택에 관한 특별법」에 따른 민간건설임대주택이나 「공공주택 특별법」에 따른 공공건설임대주택 또는 공공매입임대주택을 취득하여 양도하는 경우로서 해당 임대주택의 임차일부터 양도일까지의 기간 중 세대전원이 거주한(취학, 근무상의 형편, 질병의 요양, 그 밖에 부득이한 사유로 세대의 구성원 중 일부가 거주하지 못하는 경우를 포함한다) 기간이 5년 이상인 경우

② 주택 및 그 부수토지(사업인정 고시일 전에 취득한 주택 및 그 부수토지에 한한다)의 전부 또는 일부가 「공익사업을 위한 토지 등의 취득 및 보상에 관한 법률」에 의한 협의매수·수용 및 그 밖의 법률에 의하여 수용되는 경우. 이 경우 그 양도일 또는 수용일부터 5년 이내에 양도하는 그 잔존주택 및 그 부수토지를 포함하는 것으로 한다.

③ 「해외이주법」에 따른 해외이주로 세대전원이 출국하는 경우. 다만, 출국일 현재 1주택을 보유하고 있는 경우로서 출국일부터 2년 이내에 양도하는 경우에 한한다.

④ 1년 이상 계속하여 국외거주를 필요로 하는 취학 또는 근무상의 형편으로 세대전원이 출국하는 경우. 다만, 출국일 현재 1주택을 보유하고 있는 경우로서 출국일부터 2년 이내에 양도하는 경우에 한한다.

⑤ 1년 이상 거주한 주택을 취학, 근무상의 형편, 질병의 요양, 그 밖에 부득이한 사유로 양도하는 경우

> **참고** **취학, 근무상의 형편, 질병의 요양, 그 밖에 부득이한 사유 (소득세칙 71조 3항)**
> 세대의 구성원 중 일부 또는 세대전원이 다음에 해당하는 사유로 다른 시(특별시, 광역시, 특별자치시 및 제주특별자치도 행정시를 포함)·군으로 주거를 이전하는 경우(광역시지역 안에서 구지역과 읍·면지역 간에 주거를 이전하는 경우와 특별자치시, 「지방자치법」에 따라 설치된 도농복합형태의 시지역 및 제주특별자치도 행정시 안에서 동지역과 읍·면지역 간에 주거를 이전하는 경우를 포함한다)를 말한다.
> ① 「초·중등교육법」에 따른 학교(초등학교 및 중학교를 제외한다) 및 「고등교육법」에 따른 학교에의 취학
> ② 직장의 변경이나 전근 등 근무상의 형편
> ③ 1년 이상의 치료나 요양을 필요로 하는 질병의 치료 또는 요양
> ④ 「학교폭력예방 및 대책에 관한 법률」에 따른 학교폭력으로 인한 전학(같은 법에 따른 학교폭력대책자치위원회가 피해학생에게 전학이 필요하다고 인정하는 경우에 한한다)

(8) 거주기간의 제한을 받지 않는 경우

① 거주자가 조정대상지역의 공고가 있은 날 이전에 매매계약을 체결하고 계약금을 지급한 사실이 증빙서류에 의하여 확인되는 경우로서 해당 거주자가 속한 1세대가 계약금 지급일 현재 주택을 보유하지 아니하는 경우

② 거주자가 해당 주택을 임대하기 위하여 2019.12.16. 이전에 법 제168조 제1항에 따른 사업자 등록과 「민간임대주택에 관한 특별법」 제5조에 따른 임대사업자등록을 한 경우. 다만, 「민간임대주택에 관한 특별법」 제43조를 위반하여 임대의무기간 중에 해당 주택을 양도하는 경우와 임대보증금 및 임대료 증가율이 5%를 초과하는 경우에는 거주요건을 적용하며, 임대료 증액 제한은 2019.2.12. 이후 임대차계약을 갱신하거나 신규로 체결하는 분부터 적용한다. (부칙 38조 30395호 2020.2.11.)

(9) 상생임대주택에 대한 1세대 1주택 특례 (소득세령 155조의3)

1) 특례 요건
국내에 1주택을 소유한 1세대가 다음의 요건을 모두 갖춘 상생임대주택을 양도하는 경우에는 조정대상지역 1세대 1주택 비과세, 임대사업자의 거주주택 비과세를 적용할 때 해당 규정에 따른 거주기간의 제한을 받지 않는다. 이 경우 임대기간은 월력에 따라 계산하며, 1개월 미만인 경우에는 1개월로 본다.

① 1세대가 주택을 취득한 후 해당 주택에 대하여 임차인과 체결한 직전 임대차계약(해당 주택의 취득으로 임대인의 지위가 승계된 경우의 임대차계약은 제외한다) 대비 임대보증금 또는 임대료의 증가율이 100분의 5를 초과하지 않는 상생임대차계약을 2021년 12월 20일부터 2024년 12월 31일까지의 기간 중에 체결(계약금을 지급받은 사실이 확인되는 경우로 한정한다)하고 상생임대차계약에 따라 임대한 기간이 2년 이상일 것
② 상생임대차 계약 전 직전 임대차 계약이 존재하고, 직전 임대차계약에 따라 임대한 기간이 1년 6개월 이상일 것

2) 임대보증금 및 월임대료 상호 전환
상생임대차계약을 체결할 때 임대보증금과 월임대료를 서로 전환하는 경우에는 「민간임대주택에 관한 특별법」 제44조 제4항에서 정하는 기준에 따라 임대보증금 또는 임대료의 증가율을 계산한다.

3) 특례 신고서 제출
상생임대주택에 대한 1세대 1주택 특례를 적용받으려는 자는 양도소득세 과세표준 신고기한까지 상생임대주택에 대한 특례적용신고서에 해당 주택에 관한 직전 임대차계약서

및 상생임대차계약서를 첨부하여 납세지 관할 세무서장에게 제출해야 한다.

☑ check point 상생임대주택에 대한 1세대 1주택 특례 개정 (2022.8.2.개정)

2022.6.21. 임대차 시장 안정화 방안으로 상생임대주택에 대한 1세대 1주택 특례를 개정하였음.

주요 개정 내용은 다음과 같다

① 임대개시 시점의 1세대 1주택 요건과 임대개시 시점 기준시가 9억원의 가액요건을 폐지

② 기존 거주요건 1년 인정에서 거주요건 폐지로 개정

③ 적용 기한을 기존 2022.12.31.에서 2024.12.31.로 2년 연장

상생임대주택에 대한 특례적용신고서

※ 뒤쪽의 작성방법을 읽고 작성하시기 바랍니다. (앞쪽)

접수번호	접수일

신고인 (양도자)	① 성명	② 주민등록번호
	③ 주소 (전화번호 :　　　　　　　　　　)	

상생임대주택 (양도주택)	④ 소 재 지	
	⑤ 주택 면적(㎡)	⑥ 토지 면적(㎡)
	⑦ 취득일	⑧ 양도일
	⑨ 양도가액	⑩ 거주기간(년 월 일 ~ 년 월 일)
	⑪ 상생임대차계약체결일(년 월 일)	⑫ 임대개시일 당시 기준시가

임대내역(⑬)

구 분	임차인		임대료		임대기간		
	성명	생년월일	보증금	월세	개시일	종료일	기간
직전 임대차계약							
상생 임대차계약							

「소득세법 시행령」 제155조의3제4항에 따라 상생임대차계약에 대한 특례적용신고서를 제출합니다.

년 월 일

신고인 [서명 또는 인]

세무대리인 [서명 또는 인]

(관리번호)

세무서장 귀하

첨부서류	뒤쪽 참고	수수료 없음

210mm×297mm[백상지80g/㎡ 또는 중질지80g/㎡]

2 **1세대 2주택 비과세 특례**

(1) 대체취득을 위한 일시적 1세대 2주택 비과세 특례 (소득세령 155조 1항)

1) 비과세 요건

국내에 1주택을 소유한 1세대가 그 주택(종전의 주택)을 양도하기 전에 다른 주택(신규 주택)을 취득(자기가 건설하여 취득한 경우를 포함한다)함으로써 일시적으로 2주택이 된 경우 종전의 주택을 취득한 날부터 1년 이상이 지난 후 신규 주택을 취득하고 다음에 따라 종전의 주택을 양도하는 경우에는 이를 1세대 1주택으로 보아 비과세를 적용한다.

① 신규 주택을 취득한 날부터 3년 이내에 종전의 주택을 양도하는 경우
② 종전의 주택이 조정대상지역에 있는 상태에서 조정대상지역에 있는 신규 주택을 취득[조정대상지역의 공고가 있는 날 이전에 신규 주택(신규 주택을 취득할 수 있는 권리를 포함)을 취득하거나 신규 주택을 취득하기 위해 매매계약을 체결하고 계약금을 지급한 사실이 증명서류에 의해 확인되는 경우는 제외한다]하는 경우에는 신규 주택을 취득한 날부터 2년 이내에 종전의 주택을 양도하는 경우.(2022.5.10. 이후 양도분부터 신규 주택 전입요건 폐지 및 종전주택과 신규주택이 모두 조정대상지역에 있는 경우 중복보유기간을 기존 1년에서 2년으로 연장)

✓ check point **일시적 1세대 2주택 중복보유기간 개정 내용**

① 조정대상지역 내에 종전주택이 있는 상태에서 2018.9.14. 이후 조정대상지역 내 신규주택을 취득한 경우로서 2018.10.23. 이후 양도분부터 중복보유기간 2년으로 개정

② 2019.12.17. 이후 조정대상지역 내에 종전주택이 있는 상태에서 조정대상지역 내 신규주택을 취득한 경우로서 2020.2.11. 이후 양도하는 분부터 신규주택 취득 후 1년 이내 전입신고 하고 1년 이내에 종전주택을 양도하여야지 일시적 1주택 1주택 비과세 적용을 받을 수 있는 것으로 개정.

다만, 신규주택에 기존 임차인이 있는 경우에는 전 소유자와 임차인 간의 임대차계약 종료 시까지 기한 연장(신규 주택 취득일로부터 최대 2년을 한도로 하고, 신규 주택 취득일 이후 갱신된 계약은 인정하지 않음.)

③ 조정대상지역 내에 종전주택이 있는 상태에서 조정대상지역 내 신규주택을 취득한 경우로서 2022.5.10. 이후 양도하는 분부터 신규주택 취득 후 2년 이내 양도하는 경우 일시적 1주택 비과세 적용을 받을 수 있도록 개정. (신규주택 전입요건 폐지)

구분	2018.9.13. 이전 신규주택 취득	2018.9.14.~ 2019.12.16. 신규주택취득	2019.12.17. 이후 신규주택 취득 and 2022.5.9. 이전 종전주택 양도	2019.12.17. 이후 신규주택 취득 and 2022.5.10. 이후 종전주택 양도
종전의 주택 양도기한	3년	· 조정대상지역[1]: 2년 · 기타지역[2]:3년	· 조정대상지역[1]: 1년·기타지역[2]: 3년	· 조정대상지역[1]: 2년 · 기타지역[2]: 3년
신규주택 전입	-		1년(최대2년)	-

1) 종전의 주택과 신규 주택이 모두 조정대상지역에 있는 경우
2) 종전의 주택과 신규 주택 중 어느 하나 또는 모두가 조정대상지역에 있지 않은 경우

2) 조정대상지역 내 일시적 2주택의 종전주택 양도기한 (기획재정부 재산-512, 2021.5.25.)

◇ 소득세 법령에서는 주택과 분양권을 구분하여 규정하고 있으므로, 종전주택 유무에 따라 적용 방법이 달라짐에 유의

Case 1) 종전주택이 있는 상태 → 신규주택(분양권 포함) 계약
□ (적용 대상) 종전주택과 신규주택(분양권 포함)이 신규주택(분양권 포함)의 "계약일 and 취득일"에 모두 조정지역 내 위치
※ 종전주택과 신규주택(분양권 포함) 중 어느 하나라도 신규주택(분양권 포함)의 "계약일 또는 취득일"에 조정지역 내에 위치하지 아니한 경우 → 3년 적용
□ (적용 방법) "신규주택(분양권 포함) 계약일"을 기준으로 일시적 2주택 허용기간 판정
① '18.9.13. 이전 → 3년
② '18.9.14.~'19.12.16. 사이 → 2년
③ '19.12.17. 이후 → 1년 (2022.5.10. 이후 양도분부터 2년)

(Case 2) 종전주택이 없는 상태 → 신규주택(분양권 포함) 계약
※ 분양권이 2개였던 경우도 이에 해당됨
□ (적용 대상) 종전주택이 "종전주택 취득일 and 신규주택 취득일"에 조정지역 내에 위치하고, 신규주택(분양권 포함)이 신규주택(분양권 포함)의 "계약일 and 취득일"에 조정지역 내 위치
※ 종전주택이 "종전주택 취득일 또는 신규주택 취득일"에 조정지역 내에 위치하지 않거나, 신규주택(분양권 포함)이 신규주택(분양권 포함)의 "계약일 또는 취득일"에 조정지역 내에 위치하지 아니한 경우 → 3년 적용
□ (적용 방법) "종전주택 취득시점"을 기준으로 일시적 2주택 허용기간 판정
※ 분양권이 2개였던 경우에는 둘 중 하나가 먼저 주택이 되는 시점을 의미
① '18.9.13. 이전 → 3년
② '18.9.14.~'19.12.16. 사이 → 2년
③ '19.12.17. 이후 → 1년 (2022.5.10. 이후 양도분부터 2년)

3) 수도권 소새 법인등이 수도권 밖으로 이전하는 경우 (소득세령 155조 16항)

수도권에 소재한 법인 또는 「국가균형발전 특별법」 제2조 제10호에 따른 공공기관이 수도권 밖의 지역으로 이전하는 경우로서 법인의 임원과 사용인 및 공공기관의 종사자가 구성하는 1세대가 취득하는 신규 주택이 해당 공공기관 또는 법인이 이전한 시(특별자치시·광역시 및 「제주특별자치도 설치 및 국제자유도시 조성을 위한 특별법」 제10조 제2항에 따라 설치된 행정시를 포함)·군 또는 이와 연접한 시·군의 지역에 소재하는 경우에는 종전의 주택(수도권에 소재하는 1주택)의 양도기한은 3년을 5년으로 본다. 이 경우 해당 1세대에 대해서는 종전의 주택을 취득한 날부터 1년 이상이 지난 후 다른 주택을 취득하는 요건을 적용하지 아니한다.

4) 3년 이내에 양도하지 못한 부득이한 사유

다음에 해당하는 사유에 해당하는 경우에는 3년 이내에 양도하지 못한 경우에도 일시적 2주택 비과세를 적용한다. (소득세령 155조 18항)

① 「한국자산관리공사 설립 등에 관한 법률」에 따른 한국자산관리공사에 매각을 의뢰한 경우

② 법원에 경매를 신청한 경우

③ 「국세징수법」에 따른 공매가 진행 중인 경우

④ 재개발사업, 재건축사업 또는 소규모재건축사업 등의 시행으로 「도시 및 주거환경정비법」 제73조 또는 「빈집 및 소규모주택 정비에 관한 특례법」 제36조에 따라 현금으로 청산을 받아야 하는 토지등소유자가 사업시행자를 상대로 제기한 현금청산금 지급을 구하는 소송절차가 진행 중인 경우 또는 소송절차는 종료되었으나 해당 청산금을 지급받지 못한 경우

⑤ 재개발사업, 재건축사업 또는 소규모재건축사업 등의 시행으로 「도시 및 주거환경정비법」 제73조 또는 「빈집 및 소규모주택 정비에 관한 특례법」 제36조에 따라 사업시행자가 「도시 및 주거환경정비법」 제2조 제9호 또는 「빈집 및 소규모주택 정비에 관한 특례법」 제2조 제6호에 따른 토지등소유자를 상대로 신청·제기한 수용재결 또는 매도청구소송 절차가 진행 중인 경우 또는 재결이나 소송절차는 종료되었으나 토지등소유자가 해당 매도대금 등을 지급받지 못한 경우

(2) 상속으로 인한 1세대 2주택 비과세 특례 (소득세령 155조 2항)

상속받은 주택과 그 밖의 주택(일반주택)을 국내에 각각 1개씩 소유하고 있는 1세대가 일반주택을 양도하는 경우에는 국내에 1개의 주택을 소유하고 있는 것으로 보아 1세대 1주택을 적용한다.

1) 상속받은 주택의 범위
상속받은 주택이란 다음의 주택을 말한다.

① 조합원입주권 또는 분양권(피상속인이 2021.1.1. 이후 취득한 분양권에 한함)을 상속받아 사업시행 완료 후 취득한 신축주택

② 피상속인이 상속개시 당시 2 이상의 주택을 소유한 경우에는 다음의 순서에 따른 1주택

    ㉠ 피상속인이 소유한 기간이 가장 긴 1주택

    ㉡ 피상속인이 소유한 기간이 같은 주택이 2 이상일 경우에는 피상속인이 거주한 기간이 가장 긴 1주택

    ㉢ 피상속인이 소유한 기간 및 거주한 기간이 모두 같은 주택이 2 이상일 경우에는 피상속인이 상속개시 당시 거주한 1주택

    ㉣ 피상속인이 거주한 사실이 없는 주택으로서 소유한 기간이 같은 주택이 2 이상일 경우에는 기준시가가 가장 높은 1주택(기준시가가 같은 경우에는 상속인이 선택하는 1주택)

③ 상속받은 1주택이 「도시 및 주거환경정비법」에 따른 재개발사업, 재건축사업 또는 「빈집 및 소규모주택 정비에 관한 특례법」에 따른 소규모재건축사업, 2022.2.15. 이후 양도분부터 소규모재개발사업, 가로주택정비사업, 자율주택정비사업의 시행으로 2 이상의 주택이 된 경우에도 피상속인이 2주택을 소유한 것으로 보아 위 순서에 따른 1주택을 말한다.

④ 상속인과 피상속인이 상속개시 당시 1세대인 경우에는 1주택을 보유하고 1세대를 구성하는 자가 직계존속(배우자의 직계존속을 포함하며, 세대를 합친 날 현재 직계존속 중 어느 한 사람 또는 모두가 60세 이상으로서 1주택을 보유하고 있는 경우만 해당한다)을 동거봉양하기 위하여 세대를 합침에 따라 2주택을 보유하게 되는 경우로서 합치기 이전부터 보유하고 있었던 주택만 상속받은 주택으로 본다.

2) 일반 주택의 범위

일반 주택이란 다음의 주택을 말한다.

① 상속개시 당시 보유한 주택
② 상속개시 당시 보유한 조합원입주권이나 분양권(2021.1.1. 이후 취득한 분양권에 한함)에 의하여 사업시행 완료 후 취득한 신축주택

3) 일반 주택에서 제외는 경우

상속개시일부터 소급하여 2년 이내에 피상속인으로부터 증여받은 주택 또는 증여받은 조합원입주권이나 분양권(피상속인이 2021.1.1. 이후 취득한 분양권에 한함)에 의하여 사업시행 완료 후 취득한 신축주택은 일반주택에서 제외

4) 사례

① 상속주택 2채 중 1채를 상속받은 경우 일반주택 양도 시 1세대 1주택 비과세 여부

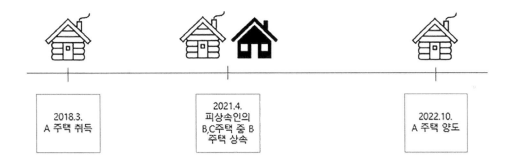

상속개시 당시 1주택(A주택)을 보유한 1세대가 2주택을 소유한 직계존속(별도세대)으로 그의 동생과 각각 B주택(피상속인 소유기간이 15년이며 본인이 상속), C주택(피상속인 소유기간이 10년이며 동생이 상속) 1채씩 상속받고, A주택을 2022.10.에 양도할 경우 피상속인이 상속개시일 당시 2 이상의 주택을 소유하고 있는 경우에는 선순위상속주택(피상속인이 소유한 기간이 가장 긴 1주택 등)을 상속받은 자에게 상속주택특례가 적용되므로 1세대 1주택 비과세가 적용 가능.

② 상속주택을 소유한 경우 일시적 2주택 비과세 특례를 받을 수 있는지 여부

A주택을 소유한 아들이 2019.5. 아버지(별도세대)로부터 B주택을 상속받고 2020.9. 이사를 위하여 비조정지역에 있는 C주택을 취득 후 2022.8. A주택을 양도할 경우 종전주택(A주택) 취득 후 1년이 지난 후 신규주택(C주택)을 취득하고 3년 이내(신규주택이 비조정지역에 위치) 종전주택(A주택)을 양도한 경우에 해당하므로 일시적 2주택 비과세 적용이 가능

5) 상속받은 주택을 협의분할하여 등기하지 아니한 경우(소득세령 155조 19항)

상속주택(공동상속주택 포함) 외의 주택을 양도할 때까지 상속주택을 「민법」 제1013조에 따라 협의분할하여 등기하지 아니한 경우에는 같은 법 제1009조 및 제1010조에 따른 상속분에 따라 해당 상속주택을 소유하는 것으로 본다.

다만, 상속주택 외의 주택을 양도한 이후 「국세기본법」 제26조의2에 따른 국세 부과의 제척기간 내에 상속주택을 협의분할하여 등기한 경우로서 등기 전 상속주택(공동상속주택)에 따라 비과세를 적용받았다가 등기 후 비과세 적용을 받지 못하여 양도소득세를 추가 납부하여야 할 자는 그 등기일이 속하는 달의 말일부터 2개월 이내에 다음 계산식에 따라 계산한 금액을 양도소득세로 신고·납부하여야 한다.

> 납부할 세액 = 일반주택 양도 당시 비과세를 적용하지 않을 경우의 납부할 세액
> - 일반주택 양도 당시 비과세를 적용받아 납부한 세액

(3) 공동상속주택의 1세대 2주택 비과세 특례 (소득세령 155조 3항)

공동상속주택(상속으로 여러 사람이 공동으로 소유하는 1주택)의 소수지분자(주된 소유자 외의 자)가 공동상속주택외의 다른 주택을 양도하는 때에는 다른 주택에 대한 1세대 1주택 비과세 여부를 판정함에 있어서 공동상속주택은 소수지분자의 주택으로 보지 아니한다.

1) 공동상속주택의 주된 소유자 판정 기준

공동상속주택이 주된 소유자의 판정은 다음 순서에 의한다. 이때 상속개시일 이후 공동상속주택의 상속지분이 변경된다 하더라도 공동상속주택에 대한 소유자의 판정은 상속개시일을 기준으로 한다. (양도 집행기준 89-155-13)

① 상속지분이 가장 큰 상속인
② 공동상속주택의 상속지분이 가장 큰 상속인이 2명 이상인 경우에는 당해 주택에 거주하는 자

> ☑ check point **공동상속주택의 소유자를 판정함에 당해 주택에 거주하는 자의 판정기준일 (양도, 서면인터넷방문상담5팀-1237, 2008.06.10.)**
> 현행 소득세법시행령 제155조 제3항 제1호에 의하여 공동상속주택의 소유자를 판정함에 있어 "당해 주택에 거주하는 자"의 판정기준일은 상속개시일이 되는 것임

③ 최연장자

2) 공동상속주택을 여러 채 소유하는 경우

공동상속주택은 상속으로 여러 사람이 소유하는 1주택을 말하며, 피상속인이 상속개시 당시 2 이상의 주택(상속받은 1주택이 재개발사업, 재건축사업 또는 소규모재건축사업등의 시행으로 2 이상의 주택이 된 경우를 포함)을 소유한 경우에는 다음의 순서에 따른 1주택을 말한다.

공동상속주택을 여러 채 소유하는 경우 아래의 순위에 따른 1채를 제외한 나머지 소수지분은 주택 수에 포함한다.

① 피상속인이 소유한 기간이 가장 긴 1주택
② 피상속인이 소유한 기간이 같은 주택이 2 이상일 경우에는 피상속인이 거주한 기간이 가장 긴 1주택
③ 피상속인이 소유한 기간 및 거주한 기간이 모두 같은 주택이 2 이상일 경우에는 피상속인이 상속개시 당시 거주한 1주택
④ 피상속인이 거주한 사실이 없는 주택으로서 소유한 기간이 같은 주택이 2 이상일 경우에는 기준시가가 가장 높은 1주택(기준시가가 같은 경우에는 상속인이 선택하

는 1주택)

(4) 동거봉양 합가로 인한 일시적 1세대 2주택 비과세 특례 (소득세령 155조 4항)

1) 동거봉양 합가로 인한 일시적 1세대 2주택 비과세

1주택을 보유하고 1세대를 구성하는 자가 1주택을 보유하고 있는 60세 이상의 직계존속을 동거봉양하기 위하여 세대를 합침으로써 1세대가 2주택을 보유하게 되는 경우 합친 날부터 10년 이내에 먼저 양도하는 주택(보유기간 등 비과세 요건을 충족한 주택)은 이를 1세대 1주택으로 보아 비과세를 적용한다. 이 경우 직계존속의 연령은 세대를 합친 날을 기준으로 판단한다.

2) 직계존속의 범위

① 배우자의 직계존속으로서 60세 이상인 사람
② 직계존속(배우자의 직계존속 포함) 중 어느 한 사람이 60세 미만인 경우
③ 「국민건강보험법 시행령」 별표 2 제3호 가목3), 같은 호 나목2) 또는 같은 호 마목에 따른 요양급여를 받는 60세 미만의 직계존속(배우자의 직계존속 포함)으로서 중증질환자, 희귀난치성질환자 또는 결핵환자 산정특례 대상자로 등록되거나 재등록된 자

✓ check point 동거봉양으로 인한 합가시 직계존속의 연령 판정 (양도 집행기준 89-155-19)

구분	2009.2.3. 이전 양도	2009.2.4. 이후 양도	2018.2.13. 이후 양도	2019.2.12. 이후 양도
연령기준	남자 60세 여자 55세	남녀 60세[1]	남녀 60세[1]	남녀 60세[1][2]
중복보유기간	2년	5년	10년	10년

1) 세대를 합친 날 현재 직계존속 중 어느 한 사람이 60세 미만인 경우를 포함
2) 60세 미만으로서 중증질환, 희귀난치성질환 또는 결핵으로 요양급여를 받은 경우 포함

---

3) 사례

일시적 2주택 상태에서 1주택자인 직계존속과 합가한 경우 일시적 2주택 비과세 여부

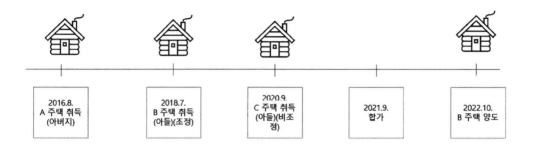

위 사례의 경우 이사목적으로 일시적 2주택을 보유하던 중 직계존속인 아버지를 동거봉양하기 위하여 3주택이 된 경우로 이 경우에는 아들이 B주택을 취득 후 1년이 경과한 후 C주택을 취득하고, C주택 취득일로부터 3년 이내(신규주택과 종전주택 중 어느 하나가 비조정지역) 종전주택인 B주택을 양도하는 경우로 일시적 2주택 비과세 규정이 적용된다.

(6) 혼인으로 인한 일시적 2주택 비과세 특례 (소득세령 155조 5항)

1주택을 보유하는 자가 1주택을 보유하는 자와 혼인함으로써 1세대가 2주택을 보유하게 되는 경우 또는 1주택을 보유하고 있는 60세 이상의 직계존속을 동거봉양하는 무주택자가 1주택을 보유하는 자와 혼인함으로써 1세대가 2주택을 보유하게 되는 경우 각각 혼인한 날부터 5년 이내에 먼저 양도하는 주택(보유기간 등 비과세 요건을 충족한 주택)은 이를 1세대 1주택으로 보아 비과세를 적용한다.

1) 혼인한 날의 의미 (양도 집행기준 89-155-22)
1세대 1주택 비과세 특례 규정이 적용되는 혼인합가의 혼인한 날은 「가족관계의 등록 등에 관한 법률」에 따라 관할지방관서에 혼인신고한 날을 말한다.

2) 혼인 후 같은 세대원에게 양도하는 경우 (양도 집행기준 89-155-21)
국내에 1주택을 보유하는 거주자가 1주택을 보유하는 자와 혼인하여 1세대가 2주택을 보유하게 된 상태에서 1주택을 같은 세대원에게 양도하는 경우에는 혼인합가로 인한 1세대 1주택 비과세 특례규정이 적용되지 아니한다.

(7) 농어촌주택의 1세대 2주택 비과세 특례 (소득세령 155조 7항)

농어촌주택과 일반주택을 국내에 각각 1개씩 소유하고 있는 1세대가 일반주택을 양도하는 경우에는 국내에 1개의 주택을 소유하고 있는 것으로 보아 1세대 1주택 바과세 적용한다. 다만, 2016.2.17. 이후 귀농주택에 대해서는 그 주택을 취득한 날부터 5년 이내에 일반주택을 양도하는 경우에 한정하여 적용한다.

1) 농어촌주택

수도권 밖의 지역 중 읍지역(도시지역안의 지역을 제외) 또는 면지역에 소재하는 주택으로서 다음에 해당하는 주택을 말한다.

① 상속받은 주택(피상속인이 취득 후 5년 이상 거주한 사실이 있는 경우에 한함)
② 이농인(어업에서 떠난 자를 포함)이 취득일 후 5년 이상 거주한 사실이 있는 이농주택
③ 영농 또는 영어의 목적으로 취득한 귀농주택

2) 귀농주택 비과세 추징 (소득세령 155조 12항)

귀농주택 소유자가 귀농일(귀농주택에 주민등록을 이전하여 거주를 개시한 날을 말하며, 주택을 취득한 후 해당 농지를 취득하는 경우에는 귀농주택에 주민등록을 이전하여 거주를 개시한 후 농지를 취득한 날을 말함)부터 계속하여 3년 이상 영농 또는 영어에 종사하지 아니하거나 그 기간 동안 해당 주택에 거주하지 아니한 경우 그 양도한 일반주택은 1세대 1주택으로 보

지 아니한다.

따라서 해당 귀농주택 소유자는 3년 이상 영농 또는 영어에 종사하지 아니하거나 그 기간 동안 해당 주택에 거주하지 아니하는 사유가 발생한 날이 속하는 달의 말일부터 2개월 이내에 다음 계산식에 따라 계산한 금액을 양도소득세로 신고·납부하여야 한다. 이 경우 3년의 기간을 계산함에 있어 그 기간 중에 상속이 개시된 때에는 피상속인의 영농 또는 영어의 기간과 상속인의 영농 또는 영어의 기간을 통산한다.

> 납부할 세액 = 일반주택 양도 당시 비과세를 적용하지 않을 경우의 납부할 세액
> - 일반주택 양도 당시 비과세를 적용받아 납부한 세액

참고 이농주택과 귀농주택

1. 이농주택 (소득세령 155조 9항)

영농 또는 영어에 종사하던 자가 전업으로 인하여 다른 시(「제주특별자치도 행정시를 포함)·구(특별시 및 광역시의 구를 말한다)·읍·면으로 전출함으로써 거주자 및 그 배우자와 생계를 같이하는 가족 전부 또는 일부가 거주하지 못하게 되는 주택으로서 이농인이 소유하고 있는 주택을 말한다.

2. 귀농주택 (소득세령 155조 10항)

영농 또는 영어에 종사하고자 하는 자가 취득(귀농 이전에 취득한 것을 포함)하여 거주하고 있는 주택으로서 다음의 요건을 모두 갖춘 것을 말한다.

① 본적지 또는 연고지에 소재할 것(2016.2.17. 이후 귀농주택을 취득하는 분부터 해당 없음)

② 취득 당시에 고가주택에 해당하지 아니할 것

③ 대지면적이 660㎡ 이내일 것

④ 영농 또는 영어의 목적으로 취득하는 것으로서 다음 중 어느 하나에 해당할 것

　㉠ 1,000㎡ 이상의 농지를 소유하는 자 또는 그 배우자가 해당 농지소재지에 있는 주택을 취득하는 것일 것

　㉡ 1,000㎡ 이상의 농지를 소유하는 자 또는 그 배우자가 해당 농지를 소유하기 전 1년 이내에 해당 농지소재지에 있는 주택을 취득하는 것일 것

⑤ 어업인이 취득하는 것일 것

✅ check point 농어촌주택의 1세대 1주택 비과세 요건 요약 (양도 집행기준 89-155-23)

구분	상속주택·이농주택	귀농주택
대상지역	서울·인천·경기도를 제외한 읍(도시지역 밖), 면지역	
규모	제한 없음	· 고가주택 제외 · 대지면적 660㎡ 이내
거주요건	피상속인 및 이농인이 5년 이상 거주	연고지[1]소재 주택을 1,000㎡ 이상의 농지와 함께 취득
비과세 대상	일반주택	세대전원이 이사하여 최초로 양도하는 1주택
사후관리	해당없음	귀농하여 3년 이상 영농에 종사

1) 연고지는 영농 또는 영어에 종사하고자 하는 자(배우자 및 직계존속 포함)의 본적 또는 원적이 있거나 5년 이상 거주한 사실이 있는 곳을 말함.(2016.2.17. 이후 귀농주택을 취득하는 분부터 연고지 소재 요건은 충족하지 않아도 됨.

(8) 부득이한 사유로 취득한 수도권 밖에 소재 주택으로 인한 1세대 2주택 비과세 특례 (소득세령 155조 8항)

취학, 근무상의 형편, 질병의 요양, 그 밖에 부득이한 사유로 취득한 수도권 밖에 소재하는 주택과 그 밖의 주택(일반주택)을 국내에 각각 1개씩 소유하고 있는 1세대가 부득이한 사유가 해소된 날부터 3년 이내에 일반주택(보유기간 등 비과세요건을 충족한 주택)을 양도하는 경우에는 국내에 1개의 주택을 소유하고 있는 것으로 보아 비과세를 적용한다.

1) 부득이한 사유

취학, 근무상의 형편, 질병의 요양, 그 밖에 부득이한 사유란 세대의 구성원 중 일부 또는 세대전원이 다음에 해당하는 사유로 다른 시·군으로 주거를 이전하는 경우를 말한다.

이 경우 부득이한 사유가 발생한 당사자 외의 세대원 중 일부가 취학, 근무 또는 사업상의 형편 등으로 당사자와 함께 주거를 이전하지 못하는 경우에도 세대원이 주거를 이전한 것으로 본다.(소득세칙 72조 9항)

① 「초·중등교육법」에 따른 학교(초등학교 및 중학교를 제외한다) 및 「고등교육법」에 따른 학교에의 취학
② 직장의 변경이나 전근 등 근무상의 형편
③ 1년 이상의 치료나 요양을 필요로 하는 질병의 치료 또는 요양
④ 「학교폭력예방 및 대책에 관한 법률」에 따른 학교폭력으로 인한 전학(같은 법에 따른 학교폭력대책자치위원회가 피해학생에게 전학이 필요하다고 인정하는 경우에 한한다)

2) 부득이한 사유 확인

재학증명서, 재직증명서, 요양증명서 등 해당 사실을 증명하는 서류와 주민등록표등본에 따른다. (소득세칙 72조 8항)

(9) 지정문화재 주택의 1세대 2주택 비과세 특례 (소득세령 155조 6항)

지정문화재 또는 국가등록문화재에 해당하는 주택과 그 밖의 주택(일반주택)을 국내에 각각 1개씩 소유하고 있는 1세대가 일반주택을 양도하는 경우에는 국내에 1개의 주택을 소유하고 있는 것으로 보아 비과세를 적용한다.

비과세 유형	보유, 거주요건	일시적 2주택 적용 여부
건설임대주택등(소득세령 154조 1항 1호)	임차일부터 양도일까지 5년 이상 거주	적용 가능
협의매수·수용주택(소득세령 154조 1항 2호)	보유 및 거주기간 제한 없음(사업인정고시일 전에 취득한 주택에 한함)	적용 가능
해외이주법에 따른 출국으로 주택 양도 (소득세령 154조 2호 나목)	보유 및 거주기간 제한 없음 (출국일부터 2년 이내에 양도하는 주택에 한함)	적용 배제
취학·근무상 형편에 따른 출국으로 주택 양도 (소득세령 154조 2호 다목)		적용 배제
1년 이상 거주주택 (소득세령 154조 1항 3호)	1년 이상 거주 (취학·근무등 부득이한 사유로 양도하는 주택에 한함)	적용 가능
조정대상지역 공고 이전 계약체결 (소득세령 154조 1항 5호)	거주기간 제한 없음	적용 가능

☑ check point 1세대 2주택 비과세 특례 적용 대상 요약 (양도 집행기준 89-155-2)

유형	비과세특례 적용 요건	적용 조문
종전주택 + 일반주택	종전주택을 취득하고 1년 이상이 지난 후 일반주택을 취득하고 일반주택 취득일부터 3년 이내(둘 다 조정대상지역인 경우 2년) 종전주택을 양도하는 경우	소득세령 155조 1항
상속주택 + 일반주택	일반주택을 양도하는 경우	소득세령 155조 2항
공동상속주택 + 일반주택	일반주택을 양도하는 경우	소득세령 155조 3항
일반주택 + 일반주택 (동거봉양)	동거봉양 합가일부터 10년 이내 먼저 양도하는 주택	소득세령 155조 4항
일반주택 + 일반주택 (혼인합가)	혼인 합가일부터 5년 이내 먼저 양도하는 주택	소득세령 155조 5항
문화재주택 + 일반주택	일반주택을 양도하는 경우	소득세령 155조 6항
농어촌주택 + 일반주택	일반주택을 양도하는 경우	소득세령 155조 7항
수도권 밖에 소재하는 주택 + 일반주택	일반주택을 양도하는 경우 (부득이한 사유가 해소된 날부터 3년 이내에 양도하는 경우)	소득세령 155조 8항
거주주택 + 장기임대주택[1]	거주주택을 양도하는 경우 (2년 이상 보유, 2년 이상 거주)	소득세령 155조 20항

1) 장기임대주택: 소득세법 시행령 167조의3 1항 2호 각목에 따른 주택

조합원입주권 1세대 1주택 비과세 특례

(1) 적용대상 조합원입주권

① 조합원입주권 정의 (소득세법 88조 9호)

「도시 및 주거환경정비법」 제74조에 따른 관리처분계획의 인가 및 「빈집 및 소규모주택 정비에 관한 특례법」 제29조에 따른 사업시행계획인가로 인하여 취득한 입주자로 선정된 지위를 말한다.

이 경우 「도시 및 주거환경정비법」에 따른 재건축사업 또는 재개발사업, 「빈집 및 소규모주택 정비에 관한 특례법」에 따른 자율주택정비사업, 가로주택정비사업, 소규모재건축사업 또는 소규모재개발사업을 시행하는 정비사업조합의 조합원으로서 취득한 것(그 조합원으로부터 취득한 것을 포함한다)으로 한정하며, 이에 딸린 토지를 포함한다.

② 조합원입주권 전환시기 연혁 (양도 집행기준 89-156의2-2)

구분	2003.6.30. 이전	2003.7.1.~2005.5.30	2005.5.31. 이후
재건축사업	사업계획승인일 (주택건설촉진법)	사업시행인가일 (도시 및 주거환경 정비법)	관리처분계획인가일 (도시 및 주거환경 정비법)
재개발사업	관리처분계획인가일 (도시재개발법)	관리처분계획인가일 (도시 및 주거환경정비법)	
소규모 재건축 사업	시행시행계획인가일(2018.2.9. 이후) (빈집 및 소규모주택 정비에 관한 특례법)		
자율주택정비 사업	사업시행계획인가일(2022.1.1. 이후) (빈집 및 소규모주택 정비에 관한 특례법)		
가로주택정비 사업			
소규모재개발 사업사업			

(2) 조합원입주권 양도 시 비과세 (소득세법 89조 1항 4호)

1) 개요

조합원입주권을 1개 보유한 1세대가 다음의 어느 하나에 해당하는 요건을 충족하여 양도하는 경우 해당 조합원입주권을 양도하여 발생하는 소득에 대하여는 1세대 1주택 비과세 규정을 적용한다.

다만, 해당 조합원입주권의 양도 당시 실지거래가액이 12억원을 초과하는 경우에는 양도소득세를 과세한다.

① 양도일 현재 다른 주택 또는 분양권을 보유하지 아니할 것
② 양도일 현재 1조합원 입주권 외에 1주택을 보유한 경우(분양권을 보유하지 아니하는 경우로 한정)로서 해당 1주택을 취득한 날부터 3년 이내에 해당 조합원입주권을 양도할 것(조합원입주권을 3년 이내에 양도하지 못하는 경우로서 「소득세법 시행령」 제155조 제18항의 사유에 해당하는 경우에는 비과세를 적용한다.)

☑ check point **소득세법 89조 1항 4호의 1세대 의미**

「도시 및 주거환경정비법」 제74조에 따른 관리처분계획의 인가일 및 「빈집 및 소규모주택 정비에 관한 특례법」 제29조에 따른 사업시행계획인가일(인가일 전에 기존주택이 철거되는 때에는 기존주택의 철거일) 현재 1세대 1주택 비과세에 해당하는 기존주택을 소유하는 세대

☑ check point **주택과 조합원입주권의 과세상 차이 (양도 집행기준 89-156의2-4)**

구분	주택	조합원입주권
1세대 1주택 비과세	적용 가능	특례 적용 가능
다주택 중과시 주택수	포함	포함
적용세율[1]	2주택(일반세율 + 20%) 3주택(일반세율 + 30%)	일반세율

1) 주택의 경우 2021.6.1. 이후 양도하는 분부터 조정대상지역 2주택(+20%), 3주택(+30%) 적용하며, 2022.5.10. ~ 2023.5.9. 양도분은 2채 이상 보유한 경우 일반세율 적용(2년 이상 보유)

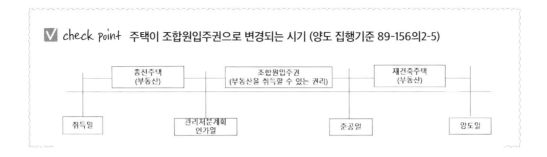

✅ check point 주택이 조합원입주권으로 변경되는 시기 (양도 집행기준 89-156의2-5)

종전주택
(부동산)
│
조합원입주권
(부동산을 취득할 수 있는 권리)
│
재건축주택
(부동산)

취득일 ─ 관리처분계획 인가일 ─ 준공일 ─ 양도일

✅ check point 1주택과 조합원입주권 2개 보유자가 조합원입주권 1개 양도 시 1세대 1주택 비과세 특례 적용 여부 (양도 사전-2017-법령해석재산-0737,2018.1.17.)

1세대가 1주택(A)을 취득하고 B주택을 취득한 후 C주택을 취득하여 1세대가 3주택을 소유한 상황에서 B주택과 C주택이 주택재개발·재건축 사업에 따른 관리처분계획인가에 의하여 조합원입주권(B, C)으로 변환된 후 조합원입주권(B)을 양도한 경우 1세대 1주택 비과세 특례 규정이 적용되지 아니함

✅ check point 조합원입주권에 대한 장기보유특별공제 적용 (양도 사전-2015-법령해석재산-0012, 2015.3.20.)

장기보유특별공제액은 기존건물과 그 부수토지의 관리처분계획 인가일까지의 양도차익에 대하여 해당 기존건물과 그 부수토지의 취득일부터 관리처분계획인가일까지의 기간에 해당하는 공제율을 곱하여 계산한 금액을 적용

2) 조합원입주권을 3년 이내에 양도하지 못한 부득이한 사유 (소득세령 155조 18항)

다음에 해당하는 사유에 해당하는 경우에는 3년 이내에 양도하지 못한 경우에도 일시적 2주택 비과세를 적용한다.

① 「한국자산관리공사 설립 등에 관한 법률」에 따른 한국자산관리공사에 매각을 의뢰한 경우
② 법원에 경매를 신청한 경우
③ 「국세징수법」에 따른 공매가 진행 중인 경우
④ 재개발사업, 재건축사업 또는 소규모재건축사업등의 시행으로 「도시 및 주거환경정비법」 제73조 또는 「빈집 및 소규모주택 정비에 관한 특례법」 제36조에 따라 현금으로 청산을 받아야 하는 토지등소유자가 사업시행자를 상대로 제기한 현금청산금 지급을 구하는 소송절차가 진행 중인 경우 또는 소송절차는 종료되었으나 해당 청산금을 지급받지 못한 경우

⑤ 재개발사업, 재건축사업 또는 소규모재건축사업등의 시행으로 「도시 및 주거환경정비법」 제73조 또는 「빈집 및 소규모주택 정비에 관한 특례법」 제36조에 따라 사업시행자가 「도시 및 주거환경정비법」 제2조 제9호 또는 「빈집 및 소규모주택 정비에 관한 특례법」 제2조 제6호에 따른 토지등소유자를 상대로 신청·제기한 수용재결 또는 매도청구소송 절차가 진행 중인 경우 또는 재결이나 소송질차는 종료되었으나 토지등소유자가 해당 매도대금 등을 지급받지 못한 경우

(3) 조합원입주권을 보유하고 종전 주택을 양도하는 경우 비과세

1) 조합원입주권 취득일로부터 3년 이내에 종전 주택을 양도하는 경우 비과세 (소득세령 156조의2 3항)

국내에 1주택을 소유한 1세대가 그 주택(종전의 주택)을 양도하기 전에 조합원입주권을 취득함으로써 일시적으로 1주택과 1조합원입주권을 소유하게 된 경우 종전의 주택을 취득한 날부터 1년 이상이 지난 후에 조합원입주권을 취득하고 그 조합원입주권을 취득한 날부터 3년 이내에 종전의 주택을 양도하는 경우(3년 이내에 양도하지 못하는 경우로서 「소득세법 시행규칙」 제75조 제1항의 사유에 해당하는 경우 포함)에는 이를 1세대 1주택으로 보아 비과세를 적용한다.

> **참고** 「소득세법 시행규칙」 75조 1항
> 1. 한국자산관리공사에 매각을 의뢰한 경우
> 2. 법원에 경매를 신청한 경우
> 3. 「국세징수법」에 따른 공매가 진행 중인 경우

2) 조합원입주권 취득일로부터 3년이 지난 후 종전주택을 양도하는 경우 비과세 (소득세령 156조의2 4항)

국내에 1주택을 소유한 1세대가 그 주택(종전주택)을 양도하기 전에 조합원입주권을 취득함으로써 일시적으로 1주택과 1조합원 입주권을 소유하게 된 경우 종전주택을 취득한 날부터 1년이 지난 후에 조합원입주권을 취득하고 그 조합원입주권을 취득한 날부터 3년이 지나 종전주택을 양도하는 경우로서 다음의 요건을 모두 갖춘 때에는 이를 1세대 1주택으로 보아 비과세를 적용한다.

① 신축주택 거주요건

재개발사업, 재건축사업 또는 소규모재건축사업 등의 관리처분계획 등에 따라 취득하는 주택이 완성된 후 2년 이내에 그 주택으로 세대전원이 이사(취학, 근무상의 형편, 질병의 요양 그 밖의 부득이한 사유로 세대의 구성원 중 일부가 이사하지 못하는 경우를 포함)하여 1년 이상 계속하여 거주할 것

② 종전주택 양도기한

재개발사업, 재건축사업 또는 소규모재건축사업 등의 관리처분계획 등에 따라 취득하는 주택이 완성되기 전 또는 완성된 후 2년 이내에 종전의 주택을 양도할 것

이 경우 제154조 제1항 제1호, 같은 항 제2호 가목 및 같은 항 제3호에 해당하는 경우에는 종전주택을 취득한 날부터 1년이 지난 후 조합원입주권을 취득하는 요건을 적용하지 않는다.

> **참고** **1년 이상이 지난 후 조합원입주권을 취득하는 요건을 적용하지 않는 경우(제154조 제1항 제1호, 같은 항 제2호 가목 및 같은 항 제3호)**
> ① 「민간임대주택에 관한 특별법」에 따른 민간건설임대주택이나 「공공주택 특별법」에 따른 공공건설임대주택 또는 공공매입임대주택을 취득하여 양도하는 경우로서 해당 임대주택의 임차일부터 양도일까지의 기간 중 세대전원이 거주한(기획재정부령으로 정하는 취학, 근무상의 형편, 질병의 요양, 그 밖에 부득이한 사유로 세대의 구성원 중 일부가 거주하지 못하는 경우를 포함한다) 기간이 5년 이상인 경우
> ② 주택 및 그 부수토지(사업인정 고시일 전에 취득한 주택 및 그 부수토지에 한한다)의 전부 또는 일부가 「공익사업을 위한 토지 등의 취득 및 보상에 관한 법률」에 의한 협의매수·수용 및 그 밖의 법률에 의하여 수용되는 경우(그 양도일 또는 수용일부터 5년 이내에 양도하는 그 잔존주택 및 그 부수토지를 포함)
> ③ 1년 이상 거주한 주택을 기획재정부령으로 정하는 취학, 근무상의 형편, 질병의 요양, 그 밖에 부득이한 사유로 양도하는 경우

다만, 요건을 충족하지 못하게 된 때에는 그 사유가 발생한 날이 속하는 달의 말일부터 2개월 이내에 양도소득세를 신고·납부하여야 한다. (소득세령 156조의2 13항)

(4) 사업시행기간 중 대체주택을 취득하여 양도 시 비과세 (소득세령 156조의2 5항)

국내에 1주택을 소유한 1세대가 그 주택에 대한 재개발사업, 재건축사업 또는 소규모재건축사업 등의 시행기간 동안 거주하기 위하여 다른 주택(대체주택)을 취득한 경우로서 다음의 요건을 모두 갖추어 대체주택을 양도하는 때에는 이를 1세대1주택으로 보아 비과

세를 적용한다. 이 경우 보유기간 및 거주기간의 제한을 받지 않는다. 다만, 요건을 충족하지 못하게 된 때에는 그 사유가 발생한 날이 속하는 달의 말일부터 2개월 이내에 양도소득세를 신고·납부하여야 한다. (소득세령 156조의2 13항)

① 대체주택 거주기간

　재개발사업, 재건축사업 또는 소규모재건축사업 등의 사업시행인가일 이후 대체주택을 취득하여 1년 이상 거주할 것

② 신축주택 거주기간

　재개발사업, 재건축사업 또는 소규모재건축사업 등의 관리처분계획 등에 따라 취득하는 주택이 완성된 후 2년 이내에 그 주택으로 세대전원이 이사(취학, 근무상의 형편, 질병의 요양, 그 밖에 부득이한 사유로 세대원 중 일부가 이사하지 못하는 경우를 포함)하여 1년 이상 계속하여 거주할 것. 다만, 주택이 완성된 후 2년 이내에 취학 또는 근무상의 형편으로 1년 이상 계속하여 국외에 거주할 필요가 있어 세대전원이 출국하는 경우에는 출국사유가 해소(출국한 후 3년 이내에 해소되는 경우만 해당함)되어 입국한 후 1년 이상 계속하여 거주해야 한다.

③ 대체주택 양도기한

　재개발사업, 재건축사업 또는 소규모재건축사업 등의 관리처분계획 등에 따라 취득하는 주택이 완성되기 전 또는 완성된 후 2년 이내에 대체주택을 양도할 것

(5) 동거봉양을 위하여 세대를 합친 경우 비과세 (소득세령 156조의2 8항)

　1주택, 1조합원입주권 또는 1분양권, 1주택과 1조합원입주권 또는 1분양권 중 어느 하나를 소유하고 1세대를 구성하는 자가 1주택, 1조합원입주권 또는 1분양권, 1주택과 1조합원입주권 또는 1분양권 중 어느 하나를 소유하고 있는 60세 이상의 직계존속(배우자의 직계존속을 포함하며, 직계존속 중 어느 한 사람이 60세 미만인 경우 포함)에 해당하는 자를 동거봉양하기 위하여 세대를 합침으로써 1세대가 1주택과 1조합원입주권, 1주택과 2조합원입주권, 2주택과 1조합원입주권 또는 2주택과 2조합원입주권 등을 소유하게 되는 경우 합친 날부터 10년 이내에 먼저 양도하는 주택(최초양도주택)이 다음의 어느 하나에 해당하는 경우에는 이를 1세대 1주택으로 보아 비과세를 적용한다.

① 합친 날 이전에 1세대(1주택 소유) 또는 직계존속(1주택 소유)이 소유하던 주택

② 합친 날 이전에 1세대(1주택과 1조합원입주권 또는 1분양권 소유) 또는 직계존속(1주택과 1조합원입주권 또는 1분양권 소유)가 소유하던 주택. 다만, 다음의 어느 하나의 요건을 갖춘 경우로 한정한다.

　㉠ 합친 날 이전에 소유하던 조합원입주권(합가 전 조합원입주권)이 관리처분계획 등의 인가로 인하여 최초 취득된 것(최초 조합원입주권)인 경우에는 최초양도주택이 그 재개발사업, 재건축사업 또는 소규모재건축사업 등의 시행기간 중 거주하기 위하여 사업시행계획 인가일 이후 취득된 것으로서 취득 후 1년 이상 거주하였을 것

　㉡ 합가 전 조합원입주권이 매매 등으로 승계취득된 것인 경우에는 최초양도주택이 합가 전 조합원입주권을 취득하기 전부터 소유하던 것일 것

　㉢ 합친 날 이전 취득한 분양권으로서 최초양도주택이 합친 날 이전 분양권을 취득하기 전부터 소유하던 것일 것

③ 합친 날 이전에 1세대(1조합원입주권 또는 1분양권) 또는 직계존속(1조합원입주권 또는 1분양권)이 소유하던 1조합원입주권 또는 1분양권에 의하여 재개발사업, 재건축사업 또는 소규모재건축사업등 의 관리처분계획 등 또는 사업시행 완료에 따라 합친 날 이후에 취득하는 주택

(6) 혼인으로 세대를 합친 경우 비과세 (소득세령 156조의2 9항)

1주택, 1조합원입주권 또는 1분양권, 1주택과 1조합원입주권 또는 1분양권 중 어느 하나를 소유하는 자가 다른 자와 혼인함으로써 1세대가 1주택과 1조합원입주권, 1주택과 2조합원입주권, 2주택과 1조합원입주권 또는 2주택과 2조합원입주권 등을 소유하게 되는 경우 혼인한 날부터 5년 이내에 먼저 양도하는 주택(최초양도주택)이 다음의 어느 하나에 해당하는 경우에는 이를 1세대 1주택으로 보아 비과세를 적용한다.

① 혼인한 날 이전에 1주택을 소유하는 자가 소유하던 주택
② 혼인한 날 이전에 1주택과 1조합원입주권 또는 1분양권을 소유하는 자가 소유하던 주택. 다만, 다음의 어느 하나의 요건을 갖춘 경우로 한정한다.

　㉠ 혼인한 날 이전에 소유하던 조합원입주권(혼인 전 조합원입주권)이 최초 조합원입주권인 경우에는 최초양도주택이 그 재개발사업, 재건축사업 또는 소규모재건축사업 등의 시행기간 중 거주하기 위하여 사업시행계획 인가일 이후 취득된 것으로서 취득 후 1년 이상 거주하였을 것

　㉡ 혼인 전 조합원입주권이 매매 등으로 승계취득된 것인 경우에는 최초양도주택이 혼인 전 조

합원입주권을 취득하기 전부터 소유하던 것일 것

ⓒ 혼인한 날 이전에 취득한 분양권으로서 최초양도주택이 혼인한 날 이전에 분양권을 취득하기 전부터 소유하던 것일 것

④ 혼인한 날 이전에 1조합원입주권 또는 1분양권을 소유하는 자가 소유하던 1조합원입수권 또는 1분양권에 의하여 새개발사업, 재긴축사업 또는 소규모재건축사업 등의 관리처분계획 등 또는 사업시행 완료에 따라 혼인한 날 이후에 취득하는 주택

 ## 주택임대사업자의 거주주택 비과세 특례

(1) 비과세 요건

1) 장기임대주택의 임대기간 요건을 충족한 후 거주주택을 양도하는 경우 (소득세령 155조 20항)

장기임대주택과 그 밖의 1주택(거주주택)을 국내에 소유하고 있는 1세대가 다음의 요건을 충족하고 해당 거주주택을 양도하는 경우(생애 한 차례만 거주주택을 최초로 양도하는 경우에 한정)에 국내에 1개의 주택을 소유하고 있는 것으로 보아 비과세를 적용한다.

✅ check point **거주주택 비과세 생애 1번만 적용받는 것으로 소득세법 시행령 개정 (2019.2.12. 시행)**

2019.2.12. 이후 취득분부터 장기임대주택을 보유하고 있는 경우에는 생애 1번만 거주주택 양도 시 비과세를 받을 수 있도록 개정되었다. 다만 부칙에서 2019.2.12. 당시 거주 중인 주택이나 거주주택을 취득하기 위해 매매계약을 체결하고 계약금을 지급한 사실이 증빙서류에 의해 확인되는 경우에는 예외적으로 거주주택 비과세를 한 번 더 받을 수 있다

---

① 거주주택: 보유기간 중 거주기간이 2년 이상일 것

② 장기임대주택: 양도일 현재 법 제168조에 따른 사업자등록을 하고, 장기임대주택을 「민간임대주택에 관한 특별법」 제5조에 따라 민간임대주택으로 등록하여 임대하고

있으며, 임대보증금 또는 임대료(임대료등)의 증가율이 100분의 5를 초과하지 않을 것. 이 경우 임대료등의 증액 청구는 임대차계약의 체결 또는 약정한 임대료등의 증액이 있은 후 1년 이내에는 하지 못하고, 임대사업자가 임대료등의 증액을 청구하면서 임대보증금과 월임대료를 상호 간에 전환하는 경우에는 「민간임대주택에 관한 특별법」 제44조 제4항의 전환 규정을 준용한다. (2019.2.12. 이후 신규 계약 또는 갱신하는 분부터 적용)

2) 장기임대주택이 자진말소 또는 자동말소된 이후 거주주택을 양도하는 경우 (소득세령 155조 23항)

장기임대주택(「소득세법 시행령」 167조의3 1항 2호 가목 및 다목부터 마목에 해당)이 다음에 해당하여 등록이 말소된 경우에는 해당 등록이 말소된 이후 5년 이내에 거주주택을 양도하는 경우에 한정하여 임대기간요건을 갖춘 것으로 보아 비과세를 적용한다.

이 경우 장기임대주택을 2호 이상 임대하는 경우에는 최초로 등록이 말소되는 장기임대주택의 등록 말소 이후 5년 이내에 거주주택을 양도하는 경우에 비과세를 적용한다.

① 자진말소

「민간임대주택법」 제6조 제1항 제11호에 따라 임대사업자의 임대의무기간 내 등록 말소 신청으로 등록이 말소된 경우(같은 법 제43조에 따른 임대의무기간의 2분의 1 이상을 임대한 경우에 한정한다)

② 자동말소

「민간임대주택에 관한 특별법」 제6조 제5항에 따라 임대의무기간이 종료한 날 등록이 말소된 경우

☑ check point

자동말소 및 자진말소되는 임대주택은 단기민간임대주택의 경우에는 주택의 유형에 관계 없이(단독주택, 공동주택, 오피스텔 등) 말소 대상이 되며, 장기일반민간임대주택의 경우는 민간매입임대주택 중 아파트의 경우에만 말소 대상임.

---

3) 장기임대주택의 임대의무기간을 충족하기 전에 거주주택을 양도하는 경우 (소득세령 155조 21항, 22항 1호)

장기임대주택의 임대기간요건을 충족하기 전에 거주주택을 먼저 양도하는 경우에도 비과세가 적용된다.(소득세령 155조 21항) 나만, 비과세 적용을 받은 후 임대기간요건을 충족하지 못하게 된(장기임대주택의 임대의무호수를 임대하지 않은 기간이 6개월을 지난 경우 포함) 때에는 그 사유가 발생한 날이 속하는 달의 말일부터 2개월 이내에 다음에 의하여 계산된 금액을 양도소득세로 신고·납부 하여야 한다.

> 납부할 세액 = 거주주택 양도 당시 해당 임대주택을 장기임대주택으로 보지 아니할 경우에 납부했을 세액
>   − 거주주택 양도 당시 비과세를 적용받아 납부한 세액

4) 임대기간 요건 산정 특례 (소득세령 155조 22항 2호)

① 「공익사업을 위한 토지 등의 취득 및 보상에 관한 법률」 또는 그 밖의 법률에 따라 수용(협의매수 포함), 사망으로 상속되는 경우 임대기간요건을 충족하지 못하게 되거나 임대의무호수를 임대하지 않게 된 때에는 해당 임대주택을 계속 임대하는 것으로 본다.

② 재건축사업, 재개발사업 또는 소규모재건축사업 등의 사유가 있는 경우에는 임대의무호수를 임대하지 않은 기간을 계산할 때 해당 주택의 「도시 및 주거환경정비법」 제74조에 따른 관리처분계획(소규모재건축사업 등의 경우에는 「빈집 및 소규모주택 정비에 관한 특례법」 제29조에 따른 사업시행계획) 인가일 전 6개월부터 준공일 후 6개월까지의 기산은 포함하지 않는다.

③ 「주택법」 제2조에 따른 리모델링 사유가 있는 경우에는 임대의무호수를 임대하지 않은 기간을 계산할 때 해당 주택이 같은 법 제15조에 따른 사업계획의 승인일 또는 같은 법 제66조에 따른 리모델링의 허가일 전 6개월부터 준공일 후 6개월까지의 기간은 포함하지 않는다.

④ 제167조의3 제1항 제2호 가목 및 다목부터 마목까지의 규정에 해당하는 장기임대주택(폐지되는 유형으로 단기민간임대주택 및 장기일반민간임대주택 중 아파트를 임대하는 민간매입임대주택)이 다음의 어느 하나에 해당하여 등록이 말소되고 임대기간요건을 갖추지 못하게 된 때에는 그 등록이 말소된 날에 해당 임대기간요건을 갖춘 것으로 본다.

    ⊙ 「민간임대주택에 관한 특별법」 제6조 제1항 제11호에 따라 임대사업자의 임대의무기간 내

등록 말소 신청으로 등록이 말소된 경우(같은 법 제43조에 따른 임대의무기간의 2분의 1 이상을 임대한 경우로 한정한다)

ⓒ 「민간임대주택에 관한 특별법」 제6조 제5항에 따라 임대의무기간이 종료한 날 등록이 말소된 경우

⑤ 재개발사업, 재건축사업 또는 소규모재건축사업등으로 임대 중이던 당초의 장기임대주택이 멸실되어 새로 취득하거나 「주택법」 제2조에 따른 리모델링으로 새로 취득한 주택이 다음의 어느 하나의 경우에 해당하여 해당 임대기간요건을 갖추지 못하게 된 때에는 당초 주택(재건축 등으로 새로 취득하기 전의 주택을 말함)에 대한 등록이 말소된 날 해당 임대기간요건을 갖춘 것으로 본다. 다만, 임대의무호수를 임대하지 않은 기간이 6개월을 지난 경우는 임대기간요건을 갖춘 것으로 보지 않는다.

㉠ 새로 취득한 주택에 대해 2020년 7월 11일 이후 종전의 「민간임대주택에 관한 특별법」 제2조 제5호에 따른 장기일반민간임대주택 중 아파트를 임대하는 민간매입임대주택이나 같은 조 제6호에 따른 단기민간임대주택으로 종전의 「민간임대주택에 관한 특별법」 제5조에 따른 임대사업자등록 신청(임대할 주택을 추가하기 위해 등록사항의 변경 신고를 한 경우를 포함)을 한 경우

ⓒ 새로 취득한 주택이 아파트(당초 주택이 단기민간임대주택으로 등록되어 있었던 경우에는 모든 주택을 말한다)인 경우로서 「민간임대주택에 관한 특별법」 제5조에 따른 임대사업자등록 신청을 하지 않은 경우

5) 장기임대주택 (소득세령 155조 20항, 소득세령 167조의3 1항 2호)

거주주택 비과세 특례를 적용하는 장기임대주택은 「소득세법 시행령」 155조 20항 및 167조의3 제1항 제2호(1세대 3주택 이상에 해당하는 주택의 범위)에 해당하는 주택으로서 다음과 같다.

구분	면적	주택수	공시가격 (기준시가)	임대기간 등	임대료 증액 제한	법조문
민간매입 임대주택[1]		전국 1호 이상	임대개시일 당시[6] 6억원 이하 (비수도권 3억원 이하)	임대기간 5년 이상	증가율 5% 이하[9]	소령 167조 의3 1항 2호 가목
기존 임대주택[2]	국민주택규모 (85㎡) 이하	전국 2호 이상	취득 당시 3억원 이하	임대기간 5년 이상		소령 167조 의3 1항 2호 나목

민간건설 임대주택[1]	대지: 298㎡ 이하 and 주택: 149㎡ 이하	전국 2호 이상	임대개시일 당시 6억원 이하	임대기간 5년 이상 or 분양전환[7]	증가율 5% 이하[9]	소령 167조의3 1항 2호 다목
미분양매입 임대주택[3]	대지: 298㎡ 이하 and 주택: 149㎡ 이하	비수도권 5호 이상 (같은 시군)	취득 당시 3억원 이하	임대기간 5년 이상		소령 167조의3 1항 2호 라목
매입임대 주택 중 장기일반 민간임대 주택 등[3][4]		전국 1호 이상	임대개시일 당시 6억원 이하 (비수도권 3억원 이하)	임대기간 10년 이상 8년 이상[8]	증가율 5% 이하[9]	소령 167조의3 1항 2호 마목
건설임대 주택 중 장기일반 민간임대 주택 등[5]	대지: 298㎡ 이하 and 주택: 149㎡ 이하	전국 2호 이상	임대개시일 당시 6억원 이하	임대기간 10년 이상 8년 이상[8] or 분양전환[7]	증가율 5% 이하[9]	소령 167조의3 1항 2호 바목

1) 2018.3.31. 이후 사업자등록을 하더라도 장기임대주택에 포함되며, 2020.7.10. 이전에 「민간임대주택에 관한 특별법」 제5조 제1항에 따라 등록 신청한 경우에 한정(임대주택 추가를 위한 변경 신고 포함)

2) 기존 사업자기준일(2003.10.29.) 이전 임대주택 등록

3) ① 2020년 7월 11일 이후 장기일반민간임대주택 중 아파트를 임대하는 민간매입임대주택 등록 신청 및 단기민간임대주택 등록 신청한 경우는 제외

　② 2020년 7월 11일 이후 단기민간임대주택에서 장기일반민간임대주택등으로 변경 신고 한 주택은 제외

4) 1세대가 1주택을 보유한 상태에서 새로 취득(2018.9.14. 이후)한 조정대상지역에 있는 「민간임대주택법」 2조 5호에 따른 장기일반민간임대주택 포함

5) 2020년 7월 11일 이후 단기민간임대주택에서 장기일반민간임대주택 등으로 변경 신고 한 주택은 제외

6) 2011.10.13. 이전 등록분은 취득 당시 6억원 이하(비수도권은 3억원 이하)

7) 「민간임대주택법」에 따른 임대사업자에게 매각하는 경우 포함

8) 2018.4.1.~2020.8.17. 사이 임대사업자 등록과 사업자등록을 한 주택(8년 이상)

9) 2019.2.12. 이후 최초 체결(갱신)하는 표준임대차 계약을 기준으로 이후 임대차계약을 갱신하거나 새로 체결하는 분부터 적용, 임대료 등 증액 청구는 임대차계약의 체결 또는 약정한 임대료 등의 증액이 있은 후 1년 이내에는 불가

6) 직전거주주택보유주택의 과세대상 양도소득금액 계산

① 직전거주주택보유주택

직전거주주택보유주택이란 양도하는 거주주택이 임대주택으로 등록한 사실이 있고, 양도하는 거주주택의 보유기간 중에 이미 거주주택으로 양도한 다른 거주주택(직전거주주택)이 있는 경우로 가장 나중에 양도하는 거주주택을 말한다.

이 경우 직전거주주택보유주택에 해당하는 거주주택이 1세대 1주택 비과세에 해당하는 경우 직전거주주택 양도일 후의 기간분에 대해서만 비과세를 적용한다.

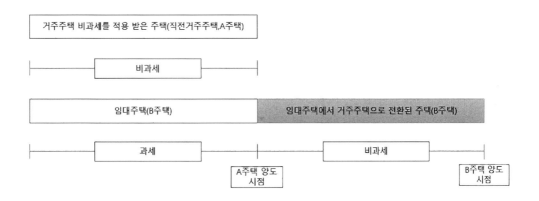

② 직전거주주택보유주택에 대한 양도소득금액의 계산 (소득세령 161조 1항)

㉠ 과세대상 양도소득금액 계산

직전거주주택보유주택(B주택)의 과세대상 양도소득금액의 계산은 다음과 같이 계산하며, 이 경우 계산한 양도소득금액이 직전거주주택보유주택(B주택)의 전체의 양도소득금액을 초과하는 경우에는 초과하는 금액은 없는 것으로 보며, 장기보유특별공제액은 장기보유특별공제율 표1(보유기간별 6%~30%)을 적용한다.

$$\text{법 제95조 제1항에 따른 양도소득금액} \times \frac{\text{직전거주주택의 양도 당시 직전거주주택보유주택등의 기준시가} - \text{직전거주주택보유주택등의 취득 당시의 기준시가}}{\text{직전거주주택보유주택등의 양도 당시의 기준시가} - \text{직전거주주택보유주택등의 취득 당시의 기준시가}}$$

ⓛ 1세대 1주택 고가주택 양도소득금액 계산

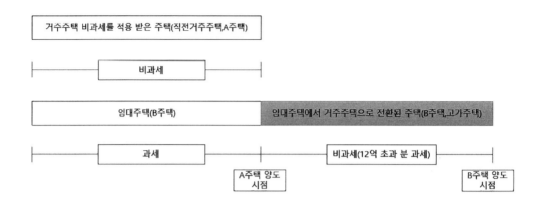

직전거주주택보유주택(B주택)이 1세대 1주택 비과세 대상 고가주택에 해당하는 경우에는 다음의 ⓐ와 ⓑ에 의하여 계산한 금액의 합한 금액을 양도소득금액으로 한다.

이 경우 ⓐ의 장기보유특별공제액은 장기보유특별공제율표1(보유기간별 6%~30%)를 적용하고, ⓑ의 장기보유특별공제액은 장기보유특별공제율표2(보유기간 및 거주기간 각각 4%~40%)를 적용한다.

ⓐ 직전거주주택 양도일 이전 보유기간별 양도소득금액

$$\text{법 제95조 제1항에 따른 양도소득 금액} \times \frac{\text{직전거주주택의 양도 당시 직전거주주택보유주택 등의 기준시가} - \text{직전거주주택보유주택 등의 취득 당시의 기준시가}}{\text{직전거주주택보유주택 등의 양도 당시의 기준시가} - \text{직전거주주택보유주택 등의 취득 당시의 기준시가}}$$

ⓑ 직전거주주택 양도일 이후 보유기간별 양도소득금액

$$\text{법 제95조 제1항에 따른 양도소득 금액} \times \frac{\text{직전거주주택보유주택 등의 양도당시의 기준시가} - \text{직전거주주택 양도 당시 직전거주주택보유주택 등의 기준시가}}{\text{직전거주주택보유주택 등의 양도당시의 기준시가} - \text{직전거주주택보유주택 등의 취득 당시의 기준시가}} \times \frac{\text{양도가액} - 12\text{억 원}}{\text{양도가액}}$$

(2) 거주주택 비과세 사례

1) 임대주택의 임대기간 요건을 충족하기 전에 거주주택을 양도하는 경우

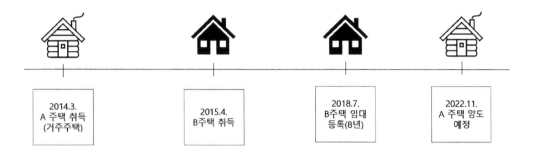

① 임대주택의 임대기간 요건을 충족하기 전에 거주주택을 양도하는 경우에도 거주주택 비과세가 가능하다. 다만, 비과세 적용을 받은 후 임대주택의 임대기간 요건을 충족하지 못하게 된 경우에는 해당 사유가 발생한 달의 말일로부터 2개월 이내에 양도소득세를 신고, 납부하여야 한다.

② 위 사례의 경우 2018.7. 임대주택을 임대등록한 경우로 임대기간요건을 충족하지 못하고 거주주택(A주택)을 양도하는 것이지만, 거주주택 비과세가 가능하다. 다만, 거주주택 비과세를 받은 후에도 B주택을 계속하여 임대기간 요건을 충족하여야 한다.

2) 생애 최초 1회 거주주택 비과세 적용

위 사례는 2019.2.12. 당시 거주주택(A주택), 장기임대주택(B주택)을 보유 후 A주택을 양도하여 거주주택 비과세를 받고, 2019.2.12. 이후 C주택(거주주택)을 취득 후 2022.11. C주택을 양도하는 경우인데, 이 경우는 A주택에 대하여 거주주택비과세를 적용받았으므로, C주택을 2년 이상 거주하더라도 거주주택비과세를 받을 수 없다.

3) 장기임대주택이 자진말소 또는 자동말소 된 후에도 거주주택 특례요건을 계속 준수해야 하는지 여부 (기획재정부 재산세제과-151, 2022.1.24.)

임대주택이 자진말소 또는 자동말소 된 경우에는 임대료 증액제한(5% 이하) 등 특례요건(① 계속임대, ② 임대료 증액제한, ③ 사업자등록 유지)을 준수하지 않더라도 거주주택 비과세를 적용받을 수 있다.

✅ *check point* **기획재정부 재산세제과-151, 2022.1.24.)**

[제목]

장기임대주택 자진말소 또는 자동말소 후 거주주택 특례요건을 계속 준수해야 하는지 여부

[요지]

소득령§155㉓과 같이 장기임대주택이 자진·자동말소된 이후 특례요건을 준수하지 않더라도 5년 이내 거주주택을 양도하는 경우, 소득령§155⑳에 따른 특례 적용 가능

[질의내용]

소득세법 시행령 제155조 제23항에 따라 장기임대주택이 자진말소 또는 자동말소 후 5년 이내

○ (질의1) 장기임대주택에 전입·거주하여 장기임대주택을 임대하고 있지 않은 상태에서 거주주택을 양도하는 경우, 소득령§155⑳(이하 "쟁점특례")이 적용 가능한지 여부

(제1안) 쟁점특례 적용 불가능

(제2안) 쟁점특례 적용 가능

○ (질의2) 거주주택 양도일까지 장기임대주택의 임대료 증액상한(5%)을 준수하지 않아도 쟁점특례가 적용 가능한지 여부

(제1안) 쟁점특례 적용 불가능

(제2안) 쟁점특례 적용 가능

○ (질의3) 거주주택 양도일까지 장기임대주택의 세무서 사업자등록을 유지하지 않은 경우 쟁점특례가 적용가능한지 여부

(제1안) 쟁점특례 적용 불가능

(제2안) 쟁점특례 적용 가능

[회신]

귀 질의에 대하여 쟁점 1, 2, 3 모두 각각 제2안이 타당합니다.

제4절 다주택자등에 대한 양도소득세 중과

① 다주택자 중과제도

(1) 다주택자 중과제도 개요

다주택자가 조정대상지역 내에 있는 주택을 양도하는 경우 2주택자의 경우 기본세율에 20%, 3주택자의 경우 기본세율에 30%를 더하고, 장기보유특별공제를 적용하지 아니한다. 다만, 2022.5.10.에서 2022.05.09.까지 양도하는 조정대상지역 내 주택(보유기간이 2년 이상)의 경우에는 중과 적용을 유예하고, 장기보유특별공제를 적용한다.

시행시기	중과세율	장기보유특별공제	주택소재지
2017.8.3.	3주택 이상 기본세율 + 10%	적용	투기지역
2018.4.1.	① 2주택자:기본세율 + 10% ② 3주택자:기본세율 + 20%	배제	조정대상지역
2021.6.1.	① 2주택자:기본세율 + 20% ② 3주택자:기본세율 + 30%	배제	조정대상지역
2022.5.10. ~2023.5.9.	중과세율 유예 (2년 이상 보유 기본세율 적용)	적용	조정대상지역

(2) 주택 수 계산

다주택자 중과세율을 적용시 주택 수 계산은 1세대가 보유한 주택 수를 기준으로 하며, 여기서 주택 수 판정 시기는 양도일 현재를 기준으로 판정한다.

1세대의 의미는 소득세법 제88조 제6호에 따른 1세대를 의미하며, 1세대 1주택 비과세 판정 시 1세대의 의미와 동일하다.

① 다가구주택

「건축법 시행령」 별표 1 제1호 다목에 해당하는 다가구주택은 한 가구가 독립하여 거주할 수 있도록 구획된 부분을 각각 하나의 주택으로 본다. 다만, 해당 다가구주택을 구획된 부분별로 양도하지 아니하고 하나의 매매단위로 하여 양도하는 경우에는 거주자가 선택하는 경우에 그 전체를 하나의 주택으로 본다. (소득세령 167조의3 2항 1호)

② 공동상속주택

상속지분이 가장 큰 상속인의 소유로 하여 주택 수를 계산하되, 상속지분이 가장 큰 자가 2인 이상인 경우에는 상속주택에 거주하는 자, 최연장자 순서에 의한 자가 당해 공동상속주택을 소유한 것으로 본다. (소득세령 167조의3 2항 2호)

③ 부동산매매업자의 재고자산

부동산매매업자가 보유하는 재고자산인 주택은 주택 수의 계산에 있어서 이를 포함한다. (소득세령 167조의3 2항 3호)

④ 주택신축판매업자의 재고자산

주택신축판매업자(건설업에 해당하는 경우)의 재고자산인 주택은 주택 수의 계산에 포함되지 아니한다. (양도 집행기준 104-167의3-6)

⑤ 조합원입주권

2006.1.1. 이후 관리처분 계획인가를 받거나 승계조합원으로 취득한 조합원입주권은 주택 수에 포함한다. (자율주택정비사업, 가로주택정비사업, 소규모재개발사업에 따른 입주권은 2022.1.1. 이후 취득하는 조합원입주권부터 적용)

⑥ 분양권

2021.1.1. 이후 공급계약, 매매 또는 증여 등의 방법으로 취득한 분양권의 경우 주택 수에 포함한다.

② 다주택자 중과세율 적용 판정 순서

양도주택이 조정대상지역에 있는지 여부 → 부 → 기본세율

여 ↓

주택수 계산에 산입하지 않는 주택(지역기준,가액기준 해당 여부 체크)을 제외하고 2주택 이상 인지 → 부 → 기본세율

여 ↓

중과대상에서 제외되는 주택에 해당하는지 → 여 → 중과 제외 주택(장기임대주택 등) 양도 시 기본세율

부 ↓

중과세율 적용
(2022.5.10. ~ 2023.5.9.까지 보유기간 2년 이상인 중과 대상 주택 양도 시 기본세율)

1세대 3주택 이상에 해당하는 주택이란 국내에 주택을 3개 이상 소유하고 있는 1세대가 소유하는 주택으로서 다음에 해당하는 주택은 중과세율 적용 대상에서 제외한다.

(1) 주택 수 계산에 산입하지 않고 중과세율도 적용되지 않는 주택

수도권 및 광역시·특별자치시(광역시에 소속된 군, 「지방자치법」 제3조 제3항·제4항에 따른 읍·면 및 「세종특별자치시 설치 등에 관한 특별법」 제6조 제3항에 따른 읍·면에 해당하는 지역을 제외한다) 외의 지역에 소재하는 주택으로서 해당 주택 및 이에 부수되는 토지의 기준시가의 합계액이 해당 주택 또는 그 밖의 주택의 양도 당시 3억원을 초과하지 않는 주택

(2) 주택 수 계산에 산입하지만 중과세율을 적용하지 않는 주택

다음에 해당하는 경우에는 다주택자의 주택 수 계산에는 산입하지만 해당 주택 양도 시 중과세율은 적용하지 않는다.

1) 장기임대주택

「소득세법」 제168조에 따른 사업자등록과 「민간임대주택에 관한 특별법」 제5조에 따른 임대사업자 등록을 한 거주자가 민간임대주택으로 등록하여 임대하는 다음의 어느 하나에 해당하는 주택을 말한다(장기임대주택).

다만, 2003년 10월 29일(기존사업자기준일) 현재 「민간임대주택에 관한 특별법」 제5조에 따른 임대사업자등록을 했으나 「소득세법」 제168조에 따른 사업자등록을 하지 않은 거주자가 2004년 6월 30일까지 사업자등록을 한 때에는 「민간임대주택에 관한 특별법」 제5조에 따른 임대사업자등록일에 사업자등록을 한 것으로 본다.

① 민간매입임대주택

「민간임대주택에 관한 특별법」 제2조 제3호에 따른 민간매입임대주택을 1호 이상 임대하고 있는 거주자가 5년 이상 임대한 주택으로서 해당 주택 및 이에 부수되는 토지의 기준시가의 합계액이 해당 주택의 임대개시일 당시 6억원(수도권 밖의 지역인 경우에는 3억원)을 초과하지 않고 임대보증금 또는 임대료(임대료 등)의 증가율이 100분의 5를 초과하지 않는 주택(임대료등의 증액 청구는 임대차계약의 체결 또는 약정한 임대료 등의 증액이 있은 후 1년 이내에는 하지 못하고, 임대사업자가 임대료 등의 증액을 청구하면서 임대보증금과 월임대료를 상호 간에 전환하는 경우에는 「민간임대주택에 관한 특별법」 제44조 제4항의 전환 규정을 준용한다). 다만, 2018년 3월 31일까지 사업자등록등을 한 주택으로 한정한다.

② 기존임대주택

기존사업자기준일(2003.10.29.) 이전에 사업자등록등을 하고 「주택법」 제2조 제6호에 따른 국민주택규모에 해당하는 「민간임대주택에 관한 특별법」 제2조 제3호에 따른 민간매입임대주택을 2호 이상 임대하고 있는 거주자가 5년 이상 임대한 주택(기존사업자기준일 이전에 임대주택으로 등록하여 임대하는 것에 한한다)으로서 당해 주택 및 이에 부수되는 토지의 기준시가의 합계액이 해당 주택의 취득 당시 3억원을 초과하지 아니하는 주택

③ 민간건설임대주택

「민간임대주택에 관한 특별법」에 따라 대지면적이 298㎡ 이하이고 주택의 연면적(주택으로 보는 부분과 주거전용으로 사용되는 지하실부분의 면적을 포함하고, 공동주택의 경우에

는 전용면적을 말함)이 149㎡ 이하인 건설임대주택을 2호 이상 임대하는 거주자가 5년 이상 임대하거나 분양전환(임대사업자에게 매각하는 경우를 포함)하는 주택으로서 해당 주택 및 이에 부수되는 토지의 기준시가의 합계액(「부동산 가격공시에 관한 법률」에 따른 주택가격이 있는 경우에는 그 가격을 말한다)이 해당 주택의 임대개시일 당시 6억원을 초과하지 않고 임대료등의 증가율이 100분의 5를 초과하지 않는 주택(임대료등의 증액청구는 임대차계약의 체결 또는 약정한 임대료등의 증액이 있은 후 1년 이내에는 하지 못하고, 임대사업자가 임대료등의 증액을 청구하면서 임대보증금과 월임대료를 상호 간에 전환하는 경우에는 「민간임대주택에 관한 특별법」 제44조제4항의 전환 규정을 준용한다). 다만, 2018년 3월 31일까지 사업자등록등을 한 주택에 한정한다.

④ 미분양임대주택
「민간임대주택에 관한 특별법」 제2조 제3호에 따른 민간매입임대주택[미분양주택(「주택법」 제54조에 따른 사업주체가 같은 조에 따라 공급하는 주택으로서 입주자모집공고에 따른 입주자의 계약일이 지난 주택단지에서 2008년 6월 10일까지 분양계약이 체결되지 아니하여 선착순의 방법으로 공급하는 주택을 말한다)으로서 2008년 6월 11일부터 2009년 6월 30일까지 최초로 분양계약을 체결하고 계약금을 납부한 주택에 한정한다]으로서 다음의 요건을 모두 갖춘 주택. 이 경우 해당 주택을 양도하는 거주자는 해당 주택을 양도하는 날이 속하는 과세연도의 과세표준확정신고 또는 과세표준예정신고와 함께 시장·군수 또는 구청장이 발행한 미분양주택 확인서 사본 및 미분양주택 매입 시의 매매계약서 사본을 납세지 관할세무서장에게 제출해야 한다.

㉠ 대지면적이 298제곱미터 이하이고 주택의 연면적(주택으로 보는 부분과 주거전용으로 사용되는 지하실부분의 면적을 포함하고, 공동주택의 경우에는 전용면적을 말한다)이 149제곱미터 이하일 것

㉡ 5년 이상 임대하는 깃일 깃

㉢ 취득 당시 해당 주택 및 이에 부수되는 토지의 기준시가의 합계액이 3억원 이하일 것

㉣ 수도권 밖의 지역에 소재할 것

㉤ ㉠부터 ㉣까지의 요건을 모두 갖춘 매입임대주택(미분양매입임대주택)이 같은 시·군에서 5호 이상일 것{①에 따른 매입임대주택이 5호 이상이거나 ②에 따른 매입임대주택이 2호 이상인 경우에는 ① 또는 ②에 따른 매입임대주택과 미분양매입임대주택을 합산하여 5호 이상일 것(②에 따른 매입임대주택과 합산하는 경우에는 그 미분양매입임대주택이 같은 시·군에 있는 경우에 한정한다)}

㉥ 2020년 7월 11일 이후 종전의 「민간임대주택에 관한 특별법」 제5조에 따른 등록을 신청(임대할 주택을 추가하기 위해 등록사항의 변경 신고를 한 경우를 포함한다)한 같은 법 제2조 제5호에

따른 장기일반민간임대주택 중 아파트를 임대하는 민간매입임대주택 또는 같은 조 제6호에
따른 단기민간임대주택이 아닐 것

Ⓐ 종전의 「민간임대주택에 관한 특별법」 제5조에 따라 등록을 한 같은 법 제2조 제6호에 따른
단기민간임대주택을 같은 법 제5조 제3항에 따라 2020년 7월 11일 이후 장기일반민간임대
주택 등으로 변경 신고한 주택이 아닐 것

⑤ 매입임대주택 중 장기일반민간임대주택 등

「민간임대주택에 관한 특별법」 제2조 제3호에 따른 민간매입임대주택 중 장기일반민
간임대주택 등으로 10년 이상 임대하는 주택으로서 해당 주택 및 이에 부수되는 토
지의 기준시가의 합계액이 해당 주택의 임대개시일 당시 6억원(수도권 밖의 지역인 경우
에는 3억원)을 초과하지 않고 임대료등의 증가율이 100분의 5를 초과하지 않는 주택
(임대료등의 증액 청구는 임대차계약의 체결 또는 약정한 임대료등의 증액이 있은 후 1년 이내에
는 하지 못하고, 임대사업자가 임대료등의 증액을 청구하면서 임대보증금과 월임대료를 상호 간
에 전환하는 경우에는 「민간임대주택에 관한 특별법」 제44조 제4항의 전환 규정을 준용한다).
다만, 다음의 어느 하나에 해당하는 주택은 제외한다.

㉠ 1세대가 국내에 1주택 이상을 보유한 상태에서 새로 취득한 조정대상지역에 있는 「민간임
대주택에 관한 특별법」 제2조 제5호에 따른 장기일반민간임대주택[조정대상지역의 공고가
있은 날 이전에 주택(주택을 취득할 수 있는 권리를 포함한다)을 취득하거나 주택(주택을 취득할 수
있는 권리를 포함한다)을 취득하기 위해 매매계약을 체결하고 계약금을 지급한 사실이 증빙서
류에 의해 확인되는 경우는 제외한다]

㉡ 2020년 7월 11일 이후 「민간임대주택에 관한 특별법」 제5조에 따른 임대사업자등록 신청
(임대할 주택을 추가하기 위해 등록사항의 변경 신고를 한 경우를 포함한다)을 한 종전의 「민간임대
주택에 관한 특별법」 제2조 제5호에 따른 장기일반민간임대주택 중 아파트를 임대하는 민
간매입임대주택

㉢ 종전의 「민간임대주택에 관한 특별법」 제5조에 따라 등록을 한 같은 법 제2조 제6호에 따른
단기민간임대주택을 같은 법 제5조 제3항에 따라 2020년 7월 11일 이후 장기일반민간임대
주택 등으로 변경 신고한 주택

⑥ 건설임대주택 중 장기일반민간임대주택 등

「민간임대주택에 관한 특별법」 제2조 제2호에 따른 민간건설임대주택 중 장기일반민
간임대주택 등으로서 대지면적이 298㎡ 이하이고 주택의 연면적(주택으로 보는 부분과
주거전용으로 사용되는 지하실부분의 면적을 포함하고, 공동주택의 경우에는 전용면적을 말한

다)이 149㎡ 이하인 건설임대주택을 2호 이상 임대하는 거주자가 10년 이상 임대하거나 분양전환(임대사업자에게 매각하는 경우를 포함한다)하는 주택이다.

해당 주택 및 이에 부수되는 토지의 기준시가의 합계액(「부동산 가격공시에 관한 법률」에 따른 주택가격이 있는 경우에는 그 가격을 말한다)이 해당 주택의 임대개시일 당시 6억원을 초과하지 않고 임내료등의 증가율이 100분의 5를 초과하지 않는 주택(임대료등의 증액 청구는 임대차계약의 체결 또는 약정한 임대료등의 증액이 있은 후 1년 이내에는 하지 못하고, 임대사업자가 임대료등의 증액을 청구하면서 임대보증금과 월임대료를 상호 간에 전환하는 경우에는 「민간임대주택에 관한 특별법」 제44조 제4항의 전환 규정을 준용한다). 다만, 종전의 「민간임대주택에 관한 특별법」 제5조에 따라 등록을 한 같은 법 제2조 제6호에 따른 단기민간임대주택을 같은 법 제5조 제3항에 따라 2020년 7월 11일 이후 장기일반민간임대주택 등으로 변경 신고한 주택은 제외한다.

〈장기임대주택 요약〉

구분	면적	주택수	공시가격 (기준시가)	임대기간등	임대료 증액 제한	법조문
민간매입 임대주택[1]		전국 1호 이상	임대개시일 당시[6] 6억원 이하 (비수도권 3억원 이하)	임대기간 5년 이상	증가율 5%이하[9]	소령 167조 의3 1항 2호 가목
기존 임대주택[2]	국민주택 규모(85㎡) 이하	전국 2호 이상	취득 당시 3억원 이하	임대기간 5년 이상		소령 167조 의3 1항 2호 나목
민간건설 임대주택[1]	대지: 298㎡ 이하 and 주택: 149㎡ 이하	전국 2호 이상	임대개시일 당시 6억원 이하	임대기간 5년 이상 or 분양전환[7]	증가율 5% 이하[9]	소령 167조 의3 1항 2호 다목
미분양매입 임대주택[3]	대지: 298㎡ 이하 and 주택: 149㎡ 이하	비수도권 5호 이상 (같은 시군)	취득 당시 3억원 이하	임대기간 5년 이상		소령 167조 의3 1항 2호 라목

매입임대주택 중 장기일반민간임대주택등[3][4]		전국 1호 이상	임대개시일 당시 6억원 이하 (비수도권 3억원 이하)	임대기간 10년 이상 8년 이상[8]	증가율 5% 이하[9]	소령 167조의3 1항 2호 마목
건설임대주택 중 장기일반민간임대주택등[5]	대지: 298㎡ 이하 and 주택: 149㎡ 이하	전국 2호 이상	임대개시일 당시 6억원 이하	임대기간 10년 이상 8년 이상[8] or 분양전환[7]	증가율 5% 이하[9]	소령 167조의3 1항 2호 바목

1) 2018.3.31.까지 사업자등록등을 한 주택에 한정

2) 기존 사업자기준일(2003.10.29.) 이전 임대주택 등록

3) ① 2020년 7월 11일 이후 장기일반민간임대주택 중 아파트를 임대하는 민간매입임대주택 등록 신청 및 단기민간임대주택 등록 신청한 경우는 제외

② 2020년 7월 11일 이후 단기민간임대주택에서 장기일반민간임대주택 등으로 변경 신고 한 주택은 제외

4) 1세대가 1주택을 보유한 상태에서 새로 취득(2018.9.14. 이후)한 조정대상지역에 있는 「민간임대주택법」 2조 5호에 따른 장기일반민간임대주택 제외 [조정대상지역의 공고가 있은 날 이전에 주택(주택을 취득할 수 있는 권리 포함)을 취득하거나 주택(주택을 취득할 수 있는 권리 포함)을 취득하기 위해 매매계약을 체결하고 계약금을 지급한 사실이 증빙서류에 의해 확인되는 경우에는 제외]

5) 2020년 7월 11일 이후 단기민간임대주택에서 장기일반민간임대주택 등으로 변경 신고 한 주택은 제외

6) 2011.10.13. 이전 등록분은 취득 당시 6억원 이하(비수도권은 3억원 이하)

7) 「민간임대주택법」에 따른 임대사업자에게 매각하는 경우 포함

8) 2018.4.1.~2020.8.17. 사이 임대사업자 등록과 사업자등록을 한 주택(8년 이상)

9) 2019.2.12. 이후 최초 체결(갱신)하는 표준임대차 계약을 기준으로 이후 임대차계약을 갱신하거나 새로 체결하는 분부터 적용, 임대료등 증액 청구는 임대차계약의 체결 또는 약정한 임대료 등의 증액이 있은 후 1년 이내에는 불가

2) 감면대상 장기임대주택

「조세특례제한법」 제97조·제97조의2 및 제98조에 따라 양도소득세가 감면되는 임대주택으로서 5년 이상 임대한 국민주택

3) 장기사원용주택

종업원(사용자의 「국세기본법 시행령」 제1조의2 제1항에 따른 특수관계인을 제외)에게 무상으로

제공하는 사용자 소유의 주택으로서 당해 무상제공기간이 10년 이상인 주택

4) 「조세특례제한법」 제77조, 제98조의2, 제98조의3, 제98조의5부터 제98조의8까지, 제99조, 제99조의2 및 제99조의3에 따라 양도소득세가 감면되는 주택

5) 문화재주택

지정문화재 및 국가등록문화재에 해당하는 주택

6) 상속받은 주택

조합원입주권 또는 분양권을 상속받아 사업시행 완료 후 취득한 신축주택을 포함하며 피상속인이 상속개시 당시 2 이상의 주택을 소유한 경우에는 다음의 순위에 의한 1주택을 말한다. (상속받은 날부터 5년이 경과하지 아니한 경우에 한정)

① 피상속인의 소유 기간이 가장 긴 주택
② 피상속인의 거주 기간이 가장 긴 주택
③ 피상속인의 상속 개시 당시 거주한 주택
④ 기준시가가 가장 높은 주택(기준시가가 같은 경우에는 상속인이 선택하는 주택)

7) 저당권 실행등으로 취득한 주택

저당권의 실행으로 인하여 취득하거나 채권변제를 대신하여 취득한 주택으로서 취득일부터 3년이 경과하지 아니한 주택

8) 가정어린이집으로 사용한 주택

1세내의 구성원이 「영유아보육법」 제13조 제1항에 따른 인가 또는 같은 법 제24조 제2항에 따라 국가 또는 지방자치단체로부터 위탁을 받고 「소득세법」 제168조에 따른 고유번호를 부여받은 후 5년 이상(의무사용기간) 어린이집으로 사용하고 어린이집으로 사용하지 않게 된 날부터 6개월이 경과하지 않은 주택. 이 경우 해당 주택이 인가받은 어린이집에서 위탁받은 어린이집으로, 또는 위탁받은 어린이집에서 인가받은 어린이집으로 서로 전환된 경우에는 의무사용기간을 적용할 때 각각의 사용기간을 합산한다.

9) 일반주택

1세대가 위의 (1) 및 (2)의 1)부터 8)까지에 해당하는 주택을 제외하고 1개의 주택만을 소유하고 있는 경우의 해당 주택

10) 조정대상지역의 공고가 있은 날 이전에 양도 계약을 체결한 주택

조정대상지역의 공고가 있은 날 이전에 해당 지역의 주택을 양도하기 위하여 매매계약을 체결하고 계약금을 지급받은 사실이 증빙서류에 의하여 확인되는 주택

11) 보유기간이 10년 이상인 주택(2019.12.17.~2020.6.30.까지 양도분)

보유기간이 10년(재개발사업, 재건축사업 또는 소규모재건축사업을 시행하는 정비사업조합의 조합원이 해당 조합에 기존건물과 그 부수토지를 제공하고 관리처분계획 등에 따라 취득한 신축주택 및 그 부수토지를 양도하는 경우의 보유기간은 기존건물과 그 부수토지의 취득일부터 기산한다) 이상인 주택을 2019년 12월 17일부터 2020년 6월 30일까지 양도하는 경우 그 해당 주택

12) 보유기간이 2년 이상인 주택(2022.5.10.~2023.5.9.까지 양도분)

보유기간이 2년(재개발사업, 재건축사업 또는 소규모재건축사업등을 시행하는 정비사업조합의 조합원이 해당 조합에 기존건물과 그 부수토지를 제공하고 관리처분계획등에 따라 취득한 신축주택 및 그 부수토지를 양도하는 경우의 보유기간은 기존건물과 그 부수토지의 취득일부터 기산한다) 이상인 주택을 2022년 5월 10일부터 2023년 5월 9일까지 양도하는 경우 그 해당 주택

13) 「소득세법 시행령」 제155조(1세대 1주택 특례) 또는 「조세특례제한법」에 따라 1세대가 국내에 1개의 주택을 소유하고 있는 것으로 보거나 1세대 1주택으로 보아 제154조 제1항이 적용되는 주택으로서 같은 항의 요건을 모두 충족하는 주택

4 1세대 3주택·조합원입주권 또는 분양권 이상에서 제외되는 주택의 범위 (소득세령 167조의4)

1세대 3주택·조합원입주권·분양권 이상에 해당하는 주택이란 국내에 소유하고 있는 주택과 조합원입주권 또는 분양권 수의 합계가 3개 이상인 1세대가 소유하는 주택으로서 다음에 해당하는 주택은 중과세율 적용 대상에서 제외한다.

(1) 주택 수 계산에 산입하지 않고 중과세율도 적용되지 않는 주택

수도권 및 광역시·특별자치시(광역시에 소속된 군, 「지방자치법」 제3조 제3항·제4항에 따른 읍·면 및 「세종특별자치시 설치 등에 관한 특별법」 제6조 제3항에 따른 읍·면에 해당하는 지역은 제외한다) 외의 지역에 소재하는 주택, 조합원입주권 또는 분양권으로서 해당 주택의 기준시가, 조합원입주권의 가액(「도시 및 주거환경정비법」 제74조 제1항 제5호에 따른 종전 주택의 가격을 말한다) 또는 분양권의 가액[주택에 대한 공급계약서상의 공급가격(선택품목에 대한 가격은 제외한다)을 말한다]이 해당 주택 또는 그 밖의 주택의 양도 당시 3억원을 초과하지 않는 주택, 조합원입주권 또는 분양권은 이를 산입하지 않는다.

(2) 주택 수 계산에 산입하지만 중과세율을 적용하지 않는 주택

다음에 해당하는 경우에는 다주택자의 주택 수 계산에는 산입하지만 해당 주택 양도 시 중과세율은 적용하지 않는다.

1) 1세대 3주택 이상자의 중과배제 주택의 범위에서 (2) 주택 수 계산에 산입하지만 중과세율을 적용하지 않는 주택의 1)에서 8)까지 중 어느 하나에 해당하는 주택

2) 1세대가 위의 (1) 및 (2)의 1)에 해당하는 주택을 제외하고 1개의 주택만을 소유하고 있는 경우의 그 해당 주택

3) 조정대상지역의 공고가 있은 날 이전에 양도 계약을 체결한 주택

조정대상지역의 공고가 있은 날 이전에 해당 지역의 주택을 양도하기 위하여 매매계약을 체결하고 계약금을 지급받은 사실이 증빙서류에 의하여 확인되는 주택

4) 보유기간이 10년 이상인 주택(2019.12.17.~2020.6.30.까지 양도분)

보유기간이 10년(재개발사업, 재건축사업 또는 소규모재건축사업을 시행하는 정비사업조합의 조합원이 해당 조합에 기존건물과 그 부수토지를 제공하고 관리처분계획 등에 따라 취득한 신축주택 및 그 부수토지를 양도하는 경우의 보유기간은 기존건물과 그 부수토지의 취득일부터 기산한다) 이상인 주택을 2019년 12월 17일부터 2020년 6월 30일까지 양도하는 경우 그 해당 주택

5) 보유기간이 2년 이상인 주택(2022.5.10.~2023.5.9.까지 양도분)

보유기간이 2년(재개발사업, 재건축사업 또는 소규모재건축사업등을 시행하는 정비사업조합의 조합원이 해당 조합에 기존건물과 그 부수토지를 제공하고 관리처분계획 등에 따라 취득한 신축주택 및 그 부수토지를 양도하는 경우의 보유기간은 기존건물과 그 부수토지의 취득일부터 기산한다) 이상인 주택을 2022년 5월 10일부터 2023년 5월 9일까지 양도하는 경우 그 해당 주택

6) 「소득세법 시행령」 제155조(1세대1주택특례), 제156조의2(주택과 조합원입주권을 소유한 경우 1세대 1주택 특례), 제156조의3(주택과 분양권을 소유한 경우 1세대 1주택 특례) 또는 「조세특례제한법」에 따라 1세대가 국내에 1개의 주택을 소유하고 있는 것으로 보거나 1세대 1주택으로 보아 제154조제1항이 적용되는 주택으로서 같은 항의 요건을 모두 충족하는 주택

(3) 혼인으로 인해 1세대 3주택(조합원입주권, 분양권 포함)이상에 해당하는 경우

1주택, 1조합원입주권 또는 1분양권 이상을 보유하는 자가 1주택, 1조합원입주권 또는 1분양권 이상을 보유하는 자와 혼인함으로써 혼인한 날 현재 법 제104조 제7항 제4호에 따른 주택과 조합원입주권 또는 분양권의 수의 합이 3 이상이 된 경우 그 혼인한 날부터 5년 이내에 해당 주택을 양도하는 경우에는 양도일 현재 배우자가 보유한 주택, 조합원입주권 또는 분양권의 수를 차감하여 해당 1세대가 보유한 주택, 조합원입주권 또는 분양권의 수를 계산한다. 다만, 혼인한 날부터 5년 이내에 새로운 주택, 조합원입주권 또는 분양권을 취득한 경우 해당 주택, 조합원입주권 또는 분양권의 취득일 이후 양도하는 주택에 대해서는 이를 적용하지 않는다.

1세대 2주택에 해당하는 주택이란 국내에 주택을 2개 소유하고 있는 1세대가 소유하는 수택으로서 다음에 해당하는 주택은 중과세율 적용 대상에서 제외한다.

(1) 주택 수 계산에 산입하지 않고 중과세율도 적용되지 않는 주택

수도권 및 광역시·특별자치시(광역시에 소속된 군, 「지방자치법」 제3조 제3항·제4항에 따른 읍·면 및 「세종특별자치시 설치 등에 관한 특별법」 제6조 제3항에 따른 읍·면에 해당하는 지역을 제외한다) 외의 지역에 소재하는 주택으로서 해당 주택 및 이에 부수되는 토지의 기준시가의 합계액이 해당 주택 또는 그 밖의 주택의 양도 당시 3억원을 초과하지 않는 주택

(2) 주택 수 계산에 산입하지만 중과세율을 적용하지 않는 주택

다음에 해당 하는 경우에는 다주택자의 주택 수 계산에는 산입하지만 해당 주택 양도 시 중과세율은 적용하지 않는다.

1) 1세대 3주택 이상자의 중과배제 주택의 범위에서 (2) 주택 수 계산에 산입하지만 중과세율을 적용하지 않는 주택의 1)에서 8)까지 중 어느 하나에 해당하는 주택

2) 취학, 근무상의 형편 등 부득이한 사유로 취득한 주택

1세대의 구성원 중 일부가 취학, 근무상의 형편, 질병의 요양, 그 밖에 부득이한 사유로 인하여 다른 시(특별시·광역시·특별자치시 및 제주특별자치도 설치 및 국제자유도시 조성을 위한 특별법」 제10조 제2항에 따라 설치된 행정시를 포함)·군으로 주거를 이전하기 위하여 1주택(학교의 소재지, 직장의 소재지 또는 질병을 치료·요양하는 장소와 같은 시·군에 소재하는 주택으로서 취득 당시 기준시가의 합계액이 3억원을 초과하지 아니하는 것에 한정)을 취득함으로써 1세대 2주택이 된 경우의 해당 주택(취득 후 1년 이상 거주하고 해당 사유가 해소된 날부터 3년이 경과하지 아니한 경우에 한정)

3) 취학, 근무상의 형편 등 부득이한 사유로 취득한 수도권 밖에 소재하는 주택

취학, 근무상의 형편, 질병의 요양, 그 밖에 부득이한 사유로 취득한 수도권 밖에 소재하는 주택

4) 동거봉양 주택

1주택을 소유하고 1세대를 구성하는 사람이 1주택을 소유하고 있는 60세 이상의 직계존속(배우자의 직계존속을 포함하며, 직계존속 중 어느 한 사람이 60세 미만인 경우를 포함한다)을 동거봉양하기 위하여 세대를 합침으로써 1세대가 2주택을 소유하게 되는 경우의 해당 주택(세대를 합친 날부터 10년이 경과하지 아니한 경우에 한정)

5) 혼인합가 주택

1주택을 소유하는 사람이 1주택을 소유하는 다른 사람과 혼인함으로써 1세대가 2주택을 소유하게 되는 경우의 해당 주택(혼인한 날부터 5년이 경과하지 아니한 경우에 한정)

6) 소송 결과로 취득한 주택등

주택의 소유권에 관한 소송이 진행 중이거나 해당 소송결과로 취득한 주택(소송으로 인한 확정판결일부터 3년이 경과하지 아니한 경우에 한정한다)

7) 일시적 2주택

1주택을 소유한 1세대가 그 주택을 양도하기 전에 다른 주택을 취득(자기가 건설하여 취득한 경우를 포함)함으로써 일시적으로 2주택을 소유하게 되는 경우의 종전의 주택. 다만 다른 주택을 취득한 날부터 3년이 지나지 아니한 경우(3년이 지난 경우로서 「소득세법 시행령」 제155조 제18항 각 호의 어느 하나에 해당하는 경우를 포함한다)에 한정한다.

8) 양도 당시 기준시가가 1억원 이하인 주택

주택의 양도 당시 기준시가가 1억원 이하인 주택. 다만, 「도시 및 주거환경정비법」에 따른 정비구역(종전의 「주택건설촉진법」에 따라 설립인가를 받은 재건축조합의 사업부지를 포함한다)으로 지정·고시된 지역 또는 「빈집 및 소규모주택 정비에 관한 특례법」에 따른 사업시행구역에 소재하는 주택(주거환경개선사업의 경우 해당 사업시행자에게 양도하는 주택은 제외한다)은 제외한다.

9) 1세대가 위의 (1) 및 (2)의 1)에서 6)까지에 해당하는 주택을 제외하고 1개의 주택

만을 소유하고 있는 경우의 그 해당 주택

10) 조정대상지역의 공고가 있은 날 이전에 양도 계약을 체결한 주택

조정대상지역의 공고가 있은 날 이전에 해당 지역의 주택을 양도하기 위하여 매매계약을 체결하고 계약금을 지급받은 사실이 증빙서류에 의하여 확인되는 주택

11) 보유기간이 10년 이상인 주택(2019.12.17.~2020.6.30.까지 양도분)

보유기간이 10년(재개발사업, 재건축사업 또는 소규모재건축사업을 시행하는 정비사업조합의 조합원이 해당 조합에 기존건물과 그 부수토지를 제공하고 관리처분계획 등에 따라 취득한 신축주택 및 그 부수토지를 양도하는 경우의 보유기간은 기존건물과 그 부수토지의 취득일부터 기산한다) 이상인 주택을 2019년 12월 17일부터 2020년 6월 30일까지 양도하는 경우 그 해당 주택

12) 보유기간이 2년 이상인 주택(2022.5.10.~2023.5.9.까지 양도분)

보유기간이 2년(재개발사업, 재건축사업 또는 소규모재건축사업 등을 시행하는 정비사업조합의 조합원이 해당 조합에 기존건물과 그 부수토지를 제공하고 관리처분계획등에 따라 취득한 신축주택 및 그 부수토지를 양도하는 경우의 보유기간은 기존건물과 그 부수토지의 취득일부터 기산한다) 이상인 주택을 2022년 5월 10일부터 2023년 5월 9일까지 양도하는 경우 그 해당 주택

13) 「소득세법 시행령」 제155조 제2항(1세대 1주택 특례)에 따라 상속받은 주택과 일반주택을 각각 1개씩 소유하고 있는 1세대가 일반주택을 양도하는 경우로서 「소득세법 시행령」 제154조 제1항(1세대 1주택 범위)이 적용되고 같은 항의 요건을 모두 충족하는 일반주택

14) 「소득세법 시행령」 제155조 제20항에 따른 장기임대주택과 그 밖의 1주택 (거주주택)을 소유하고 있는 1세대가 거주주택을 양도하는 경우로서 「소득세법 시행령」 제154조 제1항이 적용되고 같은 항의 요건을 모두 충족하는 거주주택

6 1세대 2주택·조합원입주권 또는 분양권 이상에서 제외되는 주택의 범위 (소득세령 167조의11)

1세대 2주택·조합원입주권·분양권 이상에 해당하는 주택이란 국내에 소유하고 있는 주택과 조합원입주권 또는 주택과 분양권을 각각 1개씩 소유하는 1세대가 소유하는 주택으로서 다음에 해당하는 주택은 중과세율 적용 대상에서 제외한다.

(1) 주택 수 계산에 산입하지 않고 중과세율도 적용되지 않는 주택

수도권 및 광역시·특별자치시(광역시에 소속된 군, 「지방자치법」 제3조 제3항·제4항에 따른 읍·면 및 「세종특별자치시 설치 등에 관한 특별법」 제6조 제3항에 따른 읍·면에 해당하는 지역을 제외한다) 외의 지역에 소재하는 주택, 조합원입주권 또는 분양권으로서 해당 주택의 기준시가, 조합원입주권의 가액(「도시 및 주거환경정비법」 제74조 제1항 제5호에 따른 종전 주택의 가격을 말한다) 또는 분양권의 가액[주택에 대한 공급계약서상의 공급가격(선택품목에 대한 가격은 제외한다)을 말한다]이 해당 주택 또는 그 밖의 주택의 양도 당시 3억원을 초과하지 않는 주택, 조합원입주권 또는 분양권은 이를 산입하지 않는다.

(2) 주택 수 계산에 산입하지만 중과세율을 적용하지 않는 주택

다음에 해당하는 경우에는 다주택자의 주택 수 계산에는 산입하지만 해당 주택 양도 시 중과세율은 적용하지 않는다.

1) 1세대 1주택 비과세를 적용받는 주택으로서 양도소득세가 과세되는 주택
제156조의2 제3항부터 제5항까지 또는 제156조의3 제2항·제3항에 따라 1세대 1주택으로 보아 제154조 제1항을 적용받는 주택으로서 양도소득세가 과세되는 주택

2) 1세대 3주택 이상자의 중과배제 주택의 범위에서 (2) 주택 수 계산에 산입하지만 중과세율을 적용하지 않는 주택의 1)에서 8)까지 중 어느 하나에 해당하는 주택

3) 취학, 근무상의 형편 등 부득이한 사유로 취득한 주택

1세대의 구성원 중 일부가 취학, 근무상의 형편, 질병의 요양, 그 밖에 부득이한 사유로 인하여 다른 시(특별시·광역시·특별자치시 및 「제주특별자치도 설치 및 국제자유도시 조성을 위한 특별법」 제10조 제2항에 따라 설치된 행정시를 포함)·군으로 주거를 이전하기 위하여 1주택(학교의 소재지, 직장의 소재지 또는 질병을 치료·요양하는 장소와 같은 시·군에 소재하는 주택으로서 취득 당시 기준시가의 합계액이 3억원을 초과하지 않은 것으로 한정)을 취득하여 1세대가 1주택과 1조합원입주권 또는 1주택과 1분양권을 소유하게 된 경우 해당 주택(취득 후 1년 이상 거주하고 해당 사유가 해소된 날부터 3년이 경과하지 않은 경우로 한정)

4) 취학, 근무상의 형편 등 부득이한 사유로 취득한 수도권 밖에 소재하는 주택

취학, 근무상의 형편, 질병의 요양, 그 밖에 부득이한 사유로 취득한 수도권 밖에 소재하는 주택

5) 동거봉양 주택

1주택, 1조합원입주권 또는 1분양권을 소유하고 1세대를 구성하는 자가 1주택, 1조합원입주권 또는 1분양권을 소유하고 있는 60세 이상의 직계존속(배우자의 직계존속을 포함하며, 직계존속 중 어느 한 사람이 60세 미만인 경우를 포함한다)을 동거봉양하기 위하여 세대를 합침으로써 1세대가 1주택과 1조합원입주권 또는 1주택과 1분양권을 소유하게 되는 경우의 해당 주택(세대를 합친 날부터 10년이 경과하지 않은 경우로 한정)

6) 혼인합가 주택

1주택, 1조합원입주권 또는 1분양권을 소유하는 자가 1주택, 1조합원입주권 또는 1분양권을 소유하는 다른 자와 혼인함으로써 1세대가 1주택과 1조합원입주권 또는 1주택과 1분양권을 소유하게 되는 경우 해당 주택(혼인한 날부터 5년이 경과하지 않은 경우로 한정)

7) 소송 결과로 취득한 주택등

주택의 소유권에 관한 소송이 진행 중이거나 해당 소송결과로 취득한 주택(소송으로 인한 확정판결일부터 3년이 경과하지 아니한 경우에 한정)

8) 양도당시 기준시가가 1억원 이하인 주택

주택의 양도 당시 기준시가가 1억원 이하인 주택. 다만, 「도시 및 주거환경정비법」에 따른 정비구역(종전의 「주택건설촉진법」에 따라 설립인가를 받은 재건축조합의 사업부지를 포함한다)

으로 지정·고시된 지역 또는 「빈집 및 소규모주택 정비에 관한 특례법」에 따른 사업시행구역에 소재하는 주택(주거환경개선사업의 경우 해당 사업시행자에게 양도하는 주택은 제외한다)은 제외한다.

9) 조정대상지역의 공고가 있은 날 이전에 양도 계약을 체결한 주택

조정대상지역의 공고가 있은 날 이전에 해당 지역의 주택을 양도하기 위하여 매매계약을 체결하고 계약금을 지급받은 사실이 증빙서류에 의하여 확인되는 주택

10) 보유기간이 10년 이상인 주택(2019.12.17.~2020.6.30.까지 양도분)

보유기간이 10년(재개발사업, 재건축사업 또는 소규모재건축사업을 시행하는 정비사업조합의 조합원이 해당 조합에 기존건물과 그 부수토지를 제공하고 관리처분계획 등에 따라 취득한 신축주택 및 그 부수토지를 양도하는 경우의 보유기간은 기존건물과 그 부수토지의 취득일부터 기산한다) 이상인 주택을 2019년 12월 17일부터 2020년 6월 30일까지 양도하는 경우 그 해당 주택

11) 보유기간이 2년 이상인 주택(2022.5.10.~2023.5.9.까지 양도분)

보유기간이 2년(재개발사업, 재건축사업 또는 소규모재건축사업 등을 시행하는 정비사업조합의 조합원이 해당 조합에 기존건물과 그 부수토지를 제공하고 관리처분계획 등에 따라 취득한 신축주택 및 그 부수토지를 양도하는 경우의 보유기간은 기존건물과 그 부수토지의 취득일부터 기산한다) 이상인 주택을 2022년 5월 10일부터 2023년 5월 9일까지 양도하는 경우 그 해당 주택

제5절

주택임대사업자
양도소득세 세제 혜택

1 장기임대주택에 대한 양도소득세 감면 (조특법 97조)

(1) 감면 요건

임대주택을 5호 이상 임대하는 거주자가 다음에 해당하는 국민주택(해당 건물 연면적의 2배 이내의 부수토지 포함)을 2000년 12월 31일 이전에 임대를 개시하여 5년 이상 임대한 후 양도하는 경우에는 그 주택(임대주택)을 양도함으로써 발생하는 소득에 대한 양도소득세를 감면한다.

다만, 「민간임대주택에 관한 특별법」 또는 「공공주택 특별법」에 따른 건설임대주택 중 5년 이상 임대한 임대주택과 같은 법에 따른 매입임대주택 중 1995년 1월 1일 이후 취득 및 임대를 개시하여 5년 이상 임대한 임대주택(취득 당시 입주된 사실이 없는 주택만 해당한다) 및 10년 이상 임대한 임대주택의 경우에는 양도소득세를 면제한다.

① 1986년 1월 1일부터 2000년 12월 31일까지의 기간 중 신축된 주택
② 1985년 12월 31일 이전에 신축된 공동주택으로서 1986년 1월 1일 현재 입주된 사실이 없는 주택

(2) 임대기간의 계산 (조특령 97조 5항)

임대주택의 임대기간의 계산은 다음에 따른다.

① 주택임대기간의 기산일은 주택의 임대를 개시한 날로 한다. 다만 5호 미만의 주택을 임대한 기간은 주택임대기간으로 보지 아니한다.
② 상속인이 상속으로 인하여 피상속인의 임대주택을 취득하여 임대하는 경우에는 피상속인의 주택임대기간을 상속인의 주택임대기간에 합산하여 계산한다.
③ 기존 임차인의 퇴거일부터 다음 임차인의 입주일까지의 기간으로서 3월 이내의 기간은 주택임대기간에 산입하여 계산한다. 그 기간이 3개월을 초과하는 경우 그 초과하는 기간은 주택임대기간에 산입하지 아니한다.

(3) 감면세액 (조특 집행기준 97-97-1)

임대구분	임대기간	적용요건	감면율
일반임대주택	5년 이상	거주자가 2000.12.31. 이전에 아래 기간에 신축한 국민주택을 5호 이상 임대 개시	50%
	10년 이상		100%
임대주택법의 건설임대주택	5년 이상	① 1986.1.1.~2000.12.31. 기간 중 신축주택 ② 1985.12.31. 이전에 신축한 공동주택으로서 1986.1.1. 현재 입주사실이 없는 주택	100%
임대주택법의 매입임대주택	5년 이상	1995.1.1. 이후 취득 및 임대를 개시한 국민주택으로서 5호 이상의 주택(취득당시 입주사실이 없는 경우에 한함)	100%

(4) 주택임대신고서 제출 및 감면신청

1) 주택임대신고서 제출 (조특령 97조 3항)

주택임대에 관한 사항을 신고하고자 하는 거주자는 주택의 임대를 개시한 날부터 3월 이내에 주택임대신고서를 임대주택의 소재시 판할세무서장에게 제출하여야 한다.

☑ check point 장기임대주택에 대한 주택임대신고서를 제출하지 않은 경우 (양도 집행기준 97-97-3)

주택임대신고서의 제출은 강행규정이 아닌 훈시 규정으로 장기임대주택에 대한 양도소득세의 감면은 임대를 개시한 날부터 3개월 이내에 주택임대신고서를 임대주택의 소재지 관할세무서장에게 제출하지 아니한 경우에도 적용받을 수 있다.

---

2) 감면신청 (조특령 97조 4항)

감면신청을 하고자 하는 자는 당해 임대주택을 양도한 날이 속하는 과세연도의 과세표준신고와 함께 세액감면신청서에 다음 각호의 서류를 첨부하여 납세지 관할세무서장에게 제출하여야 한다.

① 「민간임대주택에 관한 특별법 시행령」 제4조 제4항에 따른 임대사업자 등록증 또는 「공공주택 특별법」 제4조에 따른 공공주택사업자로의 지정을 증명하는 자료
② 임대차계약서 사본
③ 임차인의 주민등록표등본 또는 주민등록증 사본. 이 경우 「주민등록법」 제29조 제1항에 따라 열람한 주민등록 전입세대의 열람내역 제출로 갈음할 수 있다.

(5) 농어촌특별세 과세

감면세액의 20%에 상당하는 세액은 농어촌특별세가 과세된다.

☑ check point 1세대 1주택 비과세 적용 시 임대주택 (조특법 97조 2항)

1세대 1주택 비과세를 적용할 때 임대주택은 그 거주자의 소유주택으로 보지 않는다.

신축임대주택에 대한 양도소득세 감면 (조특법 97조의2)

(1) 감면요건

1호 이상의 신축임대주택을 포함하여 2호 이상의 임대주택을 5년 이상 임대하는 거주자가 다음에 해당하는 국민주택(해당 건물 연면적의 2배 이내의 토지를 포함)을 5년 이상 임대한 후 양도하는 경우에는 해당 신축임대주택을 양도함으로써 발생하는 소득에 대한 양도소득세를 면제한다.

① 다음의 어느 하나에 해당하는 「민간임대주택에 관한 특별법」 또는 「공공주택 특별법」에 따른 건설임대주택
　㉠ 1999년 8월 20일부터 2001년 12월 31일까지의 기간 중에 신축된 주택
　㉡ 1999년 8월 19일 이전에 신축된 공동주택으로서 1999년 8월 20일 현재 입주된 사실이 없는 주택
② 다음의 어느 하나에 해당하는 「민간임대주택에 관한 특별법」 또는 「공공주택 특별법」에 따른 매입임대주택 중 1999년 8월 20일 이후 취득(1999년 8월 20일부터 2001년 12월 31일까지의 기간 중에 매매계약을 체결하고 계약금을 지급한 경우만 해당) 및 임대를 개시한 임대주택(취득 당시 입주된 사실이 없는 주택만 해당)
　㉠ 1999년 8월 20일 이후 신축된 주택
　㉡ 1999년 8월 19일 이전에 신축된 공동주택으로서 1999년 8월 20일 현재 입주된 사실이 없는 주택
② 신축임대주택에 관하여는 제97조 제2항부터 제4항까지의 규정을 준용한다.

(2) 감면세액

감면요건을 충족한 신축임대주택을 양도함으로서 발생한 소득에 대하여 양도소득세를 면제한다.

(3) 농어촌특별세 납부

감면세액의 20%에 상당하는 세액은 농어촌특별세가 과세된다.

 3 장기일반민간임대주택등에 대한 양도소득세의 과세특례
(조특법 97조의 3)

(1) 과세특례 요건

다음의 요건을 모두 충족하는 장기일반민간임대주택 등에 대하여 양도소득세 과세특례를 적용한다.

① 거주자일 것

양도소득세 과세특례 대상자는 「소득세법」 제1조의2 제1항 제1호에 따른 거주자를 말한다. 여기서 거주자란 국내에 주소를 두거나 183일 이상의 거소(居所)를 둔 개인을 의미한다.

② 8년(10년) 이상 계속하여 임대한 후 양도할 것

2020년 12월 31일(「민간임대주택에 관한 특별법」 제2조 제2호에 따른 민간건설임대주택의 경우에는 2022년 12월 31일)까지 「민간임대주택에 관한 특별법」 제2조 제4호에 따른 공공지원민간임대주택 또는 같은 법 제2조 제5호에 따른 장기일반민간임대주택을 등록하고 그 등록일로부터 통산하여 8년 또는 10년 이상 임대하는 것일 것

③ 2020년 7월 11일 이후 장기일반민간임대주택으로 등록 신청한 경우로서 아파트를 임대하는 민간매입임대주택이나 「민간임대주택에 관한 특별법」 제2조 제6호에 따른 단기민간임대주택을 2020년 7월 11일 이후 같은 법 제5조 제3항에 따라 공공지원민간임대주택 또는 장기일반민간임대주택으로 변경 신고한 주택은 제외한다.

④ 임대보증금 또는 임대료 증액 제한 요건을 준수할 것

임대보증금 또는 임대료(임대료 등)의 증가율이 100분의 5를 초과하지 않을 것. 이 경우 임대료등 증액 청구는 임대차계약 또는 약정한 임대료등의 증액이 있은 후 1년 이내에는 하지 못하고, 임대사업자가 임대료등의 증액을 청구하면서 임대보증금과 월임대료를 상호 간에 전환하는 경우에는 임차인의 동의를 받아야 하며「민간임대주택에 관한 특별법」제44조 제4항에 따라 정한 기준을 준용한다.

> **참고** **전월세 전환율(민특법 44조 4항) Min[①, ②]**
> ①「은행법」에 따른 은행에서 적용하는 대출금리와 해당 지역의 경제 여건 등을 고려하여 대통령령으로 정하는 비율(10%)
> ② 한국은행에서 공시한 기준금리에 대통령령으로 정하는 이율(2%)을 더한 비율
> *한국은행의 기준금리가 매번 바뀔 수 있기 때문에 항상 확인하여야 함.

⑤ 국민주택규모 이하의 주택

「주택법」제2조 제6호에 따른 국민주택규모 이하의 주택(해당 주택이 다가구주택일 경우에는 가구당 전용면적을 기준으로 한다)일 것

⑥ 임대개시일 당시 임대주택의 기준시가가 6억원(수도권 밖는 3억원) 이하일 것

장기일반민간임대주택등 및 이에 부수되는 토지의 기준시가의 합계액이 해당 주택의 임대개시일 당시 6억원(수도권 밖의 경우에는 3억원)을 초과하지 아니할 것(2018.9.14. 이후에 취득한 주택의 경우에만 가액요건을 적용)

(2) 임대기간의 계산 (조특령 97조의3 2항, 4항)

장기일반민간임대주택등에 대한 임대기간의 계산은 다음에 따른다.

① 「소득세법」제168조에 따른 사업자등록과「민간임대주택에 관한 특별법」제5조에 따른 임대사업자등록을 하고 장기일반민간임대주택 등으로 등록하여 임대하는 날부터 임대를 개시한 것으로 본다.

② 상속인이 상속으로 인하여 피상속인의 임대주택을 취득하여 임대하는 경우에는 피상속인의 주택임대기간을 상속인의 주택임대기간에 합산하여 계산한다.

③ 기존 임차인의 퇴거일부터 다음 임차인의 입주일까지의 기간으로서 3월 이내의 기

간은 주택임대기간에 산입하여 계산한다. 그 기간이 3개월을 초과하는 경우 그 초과하는 기간은 주택임대기간에 산입하지 아니한다.

④ 「민간임대주택에 관한 특별법」 제5조제3항에 따라 같은 법 제2조제6호의 단기민간임대주택을 장기일반민간임대주택등으로 변경 신고한 경우에는 같은 법 시행령 제34조 제1항 제3호에 따른 시점부터 임내를 개시한 것으로 본다.

이 경우 2019.2.12. 이후 「민간임대주택에 관한 특별법」에 따른 단기민간임대주택을 장기일반민간임대주택 등으로 변경신고한 경우에는 최대 4년을 한도로 기존 임대기간 전체를 장기일반민간임대주택 등의 임대기간으로 인정한다.

다만 2019.2.12. 현재 단기민간임대주택을 8년 초과하여 임대한 경우에는 5년의 범위에서 임대한 기간의 50%에 해당하는 기간을 인정한다.

참고 「민간임대주택에 관한 특별법」 제34조 1항 3호 규정에 따른 단기민간임대주택에서 장기일반민간임대주택 변경 시 임대개시일

구분	임대개시일
단기민간임대주택의 임대의무기간 종료 전에 변경신고한 경우	① 임대사업자 등록일 ② 임대사업자 등록 이후 임대가 개시되는 주택은 임대차계약서상의 실제 임대개시일
단기민간임대주택의 임대의무기간 종료 이후 변경신고한 경우	변경신고의 수리일부터 해당 단기민간임대주택의 임대의무기간을 역산한 날(4년)

☑ check point **단기민간임대주택의 임대의무기간 종료 후 변경신고한 경우 임대기간 계산**

구분	임대기간 계산
2019.2.12. 이전 변경신고	5년의 범위에서 임대한 기간의 50%에 해당하는 기간을 임대기간으로 인정
2019.2.12. 이후 변경신고	① 기존 임대기간 전체(최대 4년 한도)를 임대기간으로 인정 ② 2019.2.12. 현재 8년을 초과하여 임대한 경우에는 5년의 범위에서 임대한 기간의 50%에 해당하는 기간을 임대기간으로 인정

⑥ 2019.2.12. 이후 양도하는 분부터 「도시 및 주거환경정비법」에 따른 재개발사업·재건축사업, 「빈집 및 소규모주택 정비에 관한 특례법」에 따른 소규모주택정비사업 또는 「주택법」에 따른 리모델링으로 임대할 수 없는 경우에는 해당 주택의 관리처분계획 인가일(소규모주택정비사업의 경우에는 사업시행계획 인가일, 리모델링의 경우에는 허가일 또

는 사업계획승인일) 전 6개월부터 준공일 후 6개월까지의 기간 동안 계속하여 임대한 것으로 보되, 임대기간 계산 시에는 실제 임대기간만 포함한다.

2022.2.15. 이후 양도분부터 자율주택정비사업, 가로주택정비사업, 소규모재개발사업의 경우에도 동일하게 적용한다.

⑦ 종전의 「민간임대주택에 관한 특별법」(법률 제17482호 민간임대주택에 관한 특별법 일부개정 법률로 개정되기 전의 것을 말한다) 제2조 제5호에 따른 장기일반민간임대주택 중 아파트를 임대하는 민간매입임대주택이 「민간임대주택에 관한 특별법」 제6조 제5항에 따라 등록이 말소되는 경우에는 해당 주택은 8년 동안 등록 및 임대한 것으로 본다.

(3) 과세특례 내용

장기일반민간임대주택 등을 양도 시 장기보유 특별공제액을 계산할 때 8년 이상 계속하여 임대한 후 양도하는 경우에는 50%의 공제율을 적용하고, 10년 이상 계속하여 임대한 후 양도하는 경우에는 70%의 공제율을 적용한다. 이때 장기보유 특별공제액은 임대기간 중에 발생한 양도차익에 한정하여 적용하며, 임대기간 중 양도차익은 기준시가를 기준으로 안분한다. (조특령 97조의3 5항)

☑ check point 공동사업자가 1호의 임대주택을 등록한 경우 조세특례제한법상 양도세 과세특례 적용이 가능한지 여부(조특, 기획재정부 재산세제과-766 [], 2020.09.03.)

① 「조세특례제한법」 제97조의3에 따른 장기일반민간임대주택에 대한 양도소득세 과세특례는 「소득세법」 제1조의2 제1항 제1호에 따른 거주자가 「조세특례제한법」 제97조의3 제1항 각 호의 요건을 모두 충족하는 경우에 적용되는 것임.

② 2인 이상이 공동으로 소유하는 주택의 경우 공동 명의로 1호 이상의 주택을 임대등록하고 각각의 공동사업자가 「조세특례제한법」 제97조의3 제1항 각 호의 요건을 모두 충족한 경우 소유한 지분의 양도로 인해 발생하는 양도차익은 「조세특례제한법」 제97조의3에 따른 양도소득세 과세특례가 적용되는 것임.

---

(4) 중복적용 배제

장기임대주택에 대한 양도소득세 과세특례(조특법 97조의4)와 중복하여 적용하지 않는다.

장기임대주택에 대한 양도소득세의 과세특례 (조특법 97조의 4)

(1) 감면요건

거주자 또는 비거주자가 다음의 요건을 모두 갖춘 임대주택을 6년 이상 임대한 후 양도하는 경우 그 주택을 양도함으로써 발생하는 소득에 대해서는 「소득세법」 제95조 제1항에 따른 장기보유 특별공제액을 계산할 때 보유기간별 공제율에 해당 주택의 임대기간에 따라 추가공제율(2%~10%)을 더한 공제율을 적용한다.

① 「소득세법 시행령」 제167조의3 제1항 제2호 가목 및 다목에 따른 장기임대주택(특례 요건이 되는 임대주택은 「소득세법 시행령」 제167조의3 제1항 제2호 가목 및 다목에 따른 장기임대주택으로 한정)
② 임대개시일 당시 임대주택의 기준시가가 일정금액 이하일 것
　㉠ 민간매입임대주택: 해당 주택 및 이에 부수되는 토지의 기준시가 합계액이 해당 주택의 임대개시일 당시 6억원(수도권 밖의 경우 3억원)을 초과하지 아니할 것
　㉡ 건설임대주택: 대지면적이 298㎡ 이하이고 주택의 연면적이 149㎡ 이하인 건설임대주택을 2호 이상 임대하면서 주택 및 이에 부수되는 토지의 기준시가 합계액이 해당 주택의 임대개시일 당시 6억원을 초과하지 아니할 것
③ 임대보증금 또는 임대료 증액 제한 요건(5%)을 준수할 것(2019.2.12. 이후 계약, 갱신하는 분부터 적용)
④ 2018.3.31.까지 「민간임대주택에 관한 특별법」에 따른 임대사업자등록과 「소득세법」에 따른 사업자등록을 할 것

(2) 임대기간의 계산

임대기간의 계산은 다음에 따른다.

① 「소득세법」 제168조에 따른 사업자등록과 「민간임대주택에 관한 특별법」 제5조에 따른 임대사업자등록을 하거나, 「공공주택 특별법」 제4조에 따른 공공주택사업자로 지정되어 임대하는 날부터 임대를 개시한 것으로 본다.

② 상속인이 상속으로 인하여 피상속인의 임대주택을 취득하여 임대하는 경우에는 피상속인의 주택임대기간을 상속인의 주택임대기간에 합산하여 계산한다.

③ 기존 임차인의 퇴거일부터 다음 임차인의 입주일까지의 기간으로서 3월 이내의 기간은 주택임대기간에 산입하여 계산한다. 그 기간이 3개월을 초과하는 경우 그 초과하는 기간은 주택임대기간에 산입하지 아니한다.

(3) 과세특례 내용

「소득세법」 제95조제1항에 따른 장기보유 특별공제액을 계산할 때 보유기간별 공제율에 해당 주택의 임대기간에 따라 추가공제율(2%~10%)을 더한 공제율을 적용한다.

임대기간	추가 공제율
6년 이상 7년 미만	2%
7년 이상 8년 미만	4%
8년 이상 9년 미만	6%
9년 이상 10년 미만	8%
10년 이상	10%

☑ check point **장기보유특별공제 추가공제시 양도차익 적용**

조특법 97조의 4(장기임대주택에 대한 양도소득세의 과세특례)에 의한 장기보유특별공제 추가공제시 양도차익은 전체 양도차익(취득시점부터 양도시점)에 대하여 추가공제를 적용받을 수 있다.

반면 조특법 97조의3(장기일반민간임대주택 등에 대한 양도소득세의 과세특례)적용 시 장기보유 특별공제액은 임대기간 중에 발생한 양도차익에 한정하여 적용하며, 임대기간 중 양도차익은 기준시가를 기준으로 안분한다.

5 **장기일반민간임대주택등에 대한 양도소득세 감면 (조특법 97조의 5)**

(1) 감면요건

거주자가 다음의 요건을 모두 갖춘 「민간임대주택에 관한 특별법」 제2조 제4호에 따른 공공지원민간임대주택 또는 같은 법 제2조 제5호에 따른 장기일반민간임대주택(이하 "장기일반민간임대주택 등")을 양도하는 경우에는 임대기간 중 발생한 양도소득에 대한 양도소득세의 100분의 100에 상당하는 세액을 감면한다.

① 2015.1.1.부터 2018.12.31.까지 「민간임대주택에 관한 특별법」 제2조 제3호의 민간매입임대주택 및 「공공주택 특별법」 제2조 제1호의3에 따른 공공매입임대주택을 취득(2018년 12월 31일까지 매매계약을 체결하고 계약금을 납부한 경우를 포함)하고, 취득일로부터 3개월 이내에 「민간임대주택에 관한 특별법」에 따라 장기일반민간임대주택 등으로 등록할 것

② 장기일반민간임대주택 등으로 등록 후 10년 이상 계속하여 장기일반민간임대주택 등으로 임대한 후 양도할 것

☑ check point 계속하여 임대하는 것으로 보는 경우(조특령 97조5의 1항)

① 기존 임차인의 퇴거일부터 다음 임차인의 주민등록을 이전하는 날까지의 기간으로서 6개월 이내의 기간

② 제72조 제2항 각 호의 법률(「공익사업을 위한 토지 등의 취득 및 보상에 관한 법률」 등)에 따라 협의매수 또는 수용되어 임대할 수 없는 경우의 해당 기간

③ 「도시 및 주거환경정비법」에 따른 재개발사업·재건축사업, 「빈집 및 소규모주택 정비에 관한 특례법」에 따른 소규모주택정비사업 또는 「주택법」에 따른 리모델링의 사유로 임대할 수 없는 경우에는 해당 주택의 관리처분계획 인가일(소규모주택정비사업의 경우에는 사업시행계획 인가일, 리모델링의 경우에는 허가일 또는 사업계획승인일을 말한다) 전 6개월부터 준공일 후 6개월까지의 기간

---

③ 임대보증금 또는 임대료 증액 제한 요건을 준수할 것

임대보증금 또는 임대료(임대료등)의 증가율이 100분의 5를 초과하지 않을 것. 이 경우 임대료등 증액 청구는 임대차계약 또는 약정한 임대료등의 증액이 있은 후 1년 이내에는 하지 못하고, 임대사업자가 임대료등의 증액을 청구하면서 임대보증금과 월임대료를 상호 간에 전환하는 경우에는 임차인의 동의를 받아야 하며 「민간임대주택에 관한 특별법」 제44조 제4항에 따라 정한 기준을 준용한다.

④ 국민주택규모 이하의 주택

「주택법」 제2조 제6호에 따른 국민주택규모 이하의 주택(해당 주택이 다가구주택일 경우에는 가구당 전용면적을 기준으로 한다)일 것

⑤ 임대개시일 당시 임대주택의 기준시가가 6억원(수도권 밖는 3억원) 이하일 것

장기일반민간임대주택 등 및 이에 부수되는 토지의 기준시가의 합계액이 해당 주택의 임대개시일 당시 6억원(수도권 밖의 경우에는 3억원)을 초과하지 아니할 것(2018.9.14. 이후에 취득한 주택의 경우에만 가액요건을 적용)

(2) 임대기간의 계산

임대기간의 계산은 다음에 따른다.

① 「소득세법」 제168조에 따른 사업자등록과 「민간임대주택에 관한 특별법」 제5조에 따른 임대사업자등록을 하거나, 「공공주택 특별법」 제4조에 따른 공공주택사업자로 지정되어 임대하는 날부터 임대를 개시한 것으로 본다.

② 상속인이 상속으로 인하여 피상속인의 임대주택을 취득하여 임대하는 경우에는 피상속인의 주택임대기간을 상속인의 주택임대기간에 합산하여 계산한다.

(3) 감면세액

임대기간 중 발생한 양도소득에 대한 양도소득세의 100분의 100에 상당하는 세액을 감면한다. 이 경우 임대기간 중 발생한 양도소득은 다음의 산식에 따라 계산한 금액으로 한다.

$$\text{양도소득금액} \times \frac{\text{임대기간의 마지막날의 기준시가 - 취득당시 기준시가}}{\text{양도당시 기준시가 - 취득당시 기준시가}}$$

(4) 농어촌특별세 과세

감면세액의 20%에 상당하는 세액은 농어촌특별세가 과세된다.

(5) 중복적용 배제

장기일반민간임대주택에 대한 양도소득세 과세특례(조특법 97조의3) 및 장기임대주택에 대한 양도소득세 과세특례(조특법 97조의4)와 중복하여 적용되지 않는다.

●국토교통부공고 제2022-1408호

「주택법」제63조의2 제7항에 따라 다음과 같이 조정대상지역 지정의 해제를 공고합니다.

2022년 11월 14일

국토교통부장관

조정대상지역 지정 해제

1. 지정해제 지역 : 경기도 성남시 일부(중원구), 동탄2택지개발지구, 구리시, 안양시 동안구·만안구, 광교택지개발지구, 수원시 팔달구·영통구·권선구·장안구, 용인시 수지구·기흥구·처인구, 의왕시, 고양시, 남양주시, 화성시, 군포시, 부천시, 안산시, 시흥시, 오산시, 광주시, 의정부시, 김포시, 인천광역시 중구·동구·미추홀구·연수구·남동구·부평구·계양구·서구, 세종특별자치시

2. 해제일 : 2022년 11월 14일

3. 효력발생시기 : 이 공고문은 공고한 날부터 효력을 발생한다.

※ 조정대상지역 지정 현황

시·도	현 행	조 정(2022.11.14)
서울	서울특별시 전역(25개區)	좌동
경기	과천시, 성남시, 하남시, 동탄2택지개발지구[주1], 광명시, 구리시, 안양시(동안구, 만안구), 광교택지개발지구[주2], 수원시(팔달구, 영통구, 권선구, 장안구), 의왕시, 고양시, 남양주시[주3], 화성시[주4], 군포시, 부천시, 안산시[주5], 시흥시, 용인시(수지구, 기흥구, 처인구)[주6], 오산시, 광주시[주7], 의정부시, 김포시[주8]	과천시, 성남시[주11], 하남시, 광명시
인천	중구[주9], 동구, 미추홀구, 연수구, 남동구, 부평구, 계양구, 서구	전역 해제
세종	세종특별자치시[주10]	해제

주1) 화성시 반송동·석우동, 동탄면 금곡리·목리·방교리·산척리·송리·신리·영천리·오산리·
　　장지리·중리·청계리 일원에 지정된 동탄2택지개발지구에 한함

주2) 수원시 영통구 이의동·원천동·하동·매탄동, 팔달구 우만동, 장안구 연무동, 용인시 수지구
　　상현동, 기흥구 영덕동 일원에 지정된 광교택지개발지구에 한함

주3) 화도읍, 수동면, 조안면 제외

주4) 서신면 제외

주5) 단원구 대부동동·대부남동·대부북동·선감동·풍도동 제외

주6) 처인구 포곡읍, 모현읍, 백암면, 양지면 및 원삼면 가재월리·사암리·미평리·좌항리·맹리·
　　두창리 제외

주7) 초월읍, 곤지암읍, 도척면, 퇴촌면, 남종면, 남한산성면 제외

주8) 통진읍, 대곶면, 월곶면, 하성면 제외

주9) 을왕동, 남북동, 덕교동, 무의동 제외

주10) 건설교통부고시 제2006-418호(2006.10.13.)에 따라 지정된 행정중심복합도시 건설 예정지
　　　역으로, 「신행정수도 후속대책을 위한 연기·공주지역 행정중심복합도시 건설을 위한 특별법」
　　　제15조제1호에 따라 해제된 지역을 포함

주11) 중원구 제외

(1) 취득세 중과 요건 완화

조정대상지역 해제 이후 주택을 취득하는 경우 취득세 중과 대상 범위가 축소되어 취득세 중과 요건이 완화된다.

① 조정대상지역에서 주택 매매 시 취득세율

취득원인	구분	취득세	농특세	지방교육세	합계
1주택	85㎡ 초과	1%~3%	0.2%	0.1%~0.3%	1.3%~3.5%
	85㎡ 이하	1~3%	-	0.1%~0.3%	1.1%~3.3%
2주택(신규주택이 조정대상지역)	85㎡ 초과	8%	0.6%	0.4%	9%
	85㎡ 이하	8%	-	0.4%	8.4%
3주택(신규주택이 조정대상지역) 이상	85㎡ 초과	12%	1%	0.4%	13.4%
	85㎡ 이하	12%	-	0.4%	12.4%

② 비조정대상지역에서 주택 매매 시 취득세율

취득원인	구분	취득세	농특세	지방교육세	합계
1주택	85㎡ 초과	1%~3%	0.2%	0.1%~0.3%	1.3%~3.5%
	85㎡ 이하	1~3%	-	0.1%~0.3%	1.1%~3.3%
2주택(신규주택이 비조정대상지역)	85㎡ 초과	1%~3%	0.2%	0.1%~0.3%	1.3%~3.5%
	85㎡ 이하	1~3%	-	0.1%~0.3%	1.1%~3.3%
3주택(신규주택이 비조정대상지역)	85㎡ 초과	8%	0.6%	0.4%	9%
	85㎡ 이하	8%	-	0.4%	8.4%
4주택(신규주택이 비조정대상지역) 이상	85㎡ 초과	12%	1%	0.4%	13.4%
	85㎡ 이하	12%	-	0.4%	12.4%

다주택자의 중과세율을 신규 주택을 기준으로 신규 주택이 조정대상지역에 있는지 비조정대상지역에 있는지를 판단하며, 조정대상지역으로 변화 시 취득세 중과 요건이 완화

된다.

(2) 주택 무상취득시(증여) 취득세 완화

조정대상지역에 있는 주택으로서 시가표준액(지분이나 부속토지만 취득한 경우에는 전체 주택의 시가표준액)이 3억원 이상인 주택을 무상 취득(증여)로 취득한 경우에는 표준세율(3.5%)이 아닌 중과세율(12%)을 적용한다.

따라서 조정대상지역 해제시 주택의 증여 취득세는 표준세율(3.5%)이 적용된다.

취득원인	구분	취득세	농특세	지방교육세	합계
주택 무상 취득(증여)	85㎡ 초과	3.5%	0.2%	0.3%	4%
	85㎡ 이하	3.5%	-	0.3%	3.8%
조정대상지역 내 주택 무상취득(증여) 시가표준액이 3억 이상	85㎡ 초과	12%	1%	0.4%	13.4%
	85㎡ 이하	12%	-	0.4%	12.4%

(3) 일시적 2주택의 종전주택 처분 기한의 연장

일시적 2주택이란 국내에 주택, 조합원입주권, 주택분양권 또는 오피스텔을 1개 소유한 1세대가 그 주택등을 소유한 상태에서 이사·학업·취업·직장이전 및 이와 유사한 사유로 다른 1주택(신규주택)을 추가로 취득한 후 3년(종전 주택등과 신규주택이 모두 조정대상지역에 있는 경우에는 2년) 이내에 종전 주택등을 처분하는 것을 말하는데, 이 경우 종전주택이 조정대상지역에서 해제된 후 조정대상지역의 신규주택을 취득하거나, 종전주택이 조정대상지역에 있는 상태에서 조정대상지역이 해제된 지역의 신규주택을 취득하는 경우 종전주택의 처분기한이 신규주택 취득일로부터 3년으로 연장된다.

❷ 양도소득세

(1) 거주요건을 충족하지 않아도 1세대 1주택 비과세 적용 가능

2017.8.3. 이후 취득분부터 거주자인 1세대가 양도일 현재 국내에 1주택을 보유하고 있는 경우로서 보유기간이 2년 이상이고, 취득 당시 조정대상지역에 있는 주택의 경우에는 보유기간 중 거주기간이 2년 이상이어야지 비과세가 가능하나, 조정대상지역 해제 후 취득한 주택의 경우 거주기간을 적용하지 않는다.

(2) 조정대상지역 해제 후 신규주택을 취득할 경우 일시적 2주택 기간이 3년 적용

조정대상지역에 1주택을 보유한 자가 조정대상지역에 있는 신규주택을 취득한 경우, 2022.5.10. 이후 양도분부터 신규주택 취득 후 2년 이내에 종전주택을 양도해야지 일시적 2주택으로 보아 비과세가 가능하나, 조정대상지역 해제 후 신규주택을 취득한 경우 일시적 2주택 기간이 3년이 적용된다.

종전주택이 조정대상지역에서 해제된 후 조정대상지역의 신규주택을 취득하거나, 종전주택이 조정대상지역에 있는 상태에서 조정대상지역이 해제된 지역의 신규주택을 취득하는 경우 종전주택의 처분기한이 신규주택 취득일로부터 3년으로 연장된다.

(3) 다주택자가 조정대상지역 해제 후 해당 주택을 양도하는 경우 중과세율이 적용하지 않고 장기보유특별공제 적용

다주택자 양도소득세 중과 규정은 조정대상지역에 위치한 주택을 양도하였을 경우 적용되므로, 조정대상지역 해제 후 양도하는 주택의 경우 중과세율이 적용되지 않고 장기보유특별공제가 적용된다. 다만, 2022.5.10.~2023.5.9.까지 양도분에 대하여는 조정대상지역 여부와 관계없이 중과세율이 적용되지 않고 장기보유특별공제가 가능하다.

① 기본세율

과세표준	세율	누진공제
1,200만원 이하	6%	-
1,200만원 초과 4,600만원 이하	15%	108만원
4,600만원 초과 8,800만원 이하	24%	522만원
8,800만원 초과 1억5,000만원 이하	35%	1,490만원
1억5,000만원 초과 3억원 이하	38%	1,940만원
3억원 초과 5억원 이하	40%	2,540만원
5억원 초과 10억원 이하	42%	3,540만원
10억원 초과	45%	6,540만원

② 중과세율

구분		세율
조정대상지역 소재 주택	2주택자	기본세율 + 20%
	3주택 이상자	기본세율 + 30%

③ 장기보유특별공제율

보유기간	공제율
3년 이상 4년 미만	6%
4년 이상 5년 미만	8%
5년 이상 6년 미만	10%
6년 이상 7년 미만	12%
7년 이상 8년 미만	14%
8년 이상 9년 미만	16%
9년 이상 10년 미만	18%
10년 이상 11년 미만	20%
11년 이상 12년 미만	22%
12년 이상 13년 미만	24%
13년 이상 14년 미만	26%
14년 이상 15년 미만	28%
15년 이상	30%

(4) 임대주택 중과배제 및 장기보유특별공제 적용

1세대가 국내에 1주택 이상을 보유한 상태에서 새로 취득(2018.9.14. 이후)한 조정대상지역에 있는 「민간임대주택에 관한 특별법」 제2조 제5호에 따른 장기일반민간임대주택은 다주택자 중과 배제를 적용받을 수 없는데, 조정대상지역 해제 후 주택을 취득하고 장기일반민간임대주택으로 등록한 경우에는, 다른 조건 충족 시 다주택자 양도소득세 중과 배제와 장기보유특별공제가 가능하다.

 3 **종합부동산세**

(1) 종합부동산세율 완화

종합부동산세는 조정대상지역에 2채 또는 총 보유 주택이 3채 이상인 경우 종합부동산세가 중과되는데, 조정대상지역 내 2주택을 보유한 상태에서 그 중 1주택이 과세기준일(6월 1일) 전에 조정대상지역에서 해제되는 경우 종합부동산세가 중과되지 않고 일반세율이 적용된다.

과세표준	현행	
	일반	3주택 이상 또는 조정대상지역 2주택
3억원 이하	0.6%	1.2%
3억원 초과 6억원 이하	0.8%	1.6%
6억원 초과 12억원 이하	1.2%	2.2%
12억원 초과 50억원 이하	1.6%	3.6%
50억원 초과 94억원 이하	2.2%	5.0%
94억원 초과	3.0%	6.0%
법인	3.0%	6.0%

(2) 세부담상한 비율 완화

조정대상지역 2주택 보유자는 세부담 상한이 300%가 적용되는 데 과세기준일(6월 1일) 전에 조정대상지역에서 해제되면 세부담 상한이 150%가 적용된다.

(3) 임대주택 합산배제

1세대가 국내에 1주택 이상을 보유한 상태에서 2018년 9월 14일 이후 세대원이 새로 취득(상속 또는 재개발등으로 임대기간이 합산되는 경우의 취득은 제외)한 조정대상지역에 있는 장기일반민간임대주택은 합산배제에서 제외되는데, 조정대상지역 해제 후 주택을 취득하여 장기일반민간임대주택으로 등록하고, 다른 요건을 충족한 경우 종합부동산세 합산배제를 적용받을 수 있다.